전문가를

학습　　　　육

• 이론과 실제 •

정대영 지음

Σ 시그마프레스

전문가를 위한

학습장애 학생교육 : 이론과 실제

발행일 | 2020년 2월 25일 1쇄 발행

지은이 | 정대영
발행인 | 강학경
발행처 | ㈜ 시그마프레스
디자인 | 김은경
편 집 | 류미숙

등록번호 | 제10-2642호
주소 | 서울특별시 영등포구 양평로 22길 21 선유도코오롱디지털타워 A401~402호
전자우편 | sigma@spress.co.kr
홈페이지 | http://www.sigmapress.co.kr
전화 | (02)323-4845, (02)2062-5184~8
팩스 | (02)323-4197

ISBN | 979-11-6226-228-3

이 도서의 국립중앙도서관 출판예정도서목록(CIP)은 서지정보유통지원시스템 홈페이지(http://seoji.nl.go.kr)와 국가자료공동목록시스템(http://www.nl.go.kr/kolisnet)에서 이용하실 수 있습니다.
(CIP제어번호 : CIP2020006139)

이 책은 2017~2018학년도 창원대학교 산학협력단 연구사업 지원에 의해 집필되었음

머리말

학습장애 분야가 특수교육진흥법으로 규정되어 특수교육 대상 영역 중의 하나로 자리잡은 지 25년이 지나면서 큰 발전을 이루었지만 아직도 과학적 탐구, 실제 및 정책 등에서 해결해야 할 과제를 많이 안고 있습니다. 특히 교육 현장의 요구는 나날이 다양해지고 있으며, 학습장애의 개념적 정의, 진단 준거와 절차, 교육적 접근 등에 대한 사회적 합의가 부족하여 여러 가지 이슈를 파생시키고 있습니다. 그 대표적인 사례로 난독증을 들 수 있습니다. 난독증은 학습장애의 한 유형으로 인식되면서도 당사자들은 일반교육의 범주에서 특별 서비스를 받고자 원하며, 이에 지방자치단체별로 난독증 지원 조례를 제정하여 접근하는 혼란이 일어나고 있습니다. 이러한 현상은 특수교육이 부작용으로 인식되는 낙인 영향을 차단하거나 상쇄할 수 있을 정도의 교육 성과 도출에 만족을 주지 못함과 더불어 이 장애로 받을 사회 제도적 서비스의 한계 때문에 당사자들로부터 외면을 당하는 현상이라고 할 수 있습니다.

한편 국제사회에서는 심리학, 신경과학, 유전학, 교육학 등 여러 학문 분야에서 다양한 연구들이 이루어짐으로써 특수교육적 접근이 보다 과학적 연구 기반으로 갈 수 있는 터전을 마련하고 있습니다. 특수교육에서는 학습장애의 하위 영역을 분화시키고 교수적 표적을 좀 더 구체적으로 정교화하고 있으며, 이웃 학문 분야의 연구 결과를 적극 수용하고 결합시켜 체계적이고 과학적인 연구 기반 교수를 통해 교수적 성과를 이끌어내고자 노력하고 있습니다.

이 책은 이러한 국내외적 상황을 고려하여 학습장애의 개념적 정의, 유형, 진단평가와 특수교육 대상자 선정, 교수 전략 등에 관한 연구 정보와 지식을 종합하고 다듬어 전문가와 예비전문가들이 학습장애를 바르게 이해하고 지도할 수 있도록 돕고자 하였습니다.

제1부는 학습장애 분야의 개념과 특성, 진단평가 등 중요 토대적 정보를 제시하였습니다. 학습장애를 관련 개념과 차별화함으로써 국내외 정의, 유형 및 구성 요소를 다루어 개념을 구체화하였고(제1장), 교육사는 서양과 국내로 구분하여 제시하였으며, 학문적으로 독립된 분야로 성장하는 과정을 살펴봄으로써 교육적 모형으로 정립되어 가는 과정을 파악할 수 있게 하였습니다(제2장). 최근 관심을 끌고 있는 인지, 정서 및 학습은 중요한 학습 트라이앵글로 학습 문제를 보다 효율적으로 해결하기 위한 주요 관점과 정보를 파악할 수 있게 하였고(제3장), 학습장애의 원인에 관한 이론적 관점을 제시함으로써 학습장애 발현의 인과적 측면을 소개하였습니다(제4장). 학습장애 학생의 특성은 전반적으로 소개하여 학습 문제의 공통성과 특이성을 소개하였습니다(제5장). 학습장애 학생의 진단평가와 사정은 신구 모형을 대비하여 소개하고, 비판을 받고 있는

불일치 모형의 대안인 중재반응법과 하이브리드법을 소개하고 있습니다. 아울러 사정의 실제에서 적용할 절차와 방법을 제시하였습니다(제6장).

제2부는 교과 영역별 접근, 즉 국어 · 수학 · 사회 · 과학에 대한 학습장애 학생의 학습 특성과 교과 영역의 특성을 고려한 지도법을 다루고 있습니다. 언어 표현과 듣기장애는 국어의 특성에 기초하여 학습장애의 한 유형으로서의 정체성을 명확히 소개하였습니다(제7장). 읽기장애는 학습장애 중에서 차지하는 비중이 크고 학업 측면에서 중요도가 높기 때문에 단어 수준의 읽기지도(제8장)와 텍스트 이해 수준의 읽기지도(제9장)를 나누어 상세히 소개하였습니다. 쓰기학습장애는 손글씨, 철자법, 작문으로 나누어 소개하였습니다(제10장). 수학학습장애도 비중이 높은 점을 고려하여 지도 과정에서 단순히 사칙 연산의 수준(제11장)을 넘어 문제해결, 도형, 측정 등(제12장)의 영역까지 폭넓게 제시하여 지도 현장에서 구체적인 전략과 시사점을 얻을 수 있게 하였습니다. 아울러 학습장애 및 특별 요구 학생을 위한 사회과의 학습 특성과 지도법(제13장), 과학과 학습 특성과 지도법(제14장)을 각각 소개하였습니다.

제3부는 비언어성 학습장애(제15장)와 학습장애의 진로 및 전환(제16장)을 각각 소개하였습니다. 비언어성 학습장애는 최근 학습장애의 한 분야로서 많은 관심과 새로운 접근이 시도되고 있는 점을 고려하여 소개하였습니다. 특히 학습장애 중고등학생의 경우 진로 및 전환 교육이 중요 이슈가 되므로 이 영역을 포함시켰습니다.

이 책은 여러 사람의 도움을 받아 출판된 점을 매우 기쁘고 감사하게 생각합니다. 원고를 준비하는 과정에서 다양한 아이디어와 현장의 요구, 특성 등에 관한 정보를 준 송미진, 하정숙, 하창완 박사, 한글 제자 원리에 입각한 읽기지도 관련 자료와 경험에 관한 정보를 준 김지현, 읽기지도의 방법에 관한 정보는 물론 모델이 되어준 이지은 박사에게 감사드립니다. 초고를 가지고 수업을 진행할 때 학생들의 반응과 지도 과정에서 얻은 영감이나 시사점은 더 없이 소중한 정보가 되었고, 그 과정을 함께해 온 창원대학교 특수교육과 학부, 대학원 석사 및 박사 과정 재학생들에게도 감사의 마음을 전합니다. 아울러 바쁜 일정 속에서도 이 책을 출판할 수 있게 도와준 (주)시그마프레스 사장님과 편집부 여러분에게도 깊은 감사를 드립니다.

끝으로 학습장애 분야를 오랫동안 연구하고 가르쳐 오면서 여러 가지를 정리하여 책으로 낼 수 있었던 것은 학자로서 매우 큰 기쁨이었으며, 부족한 점이 많을 테지만 이 분야를 연구하고 지도하는 전문가들과 예비 전문가들은 물론 그들로부터 지도를 받는 학생과 부모 들에게도 도움이 되길 간절히 바랍니다. 이 책을 이용할 모든 분에게 평화가 함께하기를 기원합니다.

2020. 2
편백나무숲을 마주한 연구실에서
玉堂 정대영

1 학습장애의 개념적 정의와 분류

2 학습장애 교육사

5 학습장애 학생의 특성

6 학습장애 학생의 진단평가와 사정

7 구어 표현과 듣기 이해 교수

8　단어 수준의 읽기교수

9　텍스트 이해 수준의 읽기교수

10 쓰기교수

11 수학 : 개념, 특성, 기초 연산교수

12 수학 : 도형, 측정, 문제해결 교수

13 사회과 교수

16 진로발달 및 전환

1

학습장애의 개념적
정의와 분류

학습목표

- 학습장애 개념을 이해한다.
- 국내 학습장애 정의와 외국 학습장애 정의를 비교하고 차이를 이해한다.
- 학습장애 정의의 구성요소를 이해한다.
- 학습장애의 분류 체계를 이해한다.

학습장애는 실제로 존재하는가, 아니면 사람들의 요구·지각·가치 및 판단에 의해 사회적으로 구성된 개념인가? 이 장에서는 학습장애의 개념과 정의, 분류에 관하여 살펴보기로 한다.

학습장애의 개념

학습기능의 연속성

학습은 일련의 위계적 과정과 더불어 학습 구성요소들 간의 상호작용을 통해서 이루어지는 종합적이고 유기적인 과정이다(그림 1.1 참조). 학습기능의 연속성은 중핵학습 기술을 기반으로 하여 처리과정 기술, 실행기술, 기초학습 기술, 내용 영역 및 고차학습을 향해 점점 더 복잡하고 종합적인 지적 활동으로 나아가게 된다. 이러한 학습기능의 연속성에 대한 개념 구조는 학습장애의 개념과 특성의 이해는 물론 학습장애 학생들을 지도할 때 내용과 방법적 측면에 의미 있는 시사점을 제공해 줄 수 있다.

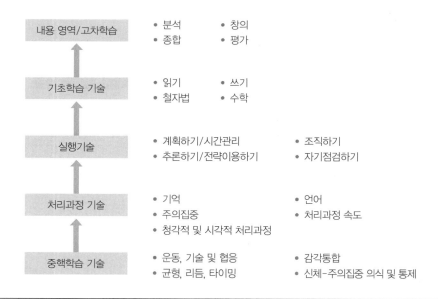

그림 1.1 학습기능의 연속성

학습장애의 인과적 메커니즘

학습장애는 전적으로 생물학 차원의 기능장애나 환경 구조의 기능이며, 예상되는 일이라고 주장하는 사람은 없다. **학습장애**란 학교, 직업 및 지역사회 생활의 다른 측면의 기대와 요구의 사회적 맥락에서 구성된 개념이며, 이 개념이 사회 및 정치 목적에 기여한다는 것을 인정할 것이다(박현숙, 신현기, 정대영, 정해진, 2007). 따라서 학습장애 개념의 정의 역시 사회 구성원의 합의가 중요하며, 국내에서도 우리의 실정에 맞게 토착화시켜 잠재적 대상자들의 학습권을 적극 보장할 필요가 있다.

전문가들은 학습 문제가 기본 심리과정 능력의 개선만으로 해결되는 것이 아니라 교수-학습 내용을 직접 지도해야 한다는 점을 확인하고 기초학습 중심의 프로그램과 교과지도를 위한 교수-학습 전략의 개발에 집중하게 되었다. 나아가 학습장애 학생들이 지닌 다양한 발달 및 학습 문제는 어느 한 측면을 강조하여 접근해서는 해결되지 않는 복합성을 띠고 있기 때문에 신경생리학, 교육심리학, 교육학, 교과교육학, 학습과학, 인지과학 등 다양한 관점에서 종합적으로 접근하고 있다(정대영, 2013).

학습장애 분야는 지적장애 정의의 개념 발전을 참고할 필요가 있다. 초기에는 지적장애를 "타고난 원인으로 성숙기에 획득된 치료할 수 없는 정신이상에 따른 사회적 무능함"으로 정의하였다(Doll, 1941). 그러나 최근 지적장애를 더 이상 선천적으로 타고난 것으로만 보지 않으며 환경 요인에 의해 발생될 수 있다고 본다. 미국지적발달장애협회(AAIDD)는 지적장애의 정의를 11차례 수정하여 '낮은 지적 능력과 사회적 능력의 결함'으로 규정하던 것을 '지원 중심'으로 개념화하였고(AAIDD, 2010), 초기에 비해 지능 수준을 10점 이상 하향 조정하였으며 발달기를 16세에서 18세로 상향 조정하였다(Grossman, 1983). 학습장애 역시 지원이 중요하고 교수적 영향을 크게 받는다는 점을 고려할 필요가 있다.

학습장애는 직접적인 원인에 의해, 또는 이 요인과 간접적인 영향의 상호작용을 통해 학습선수 기능의 어려움으로, 기초학습 기능의 어려움으로 또는 교과학습 기능의 어려움으로 발현된다. 학습장애의 개념은 복합적이고, 다층적이며 다면적인 것으로서 이에 대한 교육적 접근은 장애학적 측면(장애의 특성과 요구), 교육 내용학적 측면(교수 전략과 방법) 및 교과교육학적 측면(교육과정과 교과교육)이 조합된 총체적 접근법을 중심으로 하고, 기타 학문 분야와 협력하는 학제적 접근이 요구된다. 따라서 이 책은 이러한 맥락에서 전문가들이 학습장애를 좀 더 깊이 이해하고, 학습장애 아동·청소년 및 성인들을 효과적으로 중재하는 데 필요한 관련 정보를 제공하고자 학습장애의 인과적 체계를 [그림 1.2]와 같이 제시하였다.

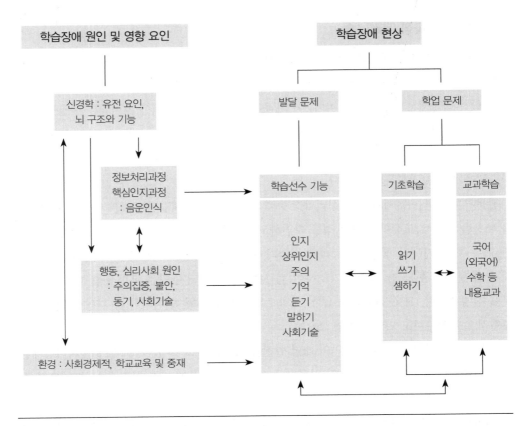

그림 1.2 학습장애의 인과적 메커니즘

출처 : 정대영(2013)

학습장애 관련 용어

학습장애는 특정학습장애란 용어가 도입되기 전에는 난독증, 뇌손상, 미세뇌손상, 인지장애, 난산증, 실인증, 단어맹 등 다양한 용어로 불렸다. 학습장애란 개인의 내적 문제로 지적 수준이 평균 이상(-2.0 표준편차 이상 : IQ 70 이상)으로서 예상하지 못한 학습부진(학업 성취 하위 16퍼센타일 이하)을 나타내는 경우를 말한다.

　학습장애와 관련되거나 이웃하는 개념의 용어는 교육자들 사이에 상당한 혼란을 일으킬 수 있다. 학습부진, 저성취, 학습지원 대상 등은 성취 측면에서 기술된 용어인 반면, 지능을 기준으로 경계선 지적기능, 지적장애(지능 외에 적응행동 요인, 연령 요인이 포함되어 있으나 지능 수준이 중요한 요인이 됨), 학습 속도를 기준으로 느린 학습자로 일컫고 있다. 다음 용어들을 살펴봄으로써 학습장애와의 차별성을 이해하는 데 도움이 될 것이다.

학습부진(under achievement). 학교에서의 성취 수준이 개인의 잠재능력을 기준으로 하여 그에 유의하게 미치지 못한 경우를 말하며, 원인에 관계없이 또래 및 집단의 평균 성취 수준에 비해 −1 표준편차 이하 또는 16퍼센타일 이하로 떨어지는 경우이다. 학습부진 학생은 학교에서 자신의 능력과 실제 성취 사이에 유의한 간극을 지니는 경우(A Parent's Guide to Gifted Children, http://www.cde.state.co.us, 2018)로 포괄적인 개념적 정의도 제안되고 있다. 최근 초중등교육법 제28조 학습부진아 등에 대한 교육(2016)은 "성격장애나 지적기능의 저하 등으로 인하여 학습에 제약을 받는 학생 중 장애인 등에 대한 **특수교육법** 제15조에 따른 학습장애를 지닌 특수교육 대상자로 선정되지 아니한 학생"으로 규정하고 있다.

느린 학습자(slower learner). "또래연령 집단의 아동들이 정상적으로 수행할 것으로 기대되는 활동 수준에 미치지 못하는 아동"(Bun, 1937) 또는 "학업적 수행성이 또래연령 집단의 기대 평균보다 낮은 경우"(Kirman, 1975)로 정의되거나 "교육적으로 지체되어 있으며 지능지수가 70~89인 아동을 지칭하며 **경도지적장애(mildly intellectual disabilities)** 아동과 같은 학습상의 문제를 가지고 있으나 그 정도가 가벼운 아동"(교육학용어사전, 1985)으로 규정하고 있다. 또는 "느린 학습자는 일생의 문제로서 학급에서 수업을 따라가는 데 어려움이 있을 정도로 지능이 낮은 것을 말하며, 지능 수준은 평균 지능을 100으로 볼 때 70에서 90 사이를 말한다."(Don & Drew, 2004)고 정의되어 있다.

저성취(low achievement). 학생이 최대한 자신의 능력껏 성취했으나 또래와 비교해 성취 수준이 평균 이하로 떨어지는 것을 말한다(Northern Ireland Education & Library Boards, 2018).

경계선 지적기능(borderline intellectual functioning). 평균 인지능력 이하의 지능범주(IQ 70~85)에 속하나 그 결함이 지적장애(IQ 70 이하)만큼 심하지 않은 경우를 말한다. 이 범주에 속하는 개인은 학령기 동안에 느린 학습자로 불리기도 한다(Research & Education Association, 2003).

학습지원 대상. 기초학력보장법(2017.5 발의)은 '학습지원 대상'을 '기초학력을 갖추지 못한 학생'으로 규정하고, 기초학력은 학교 교육과정을 통하여 갖추어야 하는 최소한의 성취 기준을 충족하는 학력으로 설명하고 있다. 학습지원 대상 역시 특수교육법에서 정한 학습장애와 지적장애를 제외한 학생으로서 기초학력이 미달되는 학생을 의미한다. 지금까지 기술한 용어들의 개념을 종형곡선과 함께 도식하면 [그림 1.3]과 같다.

유럽의 일부 국가들은 장애란 말 대신에 특별한 교육적 요구(special education needs) 또는 특별한 교육적 어려움(special education difficulties)이란 용어를 사용한다. 영국의 경우 학습장애를 '인지 및 학습 영역의 특별한 요구를 지닌 조건'으로 규정한다. 이 장애의 하위 영역을 보면 난독증(dyslexia)[1]/특정 학습 어려움, 가벼운 학습 어려움(mild learning difficulties)[2], 중등도 학습 어려움(moderate learning difficulties)[3], 심한 학습 어려움(severe learning difficulties)[4]으로 분류되고 있다(Department of Education UK, 2013).

위험군이란 학업적으로 실패하거나 중도에 탈락할 가능성이 높은 경우를 말한다. 이 용어는 학교 졸업을 위협하는 환경, 즉 홈리스, 체포 및 감금, 10대 임신, 심각한 건강 문제, 가정 폭력, 이주, 낮은 검사 점수 및 기타 조건이나 훈육 문제, 교육 수행성이나 성취에 부정적인 영향을 줄 수 있는 기타 학습 관련 요인을 포함한다(The Glossary of Education Reform, 2019)[5]. 학습장애 위험군이란 조기에 문제를 발견하여 중재를 하지 않을 경우 학습장애가 될 수 있는, 교육적 수행성이나 학업 성취에 부정적 영향을 미칠 수 있는 요인을 지닌 조건으로서 집합적 의미의 용어이다.

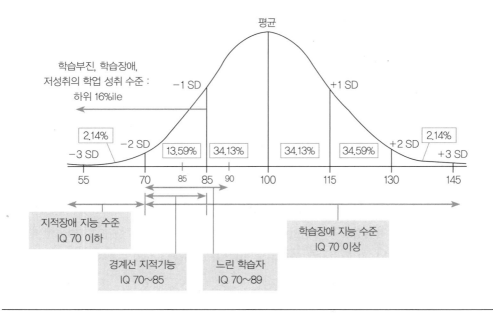

그림 1.3 학습장애와 관련 용어의 이해를 위한 종형곡선

1   음운처리, 단기기억, 계열적 수 기능, 운동기억, 조직능력 문제

2   교육과정 대부분의 영역에서 기대 수준 이하의 성취

3   하위 2%ile의 저성취

4   하위 0.01%ile 이하

5   https://www.edglossary.org/at-risk

학습장애의 정의

학습장애의 개념적 및 조작적 정의는 다양하게 제시되고 있다. 미국의 경우 일반적으로 인정받고 있는 학습장애 정의가 11개가 될 정도(Hallahan, Lloyd, Kauffman, Weiss, & Martinez, 2005)로 다양한 현실을 고려하면 개념적 정의는 학문적 배경과 관점에 따라 다를 수 있으며, 모든 학문 분야가 동의할 수 있는 정의를 마련하기란 매우 어려운 일이다.

한국의 학습장애 정의

학습장애는 1994년 특수교육진흥법이 4차 개정될 때 특수교육 대상의 한 영역으로 추가되었으며, 이 법은 학습장애를 지닌 특수교육 대상자 선정 기준을 다음과 같이 제시하였다.

셈하기, 말하기, 듣기, 읽기, 쓰기 등 특정 분야에서 학습상의 장애를 지니는 자(특수교육진흥법 시행령 제9조 제2항)

학습장애 선정 기준에서는 단순히 학습의 5개 영역(셈하기, 말하기, 듣기, 읽기, 쓰기)만을 제시할 뿐 원인, 준거 등에 대해서는 언급하지 않았다. 특히 학습장애 기준을 제시하면서 학습상의 장애로 규정함으로써 개념적 정의를 순환적으로 기술하는 문제가 있었다. 학습장애의 개념이 조작화되지 못하고 선정 절차 또한 명료하지 못하여 선별과정의 타당성과 신뢰성 문제를 안고 있었다. 특수교육진흥법이 폐지되고 **장애인 등에 대한 특수교육법(2007)**(이하 특수교육법)이 제정되면서 학습장애의 선정 기준은 다음과 같이 좀 더 상세화되었다.

학습장애를 지닌 특수교육 대상자란 개인의 내적 요인으로 인하여 듣기, 말하기, 주의집중, 지각, 기억, 문제해결 등의 학습기능이나 읽기, 쓰기, 수학 등 학업 성취 영역에서 현저하게 어려움이 있는 사람을 말한다.(특수교육법, 2007)

이 기준은 학습장애를 학습기능과 학업 성취의 두 영역으로 구분하고, 9개의 하위 유형을 제시하였다. 한편 한국특수교육학회(2008)는 학습장애 선정 기준의 대안을 다음과 같이 제안하였다.

학습장애란 개인 내적 원인으로 인하여 일생 동안 발달적 학습(듣기, 말하기, 주의집중, 지각, 기억, 문제해결 등)이나 학업적 학습(읽기, 쓰기, 수학 등) 영역 중 하나 이상에서 심각한 어려움을 겪는 것을 말한다. 이 장애는 다른 장애 조건(감각장애, 정신지체, 정서장애 등)이나 환경 실조(문화적 요인, 경제적 요인, 교수적 요인 등)와 함께 나타날 수 있으나 이러한 조건이 직접적인 원인이 되어 나타난 것은 아니다.(한국특수교육학회, 2008)

한국특수교육학회에서 제안한 학습장애의 개념은 발달적 학습장애와 학업적 학습장애로 구분하고, 평생 지속되며 기타 장애와 공존 가능성을 지적함으로써 개념적으로 국제적 보편성에 상당히 가깝게 접근하였다.

학습장애의 개념적 정의란 일반적으로 간단하지만 포함시켜야 할 내용을 함축적으로 내포하고 있어야 한다. 정대영, 김애화, 김의정, 김자경(2019)은 지금까지 국내외 학습장애 정의를 분석하고, 현장의 요구를 반영하여 다음과 같은 대안을 제시하였다.

학습장애는 정상 지능 범주에 속하는 지적 능력을 지니고 개인의 내적 요인에 의해 학습선수 기능 그리고/또는 기초학습 영역에 하나 혹은 그 이상에서 현저히 낮은 성취를 보이는 사람을 말한다. 학습장애는 난독증을 포함하고, 일생 동안 지속될 수 있다. 경계선 지능, 다문화, 사회경제적 문제 등으로 인해 학업 성취도가 현저히 낮은 경우라 하더라도 학습장애와 함께 나타날 수 있다. 학습장애는 다른 장애와 공존할 수 있지만 그러한 장애가 직접적인 원인이 되어 발생된 것은 아니다.(정대영, 김애화, 김의정, 김자경, 2019, p. 189)

학습장애의 정의는 이 장애를 지닌 학습자에게 제공할 여러 가지 서비스의 개념, 철학 및 방법에 대한 방향을 제시해 주므로 중요하며, 그 개념을 보편적으로 규정하기 위해 많은 노력을 기울여 왔다(정대영, 2013). 그 과정에서 다양한 대안들이 제시되었으나 개념적 정의만으로는 학습장애 학생을 진단평가하기가 어렵고 한계가 있기 때문에 대안으로 조작적 정의가 모색되고 있다.

정대영 등(2019)은 학습장애의 개념적 정의를 구체적이고 객관적인 준거로 전환시킨 조작적 정의를 다음과 같이 제시하였다.

학습장애는 IQ 70 이상의 정상 지능 범주에 속하는 지적 능력을 지니고 있으며, 개인의 내적 요인에 의해 발생한다. 학습장애는 자신의 생물학적 나이 또는 자신의 학년에 비해 다음의 하나 혹은 그 이상의 영역에서 현저하게 어려움이 있는 경우 진단될 수 있다. 현저한 어려움은 표준화된 검사에서 백분위 16 또는 −1 표준편차 이하에 해당하는 점수일 경우를 의미한다.

첫째, 학습선수 기능의 어려움 : 취학 전 및 학령기 아동에게 적용된다. 읽기의 경우 음운 인식·어휘 등, 쓰기의 경우 어휘·표기 인식 등, 수학의 경우 수 감각·주의집중·말하기·듣기 등의 어려움을 의미한다.

둘째, 기초학습 영역의 어려움 : 학령기 학생에게 적용된다. 다음의 하나 혹은 그 이상의 영역에서 어려움을 보이는 경우를 의미하며 이는 학습장애 하위 유형에 해당한다.

읽기장애 : 단어인지, 읽기 유창성, 그리고/또는 읽기 이해에 어려움을 보인다.

수학장애 : 연산, 그리고/또는 수학문제 해결에 어려움을 보인다.

쓰기장애 : 철자, 그리고/또는 작문에 어려움을 보인다.

학습장애는 난독증을 포함하고 평생 지속될 수 있다. 경계선 지능, 다문화, 사회경제적 문제 등으로 인해 위에 기술한 영역에서 현저하게 어려움을 보이는 경우라고 하더라도 학습장애와 함께 나타날 수 있다. 학습장애는 다른 장애와 공존할 수 있지만, 다른 장애가 일차적인 원인이 되어 발생되는 경우는 제외한다.(정대영, 김애화, 김의정, 김자경, 2019, p. 189)

외국의 학습장애 정의

미국

'학습장애' 용어를 처음으로 사용하고 교육적으로 개념을 규정한 미국의 경우 초기부터 여러 차례 수정을 거쳐 오늘에 이르렀으며, 최근 개정된 진단평가 기준은 미국 특수교육법 (IDEA 2004)이다. 이 법은 학습장애 정의를 재규정하였으나 주요 내용은 이전 특수교육법 PL 94-142(1975)의 내용을 그대로 유지하고, 다만 진단평가에서 중재반응법을 추가하였다.

학습장애는 정의와 관련된 여러 가지 문제에도 불구하고 이 장애에 대한 새로운 개념적 구조를 지지하며 1968년 미국의 공적 정책으로 표면화되었으며, 미국 연방법 PL 94-142(전장애아동교육법 EAHC, 1975)에 아래와 같이 채택되어 지금까지 계속되고 있다.

특정학습장애란 언어의 이해와 사용, 즉 구어와 문어의 이해에 포함된 기본적인 심리과정에 한 가지 또는 그 이상의 장애를 의미하고, 이 용어는 듣기, 말하기, 읽기, 쓰기, 철자 또는 수학 계산에 불완전한 능력을 나타낼 수 있다. 이 용어는 지각장애, 뇌손상, 미세뇌기능장애, 난독증 및 발달실어증을 포함한다. 이 용어는 주로 시각, 청각 및 운동장애, 지적장애, 정서장애, 환경적·문화적 및 경제적 불리함으로 인한 학습장애를 포함하지 않는다.(U. S. Office of Education, 1969, p. 34)

미국 교육부는 1977년에 처음으로 학습장애를 독립된 장애 영역으로 규정하였다. 이러한 조치는 학습장애에 대한 근본적인 분류 모형을 신경학적 구조(예 : 지각운동 문제, 문자와 숫자의 반전 등 특별한 징후에 초점을 맞춤)에서 인지적 불일치에 초점을 맞춘 정신측정학적 구조로 이동시켰다.

아동은 다음 영역 중 한 가지 또는 그 이상에서 성취 및 지적 능력 사이에 심한 불일치를 나타내야 한다 : 구어 표현, 듣기 이해, 쓰기 표현, 기초 읽기 기능, 읽기 이해, 수학 계산, 수학 추론. 아동이 시각·청각 및 운동장애, 지적장애, 정서장애, 환경적·문화적·경제적 불리함으로 인해 불일치를 나타낼 경우 학습장애로 판별되지 않는다.(U.S. Office of Education, 1977, p. G1082)

학습장애의 포함적 지표로서 IQ-성취 불일치 준거의 이용은 학습장애를 어떻게 개념화할 것인지에 큰 영향을 미쳤다. IQ-성취 불일치 준거를 타당화하려는 연구들이 있었지만 성공하지 못했다. 그러나 연구자, 실천가 및 공공기관은 그러한 불일치가 다른 유형의 학습부진과 범주가 다른 예상치 못한 특정 유형의 학습장애를 의미하는 지표라고 추정했다. IQ-성취 불일치의 영향은 IDEA가 개정되기 전까지 학습장애 판별의 주요 방법으로 이용되었다. 미국 연방법 IDEA 2004의 학습장애 정의는 다음과 같다.

(A) 일반적 규정 : 특정학습장애는 언어, 즉 구어와 문어의 이해와 사용에 포함된 기본적인 심리과정 중 한 가지 또는 그 이상의 장애를 의미하며 듣기, 사고, 읽기, 쓰기, 철자법 혹은 수학 계산에서 불완전한 능력으로 나타날 수 있다.

(B) 포함장애 : 특정학습장애는 주로 지각장애, 뇌손상, 미세뇌기능장애, 난독증, 발달실어증 등의 조건을 포함한다.

(C) 배제 조건 : 특정학습장애는 주로 시각장애, 청각장애 또는 운동장애, 지적장애, 정서장애 또는 환경적·문화적·경제적 불리함에 의한 학습문제는 포함시키지 않는다.(PL108-446, IDEA 2004, 118 STAT. 2667-2658)

미국 의회는 각 주가 "학구에 학습장애 범주의 특수교육 대상 학생을 판별하기 위해 IQ 검사를 요구할 수 없고, 과학 기반 교수에 대한 반응을 포함시킨 판별 모형을 실시할 수 있게 허용해야 한다."는 점을 특별히 지적하며 1977년 미국 교육부 정의에 대한 수정안을 통과시켰다. 아울러 법적 정의는 아동의 열등한 성취가 읽기 및 수학에 대한 적절한 교수의 부족 때문이거나 영어의 미숙함 때문이라면 특수교육 대상자로 판별될 수 없다는 점을 지적하였다. 그 대신 주는 아동의 특정학습장애 여부를 결정하기 위해 다음과 같은 준거를 채택해야 한다.

- 아동이 특정학습장애를 지니고 있는지를 결정하기 위해 지적 능력과 성취 사이의 심한 불일치 준거를 적용해서는 안 된다.
- 과학적 연구 기반 중재에 대한 아동의 반응에 기반을 둔 과정을 이용하도록 허용해야 한다.
- 아동이 특정학습장애를 지니고 있는지를 결정하기 위해 기타 대안적 연구 기반 절차의 이용을 허용할 수 있다.(U. S. Department of Education, 2006, p. 46786)

미국 교육부는 IQ-성취 불일치의 적용에 한계를 인정하고 과학적 증거를 부분적으로 수렴하였다. 동시에 공식적으로 판별 과정의 일부로서 교수적 적절성과 학생의 반응에 대한 사정을 조작화하는 중재반응법을 인정하였다. 아울러 예상치 못한 부진의 개념을 인지적 불일치에서 교수적 불일치로 변경하였다. 인지적 불일치에 근거한 접근법은 타당성이 부족함에도 불구하고 지금까지 허용되고 있으며 2006년 규정을 요약하면 다음과 같다.

- 아동이 연령 및 주가 인정한 학년 수준의 표준을 위해 적절한 학습 경험과 교수를 제공받았을 때 다음 영역에서 이 표준을 적절히 성취하지 못한다: 구어 표현, 듣기 이해, 쓰기 표현(작문), 읽기기능, 읽기 유창성 기능, 읽기 이해, 수학 계산, 수학문제 해결.
- 아동이 위 항에서 확인된 영역 중 한 가지 또는 그 이상에서 연령 또는 주가 인정하는 수준의 표준을 충족시킬 정도로 진전을 보이지 않는다: 과학적 연구 기반 중재에 대한 진전도를 이용할 때, 또는 아동이 수행성, 성취 또는 이 두 영역에서 연령과 주가 인정하는 수준의 표준 또는 지적 발달에서 강점과 약점 패턴을 나타낸다. 즉, 특정학습장애 판별과 관련된 기관은 적절한 사정을 이용하여 장애 여부를 결정하고, 판별과정에서 발견된 사실이 시각, 청각 또는 운동장애, 지적장애, 정서장애, 문화적 요인, 환경적 및 경제적 불리함 또는 영어 능력 미숙함이 주요 원인으로 작용한 결과가 아님을 결정한다.

특정학습장애로 의심되는 아동의 학습부진이 읽기와 수학의 부적절한 교수에 의한 것이 아님을 확실히 하기 위해 평가의 일부로 다음 사항을 고려해야 한다.

- 아동이 의뢰과정 이전에 일반교육 환경에서 유자격 인사에 의해 적절한 교육을 받았다는 사실을 확인할 수 있는 자료
- 지도 받을 동안 학생의 공식적인 성취를 합리적인 간격으로 반복 측정하고 학생의 진전도를 부모에게 제공한 자료 기반 문서(U. S. Department of Education, 2006, pp. 46786-46787)

IDEA 2004(미국 연방법)와 2006년 교육법(미국 교육부법 : 시행령)은 교수 결과에 대한 증거 없이 학습장애를 판별해서는 안 된다는 점을 더욱 명백히 하고 있다. 따라서 IDEA 2004는 IQ 검사에 의존하지 않고 학습장애의 예방과 판별을 위해 교수의 중요한 역할을 강조함으로써 지금까지 누적된 연구를 기반으로 중재반응 접근법을 채택하였다.

일본

일본은 1995년 문부성의 '학습장애 및 이와 유사한 학습상 곤란을 지닌 어린 학생의 지도 방법에 관한 조사협력자 회의'에서 다음과 같이 정의하였다.

학습장애란 기본적으로 전반적인 지적발달에 지체를 나타내지 않지만 듣기, 말하기, 읽기, 쓰기,

계산하기, 추론하기 등의 특정 능력의 습득과 사용에 현저한 곤란을 나타내는 여러 가지 장애를 가진 경우를 말한다. 이 장애는 중추신경계에 어떤 기능장애가 있는 것으로 추정되며, 그 장애로 인한 학습상의 특정 학습곤란은 주로 학령기에 나타나지만 학령기를 지날 때까지 분명하게 드러나지 않는 경우도 있다. 학습장애는 시각장애, 청각장애, 지적정애, 정서장애 등의 상태와 가정, 학교, 지역사회 등의 환경적 요인이 직접적인 원인으로 작용하여 일어난 것은 아니지만 그런 상태나 요인과 함께 일어날 가능성이 있다. 또한 행동의 자기조절, 대인관계 등의 문제가 학습장애와 중복으로 나타나는 경우도 있다.(上野一彦, 二土哲志, 緒方明子, 1996)

캐나다

캐나다의 브리티시컬럼비아 주 교육부(2011)는 캐나다 학습장애학회가 제안한 학습장애 정의를 채택하였는데 주요 내용은 다음과 같다.

첫째, 학습장애는 언어성 및 비언어성 정보를 습득, 조직, 파지, 이해, 사용하는 데 영향을 미치는 여러 가지 장애를 말한다. 둘째, 학습장애의 유형은 구어(예 : 듣기, 말하기, 이해), 읽기(예 : 해독, 음운지식, 단어인식, 이해), 문어 표현(예 : 철자법, 작문) 수학(예 : 계산, 문제해결)으로 구분된다. 셋째, 학습장애에는 조직기능, 사회적 지각, 사회적 상호작용, 관점 갖기 등의 어려움이 포함된다. 넷째, 학습장애는 평생 지속된다. 다섯째, 학습장애의 영향 요인과 공존 요인을 제시하였다.

미국정신의학회

한편 의료적 모형에 근거한 미국 정신의학회의 **정신장애 진단 및 통계편람(DSM-5)(2013)**에서는 특정학습장애의 진단기준을 다음과 같이 제시하고 있다.

A. 학습기술을 배우고 사용하는 데 있어서의 어려움을 지니며, 이러한 어려움에 대한 적절한 중재를 제공함에도 불구하고 다음 제시된 증상 중 적어도 한 가지 이상이 최소 6개월 이상 지속되는 경우를 말한다.

① 부정확하거나 느리고 힘겨운 단어 읽기(예 : 단어를 부정확하거나 느리며 더듬더듬 소리 내어 읽기, 자주 추측하며 읽기, 단어를 소리 내어 있는 데 어려움이 있음)

② 읽은 것의 의미를 이해하기 어려움(예 : 본문을 정확하게 읽을 수 있으나 읽은 내용의 순서, 관계, 추론 또는 깊은 의미를 이해하지 못함)

③ 철자법의 어려움(예 : 자음이나 모음을 추가하거나 생략 또는 대치하기도 함)

④ 쓰기의 어려움(예 : 한 문장 안에서 다양한 문법적, 구두점 오류, 문단의 구성이 엉성함, 생각을 글로 표현하는 데 명료성 부족)

⑤ 수감각, 단순 연산값 암기 또는 연산 절차의 어려움(예 : 숫자의 의미, 수의 관계에 대한 빈약한 이해, 한 자릿수 덧셈을 할 때 또래들처럼 단순 연산값에 대한 기억력을 이용하지 않고 손가락을 사용함, 연산을 하다가 진행이 안 되거나 연산과정을 바꿔 버리기도 함)

⑥ 수학적 추론의 어려움(예 : 양적 문제를 풀기 위해 수학적 개념, 암기된 연산값 또는 수식을 적용하는 데 심각한 어려움이 있음)

학습장애 개념적 정의 규정의 어려움

학습장애는 환경이 아닌 뇌에서 비롯된 내적 행동 문제라는 개념에서 시작되었고, 이를 근거로 1960년대에 미세뇌손상과 미세뇌기능장애란 용어가 도입되었다. DSM-III(APA, 1980)의 등장과 함께 미세뇌기능장애로 판별된 집단이 특성상 너무도 달라서 이 용어를 사용하지 않게 되었다. 대신에 학습기능장애와 주의력결핍과잉행동장애(ADHD)가 별도로 정의됨으로써 학습장애와 행동장애로 분리되었다. 커크(Kirk, 1963)와 그의 동료들이 특정학습장애란 교육적 용어를 도입하였으며 기본적인 개념을 다음과 같이 규정했다.

- 기타 영역에서 강점을 지니고 있으면서 예상치 못한 학습 어려움을 나타낸다.
- 지적장애나 정서행동장애와 다른 학습 특성을 지닌다.
- 환경적 요인보다 오히려 내적 요인(신경학적 요인)에 의한 학습 특성을 나타낸다.
- 특별한 교육적 지원이 필요한 특성을 지닌다.

학습장애와 난독증은 미세뇌기능장애처럼 개념적 정의를 조작화하기 어려워 극히 이질적인 집단으로 규정하게 되었다. 이 정의는 포함적 준거를 명확히 기술하지 못하고 주로 배제에 의한 정의를 규정하고 있다는 비판을 받고 있다. 학습장애는 다음 세 가지 주요 이슈 때문에 정의하기가 어렵다.

첫째, 학습장애는 측정하기 어렵고 관찰할 수 없는 잠재적인 구인을 제시하고 있다. 즉 학습장애는 IQ 및 성취와 같이 관찰할 수 없는 구인으로 설명되고 있다. 역사적으로 예상치 못한 학습부진의 집단을 판별할 때 저성취의 원인으로 밝혀진 다른 장애와 기타 환경적 조건(감각장애, 지적장애, 정서행동장애, 경제적 불리, 언어적 다양성, 부적절한 교수)이 없다는 점을 분명히 할 것을 요구하였고, 이러한 이유로 학습장애의 성격이 매우 이질적인 집단으로 자리매김하게 되었다. 이 문제를 해결하기 위해 정의 및 판별과 관련하여 예상치 못한 저성취의 특성을 측정하고자 많은 노력을 기울여 왔다. 주요 판별 접근은 인지적 불일치 모형으로서 고르지 못한 학업적 및 인지적 발달을 측정하여 학습장애의 '예상치 못한 학습부진'의 지표로 이용하고, 학습부진이 예상되는 다른 원인을 배제하였다. 따라서 아동은 예상치 못한 학습부진과 학습장애의 잠재적 구인을 확인하기 위해 검사를 받아야 한다. 검사에서 나타난 일반적인 문제는 측정된 결과가 학습장애를 규정하는 내재적 구인의 지표로 삼기에는 부족하다는 점이다. 이는 심리측정 검사를 포함하여 학습장애 판별을 위한 어느 접근법도 해결하지 못하고 있는 문제이다. 학습장애는 주요 학업적·인지적·교수적 속성의 측정에서 신뢰도가 다소 부족하여 이러한 문제들이 확대되고 있다. 한편으로는 읽기, 수학, 인지적 처리과정 및 교수적 반응을 측정할 수 있지만 한 가지 영역의 측정으로는 학습장애 개념을 구성하는 구성요인들을 모두 측정하지 못하고, 각 측정 방법은 상당량의 오류를 포함하고 있어 완전하지 못하다.

둘째, 학습장애는 차원적 특성을 포함하고 있다. 즉 학습장애를 나타내는 속성은 연속선상에 있는 것으로서 차원적 성격을 지니며 명확한 범주로 나타나지 않는다(Ellis, 1984). 학습장애에 대한 대부분의 연구는 정의의 속성을 성취 분포상에서 명확한 절선점을 그어 이분법적 범주로 명확히 나타내기보다 심한 정도의 연속선상에 위치하고 있다는 점을 보여주고 있다(Lewis, Hit, & Walker, 1994). 학습장애 표집의 성취 분포와 관련된 대부분의 연구들은 모두 손상 스펙트럼에 속한다는 스타노비치(Stanovich)의 주장을 지지한다. 즉 손상 스펙트럼의 양극단에 있는 심한 학습장애 아동과 가벼운 학습장애 아동이 질적으로 다르지 않다. 학습장애의 차원적 성격을 지지하는 연구 결과는 행동유전학적 방법을 적용한 연구와 일치하여 읽기장애와 수학장애의 유전성과 연관된 질적으로 다른 유전적 집단이 확인되지 않고 있다(Grigorenko, 2005). 연속선에 존재하는 차원적 특성으로 인해 학습부진 학생과 학습장애 학생을 구별할 자연스러운 절선점을 결정하기 어렵다. 그러나 특수교육 대상자의 선정을 위해 학습장애 학생과 아닌 학생을 확인할 필요가 있고, 정상 분포를 기준으로 범주화할 필요가 있다. 이러한 요구 때문에 절선점이 이용되고 있으나 학습장애 판별과정의 신뢰성이 부족하여 이를 개선할 필요가 있다.

셋째, 다른 발달장애와 공존하는 문제를 지니고 있다. 장애의 공존성은 한 사람에게 두 가지 서로 다른 장애가 함께 발생되는 것을 말한다. 단어 수준의 읽기장애와 ADHD의 공존성 비율은 적어도 4~5% 정도 될 것으로 추정된다(Pennington, 2009). ADHD의 약 20%가 읽기장애로 판별되고, 수학과 쓰기 문제의 관련성이 더 많다. 읽기장애 아동은 읽기장애가 없는 아동보다 ADHD를 지닐 가능성이 4배 가까이 된다. 많은 아동의 경우 읽기장애가 일반적으로 과잉행동-충동행동보다 주의집중과 더욱 관련성이 깊은 것으로 나타나고 있다(Willcut et al., 2010a). 수학과 쓰기 표현의 경우 대부분의 읽기 문제를 지닌 학생은 쓰기 문제를 동시에 지닌다. 읽기장애와 쓰기장애의 공존 비율은 인지적 문제를 공유하므로 30~70%에 이른다. 학습장애의 공존 유형은 다양하다. 즉 읽기장애, 수학장애, ADHD가 공존하기도 하고, 읽기장애와 ADHD, 수학장애와 ADHD, 난독증과 수학 문제와 ADHD, 학습장애와 말 및 언어장애가 공존하기도 한다. 두 장애가 연계되어 있지만 일반적으로 한 장애가 다른 장애의 원인이 되는 것은 아니다. 학습장애는 한 가지 장애만을 지니고 있을 경우보다 두 가지 이상의 공존장애를 지닐 경우 장애 정도가 더욱 심한 특성을 보인다(Moll, Gobel, & Snowling, 2015).

학습장애 정의의 개념적 구성요소

학습장애의 주요 개념 요소

학습장애의 개념은 커크(Kirk, 1962)가 초기에 제시한 문제 영역, 평균 이하의 성취, 개인내 차, 과정 결함, 이질성, 중추신경계 기능장애, 배제 요소 등에 불일치 개념, 일생 문제, 사회성 문제, 장애의 공존성 요소가 추가되었다.

평균 이하의 성취 또는 저성취. 학습장애 초기부터 학습자의 성취 결함 문제를 강조하였다. 학습장애의 주요 특성으로 성취 결함, 특히 예상치 못한 학습부진을 주요 특징으로 나타내지만 평균 이하의 성취나 저성취를 보인다고 모두가 학습장애는 아니다. 예를 들면 정서행동장애, 지적장애 및 일반적인 학습부진 역시 성취 문제를 보이므로 성취 결함 자체만으로는 학습장애를 판별할 수 있는 필요충분조건이 되지 못한다. 따라서 이들과 학습장애를 어떻게 변별하느냐가 진단평가 과정에서 주요 관심사가 된다.

능력-성취 불일치. 학생이 IQ와 학업 성취 사이에 심한 차이를 보일 경우 능력-성취 불일치를 나타내는 것으로 간주한다. 이 개념은 성취가 전반적으로 낮은 지적장애와 차별화되는 주요 특징 중의 하나로서 학습장애의 진단평가 과정에서 오랫동안 적용해 온 준거이기도 하다.

개인내 차. 학습장애는 개인의 특정 영역의 능력이 다른 영역에 비교하여 특별히 떨어지는 경우에 관심을 가져왔다. 이러한 특성 때문에 특정학습장애라는 용어가 사용되었다. 즉 개인이 지닌 여러 가지 능력 중에서 특정 영역의 능력이 전체 평균 수준과 비교했을 때 일정 기준 이하로 떨어지는 경우를 말한다.

처리과정 결함. 인지심리학, 특히 정보처리 과정의 문제가 학습장애를 일으키는 주요 원인이라고 본다(제5장 참조). 정보처리 과정에서 포함된 요인들이 문제가 있을 경우 그와 관련된 학습에 어려움을 겪게 된다. 지각, 사고, 기억, 학습과 연관된 한 가지 이상의 처리과정상의 손상은 언어적 처리, 음운적 처리, 시공간적 처리, 처리속도, 기억과 주의집중, 실행기능 등에서 일어날 수 있다. 이러한 손상은 구어(예 : 듣기, 말하기, 이해하기), 읽기(예 : 음소지식, 단어인식, 어휘), 수학(예 : 계산하기와 문제해결), 조직, 사회기술 등의 어려움으로 나타난다.

이질성. 학습장애는 여러 가지 장애를 학습장애란 하나의 포괄적인 개념으로 포함시키고 있다. 즉 읽기, 쓰기, 말하기, 듣기, 계산하기, 문제해결 등 다양한 영역이지만 학습이란 공통된 개념 요소로 묶고 있다. 따라서 학습장애의 진단평가와 교수적 접근과정에서 다중적, 다면적, 다층적 접근법이 요구된다.

중추신경계 기능장애. 뇌손상, 미세뇌기능장애, 기본적 심리과정 문제와 동의어이다. 학습은 뇌에서 이루어지므로 뇌의 손상이나 이상이 학습 문제와 직결되어 있다고 본다. 최근 신경영상 측정 기법의 발달로 뇌기능과 학습의 관계를 보다 명확히 밝힐 수 있게 되었고, 이 분야의 연구는 더욱 활성화되어 교수적 접근에 많은 시사점을 줄 것으로 기대된다.

일생 문제. 학습장애 분야의 초기 연구들은 주로 학령기의 아동과 청소년을 대상으로 이루어졌다. 조기 발견은 문제의 예방과 해결에 중요 변수로 여기고 학령기에 초점을 맞추었다. 그러나 학령기 이전에 문제가 없던 아동들이 학령기에 문제를 나타내기도 하고, 학령기에 문제가 완화되지만 학령기 이후에도 문제가 지속되어 사회 및 직업생활에 어려움을 겪는 사실을 확인하게 되었다. 이러한 특성 때문에 학습장애를 단순히 학령기 문제가 아닌 일생의 문제로 보게 되었다.

사회성 문제. 학습장애 학생들이 지닌 지각 문제나 실행기능 문제 등은 사회적 관계 문제를 지니게 되고, 동료들로부터 인기가 없거나 따돌림을 당하는 등의 어려움을 겪게 된다. 따라서 최근 학습장애 분야에서 사회정서적 문제를 포함시켜야 한다고 주장한다. 제3장에서는 인지, 신경학적 근거, 사회정서행동 등을 연계시켜 다루고 있다.

배제 요소. 학습장애의 개념적 정의에서만 적용되는 특이한 조건이다. 일반적으로 개념을 정의할 때 포함 기준을 제시하고 그 기준 안에 들어오는 조건을 특정 대상으로 규정한다. 하지만 학습장애는 앞서 언급하였듯이 이질적이고 다양한 문제를 포함하고 있기 때문에 예외 조건이 많이 동원되어야 개념을 좀 더 명확히 할 수 있다. 이 개념은 학습장애가 개인의 내적 요인에 의한 것으로서 환경적 요인이나 다른 장애에 의해 발생된 것이 아님을 강조한다. 그러나 최근 환경적 요인을 무시할 수만은 없는 중요한 변수가 된다는 주장들이 있다.

특히 다문화의 경우 전국에서 표집된 202개 초등학교를 대상으로 학습부진 학생을 조사한 바에 의하면 일반 아동은 51,246명 중 학습부진 아동이 6,205(10.8%)명인 반면, 다문화 아동은 2,611명 가운데 학습부진 아동이 668(26.6%)명으로 일반 아동의 약 2.7배에 이르고 있다. 중학교에서도 기초학력 미달 일반 학생은 국어 2.6%, 수학 4.6%인 데 비하면 다문화 학생은 국어는 13.0%로 5배, 수학은 13.5%로서 약 2.9배나 된다(교육부, 2015). 다문화 학생의 학업 중단 비율은 2013년 1.03%에서 2017년 1.17%로 증가세를 보이고 있으며, 일반 학생의 학업 중단 비율 0.87%에 비해 높게 나타나고 있으며, 특히 일반 학생은 감소 추세를 보이고 있는 현상과는 대비를 이룬다(교육부, 2019).

학습장애 진단의 배제 요인에 관한 타당성과 근거 확보를 위한 연구의 필요성이 지적되고 있다(김애화, 김의적, 2013; 나경은, 서유진, 2013). 다문화 학생들을 대상으로 중재한 결과를 보면 음독 능력과 독해력 등 읽기 능력이 같은 연령의 일반 학생에 비해 낮게 나타나고 있으며(강금화, 황보명, 2010; 정해림, 김보배, 양민화, 이애진, 2016), 학습장애 진단을 받아 중재를 받은 학생보다 중재의 평균 효과의 크기가 낮은 것으로 확인되고 있고(오성배, 2007), 특히 읽기 능력 향상 측면에서는 다문화 집단이 학습장애로 진단된 집단보다 중재 효과의 크기가 낮았다(정대영, 조명숙, 2019; Lyon & Weiser, 2009). 다문화 학생의 학습 특성과 요구에 대한 연구들이 보다 다양하게 탐색되어야 하겠지만 단순히 다문화 학생이란 조건 때문에 학습장애 진단평가 과정에서 배제하는 것은 근거 없는 편견일 수 있으며, 선정과정의 타당성 면에서 부적절한 조치라고 할 수 있다. 따라서 학습장애를 지닌 특수교육 대상자 선정과정에서 다문화 학생들도 정상적인 의뢰와 진단평가 및 선정 배치라는 법적 절차를 따를 필요가 있다.

장애의 공존성. 학습장애는 다른 장애와 함께 공존할 수 있다는 점이 지적되고 있다. 예를 들어 정서행동장애(예 : 불안 및 우울, 과잉행동)는 학습장애의 원인은 아니지만 함께 공존할 수 있는 장애 조건이다. 특히 비언어성 학습장애와 ADHD, 자폐스펙트럼장애, 언어성학습장애, 발달적 협응장애 등은 공존할 수 있는 것으로 보고되고 있다(제15장 비언어성 학습장애 참고).

이상에서 논의된 학습장애의 개념적 구성요소를 재분류하면 원인, 문제 영역과 특성, 문제 시기, 예상치 못한 학습부진, 공존성 및 배제 요소로 요약할 수 있다(그림 1.4 참조).

지금까지 진화해 온 학습장애의 개념은 다음과 같이 요약될 수 있다. 첫째, 학습장애 개념적 정의의 기본적인 토대는 기능주의 패러다임으로 볼 수 있다. 이는 1980년 WHO가 제시한 질병과 장애의 관련 메커니즘 분석에서 [질병-손상-기능장애-사회적 불리]의 구조로 설명하는 수준에 머물러 있다. 둘째, 학습장애의 정의들은 초기의 의료적 관점인 '뇌손상'에서 출발하여 행동주의적 관점이 접목되어 '미세뇌기능장애'와 '중추신경계 기능장애'로 개념이

```
                    ┌─────────────────┐
                    │   예상치 못한      │
                    │   학습부진        │
                    │                 │
                    │  적성-성취 불일치  │
                    │     저성취        │
                    │    개인내 차      │
┌───────────────┬───┴─────────────────┴───┬───────────────────┐
│               │                         │                   │
│ 문제 영역과 특성 │        원인              │  공존성 및 배제 요소  │
│               │                         │                   │
│  발달적 학습기능 │   기본적 심리과정장애     │ 지적장애, 정서행동장애, │
│  학업적 학습기능 │   중추신경계 기능장애     │ 감각장애 등 기타 특수  │
│               │        뇌손상           │ 교육적 장애, 사회환경적 │
│               │                         │ 불리, 부적절한 교수 등 │
└───────────────┼─────────────────────────┼───────────────────┘
                    │                     │
                    │     문제 시기         │
                    │                     │
                    │       평생           │
                    └─────────────────────┘
```

그림 1.4 학습장애 정의의 개념적 구성요인

확대되었다. 셋째, 심리학과 교육적 관점의 관여로 '학습장애'란 포괄적인 개념을 도입하고 특성이 다른 다양한 하위장애들을 포함시켰으며 '기본적 심리과정장애'라는 심리과정 문제를 강조하였다. 넷째, 학습장애의 정의 요소들을 분석한 결과 11개의 구성요소[6]가 추출되었다(정대영, 2017).

학습장애의 하위 유형과 분류

특수교육법적 및 정신의학적 분류

학습장애의 분류는 특수교육법적 차원과 학문적 차원으로 나누어 살펴볼 수 있다. 특수교육법(2007)은 학습장애를 학습기능 영역(듣기, 말하기, 주의집중, 지각, 기억, 문제해결)과 학

---

6 문제 영역, 평균 이하의 성취, 개인 내차, 과정 결함, 이질성, 중추신경계 기능장애, 배제 요소, 불일치 개념, 평생 문제, 사회성 문제, 장애의 공존성

업 성취 영역(읽기, 쓰기, 수학)으로 구분한다. 미국 특수교육법 IDEA 2004에서는 학습장애 개념을 포함적 정의, 포함 범위, 제외 조건으로 나누어 규정하고, 하위장애 유형으로 구어 표현, 듣기 이해, 쓰기 표현, 기초읽기 기술, 읽기 유창성, 읽기 이해, 수학 계산, 수학문제 해결이 포함된다.

　지금까지 제안된 주요 학습장애의 정의에 포함된 하위 유형을 보면 [그림 1.5]와 같다. 정신장애 진단 및 통계편람(DSM-5)의 학습장애 진단 준거는 가장 기본적인 하위 유형을 포함하고 있으며, 다른 교육적 정의들은 이 하위 유형을 확대하거나 상세화하고 있다. 이러한 관계를 [그림 1.5]에서 보면 특수교육법 정의는 DSM-5에서 제시하고 있는 하위 유형에 A요소를, 한국학습장애학회의 정의는 D요소를, 전미학습장애연합회(NJCLD)의 정의는 B요소를, IDEA의 정의는 C요소를 각각 추가로 포함시키고 있다.

　일반적으로 정신의학계에서 가장 많이 이용하는 DSM-5에서는 읽기학습장애, 쓰기표현학습장애, 수학학습장애로 분류하고 있다. 국제질병분류(ICD-10)의 경우 특정철자법장애, 특

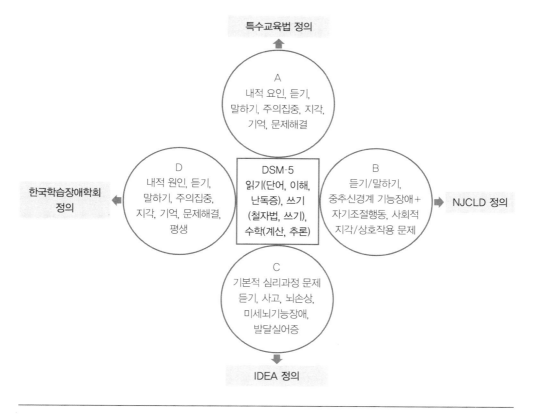

그림 1.5   주요 학습장애 정의에 포함된 하위 유형

정계산기능장애, 혼합된 학습기능발달장애, 기타 학습기능발달장애, 명확하지 않은 학습기능발달장애로 분류하고 있다.

학문적 분류

학문적으로는 학습장애 영역을 상위 개념으로 묶고 범주화함으로써 체계화하고자 한다. 연구자에 따라 발달적 학습장애(주의집중, 기억, 지각, 사고, 구어)와 학업적 학습장애(읽기, 쓰기, 철자 및 표현, 계산)로 구분하거나(Kirk & Chalfant, 1984), 신경심리학적/발달적 학습장애(생물학적/유전적 장애, 지각운동장애, 시각적 처리과정장애, 청각적 처리과정장애, 기억장애, 주의집중장애), 학업적/성취장애(언어 및 읽기, 쓰기, 철자, 수학, 실행기능), 사회적 장애(낮은 자아개념, 대항성장애, 낮은 동기유발과 흥미)로 구분하기도 한다(Kirk, Gallagher, & Anastaiow, 2003). 한편 학습장애를 언어성 학습장애와 비언어성 학습장애로 분류하고, 특히 비언어성 학습장애를 신경심리학 결함, 학업 결함, 사회정서 적응결함의 3개 하위 영역으로 분류하기도 한다(Rourke, 1987)(그림 1.6 참조)

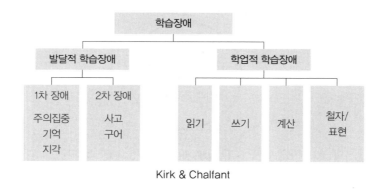

그림 1.6 학자들의 학습장애 분류

요약

학습장애의 개념

- 학습장애는 학교, 직업 및 지역사회 생활의 다른 측면의 기대와 요구의 사회 맥락에서 구성된 개념이며, 이 개념이 사회 및 정치 목적에 기여한다.
- 학습장애란 개인의 내적 문제로 지적 수준이 평균 이상(-2.0 표준편차 이상 : IQ 70 이상)이지만 예상치 못한 학습부진(학업 성취 하위 16%ile)을 나타내는 경우를 말한다.
- 학습부진은 성격장애나 지적기능의 저하 등으로 인하여 학습에 제약을 받는 학생 중 학습장애로 선정되지 않은 학생이다.
- 느린 학습자는 일생의 문제로서 학급에서 수업을 따라가는 데 어려움이 있을 정도로 지능이 낮은 것을 말하며, 지능 수준은 평균 지능이 100일 때 70~90 사이를 말한다.
- 저성취는 부진과 달리 학생이 최대한 자신의 능력껏 성취했으나 또래에 비교해 평균 이하로 떨어지는 것을 말한다.
- 경계선 지적기능은 경계선 정신장애로서 평균 인지 능력 이하의 지능 범주(IQ 70~85)에 속하나 그 결함이 지적장애(IQ 70)만큼 심하지 않은 경우를 말한다.
- 학습지원 대상이란 기초학습을 갖추지 못한 학생을 말한다.
- 학습장애 위험군이란 조기에 문제를 발견하여 중재를 하지 않을 경우 학습장애가 될 수 있는 교육적 수행성이나 학업 성취에 부정적 영향을 미칠 요인을 지닌 집합적 의미의 용어이다.

학습장애의 정의

- 학습장애를 지닌 특수교육 대상자란 개인의 내적 요인으로 인한 학습기능과 학업 성취 영역에서 현저하게 어려움이 있는 사람을 말한다.
- 미국의 학습장애 정의는 일반 준거, 포함 준거, 제외 준거로 분류하여 규정하고 있다.
- 일본은 학습장애 및 이와 유사한 학습상 곤란을 포함시켜 포괄적으로 규정하고 있다.
- 캐나다는 학습장애의 개념 규정이나 분류 유형을 가장 포괄적으로 규정하고 있다.
- DSM-5(2013)는 학습장애 진단기준을 의료적 모델에 근거하여 제시하고 있다.
- 학습장애의 개념적 정의는 측정하기 어렵고 관찰할 수 없는 잠재적인 구인을 제시하고, 차원적 특성을 포함하여 다른 발달장애와 공존하는 문제로 인하여 규정하기 어렵다.
- 학습장애 정의에는 문제 영역, 평균 이하의 성취, 개인내 차, 과정 결함, 이질성, 중추신

경계 기능장애, 배제 요소 등에 불일치 개념, 일생 문제, 사회성 문제, 장애의 공존성 등의 요소를 포함시키고 있다.

학습장애의 하위 유형과 분류

- 특수교육법(2007)은 학습장애를 학습기능 영역과 학업 성취 영역으로 구분한다.
- 미국 IDEA 2004는 구어 표현, 듣기 이해, 쓰기 표현, 기초읽기 기술, 읽기 유창성, 읽기 이해, 수학 계산, 수학문제 해결로 분류하고 있다.
- 커크와 칼펜트는 발달적 학습장애와 학업적 학습장애로 구분하였다.
- 커크, 갤러거, 아나스타시오우는 신경심리학적/발달적 학습장애, 학업적/성취 장애, 사회적 장애로 구분하고 있다.
- DSM-5에서는 읽기학습장애, 쓰기표현학습장애, 수학학습장애로 분류하고 있다.
- 국제질병분류(ICD-10)는 특정철자법장애, 특정계산기능장애, 혼합된 학업기능발달장애, 기타 학업기능발달장애, 명확하지 않은 학업기능발달장애로 분류하고 있다.
- 루크는 학습장애를 언어성 학습장애와 비언어성 학습장애로 구분한다.

2

학습장애 교육사

학습장애 교육사는 유럽에서 토대가 형성되어 미국으로 옮겨와 활발히 연구되고 체계화되었으며, 각국이 그 뒤를 잇고 있는 상황이다. 이 장에서는 외국의 학습장애 역사와 국내의 학습장애 역사를 살펴보기로 한다.

외국의 학습장애 교육 역사

유럽의 토대 형성기

학습장애 분야의 역사는 19세기 초 유럽에서 의사와 연구자들이 뇌손상과 행동, 주로 구어장애(음성언어장애) 간의 관계를 연구한 데서 시작되었다. 유럽의 토대 형성기(1800~1920)는 주로 추정된 뇌의 이상과 읽기장애에 관한 연구 방법을 제시하고 수행하였으며, 오늘날의 입장에서 보면 연구 방법론의 엄격성이 부족한 한계가 있지만 학습장애 분야의 연구에 크게 기여하였다.

유럽 토대 형성기	미국 토대 형성기	신생기	확립기	혼란기	현대기
1800~1920	1920~1965	1965~1975	1975~1985	1980~2000	2000~
뇌이상과 읽기장애의 관계 연구	진단 범주, 사정 도구, 중재법 개발	판별/교육 도구 개발	학습장애 정의 확립, 공교육 시작	정의 구성요소와 배치 관련 논쟁	신경학적 연구 확대, 중재- 판별의 통합

뇌기능의 분화

이전의 과학자들이 뇌를 마음의 영향권 아래에 있는 중요한 에너지를 신체의 모든 부위로 흘려보내는 하나로 된 기관으로 생각했던 것과 달리 의사였던 골(Gall)은 뇌손상 환자들을 관찰하고 뇌의 분리된 영역들이 특정 기능을 담당한다고 보았고, 왼이마엽의 손상에 기인한 '말하기 능력 상실'의 사례를 처음으로 기술하였다. 1829년 초에 뇌손상으로 알려진 환자의 부검 연구가 실시되고 뇌기능 분화 개념이 확인되었다. 그는 뇌의 겉질이 운동과 감각 지각을, 앞이마엽이 말하기를 통제한다고 가정하였다.

왼관자엽의 중요성 : 브로카 영역과 베르니케 영역

브로카(Broca)는 19세기 중엽까지 부검을 실시하여 말하기 기능이 실제로 왼쪽 아래 이마엽(inferior left frontal lobe)에 있다고 결론지었다. 이 부위는 후일 브로카 영역으로 불렸으며, 그의 이름을 따서 말이 느리고 부자연스럽고 어눌한 특징을 보이는 유형을 브로카 실어증이라고 했다. 베르니케(Wernicke)는 1874년 언어장애를 지닌 뇌손상 환자 10명을 조사했는데 이 환자들은 말을 유창하게 했으나 흔히 의미가 전혀 없는 말을 했다. 아울러 이들은 단어 재인과 단어 이해에 어려움을 겪었다. 베르니케는 왼관자엽에 위치한 이 장애를 감각 실어증(sensory aphasia)이라고 했으며, 그 뒤 베르니케 영역으로 불리고 있다.

뇌기능과 읽기 : 난독증이란 용어의 도입

산업혁명 이후 활자 조판 기술의 발전으로 사람들이 인쇄물을 쉽게 접하게 되었고, 읽기와 관련된 장애에 관심이 늘어났다. 말과 언어가 왼이마엽의 통제를 받는다는 아이디어가 지지를 받았다. 쿠스마울(Kussmaul)은 1877년 시력, 청력, 말하기 능력이 온전하지만 완벽한 텍스트-맹(complete text-blindnes)이 존재할 수 있음을 주장하고, 이와 같은 특정의 읽기장애 유형을 단어맹(word blindness)이라고 했다. 독일의 안과 의사 베를린(Berlin)은 신경학적 원인에 의한 단어맹 대신 난독증이란 용어를 도입했으며, 영국의 의사 모건(Morgan)은 1896년 선천성 단어맹을 지닌 아동 사례를 처음으로 발표했다. 프랑스 의사 힌셀우드(Hinshelwood)는 1894년부터 1903년까지 사망한 특별 환자들을 연구하고 읽기장애의 원인이 왼쪽 모이랑(left angular gyrus)에 있음을 밝혔다. 그는 1917년 선천성 맹이란 책을 출판하고 남녀 성비의 불균형을 근거로 유전 가능성을 가정했고, 단어와 문장에 대한 불완전한 시기억이 장애의 주요 원인이라고 주장했다.

미국의 토대 형성기

미국의 토대 형성기(1920~1965)는 연구자들이 이상행동을 관찰하고 설명하는 수준을 넘어 교육 상황에서 아동과 활동하고 원인보다 중재에 초점을 맞추었다. 이들은 유럽의 선구자들의 연구에 기반을 두어 더욱 발전시키고, 진단 범주, 사정 도구, 치료적 중재를 개발했다. 이 당시 연구들은 주로 읽기장애에 초점을 맞추었다.

다감각 접근법과 대뇌 지배력 혼돈 개념 등장

퍼날드(Fernald, 1943)는 운동지각 양식을 통한 읽기지도의 사례를 근거로 단어의 읽기와 쓰기를 함께 지도할 것, 시각 · 청각 · 운동지각 및 촉각 등 몇 가지 감각 양식을 종합한 다감각 기법(VAKT)을 이용할 것을 강조했다(Fernald & Keller, 1921).

오턴(Orton)은 2주간의 아동 클리닉에 참여하며 읽기 성취도가 낮은 학생을 관찰하였다.

읽기 문제로 클리닉에 의뢰된 14명 중 대부분 IQ가 거의 평균 수준이거나 평균 이상이었다. 그는 이 사실에 근거하여 읽기결함 학생의 경우 IQ가 항상 자신의 진정한 지적 능력을 반영하지는 않는다고 가정했다. 오턴(Orton, 1939)은 읽기기술은 뇌의 몇 가지 영역과 관련되어 있다고 주장했으며, 지배력 혼돈이론(mixed dominance theory)[1]을 제시했다. 읽기장애 학생들은 뇌 지배력이 부족했고, 그래서 모습이 거울에 비치듯이 좌우로 바뀌어 보이는 현상, 즉 경상표상(거울에 비친 표상)을 억제할 수 없다고 가정했다. 지배력 혼돈은 읽기와 쓰기에서 문자와 단어의 반전 현상을 일으킨다. 그는 이 현상을 단어맹이란 용어 대신에 꼬인기호장애 (strephosymbolia)라고 하고, 읽기장애 학생의 경우 단어를 구성하는 상징이 뒤틀려 보이게 된다고 설명했다. 그는 읽기장애 학생을 지도할 때 명확한 음소 지도법과 다감각적 접근의 혼합 접근법을 강조하였다.

중재 중심의 연구와 개인차의 중요성

먼로(Monroe)는 청소년연구소에서 지적장애 비행청소년을 지도하며 읽기지도를 위한 종합적 음소접근법을 개발했다. 그는 학습장애 교육 실제에 큰 영향을 미쳤으며, 특히 학생의 읽기 성취의 실제 수준과 기대 수준 간의 불일치를 나타내는 '읽기 지표' 개발을 선도하고, 이 지표를 이용하여 특별한 지원이 필요한 학생들을 판별할 수 있었다.

커크(Kirk)는 능력과 불능을 확인하고 이를 구분할 수 있는 사정 도구로 일리노이언어심리능력 검사(ITPA)를 개발했다(Kirk, McCarthy, & Kirk, 1961). 이 검사는 광범위하게 비판을 받았지만 1970년대에 많이 이용되었다. 그의 연구는 장애 아동이 개인내 차를 지니고 있고, 사정은 교수를 안내하는 중요한 도구라는 의미 있는 두 가지 아이디어를 제시했다.

지적장애의 연구에서 학습장애로 연결

토대 형성기의 연구자들은 읽기와 더불어 지각, 지각-운동기능, 주의집중장애를 연구하기 시작했다. 이 영역의 초기 연구는 뇌손상 성인에 초점을 맞추었다. 의사인 골드슈타인 (Goldstein)은 뇌손상으로 인한 행동 유형, 즉 다동성, 자극에 대한 강요된 반응(예 : 자극에 대한 비차별적 반응), 그림-배경 혼돈, 구체적 사고, 보존, 소심함, 파멸적 반응 등을 관찰 기록했다(Goldstein, 1936).

연구자들은 지적장애 아동을 외인성(exogenous)과 내인성(endogenous)으로 나누고, 외인

---

1 뇌의 두 반구는 상대 반구에 비해 특정 기능면에서 우세성을 유지해야 하지만 그렇지 못함으로써 기능이 혼재되어 각자의 고유기능을 제대로 발휘하지 못하는 현상. 우세성 혼돈이론이라고도 함.

성 지적장애를 뇌손상에 의한 것으로, 내인성 지적장애를 가계성에 의한 것으로 추정하였다 (Strauss & Lerner, 1941). 그들은 외인성 집단의 아동들이 청각 및 시각 자극에 더 강력한 반응을 보인 것을 확인했으며, 외인성 지적장애 아동이 내인성 지적장애 아동보다 억제가 더욱 안 되고 충동적이며, 변덕스럽고 사회적으로 수용되지 않는다고 했다. 두 집단은 지능이 동질 상태가 아니며, 집단 간에 의미 있는 차이를 발견했다. 연구자들은 이 정보에 기반을 두고 외인성 지적장애 학생의 요구에 맞추어 보다 나은 학습 환경을 설계하기 시작했다.

크루크섕크(Cruickshank)는 뇌성마비 아동이 외인성 지적장애 아동처럼 수행하는 것을 발견했다. 사실 뇌성마비 아동은 일반 아동에 비해 그림-배경에서 배경에 더욱 강제 반응을 보였다. 이 시기에 많은 연구자들은 후속 연구를 통해 사례사를 분석하고, 많은 아동들이 학습장애를 갖고 있거나 학습장애와 ADHD를 함께 지닐 수 있다고 주장했다. 그의 교육 프로그램은 무관한 자극을 감소시키고 관련 자극을 증가시키는 고도로 구조화된 과제를 제공했다. 학업 영역의 교수는 지각 연습, 지각-운동 연습, 숙제, 계산 등 학습 준비도 훈련 형식을 취했으며, 읽기기술에는 관심을 거의 기울이지 않았다. 이 프로그램은 지각-운동 능력을 증가시키고 주의산만 행동을 감소시켰으나 불행하게도 학업 성취나 IQ에는 아무런 영향을 주지 못했다. 그는 지적장애와 학습장애 연구의 교량적 역할을 한 것으로 평가받고 있다.

이 시기는 지각과 지각-운동 프로그램을 강조한 것이 특징이었다. 지각-운동 훈련이 강조되거나 지각-운동 대응 아이디어가 제안되었다. 이 이론은 운동발달이 지각발달보다 먼저 이루어지고, 운동활동의 결과로 생겨난 근육운동 지각이 피드백을 제공하므로 운동 훈련은 시지각 훈련에 앞서 실시되어야 한다고 보았다. 케파르트(Kephart)는 이러한 한계를 넘어 좌우 뇌기능 분화(편측성)는 공간에서 좌우를 식별하는 능력보다 먼저 발달한다고 주장했다. 그는 편측성 훈련을 통해 읽기에 어려움이 있는 아동들의 반전 오류를 중재하도록 권고했다.

일부 연구자들은 시각, 시각-운동에 더 많은 관심을 가졌다. 게트만(Getman)은 검안사로서 일반 협응, 균형, 눈-손 협응, 눈운동, 형태지각, 시기억에 초점을 맞춘 훈련 매뉴얼을 출판했다. 프로스티그(Frostig)는 눈-운동 협응, 그림-배경 시지각, 형태 항상성, 공간 위치, 공간관계를 사정하는 시지각 발달 지필검사를 개발했다. 운동교육과정(movigenic curriculum)이 개발되고 환경 내에서 효율적인 움직임을 훈련시키고자 했으며, 뇌손상 아동을 위한 신경학적 프로그램이 시도되었다.

신생기

신생기(1965~1975)로 접어들면서 연구자들은 장애 학생의 판별과 교육 도구를 개발했다.

연방 공무원들은 학습장애 학생들에 대한 대중적 관심이 크게 확산되고 있음을 깨닫기 시작했고 연구자들은 후일 실제의 표준이 될 중재를 개발했다. 그 결과 여러 전문가와 전문가 집단이 종합적인 정의와 효과적인 교육 프로그램을 개발하기 위해 노력하였다.

학습장애란 용어가 커크(Kirk)의 특수아동교육(1962)에서 처음으로 소개되었다. 그 후 1963년 '지각장애 학생 문제 탐색'이란 학술대회에서 부모 단체를 대상으로 강연하면서 학습장애란 용어를 사용하였다. 2년 후 베이트만(Bateman)은 먼로(Monroe)의 읽기 지표 개념을 다시 도입하여 정의를 제시하였고, 이 정의를 근거로 능력-성취 불일치 개념을 적용하게 되었다.

연방정부는 곧 학습장애 분야에 관심을 갖고 '미세뇌기능장애 : 학습장애 아동 국가 프로젝트'를 지원했다. 이 프로젝트는 세 가지 시범 직무 과제로 나누어 연구진을 구성하였는데, 그중 두 가지는 주로 학습장애의 정의에 초점이 맞추어졌다. 연구팀은 학습장애의 이름과 구성요인을 정의하고자 하였으며, 그 결과 장애인교육법(EHA)이 입법되었다.

미국 교육부는 1968년 장애아동국가자문위원회의 첫 연차보고서를 발간했다. 이 위원회는 학습장애 아동의 정의를 규정하고 이에 따라 정책을 입안하여 예산을 확보하였다. 이 보고서에 따라 특수아동협회(CEC)의 학습장애 분과로서, 첫 주요 전문가 기구인 특수아동협회 : 학습장애 분과(DCLD)가 설립되었다. 미국 의회는 특정학습장애아동법을 통과시켰다. PL 91-230은 학습장애를 공식 범주화하지 않았으나 동법의 G파트에서 미국 교육부가 학습장애 모형 서비스 전달 프로그램, 교사교육, 연구를 지원할 수 있도록 허용했다.

이 시기의 많은 연구자가 시각, 시각-운동발달에 연구의 초점을 맞출 동안 마이클버스트(Myklebust)는 언어발달에 초점을 맞추었다. 그는 농아동 연구에서 정상적인 청력 민감도를 지닌 청각장애 아동들을 만나게 되었다. 그는 이러한 현상을 설명하기 위해 학습장애 아동은 내적 신경감각 학습에 어려움이 있다고 주장했다. 그는 도리스(Doris)와 함께 표현에 앞서 이해의 훈련, 무의미 단어와 개별음을 배제한 통단어와 통문장의 훈련, 유사한 단어에 앞서 음소적으로 다른 단어의 훈련을 포함시킨 교수 프로그램을 실시했다(Johnson & Myklebust, 1967). 그는 이러한 교수 프로그램을 실시하고 학생의 능력과 성취 수준을 비교하여 유용함을 확인했다. 그는 학습지수 개념을 도입하고 기대 잠재력과 실현 잠재력을 비교했다. 기대 **잠재력**은 정신연령, 생활연령, 학년연령(학교의 학습 기회를 반영하기 위해 포함시킴)의 평균이었고, **실현 잠재력**은 표준화 성취검사의 점수였다.

확립기

확립기(1975~1985)에는 학습장애 판별을 위한 정의와 연방 규정이 확립되었다. 아울러 연구자들은 과거의 잘못을 포기하고 실험적으로 타당성이 입증된 응용연구를 주로 하였다.

정의와 연방 규정

특수교육법(PL 94-142, 1975)이 제정됨으로써 학습장애를 포함한 모든 장애 아동에 대한 무상 공교육이 시작되었다. 이 법이 1977년 전국적으로 시행됨으로써 미국 교육부는 전국장애아동자문위원회(NACHC)가 1968년 제안한 학습장애 정의를 채택했다. 교육부는 이 정의와 더불어 학습장애 학생의 판별 공식을 제안하였으나 주의 부정적인 반응 때문에 불일치 공식이 포함되지는 않았다. 교육부의 규정은 학습장애 판별과정에서 성취도와 지적 능력 간의 심한 불일치를 적용한다는 일반적인 개념을 유지했다.

5개 학습장애 연구소의 응용 연구 영향

미국 교육국은 장애아동교육법의 전반적인 시행 후 학습장애 응용 연구를 위해 5개 연구소에 예산을 지원했다. 컬럼비아대학교 센터는 기억, 공부기술, 산수, 기초읽기 및 철자법, 독자와 글의 상호작용, 읽기 이해를 연구했다. 일리노이대학교는 성공과 실패의 관점에서 사회적 능력과 귀인을 연구했다. 캔사스대학교는 학습장애 청소년에 대한 교육 중재를 연구했고, 미네소타대학교는 학습장애 판별에 관한 의사결정 과정을 연구를 했다. 버지니아대학교는 학습장애 아동과 주의집중 문제, 상위인지 전략의 이용에 관한 연구를 하였다. 캔사스대학 연구소는 다양한 학업 영역에서 전략 중심의 연구 기반 교육과정을 적용하여 놀라운 성공을 보였다.

학습장애가 도입된 이후 전문가와 부모는 학업 문제뿐만 아니라 사회기술의 문제를 제시했다. 1970년대와 1980년대에 학습장애 학생 다수가 유의한 사회기술 문제를 지니고 있다는 개념을 근거로 연구가 실시되었다. 학습장애 학생의 사회인지와 언어 화용론에 초점을 둔 연구는 사회 문제의 원인을 설명하는 데 도움이 되었다.

혼란기

혼란기(1980~2000)는 학습장애로 판별된 학생 수가 급속히 늘어남으로써 새로운 문제에 부딪히게 되었다.

정의에 관한 지속적인 논쟁

전문가와 정부기관은 정의에 대한 합의점을 찾고자 꾸준히 노력했다. 학습장애협회(Adults and Children with Learning Disabilities, ACLD; 현재 LDA)는 학습장애가 자존감, 교육, 지역, 사회화, 일상생활 활동에 미칠 수 있는 잠정적 영향과 만성적이고 평생 지속될 수 있는 조건임을 지적하며 새로운 정의를 제안하였다. 학습장애관계부처합동위원회(Interagency Committee on Learning Disabilities, ICLD)는 두 가지, 즉 학습장애 유형으로 사회기술과 공존장애인 ADHD를 포함시킨 점 외에는 전국학습장애연합위원회와 유사한 정의를 제안했다. 전국학습장애연합위원회는 1988년 학습장애 정의를 수정했다. 다양한 제안에도 불구하고 IDEA 2004에서는 1975년 장애인교육법의 정의를 약간 수정했을 뿐 큰 변화는 없었다.

배치에 관한 논쟁

학습장애 학생들을 어디에 배치해야 하는가에 대한 활발한 논쟁이 이루어졌다. 그 전 시기는 메인스트리밍이 주된 철학이었다. 이러한 사조로 인하여 1970년대와 1980년대에 학습장애 학생이 특수학급에 주로 배치되었고 가끔 일반학급에 배치되었다. 메인스트림 운동의 영향으로 다수의 지적장애 학생들이 시설에서 지역사회로 되돌아오게 되었다. 시설 속에서 무시와 학대를 받는 사례들이 보고되었고, 이러한 현장의 문제의식은 탈시설화를 촉진시켰다.

윌(Will, 1986)은 특수교육보다 일반교육이 장애 학생에 대한 교육적 책임을 더 많이 질 것을 요구하며 일반교육 주도의 특수교육(regular education initiative, REI) 정책을 출범시켰다. 일반교육 주도의 특수교육은 급속히 포용교육(inclusive education) 및 완전 포용교육(full inclusive education) 방향으로 전환되었다.

응용 연구의 정교화

확립기에 시작된 응용 연구의 추구는 혼란기에도 지속되었으며, 인지, 상위인지, 사회기술, 귀인에 중점을 두었다. 음운적 처리과정의 연구가 이 시기의 중심 주제가 되었다. 연구자들은 음운인식(구어에서 소리의 단위를 확인하고 조작할 수 있는 능력)이 후일 읽기기술의 가장 강력한 예측변인이라는 것을 발견했다(National Reading Panel, 2000). 음운인식의 중요성을 인식하게 됨으로써 난독증을 정의하는 방식에 변화를 가져왔으며 난독증을 '불충분한 음운인식처리능력을 지닌' 장애로 믿게 되었다.

연구자들은 학습장애의 생물학적 기초와 관련된 증거를 제공하기 시작했다. 사후 검시를 통해 난독증을 지닌 사람과 지니지 않은 사람 간의 왼쪽 관자놀이(plenum temporale)의 크기가 다르다는 것을 발견했다(Galaburda et al., 1994). 신경영상 연구는 난독증을 지닌 사람들의 뇌의 좌반구 기능에 이상이 있고, 읽기장애, 말과 언어장애는 유전성이 높다는 것을 발견했다(Wood & Grigorenko, 2001).

능력(IQ)-성취 불일치 개념의 대체를 위한 기반 조성

혼란기의 연구는 많은 의문에 해답을 얻었지만 학습장애 학생의 판별과정에 불일치 공식을 적용하는 것에 문제를 제기하였다. 대부분의 주들이 판별과정에서 '능력(IQ)과 성취 간의 불일치' 방법을 적용했다. 그러나 이 공식은 학습장애 학생의 판별과 관련한 신뢰성 문제로 비판받기 시작했고, 대안으로 음운 사정과 처치 타당도에 관한 연구를 하였으며 처치 타당도의 연구는 오늘날 중재반응법의 토대가 되었다.

현대기 : 신경과학적 연구의 확대와 중재-판별의 통합 접근

학습장애의 생물학적 근거에 대한 연구

현대기(2000~현재) 동안 신경영상법의 지속적인 발전으로 연구자들은 뇌의 기능과 구조 연구에 보다 정확한 방법을 적용할 수 있게 되었다. 연구가 거듭될수록 유전의 역할이 복합적이고 다면적이라는 증거가 드러났다. 유전과 학습장애에 관한 연구는 오랜 역사를 지니고 있지만 인간 게놈의 해부로 이어지는 혁신적 연구 방법의 출현은 이 시대 연구 확장의 원동력이 되었다. 신경영상과 유전학 연구의 결합으로 학습장애의 생물학적 원인론에 관한 연구가 촉진되었다.

중재반응법의 등장

학습장애의 신경생물학적 및 유전적 기초 연구의 발전은 학습장애 학생의 일상생활에 영향을 미치기까지 시간이 걸리겠지만, 21세기에는 학습장애의 판별에 중요한 영향을 미치고 있는 교육 서비스에 극적인 발달을 가져올 것(Swanson et al., 2013)으로 예측되고 있다. 20세기 말 학습장애 결정의 기초로 IQ-성취 불일치와 관련된 불만의 누적으로 연구자들과 실천가들은 판별 수단으로 중재반응법의 실시를 촉진시켰다. 2004년 IDEA의 개정으로 학교가 학습장애 판별 과정에 IQ-성취 불일치를 이용하도록 허용하고 있으나 중재반응법을 대신 사용할 것을 권장하고 있다.

중재반응법의 정의는 다양하다. 그러나 두 가지 보편적 원리는 첫째, 아동이 일반학급에서 질 높은 교수 경험을 해야 한다. 둘째, 학생이 적절한 비율로 학업적 진전을 보이지 않는다면

보다 집중적인 교수가 제공되어야 하며, 보다 집중적인 교수에 반응하지 않으면 학습장애 진단평가에 의뢰된다(O'Connor & Sanchez, 2011).

진전도 점검과 특수교육 중재를 연계시킨 개념은 1970~80년대에 시작된 의뢰 전 중재와 함께 오랜 역사를 지니고 있다. 그러나 의뢰 전 중재는 보통 4~6주의 짧은 기간이었다. 보다 중요한 점은 중재반응법은 학생이 일반학급에서 처음 받게 되는 질 높은 교수와 연계된 연구 기반 교수를 받아야 한다는 점에서 과거의 여러 가지 의뢰 전 모형과 구분된다.

각 주들이 학습장애 판별을 위해 중재반응법을 채택하고 있지만 많은 연구자와 실천가는 우려를 표명하고 있다. 예를 들어 일반교육의 교수가 고도의 양질이 아닐 수 있다. 일부 모형이 학습장애 학생들을 정확히 판별할 수 있지만 다른 모형은 학생이 충분한 평가를 받지 못하도록 차단하여 이들의 IEP 접근에 오히려 걸림돌이 될 수도 있다. 앞으로 각 학년과 각 교과에 적합한 중재반응법을 개발하기 위해 많은 연구가 이루어져야 할 것이다. 이러한 가운데 불일치법과 중재반응법을 조합한 혼합 모형(hybrid model)이 제안되고 있다.

국내의 역사

국내에서 학습장애는 다른 장애 영역에 비해 뒤늦게 특수교육 대상 장애로 인정받았다. 1994년 특수교육진흥법이 개정되면서 학습장애가 특수 교육대상 영역으로 포함됨으로써 이 장애에 대한 관심이 확대되었다. 국내 학습장애 교육사는 입법 기준을 근거로 토대 형성기, 신생기, 확립기로 구분될 수 있다.

토대 형성기 : 개념 도입	신생기 : 개념 정의, 판별 절차 및 도구 개발	확립기 : 지도 전략 및 프로그램의 개발
~1990	1990~2005	2005~현재
1979 진흥법 제정	1994~진흥법 개정	2007 특수교육법 제정

토대 형성기

초기에는 학습장애의 개념은 학습부진이나 학습지진 등과 명확히 분리되지 못한 채 용어가 혼용되는 상황이었다. 특히 일반교육에서 학습부진(under achievement), 학습지진[근래에 느린 학습자(slow learner)로 번역됨], 특정학습장애(specific learning disabilities), 학습장애(learning disabilties)의 개념을 도입하는 과정에서 이들을 모두 학습부진의 범주로 분류함으로써 학습장애의 개념 정립에 혼란을 가져왔다.

학습장애는 의학계에서부터 관심을 갖기 시작하여 도입된 이후 개념이 서서히 정리되기 시작했다. 민병근(1964)은 신경정신의학지에 '어린이 건강 : 학습장애'를 발표함으로써 국내 의학계에 소개하였다. 교육적으로는 1980년대 초반에 학습장애의 개념과 유형에 관하여 간헐적으로 논문집이나 발표 자료를 통해서 소개되었다. 학습장애의 개념은 일반지능 범위, 낮은 학업 성취, 배제 준거를 기본으로 포함하고, 지능 기준은 IQ 80에서 85 이상을 주로 사용하였다(변홍규, 1982; 이상노 외, 1989; 설은영, 1977; 오경자, 1989; 정대영, 1986). 이는 미국의 초기 지적장애의 지적 능력 범위를 −1 표준편차로 삼았고, 그에 대한 배타적 지적 기준과 표준오차를 고려하여 학습장애의 지적 기준을 주로 IQ 85 이상으로 했던 영향을 받은 결과였다.

1980년대 중반에 이르러 강위영과 정대영(1986)이 커크와 칼펜트(Kirk & Chalfant, 1984)의 저서[2]를 **학습장애 아동교육**(강위영, 정대영, 1986)이란 제목으로 번역함으로써 학습장애가 본격적으로 소개되었다. 이어서 학습장애의 개념, 특성, 진단평가(정대영, 1986), 학습장애의 특성과 출현율(강위영, 정대영, 1986) 등에 관한 기초 연구와 이론적 탐색 연구(서귀돌, 1988; 송영혜, 1989)들이 시도되었다.

한국정서장애아교육연구회(1988)가 설립되고 학습장애와 관련된 연구들이 발표됨으로써 학문적으로 더욱 관심을 갖게 되었다. 이 연구회는 1996년 한국정서학습장애아교육학회로 이름을 변경하였으며, 정서학습장애교육논총 제1집(1992)을 발간함으로써 학습장애 분야의 학술활동이 보다 형식화하고 체계화하는 데 기여하였다. 이 시기는 학습장애 분야가 도입되기는 하였으나 학문적 분화가 이루어지지 못한 채 정체성 확립을 위해 노력하였다.

신생기

신생기에 특수교육 분야의 독립적인 국가 정책이 수립되기 시작했다. 제1차 교육복지종합대책(1997~2001)은 장애, 유아, 학습부진아, 학교 중도 탈락자 및 해외 귀국자녀의 교육에 대한 정책을 수립하였다. 이 정책은 특수학급의 명칭을 학습도움실로 바꾸고 경도장애 학생의 특수교육에 대한 관심이 확대되었다. 제2차 정책(2003~2007)은 일반교육과 특수교육의 책무성 공유에 의한 모든 학생의 교육성과 최대화를 목표로 하였다. 국가특수교육의 1, 2차 정책의 영향으로 특수교육이 활성화되었고 학습장애 역시 함께 발전하였다.

---

2 *Academic and Developmental Disabilities*. Denver, CO: Love

학습장애 분야는 개념이 도입된 이후 이루어진 다양한 기초 연구들의 성과를 토대로 1994년 특수교육진흥법(이하 진흥법)의 개정과 더불어 특수교육 대상 장애 영역에 포함되었다. 이 시기 역시 학습장애의 개념을 조작화하기 위한 노력이 이루어졌고(정대영, 1991, 1993), 학습장애의 지능 기준은 IQ 80~85를 주로 사용하였으나 일부 논문에서는 지적 능력 범위를 +/-1 표준편차(IQ 85~115)를 적용하기도 하였다.

학습장애가 특수교육 대상 영역으로 자리 잡게 됨으로써 이 장애의 개념과 정의를 정교화하고 국내 토착화하기 위한 연구들이 다양하게 이루어졌다(정대영, 2002). 학습장애의 선별과 진단평가 방법으로 불일치 준거가 도입되어 적용됨으로써 이 개념을 기반으로 검사 도구들이 개발되기 시작했다. 이나미와 윤점룡(1990)의 학습장애진단도구 개발을 비롯하여 정대영과 정동영(1996)은 마이클버스트(Myklebust)가 개발한 학습장애평정척도를 국내에 재표준화하였다. 기초학습기능검사(박경숙 외, 1989)가 개발됨으로써 학습장애진단평가 과정에 학업 성취도 측정 도구로 많이 활용되었다.

마침내 학습장애를 연구하는 전문가 단체인 학습장애학회가 결성됨으로써(2004) 이 분야의 연구가 활발히 이루어지기 시작했다. 학습장애학회는 설립 기념 학술대회에서 학습장애의 개념과 분류, 진단과 평가 등에 대한 논의(정대영, 2002)를 통해 학습장애의 학문적 토대를 모색하였다. 그 후 학습장애의 지도 방향 탐색(정대영, 구남희, 1991; 정대영, 최둘숙, 2000), 다문화와의 관계 탐색 등 다양한 주제로 학술활동이 이루어졌다.

확립기

특수교육 정책은 새로운 정부의 시작과 함께 5년 단위를 주기로 지속적으로 개발되고 있다. 확립기의 경우 제3차 특수교육발전방안(2008~2012)은 장애 유형과 정도를 고려한 교육지원으로 모든 장애인의 자아실현과 사회통합을 목표로 하였고, 제4차 특수교육발전방안(2013~2017)은 꿈과 재능을 키우는 특수교육 제공으로 장애 학생의 행복교육의 실현, 제5차 특수교육발전방안(2017~2022)은 모두를 배려하는 교육, 교육비 부담이 없는 학교를 목표로 하고 있다. 각 정부는 통합교육, 교육권 보장과 확대, 교육성과, 행복 등 다양한 정책 목표를 제시하고 추진해 왔다.

이 시기는 학습장애 분야가 법적으로는 미흡하지만 어느 정도 정비가 되었다. 정부에서 2007년 특수교육진흥법을 폐지하고 장애인 등에 대한 특수교육법(특수교육법)을 제정하면서 학습장애를 지닌 특수교육 대상자의 선정 기준을 보다 구체화하였다. 특수교육법은 학습장애의 원인을 개인 내적 요인으로 한정하고 하위 유형을 듣기, 말하기, 읽기, 주의집중, 지각,

기억, 문제해결 등 일곱 가지 영역으로 확대시켰다.

학문적으로는 검사 도구의 개발이 보다 정교화되고 특성화되었다. 신민섭 등(2007)은 한국판 학습장애평가척도를 표준화하였고, 김애화 등(2009)은 학습장애선별검사를 개발하였다. 곽금주 등(2011)은 한국판 웩슬러 아동지능 검사 4판(K-WISC-IV)을 국내에 재표준화하였고 학습장애 학생의 잠재능력 측정에 활용되었다. 한편 학업성취도검사도구의 개발이 활발히 이루어져 진단평가의 불일치법을 좀 더 효율적으로 지원하는 계기가 되었다.

학습장애의 판별이나 선정과정에 대한 절차나 방법을 시·도에 일임함으로써 선정의 혼란은 계속되었다. 정부의 일반교육 기초학력 중시정책의 시행과 더불어 학습장애 분야의 특수교육은 오히려 위축되는 반정책적 현실 상황이 발생했다. 특히 3차 발전방안을 추진하던 시기에 정부가 기초학력 중시정책을 시행하면서 시·도 간, 시·군 간, 학교 간 학업 성취를 비교하고, 행정 담당자들에게 학습부진에 대한 책임을 물으면서 잠시 학습부진 학생들이 학습장애 학생으로 과잉 선정되는 사례들이 전국적으로 나타났다. 학습장애 선정 절차상의 이슈는 과잉 선정이 아니라 학습장애에 대한 개념적 이해 부족과 특수교육 대상자의 갑작스러운 증가에 부담을 느낀 행정 당국의 과민한 반응이 문제였다.

이 시기는 미국의 IDEA 2004에서 학습장애의 판별 방법으로 불일치 준거에 의한 한계를 인정하고 중재반응법을 채택한 영향으로 국내에도 이 개념이 도입되었다(조은미, 2011; 홍성두, 2011; 김애화, 김의정, 유현실, 2011). 중재반응법의 올바른 개념과 절차에 대한 이해 부족과 현장 연구 기반의 자료 부족으로 인하여 학습장애 진단평가 절차는 체계화되지 못하고 혼란을 겪는 가운데 교육부(당시 교육과정기술부)는 2010년 학습장애의 선정 기준을 마련하여 시·도에 지침으로 내려보냈다. 학습장애 선정을 위한 3단계의 엄격한 기준이 시달되자 과소 선정되는 부작용이 나타나기 시작했다. 그 결과 일부 시·군에서는 1년에 학습장애 학생으로 선정되는 사례가 단 한 명도 없는 경우가 나타나기도 하였고, 전국적으로 학습장애 학생의 통계는 감소 경향을 보이기 시작했다(정대영, 2014). 이에 문제를 인식한 교육부(2014)는 한국학습장애학회의 건의를 수렴하여 학습장애 선정 절차 지침을 다소 완화시켜 다시 내려보냈으며, 시·도는 학습장애를 진단평가하는 과정에서 이 두 가지 지침을 혼용하고 있는 상황이다. 따라서 시·도에 따라 학습장애의 선정 기준이 달라 대상 학생들의 교육기회 불균형 현상이 나타나고 있다.

진단평가와 교육적 중재정책의 혼란으로 인해 특수교육과 일반교육의 내실화 미흡으로 기초학력이 저하되고, 위험군 학생의 수가 급증하였음에도 불구하고 학습장애 진단평가의 부담을 느낀 현장 전문가들은 학습장애의 선정 자체를 외면하는 심각한 현상으로 나타났다. 결국 학습자들의 교육권은 제대로 보장받지 못한 채 방치되거나 외면받는 상황이 되었고, 이러한 흐름은 지속되어 2018년 현재 중고등학교 기초학력 미달 수는 국어는 중학생 4.4%, 고등학생은 3.4%에 이르고, 수학은 중학생 11.1%, 고등학생 10.4%에 이른다.

근래에 이르러 학습장애 개념은 저성취, 배제 준거, 포함장애의 요인을 포괄하기 시작하였고, 진단과정에서 학습장애의 지능 기준을 −2 표준편차(IQ 70)로 내려 정착시켜 가고 있다. 이 역시 지적장애의 지능 기준을 −2 표준편차로 하향 조정한 국제적 동향에 따라 지적장애와의 배타적 지능 기준을 적용함으로써 학습장애 지능 기준이 상대적으로 내려온 현상이다.

특수교육 현장의 인식과 행정적인 한계에도 불구하고 학습장애 진단평가, 중재 전략과 방법 및 프로그램 등에 대한 학문적 연구는 날로 활성화되고 있다. 학습장애의 특성(김애화, 김자경, 2014, 2015; 김애화, 2016), 진단평가 및 도구(강옥려, 우정한, 양민화, 여승수, 2017; 김애화, 김의정, 유현실, 2011; 김자경, 2007; 김자경, 2018), 교수 전략 및 프로그램 개발과 적용 효과 등에 대한 연구들이 활발히 이루어지고 있다. 교육공학적 접근(김애화, 2014; 정대영 외, 2016; 하창완, 정대영, 2016) 역시 다양하게 탐색되고 있다.

학습장애 교육 분야는 학문적 연구 결과와 현장을 연결시켜 줄 가교 역할과 정책에 대한 고민을 함으로써 실질적 연구 기반 교수를 적용하고 교육 효과성을 제고할 필요가 있다. 근래에 이르러 학습장애 분야의 연구는 읽기, 쓰기 및 수학의 기초학습 기능 중심에서 벗어나 사회기술, 다문화 등에 이르기까지 연구 분야가 확대되고 있으며 연구의 내용은 더욱 심화되고 있다.

미래의 학습장애

학습장애 분야에서 해결되어야 할 의문과 과제가 많고 다양하다. 특히 학습장애, 학습부진, 난독증, 느린 학습자, 경계선 지적기능 등의 개념, 원인, 특성 면에서 공통성과 차별성이 학습 중재 전략 및 방법에 어떤 시사점을 줄 수 있는지는 지속적으로 연구되어야 할 과제이다.

다양한 의문과 과제에 대한 일부 대답은 이 분야의 발전에 기여하였다. 아직도 많은 과제들이 남아 있지만 학습장애 분야의 미래는 이러한 문제들을 하나씩 제거하게 될 것이다. 기여를 택할 것인가? 아니면 어리석은 실수를 택할 것인가? 불행히도 우리는 이러한 선택을 무모하게 할 필요는 없다. 미래가 어떨지를 예측하기란 어렵지만 풍부한 과거가 있고 다양한 역사를 지니고 있다. 물론 오늘의 연구와 실제는 발전할 것이고 막다른 골목도 있겠지만 결국 우리의 미래를 안내할 역사의 일부가 될 것이다. 역사는 상황을 이해하는 데 참고가 될 것이고, 안내자가 될 것이다. 이 역사가 보여주듯이 학습장애 분야는 견고한 경험적 토대 위에서 지속될 것이다.

요약

외국의 학습장애 교육 역사

유럽의 토대 형성기

- 뇌기능의 분화 연구가 시작되었다.
- 왼관자엽의 중요성 : 브로카 영역과 베르니케 영역이 밝혀졌다.
- 뇌기능과 읽기에 관한 연구로 난독증이란 용어가 도입되었다.

미국의 토대 형성기

- 다감각 접근법이 강조되고 대뇌 지배력 혼돈 개념이 등장했다.
- 중재 중심의 연구가 시작되고 개인차의 중요성이 인식되었다.

신생기

- 학습장애란 용어가 도입되었다.
- 학습장애 학생의 판별과 검사 도구들이 개발되기 시작했다.

확립기

- 미국 특수교육법이 제정되고 모든 장애 아동의 무상 공교육이 시작되었다.

혼란기

- 정의에 관한 논쟁이 지속되었다.
- 메일스트림 운동에서 나아가 포용교육의 개념 도입과 더불어 배치에 관한 논쟁은 완전 통합을 지향하게 되었다.
- 학습장애 진단평가 과정에서 IQ-성취 불일치 개념의 대체를 위한 기반이 조성되었다.

현대기 : 신경과학적 연구의 확대와 중재-판별의 통합 접근

- 학습장애의 생물학적 근거에 대한 연구가 시작되었다.
- 학습장애 학생의 진단평가 방법으로서 중재반응법이 등장하였다.

국내의 역사

토대 형성기

- 초기에는 학습장애의 개념은 학습부진이나 학습지진 등과 명확히 분리되지 못한 채 용어가 혼용되었다.
- 한국정서장애아교육연구회가 설립되고 학습장애와 관련된 연구들이 발표되기 시작했다.
- 학습장애 분야가 도입되기는 하였으나 학문적 분화가 이루어지지 못한 채 정체성 확립을 위해 노력하였다.

신생기

- 학습장애가 특수교육 대상으로 포함되었다.
- 학습장애의 개념을 조작화하기 위한 노력이 이루어졌다.
- 학습장애를 연구하는 전문가 단체인 학습장애학회가 결성됨으로써 연구가 활발히 이루어지기 시작했다.

확립기

- 학습장애의 선정 기준이 보다 정교화되었다.
- 학습장애 검사 도구 개발이 활발히 이루어졌다.
- 학습장애 진단평가 방법으로 중재반응법이 도입되어 실험되기 시작했다.

미래의 학습장애

- 학습장애, 학습부진, 난독증, 느린 학습자, 경계선 지적기능 등의 개념, 원인, 특성 면에서 공통성과 차별성이 학습 중재 전략 및 방법에 어떤 시사점을 줄 수 있는지는 지속적으로 연구되어야 할 과제이다.

3

인지, 정서 및 학습 :
신경심리학적 이해

학습목표

- 신경세포와 정보 전달을 담당하는 신경세포를 이해한다.
- 뇌의 구조와 기능을 이해한다.
- 뇌손상과 학습장애의 관계를 이해한다.
- 학습과정에서 정서가 미치는 중요한 영향을 이해한다.

학습은 뇌를 기반으로 하며 인지 능력의 범위를 넘어 정서적 측면과도 깊은 관계가 있다. 학습장애를 좀 더 이해하고 중재 효과를 높이기 위해 인지와 정보처리 과정을 넘어 뇌의 신경심리학적 측면과 정서에 관한 연구 결과들이 교육에 주는 시사점을 살펴보기로 한다.

신경세포와 정보 전달

신경세포는 감각신경세포, 연합신경세포, 운동신경세포의 세 종류로 나뉜다. 감각신경세포는 감각신경을 구성하며 감각기관에서 일어난 자극을 중추신경계(척수나 뇌)로 전달한다. 연합신경세포는 감각신경세포로부터 전달된 자극을 판단하여 운동신경세포를 통해 반응으로 내보낸다(그림 3.1 참조). 신경세포는 뇌와 전체 신경계의 기능적 핵심 부위이며 세포체, 가지돌기, 축삭돌기의 주요 세 가지 부분으로 구성되어 있다. 신경세포들이 모여서 척수와 뇌를 만들어 많은 연결망을 갖게 된다. 각 신경세포체는 신경세포를 작동하게 하는 핵과 물질이 포

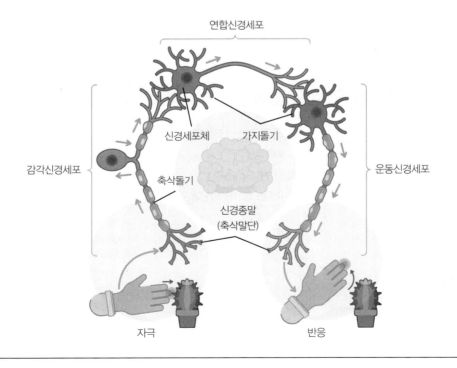

그림 3.1 신경세포의 구조와 기능

출처 : www. shutterstock.com

함되어 있으며, 핵에서 뻗어 나가는 수만 개의 가지돌기가 있다(이동훈, 김학진, 이도준, 조수현, 2017).

가지돌기(수상돌기)는 환경(예 : 시각, 소리, 냄새)이나 다른 신경세포로부터 메시지를 받는 나무 모양의 돌기로서 다른 신경세포의 축삭돌기와 종말구를 통하여 메시지를 받는다. 축삭돌기는 신경세포의 긴 튜브 모양의 돌출부이며 다른 신경세포의 가지돌기로 메시지를 전달하는 신경 출력부이다. 각 신경세포에서 나온 가지돌기와 축삭돌기 사이에 1백만 분의 1인치 정도의 미세한 간극인 신경세포의 연접부위, 즉 시냅스가 있다. 메시지는 신경세포를 따라 전기적으로 움직이지만 신경세포 간에는 화학물질을 분비하여 전달한다. 이 활동은 축삭의 끝에 있는 연접부위 소낭이라고 하는 주머니에서 화학물질을 능동적으로 발산한다. 이때 발생되는 화학물질을 신경전달물질이라고 하고 연접부위 간극을 넘어 이동해서 이웃 신경세포의 연접부위 후 종말을 흥분시키거나 억제시킨다. 이러한 전기화학적 메시지는 축삭돌기로부터 종말구를 경유하여 수상돌기로 전달된다.

학습은 이와 같은 연접부위의 변화에 의해 일어난다. 학습을 하면 연접부위가 많아진다. 신경세포는 서서히 재생되고 그로 인하여 학습과 기억을 향상시킨다(Sousa, 2017). 지금까지 신경세포는 재생되지 않는 세포라고 생각했으나 인간의 뇌가 적어도 한 장소, 즉 해마의 신경세포는 재생된다는 것이 발견되었다. 이 발견은 뇌의 다른 신경세포를 재생시킬 수 없을까라는 의문이 생기고 가능하다면 이를 자극해서 재생시킬 수 있는지, 손상된 뇌를 치료할 수 있는지에 대해 강한 의문을 갖게 된다.

지금까지 약 100여 가지 신경전달물질이 발견되었는데, 그중 영향력이 가장 큰 몇 가지 물질은 아세틸콜린(학습, 운동, 기억, REM 수면에 영향), 에피네프린(포도당, 대사, 운동할 에너지 방출에 영향), 세로토닌(수면, 충동, 기분, 식욕, 공격에 영향), 글루타메이트(학습과 정서에 가장 두드러진 역할을 함), 엔도르핀(고통 완화, 웰빙과 즐거움의 감정), 도파민(운동, 주의집중, 학습, 유쾌, 강화에 영향) 등이 있다.

거울신경세포

거울신경세포는 우리가 다른 사람이 하품하는 것을 보면 따라하게 되듯이 옆에서 관찰만 해도 실제로 행동을 하듯 해당 신경세포가 활성화되는 현상을 말한다. 거울신경세포는 타인의 의도와 행동의 의미를 파악하는 데 도움을 줄 수 있다(Catmur, 2015). 자폐스펙트럼장애 학생들은 거울신경세포 체계에 손상을 입은 것일까? 왜 다른 사람의 의도나 정신 상태를 추론하는 데 어려움을 겪을까? 신경과학자들의 주요 연구 대상이 되고 있다.

아동의 신경세포 발달 : 기회의 창

기회의 창은 어린 뇌가 중립적인 네트워크를 만들고 통합하기 위해 환경으로부터 입력되는 자극에 대해 고도로 민감하고 중요한 시기를 말한다. 이 시기를 **중요 시기** 또는 **결정적 시기**라고 한다. 인지 및 기술과 관련된 창은 훨씬 더 가소성이 크고 평생 변화한다. 뇌의 능력은 우리의 일생을 거쳐 지속적으로 미묘한 방식으로 경험의 결과를 변화시키는 능력을 지니고 있는데, 이를 **가소성** 내지 **신경가소성**(neuroplasticity)이라고 한다.

　부모와 교육자들은 초기에 아동이 경험할 기회를 놓쳤다고 실망할 필요는 없다. 연합된 신경 네트워크가 발달하는 한 뇌의 가소성과 탄력성은 언제든 학습을 가능하게 한다(Sousa, 2017). 일반적으로 학습을 빨리 시작할수록 좋지만 늦는다고 해서 재앙은 아니다. 조기 학습이 더 좋지만 너무 일찍 하면 역효과를 불러올 수 있다.

뇌의 구조와 기능

뇌세포는 연료로 산소와 포도당을 소모한다. 뇌의 최적 기능을 유지하기 위해 뇌의 연료가 되는 물질의 양을 적절히 유지하는 것이 중요하다. 혈액 중에 산소와 포도당의 양이 적으면 무기력해지고 졸음이 오게 된다. 포도당이 적절히 함유된 음식의 섭취는 작업기억, 주의집중, 운동기능을 북돋우고, 장기 재인기억을 향상시킨다. 물 역시 건강한 대뇌활동에 중요하고 신경세포 신호를 이동시키기 위해 필요하다(Kumara, Wheaton, Snow, & Millard-Srafford, 2016).

뇌의 구조와 기능

인간의 뇌, 즉 중추신경은 뇌와 척수로 구분된다. 뇌는 전뇌, 중뇌, 후뇌로 나뉘고, 전뇌는 대뇌(대뇌겉질, 변연계, 기저핵)와 간뇌(시상, 시상하부, 유두체)로 구분된다(그림 3.2 참조). 중뇌는 흑질, 상구/하구로, 후뇌는 소뇌, 교, 연수로 나뉜다. 뇌는 입력에 근거하여 지속적으로 재조직화하고 신경가소성은 유년기에 급속히 발달하지만 일생을 거쳐 지속된다.

대뇌의 엽

뇌는 이마엽, 관자엽, 마루엽, 뒤통수엽의 4개의 세트로 되어 있으며, 각 기능에 특화되는 경향이 있다.

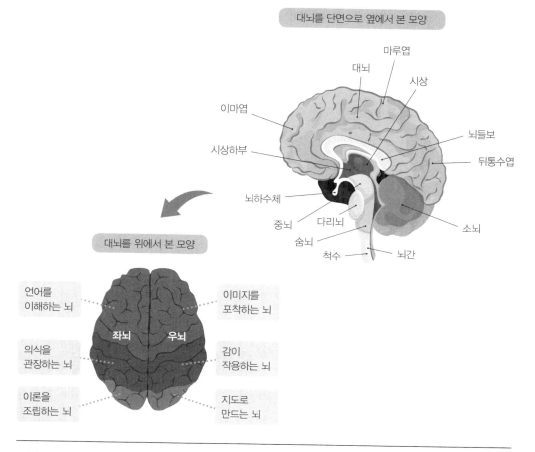

그림 3.2 뇌 겉질과 기능

출처 : www. shutterstock.com

이마엽(frontal lobe)은 흔히 실행기능 센터라고 하며, 계획하기와 사고하기를 담당한다. 뇌의 이성적 및 실행적 통제 센터, 고차 사고, 문제해결 지시, 정서 체계의 과다 조절을 담당한다. 이마엽 외상은 극적인 행동 및 성격 변화(말 상실, 기억 곤란)를 일으키고 때로는 그 조건이 영구적이 된다. 대부분의 작업기억이 여기에 위치하고 있어 주의집중 활동이 일어나는 장소이다(Nee & Jonides, 2014). 이마엽은 성숙이 느려서 청소년 후기부터 성인기까지 계속된다. 따라서 청소년기는 정서 과다를 통제하는 이마엽 역량이 충분히 작동하지 않기 때문에 성인보다 자신의 정서를 조절하지 못하고 휘둘려 고위험 행동을 하는 경향이 높다.

관자엽(temporal lobe)은 소리, 음악, 얼굴 및 사물 재인, 일부 장기기억을 담당한다. 왼쪽 뇌에 말하기 담당 센터가 있으며 말하기는 브로카 영역(브로드만 지도 44, 45번 영역)이, 말의 이해는 베르니케 영역(브로드만 지도 22번 영역)이 각각 담당한다.

뒤통수엽(occipital lobe)은 머리 뒷부분에 한 쌍이 있고 형태나 색의 지각을 포함한 시각적 처리과정을 전담하고 있다. 이 부위의 손상은 시력 문제를 일으킨다.

마루엽(parietal lobe)은 정수리 부근에 위치하고 있으며 신체의 다양한 부분으로부터 들어오는 감각정보(예 : 뜨거움, 차가움, 촉각, 고통)를 통합하고 공간정위를 돕는다. 이 부위의 손상은 신체의 인식 능력과 부위 알기에 영향을 미친다.

운동겉질은 신체 움직임을 통제하며 나중에 학습할 때 소뇌와 함께 운동기술의 학습을 돕는다. 체성감각겉질은 신체의 다양한 부분으로부터 받은 접촉 신호를 처리한다.

변연계

변연계는 정서 유발, 정서기억 처리를 포함하여 여러 가지 다른 기능을 수행한다. 대뇌와 뇌간 사이에 위치하여 정서와 이성의 상호작용을 허용한다. 변연계의 네 가지 부위는 학습과 기억에 중요하다.

시상과 시상하부는 모든 감각정보가 가장 먼저 시상으로 들어온다. 여기서 뇌의 다른 부위로 정보를 보내고 추가 처리를 지시한다. 대뇌와 소뇌 역시 시상으로 신호를 보내고 기억을 포함하여 여러 가지 인지활동에 관여한다. 시상이 외부에서 뇌로 들어오는 정보를 점검하는 동안 시상하부는 신체의 정상 상태(항상성)를 유지하기 위해 내부 체계를 점검한다. 다양한 호르몬의 분출을 통제함으로써 수면, 체온, 음식 섭취, 수분 섭취 등 여러 가지 신체기능을 조절한다.

해마는 학습을 강화하고 전기적 신호를 통해서 작업기억을 장기기억으로 전환시키는 데 주요 역할을 한다.

편도는 정서, 특히 두려움에 중요한 역할을 한다. 즉 공격할 것인지, 도망갈 것인지, 친구가 될 것인지, 먹을 것인지 등 생존에 영향을 줄 수 있는 환경과 개인의 상호작용을 조절한다. 기억이 회상될 때마다 정서적 구성요소를 회상하게 된다. 따라서 강한 정서기억을 회상하는 사람이 그러한 정서를 자주 다시 경험하게 된다. 편도와 해마의 상호작용이 중요하고 정서적 사건을 장시간 동안 기억하도록 책임진다.

뇌간

뇌간은 가장 오래된 부분이며 뇌의 가장 깊은 곳에 자리 잡고 있다. 뇌로 들어가는 12개의 체신경 중 11개가 뇌간에 연결된다(후각신경은 변연계로 직접 들어감). 뇌간은 심장박동, 호흡,

체온, 소화 등 중요 기능을 점검하고 통제하는 곳이며, 망상활성체가 있어 뇌의 기민성을 담당한다.

소뇌

소뇌는 운동의 협응을 담당하며, 근육의 신경 말단으로부터 충동을 점검하기 때문에 복잡한 운동 과제의 수행과 타이밍에 중요하다. 소뇌는 운동 과제의 시연에 관여하고 수행성을 개선시키며 숙련도를 향상시킨다. 소뇌에 손상을 입은 사람은 운동 속도가 늦어지고 단순화하여 정밀 조정 운동(공 잡기, 악수하기, 글씨 쓰기)에 어려움을 겪는다. 소뇌는 인지적 처리과정의 지원 구조로서 사고, 정서, 감각, 기억을 도와준다(Hieratic, Marvel, & Desmand, 2016).

좌반구와 우반구의 기능적 분화

대뇌는 좌반구와 우반구의 두 반구로 나누어져 있으며, 두 반구는 2억 개 이상의 신경섬유로 이루어진 뇌들보(corpus callosum, 뇌량)라는 두꺼운 신경다발로 연결되어 있다. 사고, 기억, 말하기, 근육운동이 대뇌에 의해 통제를 받는다. 두 반구는 각각 독특한 기능을 담당하며 뇌들보를 통해 서로 정보를 주고받으며 협력하여 기능을 발휘한다.

좌반구/좌뇌는 학습에 중요한 기능과 역할을 한다. 언어로 생각하고 끊임없이 자신에게 말을 건넨다. 생각은 언어가 동원되고 자신에게 말을 하는 내적 언어활동이다. 테일러(Taylor)는 이를 뇌의 재잘거림이라고 했다(장호연 역, 2015). 좌뇌의 언어 중추는 높은 주파수에 민감하여 언어와 관련된 톤을 감지하고 구분하여 해석하는 일을 돕고 이야기를 엮어내는 능력을 발휘한다. 순차적으로 단어를 연결하여 대단히 복잡한 메시지를 전할 수 있는 문장과 문단을 만든다. 우뇌가 인식한 모든 에너지, 정보를 받아들여 감당하고, 모든 것을 범주화하고 조직하며 설명하고 판단하고 분석한다. 퍼즐을 들여다보고 색깔, 모양, 크기의 단서를 활용하여 배열 패턴을 인식할 줄 알며 다량의 정보를 신속히 처리한다. 따라서 미래에 무엇을 생각하고, 어떻게 행동할지를 예측하는 능력을 지닌다. 세부사항을 분석하며 A가 B보다 크고, B가 C보다 크면 A가 C보다 크다는 연역적 추론으로 이해한다.

우반구/우뇌는 주로 비언어적인 운동, 예술 측면을 담당한다. 우반구는 정보를 병렬처리하는 컴퓨터처럼 작동한다. 동시 다발적으로 들어오는 정보를 순간의 모습과 소리, 맛, 냄새, 감촉이 어떤지를 파악하여 이것들을 이어 붙여 전체상을 만들어낸다. 순간들은 일회성 자극이 아니며 감각, 사고, 감정, 때로는 생리적 반응도 이끌어낸다. 우뇌의 능력 때문에 개별적인 순간들도 사진처럼 명료하고 정확하게 떠올릴 수 있다. 직관적으로 생각하고 각각의 새로

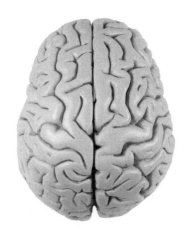

좌뇌
- 분석적 사고
- 상세한 방향지각
- 순서적 서열화
- 이성적/합리적 사고
- 언어
- 주의
- 계획수립
- 수학/과학
- 논리
- 우시야
- 오른쪽 운동기술

우뇌
- 직관적 사고
- 전체적 지각
- 무선적 계열화
- 정서적 사고
- 비언어적
- 모험
- 충동
- 창의적 쓰기/예능
- 상상
- 좌시야
- 왼쪽 운동기술

그림 3.3 좌우반구의 기능 분화

출처 : www. shutterstock.com

운 순간이 안겨주는 가능성을 창조적으로 탐색한다. 자발적이고 태평하고 상상하기 좋아하도록 설계되어 있어 금지나 판단에 구애받지 않고 예술적 활기를 자유롭게 펼칠 수 있다. 근운동 감각이 뛰어나 신체가 세상 속으로 뛰어드는 것을 좋아한다. 자유를 높이 평가하고 이 땅의 모든 생명에 관심을 가지며 인간적인 사랑을 가치 있게 여긴다. 좌뇌와 우뇌의 기능을 요약하면 [그림 3.3]과 같다.

뇌손상과 학습장애

뇌의 구조적 문제

과학자들은 학습장애를 지닌 사람과 그렇지 않은 사람을 비교하고 뇌의 구조와 기능에서 어떤 차이점을 찾을 수 있었다. 예를 들어 언어 관련 영역인 뇌의 양쪽 관자엽에 구조적 변이(변형)가 존재할 수 있다. 난독증을 지닌 사람들의 경우 양쪽 관자엽의 크기가 동일한 것으로 밝혀졌다. 그러나 난독증이 없는 사람의 경우 왼쪽 관자엽이 뚜렷이 확인될 정도로 더 크다. 읽기 문제는 그와 같이 관자엽의 차이와 연관이 있을 수 있다(Leonard, 2001).

정상적인 언어정보 처리과정은 시각겉질에서 시작된 신경 충동이 뇌의 우반구로 이동하여 해석된다. 학습장애를 지닌 사람의 뇌는 언어 영역이 양반구 모두에서 잘 발달되어 있다. 이 경우 신경 충동이 동시에 양반구로 나아간다. 따라서 뇌들보는 두 반구가 시각겉질을 통해 받아들인 메시지를 비교하고 분석하는 과정에서 신경 충동을 일으키게 되며, 이러한 혼란은 학습장애 학생들이 흔히 범하는 글자의 반전 현상의 원인이 된다.

뇌와 뇌기능의 측정

뇌의 기능과 물리적 구조를 측정할 수 있는 방법은 다양하다. 신경해부학적 기법으로는 부검 연구, 신경영상기법으로는 CT스캔, MRI, PET, rCBF, SPECT, 전기생리학적 사정으로는 EEG, ERP, AEP가 있으며 신경심리학적 사정으로는 뇌/행동 관계를 평가한다.

학습장애인을 대상으로 뇌 구조와 기능에 관한 수많은 연구가 이루어졌다. 사후 검시에 의하면 정상적인 뇌는 비대칭이다. 최근 신경영상기법으로 확인한 연구 결과에 의하면 읽기장애인은 뇌 구조상 비대칭을 이루어야 할 곳에 대칭을 이루고 있는 것으로 밝혀졌다. 예를 들어 비학습장애인은 좌측 뇌반구 관자엽 영역이 흔히 우측 뇌반구에 있는 관자엽보다 더 크다. 그러나 학습장애인의 좌반구 관자엽과 우반구 관자엽의 크기가 같은 것으로 밝혀졌다.

CT스캔(컴퓨터 X선 촬영 장치)은 X선 빔이 뇌를 관통하며 뼈, 회백질, 분비액(유동체)을 확인한다. 그러면 컴퓨터는 뇌 부위의 각 단면에 영상을 재구성하고 구조상의 이상을 찾을 수 있게 된다. 비학습장애인은 뒤통수엽의 비대칭을 보이는 반면 학습장애인은 대칭을 보인다.

자기공명영상(MRI) 테크놀로지의 진보로 읽기 및 언어장애인 뇌의 특정 영역에서 음운적 처리과정이 활성화되는 동안 비장애인의 패턴과 다름을 확인할 수 있다(Simos et al., 2000). 비학습장애인은 마루엽의 모이랑에서 왼쪽 방향으로 향한 비대칭이 보이는 반면, 학습장애인은 예상되는 그러한 비대칭이 보이지 않았다.

EEG, 사건관련 전위(event-related potentials, ERP), 평균유발전위(average evoked potentials, AEP)는 전극을 통해 뇌의 전기활동을 기록한다. 난독증을 지닌 사람은 그렇지 않은 사람에 비해 마루엽에서 전기활동이 덜 일어난다.

신경학적 사정에는 여러 가지 인지적 및 지적, 언어, 시각-지각적, 학업적, 운동, 감각, 정서적 및 행동 능력과 기능을 사정하는 검사들이 있다. 신경심리학적 연구에 의하면 인지/구어학습, 읽기, 문어, 구어적 추론, 구어적 기억, 산수 계산, 처리 속도의 결함은 좌반구 기능장애와 연관이 있다. 공간기능, 비구어적 추론, 비구어적 단서, 사회기술, 사회/정서적 정보의 결함은 우반구 기능장애와 연관이 있는 것으로 밝혀졌다. 읽기장애인의 주요 어려움은 음운처리 과정 결함으로 밝혀졌다.

학습장애 학생은 학습을 할 수 있지만 그 과정은 뇌 구조와 기능의 특수한 차이 때문에 비효율적으로 이루어진다는 점을 강조하는 것이 중요하다. 비효율성이란 과제를 수행할 때 정확도가 낮거나 속도가 느린 것을 말한다.

읽기와 뇌, 난독증

기능적 영상 연구에 의하면 다양한 패러다임의 단어 읽기 과제는 세 가지 주요 좌뇌 영역, 즉 뒤통수관자엽(occipitotemporal lobe), 관자마루엽(temporoparietal lobe, 이마엽 아래(inferior frontal lobe) 영역이 연합된다(Price, 2012). 이 네트워크는 흔히 '삼각모델(triangle model)'이라고 하는데 [그림 3.4]에 제시되어 있으며, 이마엽 아래 영역에 의미 영역을 보여주고 있다. 중앙 관자엽 내에 언어 영역을 포함하고 있는 영역을 등쪽 경로라 하고(그림 3.4B), 단어의 분절 처리과정에 더 많이 관여한다(예 : 하위 어휘). 복부 경로는 '단어 형성' 영역이 포함된 뒤통수관자엽 영역을 통해 의미 파악을 조정한다.

자기생성영상(magnetic source imaging) 연구에 의하면 단어에 노출될 때 70밀리세컨드 이내에 주요 시각겉질이 활성화되고 뒤통수관자엽 영역에 있는 시각연합겉질이 활성화된다. 이 영역은 서기소 분석, 정서법 관계의 신속한 처리, 단어의 다른 특징 관련 다모형 통합을

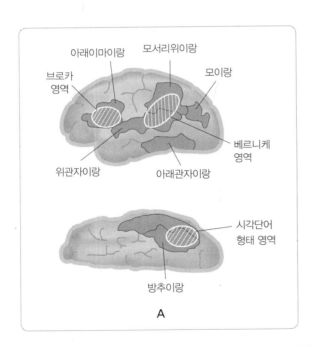
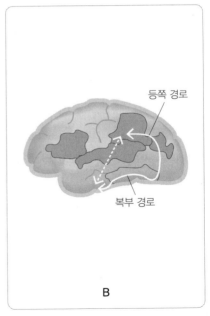

그림 3.4 뇌의 주요 참여 영역을 보여주는 읽기에 대한 신경 네트워크의 단순 모델

그림 A에서 등쪽 경로와 복부 경로를 구성하는 영역을 볼 수 있다. 그림 B에서 폭넓게 정의되고 있는 하측두부 내의 의미 체계와 서로 연결되어 절정에 달하는 등 흐름과 복부 흐름을 설명하고 있다.

담당한다. 그것은 더 많은 후방위 영역이 감각 처리, 대상 및 패턴 처리에 특화된 중앙 영역, 방추이랑을 포함한 전방위 영역, 패턴의 즉각적인 인식에 관여하는 뒤통수관자엽 영역으로 확대되어 들어가는 후방위 영역과 함께(그림 3.4A) 전방위가 조직된다.

[그림 3.4B]에서 확인한 바와 같이 네트워크의 이 구성요소는 흔히 복부 경로라고 하고 베르니케 영역에 해당하는 뒤통수관자엽 영역에서 확장되는 상두이랑과 모이랑이 포함된 등쪽 경로와는 대비된다. 네트워크의 이 부분은 단어에 노출된 후 약 750밀리세컨드 후 동시에 활성화되며, 음운적 처리과정과 문자−소리 일치를 담당한다. 이 경로는 양식 간의 정보를 연결하고 음운적 정보와 의미적 정보를 통합하며, 단어에 시각적 주의를 조절하는 데 관여하는 연결 정거장으로 작용하는 모이랑까지 미칠 수 있다. 대략 브로카 영역과 일치하는 이마엽 아래 영역은 단어 발음에서처럼 조음 매핑과 단어의 어휘적 표상에 접근하는 음운적 처리를 담당한다.

특히 단어인식에 관련된 특정 인지처리과정은 뇌의 다른 영역의 특정 네트워크와 연합된다. 첫째, 문자의 시각적 분석은 주로 뇌의 가장 뒷부분에 있는 뒤통수엽 내의 뇌 네트워크가 담당한다. 음운론의 둘째 단계는 뇌의 관자 영역에 특화되어 있는 청각 소리 재현이 관련된다. 셋째 단계는 언어가 소리를 통해 학습되므로 청각 소리 영역과 아주 가까운 수용언어 영역이 청각 소리 재현과 밀접하게 연합된다. [그림 3.5]는 단어인식의 시각적 재현 단계를 나타낸 것이다. 그러나 언어는 의미적 재현이나 단어 의미를 포함시키기 위해 뇌에 분포되어 있는 많은 네트워크가 관여하는 소리 이상의 처리과정이다. 단어 해독이 뇌의 다른 두 영역의 인지처리와 관련될 때 단어인식의 학습은 뇌의 다른 두 영역의 네트워크가 연결되어야 한다. 특정 학습 과제 수행에 관련된 뇌의 네트워크 사이에 연결성이 감소되면 학습의 효율성

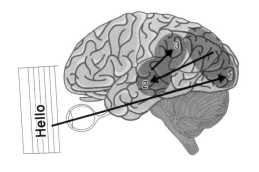

① 해독. 개인이 단어를 본 후 뒤통수엽에서 문자의 시각적 분석과 문자 패턴의 시각적 인식이 이루어진다.
② 음운론. 시각적 문자군이 언어 소리와 연합되고, 음 혼합은 위관자엽에서 이루어진다.
③ 의미론. 혼합된 음은 음운적 처리가 일어나는 가장 가까운 신경학적 영역에 저장된 어휘의 단어로 인식된다.

그림 3.5 단어인식의 신경인지 연결성 구조 : 인지적 및 신경학적 처리과정의 일치

출처 : Alfonso, V. C. & Flangan, D. P. (2018)

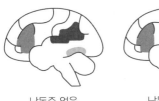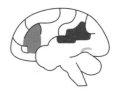

| 난독증 없음 | 난독증 있음 | 난독증 : 중재 전 | 난독증 : 중재 후 |

그림 3.6 난독증 뇌와 정상뇌, 중재 후 뇌의 변화

이 줄어든다. 뇌 연결성 이상으로 인해 학업 과제에 대한 학습 효율성의 감소는 학습장애의 내재적 원인으로 작용한다.

읽기는 구어가 보다 작은 소리 단위로 분절될 수 있고(음운인식) 인쇄된 단어의 문자들이 이들 소리를 나타낸다는 점을 인식할 수 있는 능력이 요구된다. 난독증이 있으면 이와 같은 보다 작은 소리 단위를 인식하지 못하고, 구어 알파벳 글자(특징)를 매핑하는 데 어려움을 겪는다. 비난독증 독자는 활자 음운 구조로 매핑하는 것이 어려울수록 뇌의 활성화가 체계적으로 증가했음을 보여주었지만 난독증 독자의 뇌활동은 체계적으로 증가하지 않았다. 난독증을 지닌 사람은 읽기를 할 동안 시각 영역과 언어 영역이 연결된 뇌의 뒷부분에서 낮은 활성화 패턴을 보여주었다. 그러나 [그림 3.6]에서 보는 바와 같이 난독증의 중재로 뇌의 기능 전환을 정상화시킬 수 있다는 점은 매우 고무적이다.

학습에 필수적인 정서

정서의 의의

인간은 호기심 때문에 탐색하고 발견하며, 타인의 도덕 · 열정 · 흥미 · 변화를 보고 감탄하고 모방한다. 이처럼 지능과 가소성을 지닌 두뇌 덕분에 지적 및 사회적 노력을 조절하고 그러한 태도에 영향을 미치는 정서를 발달시킬 수 있다(Csikszentmihaltyi, 1990). 정서적 감정은 역할 모델을 모방하게 하고, 필요에 따라 그것을 옳다고 여기는 사람들을 돕거나 벌을 주는 사회성과 도덕성을 체계화하며, 창의성과 창조의 기반뿐만 아니라 학업 상황에서 현재 또는 미래의 의사결정 기반을 조성한다(김정희, 1997). 예로써 자신의 삶을 교육에 헌신하고자 결정한 행위는 이러한 정서를 느낄 수 있는 능력 때문에 가능하다. 정서는 사람들이 언제, 무엇을, 어떻게, 왜 사고하고 기억하며 학습하는지와 관련된 중요한 단편들을 형성하기 때문에 이와 관련된 학습은 역동적이고 사회적이며 상황 의존적이다(장현갑 외, 2004). 정서가 없으면 기억하기, 복잡한 사고에 전념하기, 의미 있는 의사를 결정하기가 신경학적으로 불가능하다.

정서와 교육의 관련성

정서와 교육의 관련성은 정서의 생활 관리 차원과 정서 감정의 능동적인 정신 구성요소 차원에서 찾아볼 수 있다. 정서는 생활 관리에 매우 중요하기 때문에 발달하고, 모든 복잡한 생명체에서 나타난다. 정서신경과학은 우리의 사회문화적 및 지적 생활을 조절하는 정서와 기본적인 생물학적 생존을 관리하는 신경계가 동일한 것으로 밝히고 있다(Sousa, 2017).

정서는 교육과 관련된 또 하나의 중요한 차원으로 흥미, 영감, 분노, 열정과 같은 복합적이고 능동적인 정신 구성요소(mental constructions)이다(박권생, 2004). 정서는 주관적이고 상황에 대한 인지적 해석이며 구체화된 반응을 수반하기 때문에 복합적이라고 한다. 물리, 공학, 수학과 같은 전통적으로 비정서적이라고 여기던 학업 교과조차 깊은 이해는 개념 간의 정서적 관계에 의해 좌우된다.

정서는 인지와 같이 성숙과 경험을 통해 발달한다(Sousa, 2017). 이런 의미에서 정서는 우리가 한순간 또는 일생에 걸쳐 학업적 요구와 다양한 종류의 상황에 적절히 적응하기 위해 능동적으로 형성된 사고와 행동의 조직화된 패턴이다. 동일한 발달 단계에 있는 두 사람 역시 같은 시기에 동일한 상황에 대해 서로 다른 반응을 보인다.

학습에서 정서의 역할을 이해하는 것은 학생의 반응을 전략적으로 조절할 학습 환경을 설계하는 데 중요하다. 정서를 이해하는 것은 학생이 부여하는 의미를 파악하는 것이다. 학생과 교사는 어떤 방식으로든 자신의 정서적 반응을 경험하거나 느끼며, 의식적이거나 무의식적으로 자신의 사고와 감정을 자기 방식으로 조절한다. 교육자들은 개인적 관련성이 학습에 중요하고, 목표를 정하거나 꿈을 갖는 것은 동기유발과 인내심에 중요하다는 것을 알고 있다. 많은 사람들은 정서와 사회적 맥락이 학습의 중추가 된다고 생각하며, 신경과학적 증거는 그러한 관점을 명확히 하고, 타당화할 수 있으며 반증할 수 있다고 믿고 있다(Immordino-Yang, 2016).

정서 및 사회신경과학과 교육의 관련성

어떤 유형의 뇌손상 환자는 인지능력을 보존하고 있으나 자신의 일상생활을 전적으로 관리하지 못한다. 그들은 의사결정이 정서와 무관할 때는 더욱 이성적이고 논리적이지만, 다른 사람이 자신의 행동을 어떻게 생각하고 있는지에 관심이 없으며, 과거의 실수를 통해 배울 수 없고, 현재의 행동이 명확히 잘못임을 알면서도 중단하지 못하며 바꾸지 못한다(Sousa, 2017).

연구자들은 싸움, 도망, 생식과 같은 생존 관련 행위를 위해 신체를 준비하는 데 정서가 중요한 역할을 한다고 가정했던 고전적 통찰력으로부터 정서와 정서 관련 신체 반응의 감정이 사고와 의사결정을 조절하는 데 중요하다는 새로운 관점의 지능을 소개하였다(Damasio et al., 2000). 그들은 정서의 개념을 '사람들이 다양한 상황에 적절히 반응할 수 있도록 하는 노하우와 행위의 레퍼토리'로 규정했다. 개인은 적절한 정서 없이 지식을 습득할 수 있지만 상황이 요구할 때 그것을 효과적으로 사용할 수 없다. 이런 의미에서 정서란 사고를 안내하는 열쇠이다.

정서 관련 신경과학의 발전은 학교 상황에서 학습에 대한 이해를 혁신시킬 잠재력을 지닌 정서적 기능과 인지 간의 관계를 강조하고 있다. 특히 의사결정, 사회적 기능, 도덕적 추론 간의 관계는 의사결정에서 정서의 역할, 학습과 정서의 관계, 문화가 학습을 어떻게 형성시키는지, 그리고 궁극적으로 도덕성과 인간 윤리를 어떻게 형성시키는지를 이해할 수 있는 새로운 가능성을 제시하였다(Gardner, Csikszentmihalyi, & Damon, 2001).

현대 생물학은 인간이 근본적으로 정서 및 사회적 생명체임을 밝히고 있다. 추론, 의사결정, 언어, 읽기, 수학 관련 처리과정을 포함하여 학교에서 배운 고차원적 인지기술이 정서 및 신체의 영향을 받지만 이들이 완전히 분리되어 기능할 수 없다. 유능한 교사라면 학생의 정서와 감정, 신체 상태, 수면과 식사, 질병이나 건강 상태가 학생의 학습과 수행성에 영향을 미친다는 것을 알고 있다. 결국 학교와 실제 세계에서 일어나는 복잡한 의미의 학습은 이성적인 과정이나 정서적인 과정의 어느 하나만으로 이루어지는 것이 아니라 이 두 과정이 복합적으로 작용하여 이루어진다.

교육적 시사점

교사가 학생을 지도할 때 흔히 교육적 성공의 가장 직접적인 지표가 되는 논리적 추론기술과 실제적 지식에 중점을 둔다. 하지만 이러한 접근에는 두 가지 문제가 있다. 첫째, 학습이나 회상은 우리의 일부 지식이 이성적, 비정서적 형태로 나타날 때조차도 정서와 별개로 순수하게 이성적 영역에서 일어나지 않는다. 둘째, 교육자들은 학생들의 학업 관련 교육과정의 정서적 측면을 이성적 영역에서처럼 기능하도록 지도함으로써 선천적으로 실제 상황에 잘 전이시키지 못하는 유형의 지식을 발달시킬 수 있다.

교육자들이 오랫동안 알고 있었듯이 학생들이 전통적인 학업적 감각으로 지식과 논리적 추론기술을 숙달하기에 충분하지 않다. 그들은 학교나 실험실과 같이 구조화된 맥락 밖에서 이러한 기술과 지식을 유용하게 선택하고 구성할 수 있어야 한다. 교육자들이 정서와 인지의 관계 특성을 이해하게 되면 학습 환경을 설계할 때 이러한 관계를 지렛대로 사용할 수 있을 것이다. 신경해부학자인 테일러(Taylor)는 자신이 겪은 뇌졸중과 회복과정을 생생히 기술한 '긍정의 뇌'(장호연 역, 2010)에서는 뇌손상 또는 뇌기능장애, 중추신경계 기능장애에 의한 다양한 학습의 문제를 경험하는 학습장애 학생들의 교육에 희망을 주고 있다. 정서가 인지에 어떤 역할을 하는 신경생물학적 증거는 학습과학과 교수의 실제를 혁신시킬 잠재력을 지니고 있다. 교육자가 학생의 정서를 인식하지 못하고, 그들의 학습에 미치는 중요한 영향력을 인식하지 못한다면 그들이 왜 학습을 못하는지를 제대로 파악할 수 없을 것이다.

요약

신경세포와 정보 전달

- 신경세포는 감각신경세포, 연합신경세포, 운동신경세포의 세 종류로 나뉜다.
- 거울 신경세포는 우리가 다른 사람이 하품하는 것을 보면 따라하게 되듯이 옆에서 관찰만 해도 실제로 행동을 하듯 해당 신경세포가 활성화되는 현상을 말한다.
- 기회의 창은 어린 뇌가 중립적인 네트워크를 만들고 통합하기 위해 환경으로부터 입력되는 어떤 유형의 자극에 고도로 민감한 중요 시기를 말한다.

뇌의 구조와 기능

- 인간의 뇌, 중추신경은 뇌와 척수로 구분된다.
- 중뇌는 흑질, 상구/하구로, 후뇌는 소뇌, 교, 연수로 나뉜다.
- 뇌는 이마엽, 관자엽, 마루엽, 뒤통수엽의 4개의 엽으로 되어 있으며, 각 기능에 특화되는 경향이 있다.
- 소뇌는 대뇌 아래와 뇌간 바로 윗부분에 자리 잡고 있는 양반구 구조로서 운동 협응을 담당하며, 근육의 신경말단으로부터 충동을 점검하기 때문에 복잡한 운동 과제의 수행과 타이밍에 중요하다.
- 대뇌는 좌반구와 우반구의 두 반구로 나누어져 있으며, 뇌들보라는 두꺼운 신경다발로 연결되어 있다. 사고, 기억, 말하기, 근육운동이 대뇌에 의해 통제를 받는다. 두 반구는

각각 독특한 기능을 담당하며 서로 뇌들보를 통해 정보를 주고받으며 협력하여 기능을 발휘한다.

- 좌반구/좌뇌는 학습에 중요한 기능과 역할을 한다. 언어로 생각하고 끊임없이 자신에게 말을 건넨다.
- 우반구/우뇌는 주로 비언어성 측면, 운동, 예술 측면을 담당한다.

뇌손상과 학습장애

- 일반인은 양쪽 관자엽 중 왼쪽이 큰 불균형 구조를 형성하지만 난독증이 있는 사람은 양쪽 관자엽의 크기가 동일한 특징을 보인다.
- 뇌기능과 물리적 구조는 측정하는 방법 중 신경해부학적 기법으로는 부검연구, 신경영상기법으로는 CT스캔, MRI, PET, rCBF, SPECT, 전기생리학적 기법으로는 EEG, ERP, AEP가 있다.

학습에 필수적인 정서

- 정서와 교육의 관련성은 정서의 생활 관리 차원과 정서 감정의 능동적인 정신 구성요소 차원에서 찾아볼 수 있다.
- 학습과 지식은 상대적으로 정서가 없을 때, 사람들이 내적으로 유발된 동기가 없이 흥미나 실제 세계와의 관계를 느끼지 못하고, 기계적으로 학습할 때 학습한 내용을 실제 세계에 효율적으로 사용하지 못하는 경향이 있다.
- 최근 정서의 신경생물학적 연구가 발달함에 따라 실제 세계에서 생활 조절 목적으로 이루어지는 인지에 대한 기능이 정서적 기제에 의해 이루어지고 있음이 밝혀졌다.

4

학습장애 원인에 관한
이론적 관점

학습은 매우 복합적인 과정과 활동으로 이루어지기 때문에 학습장애의 단일 원인을 찾기 어렵다. 오히려 여러 요인들이 연관되어 있음을 전제로 접근하는 것이 장애 조건을 보다 잘 이해할 수 있다. 이 장에서는 학습장애의 원인에 관한 여러 가지 이론을 살펴보기로 한다.

유전학적 관련성

학습장애의 유전적 기초는 쌍둥이 연구, 형제 분석, 가족의 가계 분석을 통해 연구되었다. 학습장애 분야의 쌍둥이 연구는 형제 중 한쪽이 읽기학습장애가 있으면 다른 한쪽도 이 장애일 확률이 일란성 쌍둥이는 68%, 이란성 쌍둥이는 40%인 것으로 나타났다. 읽기학습장애를 포함한 학습 문제는 이란성 쌍둥이보다 일란성 쌍둥이에서 더 흔하게 나타날 수 있다는 가정을 지지하는 가운데 유사한 결과들이 말과 언어장애를 지닌 쌍둥이에서도 관찰된다.

학습장애의 가계성 유전은 읽기학습장애의 가족사가 있으면 이 장애를 지닐 가능성이 의미 있게 증가한다. 아직까지 결정적인 결론에 이르지 못하고 있지만 염색체 6번과 15번이 연관되어 있을 가능성이 밝혀졌다. 학습장애가 가계를 통해 이어진다는 사실은 유전적 연관성이 있을 수 있음을 말해준다. 학습장애를 지닌 1세대 가족(부모나 형제)의 35~45%가 역시 읽기학습장애를 지닌 것으로 밝혀졌다(Pennington, 1990).

단어의 각 소리를 듣는 중 읽기에 필요한 일부 기술이 부족한 아동들의 부모 역시 관련된 문제를 지닐 가능성이 크다. 그러나 부모가 지닌 학습장애는 자녀가 지닌 학습장애와는 다소 다를 수 있다. 부모가 쓰기장애를 지니고 있지만 자녀는 표현언어장애일 수 있다. 이런 사실로 미루어 볼 때 학습장애가 직접적으로 유전되는 것은 아닌 것 같다. 유전되는 것은 결국 학습장애로 이어지는 미묘한 뇌기능장애이다. 학습장애가 가계를 따라 유전되는 이유에 대해 대안적인 설명이 있을 수 있다. 가계성(가족성)은 유전성을 명확히 입증하지 못하고 있으며, 일부 학습장애는 환경 요인에 의해 발생될 수 있다. 예를 들어 그들이 사용하는 언어가 왜곡될 수 있다. 이러한 경우 아동의 언어습득 시 훌륭한 모델을 갖지 못함으로써 학습장애를 갖게 되는 것 같다.

난독증과 기타 학습장애의 유전적 원인을 조기에 진단하여 성공적으로 중재할 수 있다는 연구들이 이루어지고 있다(Yale School of Medicine, 2019). 이들의 연구에 의하면 도파민 분비를 조절하는 특별한 유전자 ANKK1과 중독성 관련 도파민 유전자 DRD2가 언어 처리과정과 관련이 있고, 특정 유전자 DCDC2는 난독증 및 언어손상과 연관이 있다. 첫 번째 발견된 조절유전자 변이 REDA1[1]이 읽기수행 문제와 연관이 있다. 난독증과 관련이 있는 두 번째 유전자 KIAA0319가 발견되었는데, 예일 의대 그룬(Grune) 교수는 이 두 가지 유전자 READ1, KIAA0319에 위험변이를 지니고 있으면 읽기, 언어, IQ 측정에 승수효과(miltiplier effects)[2]가 나타날 수 있고, 이 두 유전자를 지닌 경우 난독증과 언어손상을 가질 가능성이 증가한다는 사실을 밝혔다(Medical News Today, 2013). 유전자 연구는 학령기 이전에 학습장애 관련 위험 유전자를 발견하면 조기 중재를 통해 지속적이고 긍정적인 효과를 얻을 수 있다.

태아의 뇌발달 이상과 지체

태아 뇌발달 이상

태아의 뇌는 임신 동안 일부 다목적 세포들 수십억 개가 특수화되고 상호 연결된 신경세포라는 복잡한 기관으로 발달한다. 이처럼 놀라운 진화가 이루어지는 동안 신경이 형성되고 상호 연결되는 과정에서 무엇인가 잘못될 수도 있다.

임신 초기 단계에 뇌간이 형성된다. 뇌간은 호흡과 소화 같은 기본적인 생활기능을 통제한다. 그다음 깊은 이랑을 중심으로 대뇌는 우반구와 좌반구의 두 반구로 나뉘게 된다. 마지막으로 주의집중, 사고, 정서와 연관된 영역뿐만 아니라 시각, 소리 및 다른 감각을 포함한 영역들이 발달하게 되고, 새로운 세포가 형성될 때 위치를 이동해 가면서 다양한 뇌의 구조를 만들어 간다. 이러한 네트워크가 형성됨으로써 뇌의 여러 영역이 정보를 공유할 수 있게 된다. 임신 동안 뇌의 발달은 쉽게 방해받을 수 있다. 뇌의 발달이 일찍이 방해를 받게 되면 태아가 사망하거나 광범위한 장애나 지적장애가 될 수 있다. 세포가 특수화되고 뇌기능이 분화되는 과정에서 방해를 받게 되면 세포의 완성, 위치, 연결에 오류가 생길 수 있다(제3장 참조). 일부 과학자들은 이러한 오류가 다음에 학습장애로 나타날 수 있다고 믿고 있다.

---

1 Regulatory Element Associated with Dyslexia 1

2 외생변수가 한 단위 변할 때 그 영향을 받는 내생변수가 얼마나 변하는지를 비율로 표시한 것을 승수라고 정의하며, 통상적으로 승수값이 1보다 큰 경우 승수효과가 존재한다고 말한다. 유사한 개념은 나비효과, 파급효과를 생각하면 될 것이다.

성숙 지체

학습장애를 설명하는 또 다른 이론은 영구적인 뇌기능장애보다 신경계의 성숙지체 때문에 발생할 수 있다(Samango-Sprouse, 1999)는 입장이다. 일부 아동은 동일 연령 집단에서 다른 아동에 비해 더 느린 속도로 발달하고 성숙한다. 그 결과 그들은 기대 수준의 학교생활을 할 수 없게 된다. 성숙지체를 나타내는 일부 전형적인 증후는 다음과 같다.

- 언어기술, 특히 읽기와 관련된 언어기술의 느린 성숙
- 운동기술의 발달지연
- 시각-운동 문제
- 대뇌반구가 불완전하거나 지배력 혼돈
- 좌-우 혼돈
- 가족 일원 중 유사한 증후를 보이는 경향
- 사회적 미숙

학습장애의 생물학적 근거

생물학적 이상

화학물질은 뇌의 활성화와 신경세포 간의 전기적 충동을 통제하고 해제하는 데 중요한 역할을 한다. 생화학적 물질이 부족하거나 지나치게 많으면 뇌에서 비정상적인 전기활동을 일으킬 수 있다.

내분비 문제

내분비샘은 신체의 여러 부위에 위치하고 있으며 분비호르몬이나 강한 화학물질을 직접 혈류로 보낸다. 호르몬은 조직과 기관의 기능에 영향을 미치고 행동을 결정하도록 돕는다. 이들 화학물질과 과잉행동, 학습장애 사이에 관계가 있는 것으로 추정되고 있다.

갑상샘 불균형 갑상샘에서 분비되는 갑상샘호르몬은 신체의 기초 신진대사율과 에너지 출력을 조절한다. 갑상샘호르몬 수치가 낮으면 기억력 열등, 낮은 IQ, 에너지 부족의 결과를 가져온다. 갑상샘호르몬 수치가 높으면 신경성 과다행동, 성마름(화를 잘 냄), 주의집중 곤란을 일

으킨다. 최소저혈당 수준이 지나치게 낮으면 역시 단어 발견 문제를 나타내고 철자법 오류를 증가시킨다.

갑상샘 기능장애　갑상샘 기능 시스템이 없이 태어난 아동들은 학습장애가 될 위험성이 있다. 선천성 과소갑상샘증후군 영아들은 평생 갑상샘호르몬 치료를 받게 되는데, 이로써 심한 발달 지체를 예방할 수 있다. 그러나 이들의 종단적 추적 연구 결과는 IQ가 정상 범주에 속하지만 학습장애와 유사한 결함 프로파일을 나타낸다. 최근 전체 임신 동안 어머니의 최적 갑상샘 수준과 최적 태아발달 사이에 어떤 관계가 있는지에 관한 연구가 진행되고 있다.

영양 문제

영양실조

임신 동안 산모와 태아의 영양실조는 태아 뇌의 생화학적 기능 열등과 연관이 있는 것 같다. 잘못된 다이어트와 심한 영양 불량은 두 가지 이상의 감각을 동시에 사용하는 능력에 손상을 입히거나 발달을 지체시킴으로써 아동의 학습 능력을 감소시킬 수 있다. 최근 연구들에 의하면 난독증과 통합운동장애(dysprazia) 같은 일부 학습장애는 영양 문제 때문일 수 있음을 지적하고 있다.

음식 민감성

일부 연구자는 학습장애를 지닌 다수의 과잉행동 아동은 음식 첨가물 때문이라고 주장했다(Feingold, 1975). 이 검증되지 않은 주장이 대중적으로 널리 수용되었다. 그는 살리실산염뿐만 아니라 인공 색소와 향료를 제거하는 다이어트를 통해 행동 문제를 처치할 수 있으며, 전체 학생의 10~25%는 살리실산염에 민감할 수 있다고 믿었다. 과학자들은 수년간 그의 이론을 검증하고자 하였으나 음식 내의 첨가제, 설탕, 기타 물질이 과잉행동을 일으키거나 과잉행동에 기여한다는 이론을 지지하는 데 실패했다. 학습장애와 관련된 과학자들 중 생화학적 불균형이 학습장애를 일으키는 의미 있는 원인이라고 믿는 사람은 거의 없다(Heward, 2013).

비타민 결핍

1970년대에 또 하나의 인기 있었던 접근법은 대량 비타민 요법이었다. 정상적인 양의 비타민을 생성하지 못함으로써 학습장애가 발생된다는 이론을 제기되고, 처치과정에서 결핍이 의심되는 비타민을 매일 대량으로 복용할 것을 권고했지만 과학적 연구에 의해 이 처치 효과를 입증하는 데 성공하지 못했다(Cargiulo, 2004).

임신과 출생의 복합

학습장애를 일으킬 수 있는 또 다른 원인으로는 임신 동안의 복합적인 요인들이다. 태아의 비정상적 위치, 무산소증(산소결핍) 및 신생아 뇌에 공급되는 화학물질, 출생 시의 신경계 등도 원인이 될 수 있다. 혈액이나 산소가 충분히 공급되지 않을 때 영구적인 뇌손상이 일어날 수 있다. 다수의 학습장애 학생들은 출생 전이나 출생 동안에 다소의 뇌손상을 입은 이력이 있다. 어떤 경우 산모의 면역 체계가 자궁에 반응하여 마치 자궁이 감염된 것처럼 공격한다. 이런 유형의 혼란은 뇌의 잘못된 부위에 뇌세포를 새롭게 형성시키는 요인이 되는 것 같다. 또한 출산 도중에 탯줄이 꼬이거나 일시적으로 자궁에 산소의 공급이 차단되어 뇌기능을 손상시켜 학습장애로 이어질 수 있다.

조산된 영아나 저체중 영아는 지난 20여 년간 증가하는 반면 그 기간 영아와 신생아 사망률은 극적으로 개선되고 있다. 조산아와 저체중아, 미숙아는 뇌성마비, 지적장애, 감각손상, 발달지체, 학습 및 학교 문제를 일으킬 위험성이 높다. 영양은 조숙아 예방과 입원 기간이나 산후조리 기간에 신생아 케어에 중요한 역할을 한다. 저체중 유아는 학습장애가 될 위험이 크다. 일부 연구에 의하면 약 2.27kg 미만의 저체중 아동들은 또래에 비해 학업적으로 지체되고 학교에서 그들의 노력을 약화시키는 미묘한 행동 특성을 나타냈다. 그중 다수는 취학 전 기간에 운동기능이 열등하고 신경학적 미숙함을 나타냈다.

출생 전 유해물질에 노출

임산부가 복용한 약은 태아에게 직접 전달된다. 임신 기간에 담배, 술, 다른 약물을 복용하면 출생 전 태아에게 손상을 줄 수 있다(Codina, Yin, Katims, & Zapata, 1998). 임신 동안 흡연한 산모들은 더 작은 아기를 출산할 가능성이 크다. 흔히 2.5kg 미만의 저체중아는 학습장애를 포함하여 여러 가지 문제의 위험성이 있기 때문에 관심을 받게 된다. 체중이 1kg 이하이면 초극소 저체중아로 분류되는데, 이들의 2/3가 미숙아이고, 나머지는 산모, 태아 및 여러 가지 원인으로 재태 기간에 비해 체중이 적은 부당경량아(small for

그림 4.1 산모의 약물 위험

출처 : www.shutterstock.com

gestational age)가 포함된다(홍창의, 1997).

코카인

흡연 형태의 코카인은 피부, 눈, 귀로부터 들어오는 신호를 전달하도록 도와주고 환경에 대한 신체적 반응을 조절하도록 돕는 뇌 수용기의 정상발달에 영향을 주는 것 같다. 일부 학습장애 학생들은 말소리나 문자를 이해하는 데 어려움을 겪기 때문에 불완전한 수용기와 연관이 있을 수 있는 것으로 추정된다.

마리화나

마리화나에 포함된 주요 정신활성 성분인 테트라하이드로카나비놀(tetrahydrocannabinol, THC)은 태반을 가로질러 태아에 해를 끼칠 가능성이 있다. 임신 기간 산모가 마리화나를 흡연하면 태아에게 저산소증을 유발하여 자녀의 주산기 저산소증, 미숙아, 저체중아, 신체적 및 행동 문제를 일으킬 수 있다. 산모가 마리화나 담배를 주당 6개비 이상 피웠을 때 6세 아동들은 ADHD 징후를 보일 가능성이 크다. 이것은 캐나다 칼리토대학교 심리학과에서 126명의 아동을 검사한 후 얻은 결론이다. 아동 중 14명은 어머니가 임신 기간에 주당 마리화나 담배를 1~6개비를 피웠고, 19명은 주당 6개비 이상을 피웠다.

산모의 마리화나 흡연 관련 자료는 약물과 주의집중 행동의 특정 측면, 특히 주의지속과 관련되어 있다. 인지심리학자들은 주의집중 과정이 다르게 작용하지만 서로 관련된 기능을 수행하는 세 가지 하위 체계, 즉 감각 사건을 향한 오리엔팅, 기억에 저장된 정보와 각성 상태 유지하기, 초점을 맞추어야 할 신호 찾기의 체계로 나누고 있다. 연구 결과는 출생 전 담배와 마리화나에 노출되면 주의집중, 충동 및 과잉행동과 관계가 있는 것으로 나타났다(Fried & Watkinson, 1992).

최근 외국의 일부 국가에서 마리화나 흡연을 허용하고 있고, 국내 또한 마약 이용이 확산되는 지극히 위험한 현상이 나타나고 있어 국민의 정신 및 신체적 건강을 위협하고 있다.

심장처방약

최근 연구는 임산부의 심장부정맥(heart arrhythnia)[3] 약물 아미오다론(Amiodarone, AMD)의 복용에 주의해야 한다. 캐나다 토론토의 마운트시나이병원 연구자들은 여성이 임신 기간에

---

3 광범위한 질환으로 심장박동이 정상범위(분당 60~100)를 벗어나 100 이상으로 갔을 때 빈맥, 60 이하로 느리게 뛸 때 서맥이라고 함. 맥박수에 관계없이 불규칙한 것도 부정맥의 한 종류라고 할 수 있다.(네이버 지색백과)

이 약물을 복용할 경우 자녀 중 언어장애가 증가하는 것을 발견했다.

알코올

알코올은 역시 태아의 뇌발달에 위험할 수 있고, 신경발달을 해칠 수 있다. 임신 기간의 음주는 태아알코올증후군을 유발시킬 수 있다. 이는 저체중, 지적 손상, 과잉행동 및 기타 신체적 결함으로 이어질 수 있다. 임신 중 음주는 아동발달에 영향을 줄 수 있고, 학습, 주의집중, 기억, 문제해결 등의 문제를 일으킬 수 있다. 과학자들은 알코올의 안전 수준을 확인하지 못하기 때문에 임산부나 곧 임신을 할 여성은 알코올 섭취를 피해야 한다고 경고하고 있다. 알코올 관련 연구 결과는 다음과 같다.

- 임신 첫 3개월 동안 알코올에 노출되면 해마나 구조 연합 발달에 영향을 미칠 수 있으며, 이는 시각 및 청각정보를 부호화하는 능력에 결함을 가져올 수 있다(Coles, 1991).
- 알코올에 노출된 아동들은 학업 곤란을 겪을 가능성이 크고 이들 중 일부는 학습장애를 겪을 수 있다(Coles, 1991).
- 산모가 하루에 알코올 약 680cc를 섭취한 13개월 된 영아 84명 중 비언어성 이해와 구어 점수가 낮은 아동이 발견되었다.

니코틴

보건복지부의 질병관리본부 국민건강 영양조사(2014)에 의하면 성인 남성의 현재 흡연율은 과거 60%에서 최근 약 40%로 감소하였고, 성인 여성의 현재 흡연율은 5~6%를 유지하고 있다. 성인 남성 평생 흡연자의 흡연 시작 연령은 15년간 20.6세에서 19.5세로 1년 정도 낮아진 반면, 성인 여성의 경우 지난 15년 31.6세에서 23.8세로 약 8년 정도 낮아졌다. 2013년 만 19세 이상 성인 현재 흡연자의 하루 평균 흡연량은 성인 남자 15.8개비, 성인 여성 8.6개비이다. 청소년 현재 흡연율을 보면 남학생(중 1~고 3)의 현재 흡연율은 2006년 이후 16%로 증가하였다가 2014년 14%로 낮아졌으며, 여학생(중 1~고 3)은 2006년 이후 4%로 낮아졌다.

외국의 경우 흡연 습관과 임신의 이슈에 관한 통계는 최근 10여 년간 특히 여성들의 습관성 흡연자의 비율이 증가했다. 스웨덴의 경우 습관성 흡연자는 거의 2배가 되었고, 캐나다 여성의 경우 57%, 남성은 31% 증가한 것으로 나타났다. 이러한 사실은 산모의 흡연과 출생아에 미치는 영향의 경과 간의 관계가 있기 때문에 중요한 시사점을 갖는다. 연구들의 추정은 흡연하는 임산부의 1/3에서 1/2이 유의한 수준의 비자발적 또는 간접흡연에 노출되는 점에 관심을 갖는다. 임산부의 흡연으로 인하여 점차 증가하는 독성은 발달하는 아동에 영향을 미쳐 손상을 입히는 것으로 나타나고 있는데 궐련형 담배의 흡연은 학습장애의 원인이 되는 것으로 밝혀졌으며 연구 결과는 다음과 같다.

- 흡연하는 여성의 경우 태아 혈액에 일산화탄소가 축적되어 발달하는 영아에 산소 공급을 심각하게 감소시킨다. 일산화탄소헤모글로빈(carboxyhemoglobin)[4] 수준은 산모보다 발달하는 태아에 2배나 집중하여 도달된다(Denson, Nanson, & McMatters, 1994).
- 하루에 10개비 이상을 흡연하는 산모의 아동은 비흡연 산모의 자녀에 비해 읽기, 수학, 일반적 능력이 3~5개월 뒤처지고, 이러한 문제는 사회적 및 생물학적 요인들과 연관될 가능성이 있다.
- 태아기 동안 흡연에 노출된 6~11세 아동 110명 중 중추청력 처리과정 과제(SCAN)의 수행이 전반적으로 열등했다(McCarthy, 1994).
- 동물 연구와 인간 연구 보고서에 의하면 임신 기간 니코틴에 노출된 산모의 자녀는 운동활동, 학습 및 기억 결함을 촉진시키는 것으로 밝히고 있다(Roy, 1994).
- 임신 중 흡연한 부모의 자녀들은 과잉행동, 주의력 결함, 낮은 IQ, 읽기학습장애의 증가와 연관이 있었다(Roy, 1994).
- 임신 기간 산모가 담배를 더 많이 피울수록 자녀들이 성장하면서 심한 행동 문제를 나타낼 가능성이 크다. 적어도 하루에 1갑을 피우는 여성의 자녀는 불안, 타인과 갈등, 불순종 등과 같은 극단적 행동 문제의 비율이 비흡연 여성 자녀에 비해 2배나 더 높을 가능성이 있었다. 흡연자 자녀의 학교 수행성은 더 열등했으며, 호흡기 질환에 더 민감했고, 하루에 10개비를 흡연한 산모 집단의 아동들은 통제집단의 아동들보다 키가 1cm 정도 더 작았으며, 학교에서 평균 능력이 더 열등했다(Finland Department of Public Health, 1994).
- 살충제는 의도적으로 신경계 손상을 가져오도록 제작되었기 때문에 임신 기간에 살충제에 노출된 여성은 상당한 관심을 불러일으킨다. 1993년 6월 미국 전국과학학회(National Academy of Science, NAS)는 공급되는 식자재에 포함된 살충제에 노출된 유아동의 건강을 위협한다는 보고서를 발간했다. 살충제는 민감한 신경학적 독성, 암, 재생 기능장애, 면역 및 내분비계를 포함한 인체건강에 상당히 부정적인 영향을 미친다.

---

4 일산화탄소와 헤모글로빈이 결합한 비교적 안정된 화합물(H_6CO), 옥시헤모글로빈의 산소(O_2)를 내쫓고 일산화탄소(CO)가 결합되기 때문에 체내에 저산소증을 야기하며, 중추신경계의 장애에 의한 질식의 원인이 된다. 일산화탄소는 헤모글로빈에 대한 결합력이 산소-헤모글로빈에 대한 결합력의 200~300배이다.

아동은 성인보다 음식에 있는 여러 살충제에 훨씬 더 많이 노출되고 있으며, 어른에 비해 체내에 들어오는 독성을 더 오랫동안 지니게 되는 경향이 있고, 간이 아직 발달 중에 있기 때문에 체내에서 성인만큼 독성을 해독시키지 못해 신경독의 위험이 훨씬 높아진다.

아동의 환경 내 유독 화학약품

중금속

아동기의 뇌발달을 붕괴시켜 학습장애로 이어질 수 있는 환경적 독성에 대해 연구가 실시되고 있다. 서울 시내 초중고 502명의 머리카락 중금속 함유량 조사 결과 187명 이상이 검출되었다. 주의력을 떨어뜨리는 납은 120명(2ppm) 이상, 중추신경계에 영향을 주는 알루미늄은 78명, 카드뮴은 75명, 수은 46명이 기준치를 넘었다(MBC 뉴스, 2018. 10. 6.).

미국 아동의 20% 이상이 학습과 행동에 유해할 정도로 수은, 납, 카드뮴과 같은 중금속으로부터 영향을 받고, 일부 시골 지역의 아동 중 50% 이상이 피해를 입고 있다. 성인들도 비슷한 영향을 받고 있다. 다수의 역학자들은 미국 전체 아동의 50% 이상이 출생 전이나 출생 후 유독물질에 노출됨으로써 학습 능력이나 정신 상태에 유의할 정도로 나쁜 영향을 받고 있다고 믿고 있다. 독성 금속은 다수의 아동에게 신경학적 영향, 발달지체, 학습장애, 우울, 행동이상에 작용할 뿐만 아니라 태아발달에 손상을 초래하고, 출산 결함을 유발시키는 등 생식과 발달에 유해한 영향을 미친다.

납중독

미국의 1~5세 아동 약 43만 4천 명은 미국 질병통제센터(CDC, 2004)가 밝힌 혈중 납 수준이 데시 리터당 10마이크로그램 이상인 것으로 나타나고 있다. 납중독은 신체의 거의 모든 체계에 영향을 미칠 수 있다. 납중독은 명백한 증상을 보이지 않고 일어날 수 있기 때문에 쉽게 인식되지 않는다. 납중독은 학습장애, 행동 문제, 매우 높은 수준의 발작, 혼수상태를 일으킬 수 있고 심지어 죽음에 이를 수도 있다.

납은 인체 내에서 분해되지 않는 금속이다. 오늘날 납 함유 페인트는 아동의 납중독 원인이 될 가능성이 가장 큰 물질이다. 페인트를 칠한 주택이나 가구 등은 여러 해가 지나면 표면이 부서지고 먼지가 일어난다. 이 먼지는 아동의 입으로 들어갈 물체의 표면에 달라붙는다. 어른들 역시 이런 과정을 통해서 납을 먹게 된다. 이것은 페인트 내의 납이 인체 내부로 들어

가는 가장 일반적인 과정이다. 아동은 페인트를 칠한 창틀에 매달려 놀며, 페인트를 칠한 표면을 물어뜯거나 페인트 조각을 먹을 수도 있다.

납중독의 다른 원천은 취미(스테인드글라스 유리 만들기), 작업(배터리 제조 및 재생), 식수(납 파이프, 땜납, 놋쇠 설비), 가정건강 의약품과 연관이 있다. 아동들은 다음과 같은 경우 납중독 위험성이 더 높아진다.

- 6세 미만의 아동들은 매우 빠르게 성장하고 손이나 물건을 입에 넣는 경향이 심해서 위험하다.
- 저소득층 아동들이 더 위험하지만 모든 사회경제적 수준의 아동들은 납중독에 영향을 받을 수 있다.
- 낡은 집에서 생활하는 저소득층 가정의 자녀들은 납의 영향을 더 많이 받을 수 있다. 예를 들어 미국의 일반 백인 가정에서 생활하는 아동들의 납중독 수준이 6%인 데 비해 1946년 이전에 지은 집에 사는 흑인 아동은 23%, 멕시코계 아동은 13%에 이를 정도로 더 높은 것으로 조사되었다.

아동이 납에 노출되면 발달과 행동에 광범위하게 영향을 받게 된다. 아동들이 소량의 납 수준에 노출되었을 경우 부주의하거나 과잉행동을 보이거나 화를 잘 낸다. 아동의 납중독 수준이 높아질수록 학습 문제, 성장지체, 청력손실 등의 문제를 지닐 수 있다. 체내의 납 수준이 높으면 영구적인 뇌손상을 가져오고 심지어 사망에 이르게 될 수도 있다(American Academy of Pediatrics, 2000).

카드뮴

아동의 카드뮴 노출이 학습장애와 연관되어 있다고 주장하는 연구자들도 일부 있다. 카드뮴은 지구의 표면에 있는 천연 성분이다. 이것은 산소(카드뮴 산화물), 염소(카드뮴 염화물) 또는 황(카드뮴 황화물) 등과 같은 기타 성분과 결합된 미네랄에서 흔히 발견된다(U. S. Department of Labor, 2004).

석탄과 미네랄 비료가 포함된 모든 흙과 바위는 약간의 카드뮴을 포함하고 있다. 대부분의 카드뮴은 아연, 납, 구리와 같은 기타 금속의 생산과정에서 발생된다. 카드뮴은 쉽게 부식되지 않으며 배터리, 그림물감, 금속 코팅, 플라스틱 등에 많이 이용되고 있다. 아동건강에 미치는 영향은 어른에게 미치는 것과 유사한 것으로 예상된다. 카드뮴이 출산 결함을 유발하는지는 알려지지 않았다. 카드뮴은 임산부의 신체를 거쳐 발달 중인 태아에게 쉽게 전달되지는 않지만 일부는 태반을 관통하여 태아에게 영향을 줄 수도 있다. 카드뮴은 또한 모유에서도 발견될 수 있다. 임신 중 높은 수준의 카드뮴에 노출된 동물의 새끼는 행동과 학습 능력에 변화가 있었다. 카드뮴은 발육 중인 동물의 출생 체중과 골격에 영향을 줄 수도 있다. 동물 연구 또한 칼슘, 단백질, 철이 낮고 지방이 높은 음식을 먹으면 카드뮴이 체내에 더 많이 흡수된다는 사실을 밝히고 있으며, 어린 동물이 카드뮴을 더 많이 흡수하고 뼈의 강도가 더 빨리 손상될 수 있음을 보여주고 있다.

심한 뇌손상

심한 뇌손상 증후는 손상 부위와 정도에 따라 다를 수 있다. 학습장애로 판별된 약 20%의 아동들은 이전에 뇌손상을 입은 경험이 있는 것으로 추정되었다(Spivak, 1986). 뇌손상을 입은 아동들은 흔히 학습장애, 신체장애, 사고 곤란, 사회적·행동적·정서적 문제를 보일 수 있다.

신체장애

심한 뇌손상을 입은 사람들은 말하기, 보기, 듣기 문제가 있을 수 있다. 두통을 겪을 수도 있고 피로를 쉽게 느낀다. 또한 쓰기와 그리기 같은 기술에 문제가 나타날 수 있다. 걷기와 균형 감각에 영향을 받을 수 있고, 신체의 한쪽이나 양쪽의 부분마비나 전신마비를 일으킬 수 있다.

사고 곤란

뇌손상을 입은 사람은 뇌를 이용하는 능력이 떨어지게 마련이다. 예를 들어 뇌손상을 입은 아동들은 단기기억과 장기기억에 어려움을 겪는다. 머리에 심한 손상을 입은 사람들은 집중에 어려움을 겪고, 주의집중 시간이 짧다. 말하기, 듣기, 읽기, 쓰기, 계획하기, 일어난 사건의 순서 알기, 판단하기 등에 어려움을 겪는다.

사회적·행동적·정서적 문제

사회, 정서, 행동의 어려움으로는 기분, 불안, 우울함에 갑작스러운 변화를 가져오는 등의 문제가 있다. 뇌손상을 입은 아동들은 타인과의 관계에 어려움을 겪을 수 있다. 불안해하거나 많이 웃거나 울기도 한다. 동기 유발이 안 될 수 있고 자신의 정서를 통제하지 못할 수도 있다.

심한 뇌손상 아동들은 대부분 주의집중 결함을 보인다. 주의집중은 개인이 과제에 머무는 시간의 양을 말한다. 그것은 정보를 듣는 데 걸리는 시간의 양을 의미할 수도 있고, 그 정보

그림 4.3 주변에서 쉽게 접할 수 있는 중금속 및 독성물질

를 처리하는 데 걸리는 시간의 양을 의미할 수도 있다. 뇌손상을 지닌 개인은 이해에 어려움을 겪을 수 있고, 이는 문자와 그림의 방향 이해 곤란, 대화 따라가기 곤란(어휘 문제 때문), 청각 및 시각정보의 잘못 이해하기, 농담과 속담의 문자 그대로 이해하기(은유나 비유를 이해하지 못하기), 질문 내용의 이해 부족 등의 형태로 나타난다.

사회환경적 원인

낮은 사회경제적 지위와 학습장애

일부 학자는 "학습장애와 낮은 사회 경제적 지위 간에 강한 관계가 존재한다. 가난과 관련된 요인들이나 지원 부족이 이런 아동들로 하여금 학습장애 위험성을 높이는지에 대해 알려진 바가 없지만 관계는 분명히 있다."(Deutsch-Smith, 2004)고 주장하고 있으며, 전문가 단체 중에는 학습장애 정의의 구성 요소에 사회성 문제를 포함시키는 경우도 있다(Bryan, 1974a).

  IDEA 2004의 정의에서 학습장애의 원인으로 사회경제적 지위 조건을 특별히 배제시키지만 많은 교육자들은 이러한 위험 요인이 일부 학생들의 학습 및 행동 곤란에 간접적으로 기여한다고 믿고 있다.

불충분한 교수와 학습장애의 관계

아동의 학습 문제에 기여할 가능성이 큰 또 하나의 환경적 변인은 교수의 질이다. 많은 특수교육자들은 학습장애 학생들이 지각, 신경세포의 연접부위, 기억의 잘못 때문이 아니라 심각할 정도로 잘못 배웠기 때문(Engleman, 1977)이라고 주장했던 것을 믿고 있다(Heward, 2013). 다른 연구자도 학습장애는 잘못 가르치거나 적절히 가르치지 못한 결과일 수 있다고 주장했다(Loritt, 1978). 이처럼 일부 학자들은 학습장애는 태어난 것이 아니라 만들어진 것이라고 주장하고 있다. 일부 학습 환경의 질적 열악함이 학습장애 유발에 기여하고, 직접적이고 체계적인 교수를 통해 학습장애를 해결할 수 있다고 주장하고 있다(Pierangelo & Giuliani, 2006). 이러한 맥락에서 학습장애는 없고 교수장애가 있을 뿐이라고 주장하기도 한다.

학습장애의 분야와 관련된 중요한 연구에도 불구하고 정확한 원인을 결정하기 어렵고, 원인을 찾기 위한 노력은 계속되고 있다. 학습장애의 원인은 다양할 수 있고, 어떤 경우에는 특정 유형의 학습장애 원인을 중복으로 지닐 수 있다. 교사들은 학습장애의 원인이 확실하지 않다는 점을 인식하고 현재 지도하고 있는 학생에 관하여 특정의 가정을 하지 말아야 한다. 결과적으로 부모와 교사는 절충적 및 다학문적 접근을 선택하고 이 분야의 전문가들로부터 자문을 받는 것이 좋다. 아울러 학습장애에 효과적으로 대처하고, 이를 극복하기 위한 방법을 적극 모색하는 것이 중요하다.

요약

유전학적 관련성

- 학습장애 분야의 쌍둥이 연구는 쌍둥이 형제 중 한쪽이 읽기학습장애를 보이면 다른 한쪽도 이 장애일 확률이 일란성 쌍둥이는 68%, 이란성 쌍둥이는 40%인 것으로 나타났다.

태아의 뇌발달 이상과 지체

- 임신 기간에 뇌의 발달이 일찍이 방해를 받게 되면 태아가 사망하거나 광범위한 장애를 갖거나 지적장애가 나타날 수 있다.
- 학습장애는 영구적인 뇌기능장애보다 신경계의 성숙지체가 제시되고 있다.
- 난독증을 지닌 사람들의 경우 양쪽 관자엽 구조의 크기가 동일한 것으로 밝혀졌다.
- 난독증은 뇌 구조상 비대칭을 이루어야 할 관자엽 영역에서 대칭을 이루고 있다.

학습장애의 생물학적 근거

- 난독증은 보다 작은 소리 단위를 재인하지 못하고 구어 알파벳 글자(특징)를 구어로 매핑하는 데 어려움을 겪는다.

- 내분비샘, 분비호르몬, 강한 화학물질이 과잉행동, 학습장애 사이에 관계가 있다.
- 갑상샘이 지나치면 신경성 과다행동, 성마름(화를 잘 냄), 집중 곤란을 일으키고, 갑상샘 기능 시스템이 없이 태어난 아동들은 학습장애가 될 위험성이 있다.
- 아동이나 임신 동안 산모의 영양실조와 뇌의 생화학 기능 열등 간에 연관이 있다.

임신과 출생의 복합

- 학습장애를 일으킬 수 있는 또 다른 원인으로는 임신 동안의 복합적인 요인들로서 태아의 비정상적 위치, 무산소증(산소결핍), 신생아 뇌에 어떤 화학물이 공급되거나 출생 시에 신경계 손상 등이 있을 수 있다.

아동의 환경 내 유독 화학약품

- 중금속을 비롯한 독성 금속은 다수의 아동들에게 신경학적 영향, 발달지체, 학습장애, 우울, 행동이상에 작용할 뿐만 아니라 태아발달에 손상을 초래하고 출산 결함을 유발하는 등 생식과 발달에 유해한 영향을 미친다.

사회환경적 원인

- 학습장애와 낮은 사회경제적 지위 간에 강한 관계가 존재한다.
- 학습장애는 잘못 가르치거나 적절히 가르치지 못한 결과일 수 있다.

5

학습장애 학생의
특성

학습장애 학생은 여러 가지 영역에 곤란을 나타내는 이질적인 집단으로서 읽기, 쓰기, 수학 등의 분야에서 각각 문제를 보일 수도 있고, 이러한 문제들을 함께 나타낼 수도 있다. 학습장애의 특성으로 가장 빈번히 언급된 내용은 주의집중장애, 읽기 곤란, 운동 능력 열등, 문어 곤란, 구어 곤란, 사회기술 곤란, 심리학적 과정 결함과 정보처리과정 문제, 양적 장애 등이다. 인지처리과정 모형에 의하면 학습장애 학생들은 정보처리에 어려움을 겪고, 이로 인하여 언어발달, 교과의 학습, 운동 협응, 사회 및 정서 자기조절, 주의집중 문제로 이어질 수 있다(Horowitz & Stecker, 2010).

C는 평균지능을 지니고 있으나 읽기, 철자법, 쓰기에 심한 어려움(난독증)을 지니고 있다. 그는 자신의 아이디어를 조직하는 데 어려움을 겪고 종종 주의가 산만해지고, 읽기를 거의 하지 못할 정도로 심하게 어려움을 겪는다.

[그림 5.1]은 C가 청각입력 이해(문자 소리 듣기, 구어적 지시 따르기 등), 기억(특히 들은 것, 자신의 아이디어를 공유하기 위한 방법으로써 말하기와 쓰기) 등에 어려움을 지니고 있음을 보여주고 있다. C에게 어려움을 일으키는 두 번째 영역은 더욱 일반화되어 있다. 기억과 주의집중의 문제로 인하여 심층의 처리과정 영역에 어려움을 겪는다(분류, 연합, 추론, 평가). 또한 많은 청각정보(목소리의 음조, 단어의 추론적 의도, 메시지의 정서적 내용) 처리를 요구하는 사회적 상호작용에 어려움을 지니고 있다. C의 문제는 전반적이나 시각 및 운동지

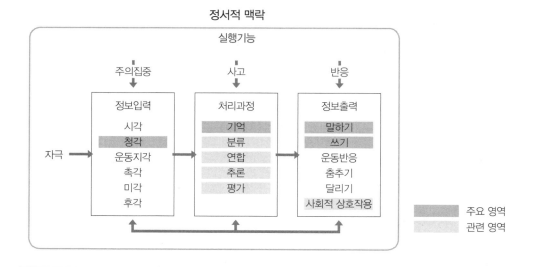

그림 5.1 학습장애 정보처리과정 모형에 의한 C의 사례

출처 : Kirk, Gallagher, & Coleman(2015). *Educating Exceptional Children*(14th eds.)

각의 기술이 양호하여 예술활동을 잘할 수 있다. 이러한 차이 때문에 학습장애 학생들은 학교에서 성공하기 위해 특별한 지원이 필요하다. 학습장애 학생들 모두가 이러한 특성을 보이는 것은 아니지만 이와 같은 행동 문제를 보이는 많은 학생들이 학급에서 상당히 성공적인 생활을 하고 있다. 이 장에서는 학습장애를 지닌 학생들이 가장 보편적으로 나타내는 특성을 학습선수 기능과 기초학습으로 나누어 기술하고자 한다.

학습선수 기능 특성

언어 결함

학습장애 학생들은 구어 표현과 듣기 이해 영역에서 언어 결함을 보인다. 이 두 영역은 다른 사람과 의사소통할 수 있는 능력을 통제하고, 따라서 어느 한 영역이나 두 영역에 결함을 갖게 되면 학습장애 학생의 교육뿐만 아니라 생애에 걸쳐 삶의 질에 큰 영향을 미친다. 학습장애 학생의 60% 이상이 어떤 유형이든 언어장애를 지니고 있는 것으로 밝혀졌다(Kirk, Gallagher, & Coleman, 2015).

구어 문제

학습장애 학생들이 겪는 구어 표현의 문제는 학업면에서나 사회적으로 상호작용하는 데 영향을 미칠 수 있다. 구어 영역의 공통된 문제로는 적절한 단어를 선택하는 데 어려움이 있어 바른 단어를 덜 사용하거나, 복잡한 문자 구조의 이해 부족, 질문에 대한 반응 부족, 구어적 반응률이 비장애 또래들에 비해 더 느리고 말을 더 느리게 하는 것을 들 수 있다.

듣기 이해 문제

듣기 문제는 잘못 해석될 수 있다. 듣기장애를 지닌 학생은 부정적인 방식으로 그 장애를 나타낸다. 예를 들면 지시를 따르지 못하거나 반대로 하거나 동기 유발이 되지 않을 수 있다. 교사가 학생의 언어 능력을 세심하게 관찰하고 사정하는 것이 학생의 성공에 중요하다(Smith et al., 2004).

화용론적 문제(언어의 사용 문제)

화용론은 학습장애 분야에서 점차 관심이 높아지고 있는 구어 표현의 한 측면으로서 사회적 상황에서 언어를 기능적으로 사용하는 것을 의미한다. 학습장애 학생들은 가끔 사회적 상황에서 의사소통 문제를 겪는다. 특히 타인과 대화를 하는 데 문제를 보이며, 다음과 같은 특성을 나타낸다.

- 농담을 이해하지 못함
- 대화 시 오래 침묵함
- 집단 작업에 어려움을 보임
- 비구어적 언어 단서를 놓침
- 지시하거나 지시 따르기에 어려움을 보임
- 말에 대한 반응이 능숙하지 못함
- 질문에 대한 반응이 능숙하지 못함
- 말하는 사람에게 불편함을 느끼게 함
- 부적절하게 또는 잘못된 시점에 웃음
- 단어나 순서의 의미를 이해하지 못함
- 들어오는 정보를 처리하기 위해 추가의 시간이 필요함(Hallahan & Kauffman, 2003)

주의집중 문제

학생이 주의를 집중하지 못하면 질문에 적절히 반응할 수 없고, 지시를 따를 수 없으며 수업 내용을 기록할 수 없다. 학생이 타인을 방해하고 또래의 말을 경청하지 않으면 사회적 기술에 문제가 일어난다. 학습장애 학생 중 41%에서 80%가 주의집중 문제를 지닌다. 연구자들은 학습장애와 ADHD의 공존 비율을 다양하게 제시하고 있지만 10~25% 정도인 것으로 밝혀지고 있다(Kirk, Gallagher, & Coleman, 2015). 주의집중 문제를 지닌 학습장애 학생들은 짧은 시간 동안 주의를 지속할 수 없거나 지나치게 백일몽을 나타내거나 매우 산만한 특성을 공유한다.

기억 결함

학습장애 학생과 청소년들은 가정학습 숙제, 복잡한 사실, 지시사항, 진료 약속, 전화 번호 등 학업적 및 비학업적 정보의 기억에 유의한 곤란을 겪는다. 교사들은 흔히 이런 학생에 대해 '한 귀로 듣고 한 귀로 흘리는 것' 같다고 말하거나 기억기술면에서 일관성이 없다고 보고한다. 예를 들어 학생이 화요일에 곱셈을 할 수 있었지만 금요일 곱셈 시험에서는 실패할 수 있다. 일부 연구들은 학습장애를 지닌 학생들은 비학습장애 학생에 비해 장기기억 분야에서 더 결함을 지니고 있다고 주장한다(Swanson, 1994).

인지 및 상위인지 결함

인지는 사고와 문제해결의 여러 측면을 다루는 광의의 용어이다. 학습장애 학생들은 흔히 인지에 문제를 나타낸다. 이들은 종종 왜곡된 사고를 함으로써 가정에서 자신의 생활을 계획하고 조직하지 못한다(정대영, 2017; Kirk, Gallagher, & Coleman, 2015). 한편에서는 학습장애 학생들이 인지에 일정한 결함을 지니고 있다기보다 오히려 차이가 있다고 주장한다(Henry, 2001). 인지에 문제를 지닌 학생들은 다음과 같은 특성을 나타낸다.

- 의사결정을 잘 못함
- 지연된 언어 반응을 보임
- 변화에 잘 적응하지 못함
- 사회적 기대를 이해하기 어려움
- 자꾸 실수를 범함
- 감독이 많이 요구됨
- 구체적인 시범을 요구함
- 과제 시작을 어려워함
- 이전에 학습한 정보를 새로운 상황에 이용하는 데 어려움이 있음

학습장애 학생들은 흔히 상위인지에 문제를 지닌다. 상위인지란 과제학습을 위해 이용할 수 있는 전략과 과제 완수에 필요한 조절기제(regulatory mechanism)를 이해하는 것으로서 '생각하기에 관한 생각하기'라고 정의되며 과제의 조건재인, 적절한 전략의 선택과 실행, 수행성의 점검과 조정이란 세 가지 구성요소를 포함하고 있다.

상위인지에 문제가 있는 학생들은 듣기에 초점 맞추기, 중요한 정보를 목적에 맞게 기억하기, 알고 있는 문제해결 방법 이용하기 등에 어려움을 지닌다. 그들은 흔히 계획하기, 조직하기, 우선순위 정하기, 예측하기, 문제해결을 위한 전략이 부족하다.

지각 결함

다수의 학습장애 학생들은 지각에 어려움을 겪는다. 지각은 학생이 듣거나 본 것에 관계하는 것이 아니라 보거나 들은 것을 어떻게 해석하느냐에 관한 것이다. 지각장애는 시각, 청각, 촉각으로부터 받아들인 자극을 재인하고 변별하며 적절히 해석하는 능력에 영향을 미친다. 학습장애 학생은 이 영역에 문제가 없을 수도 있고, 어떤 특정 영역이나 모든 영역에 문제를 지닐 수도 있다(강위영, 정대영, 2001; Smith et al., 2004).

동기와 귀인 문제

동기는 활동에 참여하려는 욕구인데, 학습장애 학생들은 흔히 학교에서 성공에 대한 동기를 상실한다. 귀인은 개인이 과제에 성공했거나 실패한 원인으로 여러 가지 가능한 것들 중 어떤 것에 귀착시키는 것을 의미한다. 이들은 실패를 많이 함으로써 외적 통제소에 의존하는 귀인 특성을 갖게 된다. 외적 통제소란 개인이 자신의 운명을 더 이상 통제할 수 없다고 믿는 동기 관련 용어로서 외적 통제소를 지닌 사람은 하루 일진의 좋고 나쁨이 외부의 영향에 따라 좌우되기 때문에 자신의 운명을 스스로 통제할 수 없다고 믿는다. 이와 반대로 내적 통제소를 지닌 사람은 자신이 타고 있는 배의 선장은 자신이고 성공과 실패를 스스로 통제할 수 있다고 믿는다.

학습장애 학생들은 학습 문제를 만성적으로 경험하기 때문에 그들이 아무리 열심히 노력해도 학습 목표를 달성할 수 없을 것이라고 생각한다. 이런 현상을 **학습된 무력감**이라고 한다.

학습장애 학생들은 그들의 학업 실패에 대한 성향 때문에 더욱 수동적이고 무기력한 학습자가 되어 가는 경향이 있다. 그들은 자신의 학습에 능동적으로 참여하지 못하고 학습과정을 주도하지도 못한다. 이러한 학생들을 가리켜 적극적인 **비능률적 학습자**(Swanson, 1998)라고 한다.

사회정서 문제

학습장애 학생이 모두 사회정서 문제를 겪는 것은 아니지만 이런 문제를 지닌 비장애 또래들보다 문제를 지닐 위험성이 더 높다(정대영, 2017). 그들은 발달 초기부터 또래들로부터 거부당하고 자아개념이 낮다. 사회정서적 문제를 갖게 되는 이유는 학생이 사회인지에 결함이 있기 때문이며 다음과 같은 특성을 보인다.

- 사회적 단서를 잘 읽지 못함
- 타인의 감정을 공감하지 못함
- 타인의 입장을 이해하지 못함
- 본인이 타인을 괴롭히고 있다는 것을 알지 못함
- 자신의 행동이 타인에게 어떤 영향을 주는지 인식하지 못함

학습장애 학생들의 75%가 사회기술에 결함을 지니고 있다(Kavale & Forness, 1996). 이들이 나타내는 사회기술 결함의 사례는 다음과 같다.

- 또래들로부터의 수용도 낮음
- 친구에게 지나치게 의존함
- 갈등해결에 문제 있음
- 상대의 대화를 경청하지 못함
- 공감을 표시하는 능력이 부족함
- 대화나 놀이활동을 주도하거나 함께하지 못함

- 친구 사귀기 곤란함
- 지도자가 될 가능성이 더 작음
- 좌절 관리의 문제를 지님
- 집단활동이 어려움
- 친구와의 관계를 유지하기 어려움

사회 문제는 그들의 학업 결함보다 더 큰 문제를 가져온다. 학습장애 학생들의 36%는 우울을 나타내며(Wright-Strawderman & Watson, 1992) 그 외에 부적절한 감정, 불안, 좌절, 분노 같은 심리적 문제를 보이기도 한다. 다수의 학습장애 학생은 사회적 단서와 사회적 상호작용을 이해하고 해석하는 데 서툴고, 그로 인하여 대인관계에 어려움을 갖게 된다.

비언어성 학습장애

비언어성 학습장애는 특별한 자질과 결함을 동시에 지닌 신경학적 증후군이다. 이들의 우수한 자질로는 조기에 말하기와 어휘발달, 우수한 기억기능, 세부 사항에 주의집중하기, 읽기 기능의 조기발달, 우수한 철자법기술 등이 있다(정대영, 2010). 이런 학생들은 자신을 능숙하게 표현할 수 있는 구어적 능력이 있고, 강력한 청각적 파지력을 지니고 있다. 이들이 보이는 결함과 기능장애의 네 가지 주요 범주는 다음과 같다.

- **운동형 기능장애.** 협응력 부족, 심한 균형 문제, 쓰기 운동 기술에 어려움을 보인다.
- **시각-공간-조직 기능장애.** 이미지 부족, 시각적 회상 열등, 공간지각 결함, 실행기능 곤란, 뇌의 정보 흡수력, 수용한 정보의 해석, 이 정보를 기초로 의사 결정하기, 공간관계 등의 영역에 문제를 보인다.
- **사회기능장애.** 비언어적 의사소통 이해력 부족, 전환 및 새로운 상황에 적응 곤란, 사회적 판단 및 사회적 상호작용의 결함을 보인다.
- **감각기능장애.** 특정 감각 양식에 민감한(시각, 청각, 촉각, 미각, 후각) 특징을 보인다.

비언어성 학습장애의 특징은 다음과 같다(정대영, 2010a; Fess, 2004; Kirk, Gallagher, & Coleman, 2015).

- 말이 많지만 쓸 말이 적음
- 그림의 전체를 보지 못함

- 나무를 보고 숲을 보지 못함
- 사회적 상호작용을 적절히 하지 못함

- 세부 사항에 초점을 맞추고 중심 개념을 파악하지 못함
- 얼굴 표정, 제스처, 의사소통의 비언어적 측면을 읽지 못함, 미묘한 뉘앙스를 놓침
- 친구가 적음, 또래들보다 나이가 더 많거나 더 적은 사람들과 어울리는 경향이 있음
- 정보를 다른 차원으로 보지 못하고 단선적 또는 순서적 형태로 처리하는 경향이 있음
- 순서화, 순서 회상에 상대적 강점을 지니나 추상적 시간 개념의 혼동, 인과관계 재인에 유의한 곤란을 지님

기초 학습기능 특성

학업 성취 결함

학습장애 학생들은 다양한 학업 수행 영역에서 어려움을 겪는다. 초등학교 시기에 능력과 성취 간의 불일치가 학습장애 학생들에게 나타나기 시작한다. 교사들이 쉽게 이해하기 어려운데, 이런 학생들은 일부 영역에서는 또래들처럼 강점을 지니고 있는 것처럼 보이나 학습률이 상당히 떨어진다(정대영, 2017; Smith et al., 2004).

읽기 결함

학습장애 학생의 경우 약 90%가 읽기 곤란을 지니고 있는 것으로 추정되고 있으며, 가장 낮게 추정하더라도 약 60% 정도가 되는 것으로 추산되고 있다(강위영, 정대영, 2001; 정대영, 2017). 대부분의 전문가들은 읽기 곤란이 언어기술 결함과 연관이 있다고 믿고 있으며, 특히 말의 흐름, 단어, 음절 및 음소와 같은 보다 작은 소리 단위로 분할될 수 있다는 것을 이해하는 음운인식 능력의 결함과 관계가 있는 것으로 믿고 있다. 학습장애 학생들은 다음과 같은 문제로 학습에 어려움을 겪게 된다.

- 읽기 목적의 이해 부족
- 청각적 또는 시각적 처리가 느림
- 구어 단어의 소리를 구분하지 못하거나 분리하지 못함
- 청력 손상은 없으나 청지각의 결함이 있음
- 문자가 말의 단위를 나타낸다는 점을 이해하지 못함
- 단어, 문장 또는 문단의 중요한 측면에 주의를 기울이지 못함

학습장애 학생들의 가장 심한 읽기 문제는 글의 처리과정 수준(예 : 단어를 정확하고 유창하게 해독하지 못함)보다 단어에 있고, 이런 학생들의 가장 일반적인 인지적 제약은 구어 내에 있는 단어의 음운 구조를 인식하지 못한다는 것이다. 학습장애 학생들의 특정 읽기 문제는 다양하며 소리 내어 읽기, 읽기이해, 단어재인 기술, 읽기 습관에 문제가 있지만 이러한 문제에 국한되는 것도 아니다.

소리 내어 읽기의 어려움

유창성 문제를 지닌 학생들은 적절한 굴절이나 운율 없이, 또는 구어의 패턴을 인쇄된 단어에 관련 짓지 못하고 의미 단위로 읽기보다 한 글자씩 끊어서 읽는 경향이 있다. 학습장애 학생들이 가장 일반적으로 보이는 읽기 문제는 다음과 같다.

- 생략. 한 단어나 여러 단어를 건너뛰기
- 삽입. 구두 읽기에서 문장에 한 단어 이상을 끼워 넣기
- 대치. 문장 내에 의미 있는 한 단어 이상을 바꾸기
- 단어 전체를 잘못 발음하기. 적절한 발음과는 거리가 먼 다른 방식으로 발음하기
- 머뭇거리기. 단어를 읽기 전에 2초 이상 주저하기
- 도치. 문장 내 단어의 순서 뒤바꾸기
- 구두점 무시하기. 구두점을 보지 못하고 놓쳐버리기

읽기 이해의 어려움

읽기 이해는 자신이 읽고 있는 것을 이해하는 능력을 말한다. 읽기 이해에 어려움을 겪는 일부 학생들은 문장을 매우 유창하게 읽어서 매우 유능한 독자라고 생각될 수도 있다. 그러나 그들에게 읽은 내용에 대해 물어보면 단어를 거의 이해하지 못한다. 이런 문제를 지닌 학생들은 가끔 단어 방문객(words caller)이라고 한다(Friend, 2005).

해독뿐만 아니라 읽고 있는 내용의 이해 정도를 점검할 필요가 있다. 점검할 읽기 이해 기술의 여섯 가지 유형은 다음과 같다(Salvia & Ysseldyke, 1998).

- 문자 이해. 학생은 문단이나 이야기를 읽고 그것에 기초하여 질문을 받는다.
- 추론적 이해. 학생은 문단이나 이야기를 읽고 읽은 내용을 해석해야 한다.
- 듣기 이해. 학생은 검사자가 읽어주는 내용이나 이야기를 듣고 검사자가 읽은 내용에 관한 질문을 받는다.

- 비판적 이해. 학생은 문단이나 이야기를 읽고 읽은 내용을 분석, 평가, 판단한다.
- 효과적 이해. 학생은 문단이나 이야기를 읽고 검사자가 텍스트에 대한 학생의 정서적 반응을 평가한다.
- 사전적 이해. 학생이 문단이나 이야기를 읽고 검사자는 어휘 단어의 지식을 사정한다.

학습장애를 지닌 학생들이 공통적으로 겪는 읽기 이해 문제는 다음과 같다.

- 기술적인 사실의 회상 곤란. "이야기에 나오는 강아지의 이름이 뭐지?"와 같이 문단 내의 특정 내용에 관한 질문에 대답하지 못한다.
- 순서의 회상 곤란. 읽은 이야기의 순서를 말하지 못한다.
- 중심 주제의 회상 곤란. 이야기의 중심 주제를 회상하지 못한다.

단어인식 문제

학습장애 학생들은 일견단어 인식에 어려움을 겪는다. 인쇄된 단어를 확인하기 위해 여러 가지 다른 기술을 이용한다. 가장 중요한 단어분석기술은 다음과 같다.

- 음소 분석(소리와 단어를 쓰기 위해 이용된 다양한 문자와 문자를 결합하는 능력)
- 단어의 즉각적 인식과 기억하기(일견단어 읽기)
- 특정 단어를 이해하도록 도와줄 주변 텍스트 이용하기(맥락 이용하기)

위에 제시된 기술은 지각, 선택적 주의집중, 기억, 상위인지 기술에 많이 의존하고 있다. 따라서 단어인식은 거의 전적으로 장애 학생에게 가장 문제가 되는 인지기술에 의해 좌우된다. 일반적인 단어인식 오류는 다음과 같다(Gargiulo, 2004).

- 누락. 단어 빠트리기(철수는 고양이를 한 마리 보았다 → 철수는 고양이를 보았다.)
- 삽입. 단어 끼워 넣기(그 개는 고양이를 뒤쫓았다 → 그 개는 [빨리] 고양이를 뒤쫓았다.)
- 대치. 단어에서 문자를 뒤집기(논-국)
- 오발음. 바람 – 바담, 고양이 – 고앙이
- 머뭇거림. 모르는 단어를 발음하지 못하고 5초 동안 머뭇거림
- 단어의 느린 인식. 단어를 신속히 인식하지 못함(1분당 20~30 단어 수준)

서툰 읽기 습관

읽기에 어려움을 겪는 학생들은 흔히 읽기 습관이 좋지 않다. 읽기 습관이 좋지 못한 학생들

이 나타내는 일부 행동은 다음과 같다(Gargiulo, 2004).

- 긴장성 운동. 찡그리기, 짜증내기, 큰 목소리로 읽기
- 불안정. 읽기 거부, 교사의 주의 흩트리기
- 위치 잃어버리기. 흔히 읽던 위치를 잃어버림
- 머리를 측면으로 움직이기. 머리 당기기
- 읽기 자료를 극단적으로 가깝게 들기. 15~18인치 빗나가게 하기

난독증

난독증은 정상적인 지능을 지니고 정상적인 읽기학습 기회를 가지며 적절한 가정환경에도 불구하고 읽기 능력에 심한 손상을 나타낸다. 난독증의 정확한 기질적 원인은 밝혀지지 않았지만 이 문제는 일반적으로 음운인식 문제의 결과, 즉 특정 음(소리)과 단어를 구성하는 어떤 문자들 간의 대응 곤란, 즉 문자-소리 인식손상의 결과라고 생각된다(Gargiulo, 2004).

작문의 어려움

학습장애 학생은 문자언어의 이해에 어려움을 보인다. 문자언어란 상호 연관된 다양한 그래픽 기술을 말한다. 쓰기는 눈-손 통합, 언어적 및 개념적 능력의 통합을 포함한 고도의 복잡한 표현 방법으로서 학생이 숙달해야 할 기초학습의 마지막 기술이다. 읽기가 그래픽 상징체계의 수용적 형태이고, 쓰기는 이 체계의 표현적 형태이다. 작문기술의 사정에서 주요 관심은 형태가 아니라 학생이 쓴 내용이다. 쓰기의 주요 기술은 다음과 같다.

- 손글씨 쓰기. 읽을 수 있는 작문이나 메시지를 생산하는 데 필요한 그래픽 표식(그림 표식)을 신체적으로 실행할 수 있는 능력이다(Hallahan, 1999).
- 철자법. 철자를 이용하여 사용하는 단어를 구성하는 능력이다.
- 작문 또는 문어 표현. 어떤 문체의 인습을 지키며 아이디어를 생각해 내고, 그것을 문법적으로 올바르게 표현하는 능력이다.

손글씨 쓰기 곤란

손글씨 쓰기는 쓰기에 포함된 실제 운동활동을 말한다. 쓰기발달은 손글씨 쓰기와 철자법의 쓰기과정에서 문자 언어적 산물(산출)로 독자와 커뮤니케이션하는 단계로 이동한다. 학생들은 초기에 철자법과 손글씨 쓰기 같은 작문의 기계적인 측면의 숙달에 점점 유능해지는 데

초점을 맞추고, 학년이 올라감에 따라 유연하고 논리적으로 아이디어를 조직하고 표현하는 것을 배운다(Garginlo, 2004). 그러나 학습장애 학생들은 비장애 또래에 비해 이러한 능력이 뒤처진다. 학습장애 학생은 덜 복잡한 문장 구조를 이용하고 보다 적은 아이디어를 포함시키고 열등하게 조직된 문단을 생산하며 덜 복잡한 이야기를 쓴다.

실서증. 실서증(서자장애, dysgraphia)은 쓰기 관련 운동활동을 수행하지 못하여 글씨 쓰기 능력이 극단적으로 떨어지는 것을 의미한다. 실서증을 지닌 학생들은 쓰기 표현과 연관된 학습장애로서 자신의 연령, IQ, 교육에 비추어 기대했던 수준 이하의 쓰기기술을 보인다. 일반적으로 실서증을 지닌 학생들은 과제의 내용보다 쓰기의 기술적 측면에 초점을 맞추어야 하므로 흔히 과제로부터 학습을 더 적게 한다(Turnbull et al., 2004). 학생의 글씨 쓰기 문제는 소근육 운동 협응 부족, 과제에 대한 주의집중 실패, 시각적 이미지의 정확한 지각이나 기억 불능 및 학급에서 부적절한 글씨 쓰기 등으로 나타날 수 있다.

철자법 문제

철자법 능력이 열등하다고 해서 반드시 학습장애를 지녔다는 것을 의미하지는 않는다. 그러나 철자법이 열등한 경우 읽기와 계산을 잘 못할 때 관심을 가질 필요가 있다. 철자법 학습은 발달과정이고 어린 학생들은 문어기술을 습득하기 시작함에 따라 여러 단계를 거쳐 발달하며, 취학 전에 쓰기 행위를 관찰하고 모방하면서 시작한다.

철자법 학습장애. 철자법 학습장애(dysorthographia)가 있는 학생들은 기억 속의 단어 이미지를 참조하지 않고 처음 하는 것처럼 단어를 철자한다. 이들은 음소의 규칙을 학습하고 적용하기, 단어를 정확히 시각화하고 철자법을 평가하는 데 어려움을 겪으며, 읽기에 상당히 적응한 후에도 철자법 실수를 범한다. 일부 철자법 오류는 학생의 청각 채널 결함 때문일 수 있다(Pierangelo & Giuliani, 2005).

- 청각 변별 문제. 학생은 /ㄷ/를 /ㅌ/로 혼돈한다.
- 청각 민감성 또는 변별 문제. 학생은 소리 간의 차이, 흔히 2음절 이상의 모음에서 미묘한 차이를 듣지 못하거나 식별하지 못한다.
- 청각−시각 연상. 학생은 철자법에서 '가정' 대신 '집'과 같은 동의를 사용한다.
- 청각−시각 연합기억. 학생은 문자와 사용된 단어, 받아쓰기 한 철자법 단어 사이에 관계가 거의 없거나 무관한 것을 대략적으로 추측한다(공장 → 공원).

이러한 철자 오류는 시각적 채널 결함을 지닌 학생들에게 나타날 수 있다.

- **시기억 문제.** 학생은 단어의 시작이나 끝을 시각화하지만 단어의 중간을 생략한다 (공놀이 → 공노이).
- **시기억 순서.** 학생은 정확한 문자를 제시하지만 순서를 틀리게 한다(운동장 → 운장동).
- **시각변별 문제.** 학생은 문자를 회전시킨다(공 → 운).
- **시기억.** 학생은 단어를 소리나는 대로 철자한다(바둑이 → 바두기).

일반적으로 철자학습장애 학생들에게서 흔히 볼 수 있는 철자법 오류는 불필요한 문자 추가하기, 모음 반전시키기, 음절 반전시키기, 비음성적 단어를 음소적으로 쓰기 등을 보인다.

작문 곤란

많은 과제들이 쓰기 결과물을 요구하므로 학생의 연령이 증가함에 따라 작문 능력의 문제가 미치는 영향은 크게 증가한다. 작문 능력에 문제를 지닌 학생들은 흔히 다음과 같은 특징을 보인다.

- 떠오른 아이디어를 쓰려고 하면 큰 부담을 느낀다.
- 글씨 쓰기를 조직하고 이용하는 데 어려움을 겪는다.
- 철자법 곤란과 읽을 수 있는 글씨를 쓰는 데 어려움을 겪는다.
- 쓰기 과제를 너무 간단하게 작성하여 제출한다.
- 적절한 내용을 직접 기억하여 쓰는 방법에 어려움을 겪는다.
- 쓰기 목표 설정과 쓰기 계획 세우기, 자신의 아이디어 조직하기, 초안 쓰기, 자기 사정하기, 다시 쓰기 등을 하지 못한다.

수학의 어려움

기초학력 미달 학생이 모두 수학학습장애를 지닌 것은 아니지만 수학학습장애 위험군으로 보고 접근할 필요가 있다. 최근 교육부의 발표를 보면 2019년 국가 수준 학업성취도 평가 결과 수학 영역의 기초학력 미달 학생은 중학교 11.1%, 고등학교 10.4%에 이르는 것으로 나타났다(교육부, 2019). 외국의 연구에 의하면 학습장애 중 읽기장애가 차지하는 비중이 매우 높은 것으로 보고되고 있으나, 국내의 경우 수학학습장애 위험군으로 볼 수 있는 수학 기초학습미달 학생의 비율이 높은 것은 교수 요인을 포함한 환경적 요인에 의한 결과일 가능성이 높으며, 심도 있는 연구와 분석이 필요하다. 학습장애 학생들은 수학 계산과 수학 추론 모두에 문제를 지닐 수 있다. 이런 학생들은 흔히 수학적 사고에 여러 가지 문제를 보인다.

산수와 수학은 서로 다른 용어이다. 계산(산수)은 수학의 한 갈래로서 때로는 무한 기수를 통한 양의 실수와 그것을 이용한 사칙 연산의 적용을 다룬다. 수학은 수와 수의 조작, 상관, 조합, 일반화, 추상과 공간의 배열과 구조, 측정, 변환과 일반화에 관한 과학이다. 수학에는 측정, 계산기술, 문제해결, 측정 이해, 수학을 이용한 예측, 그래프와 차트의 생성과 이해, 결과 해석의 기법 이해, 수학을 실제 상황에 적용하기 등 여러 능력이 포함된다.

수학기술의 분석과 해석

수학은 학생들이 대부분의 과제에서 쓰기에 반응하고 학습활동을 하면서 결과를 기록으로 남기게 되므로 오류 분석에 가장 적합한 교과이다. 오늘날 수학 오류 분석에서 가장 일반적으로 이용하는 방법은 계산기술을 사정하는 것이다. 체계적인 계산 오류와 부주의한 실수에 의한 오류는 구분되어야 한다. 학생들은 체계적인 오류와 더불어 부정확한 수 개념의 이용, 계산, 대수에 있어서 일관되게 오류를 범한다. 학습장애 학생들이 계산에서 범하는 네 가지 오류는 다음과 같다(McLoughlim & Lewis, 1990).

- **부정확한 계산.** 학생은 부정확한 계산을 한다(예 : 덧셈 문제를 뺄셈하기).
- **부정확한 수 사실.** 학생이 회상하는 숫자가 부정확하다(예 : $6 \times 9 = 52$).
- **부정확한 대수.** 문제해결을 위해 적용한 절차가 부적절하다. 단계를 건너뛰고 정확한 단계의 순서를 잘못 적용하고 부정확한 방법을 이용한다.
- **무작위 오류.** 학생의 반응이 무작위로 부정확하게 나타난다(예 : 42×6의 답으로 100을 씀).

난산증

계산에는 숫자와 상징의 인식, 사실기억, 숫자 배열, 자리값과 분수와 같은 추상적 개념의 이해 등이 포함되어 있다. 발달적 계산장애 학생들 중 일부는 특정 계산 영역에 어려움을 지닐 수 있고, 이를 수학적 사고 또는 계산기술의 선택적 손상이라고 하기도 한다(Fletcher & Forman, 1994). 숫자나 기본적인 개념의 문제는 초기에 드러나지만 추론 문제는 후기 학년기에 나타날 수 있다.

성취 불일치 및 예상치 못한 저성취

학습장애 범주로 분류되어 특수교육 서비스를 받는 학생들이 극단적으로 이질적인 집단이라고 하더라도 가장 핵심적인 사실은 전반적인 지능이 정상 범위에 속하면서 특정 영역에서 유의미한 성취 결함을 보인다는 점이다(정대영, 2017; Heward, 2013). 학습장애 학생들은 전반적인 성취에서 또래들보다 낮은 점수를 받을 뿐만 아니라 측정된 잠재력에 기반을 둔 기대 수준보다 낮게 수행한다. 학습장애 학생들의 학업 성취와 학습 잠재력 사이의 불일치, 예상치 못한 부진인 저성취가 주요 특성으로 언급되고 있고, 이를 판단할 준거를 수량화하려고 연구해 왔다. 학습장애 학생들이 경험하는 곤란, 특히 학년 수준의 읽기를 할 수 없는 어려움은 일생 상당한 수준으로 지속된다. 학습장애를 가벼운 장애로 여기고 "심각하고 평생 지속되는 조건이라기보다 약간 불편한 정도에 지나지 않는다."는 잘못된 생각을 하기도 한다.

요약

학습선수 기능 특성

- 학습장애 학생들을 정보처리 과정에 어려움을 겪고, 이로 인하여 언어발달, 교과의 학습, 운동 협응, 사회 및 정서 자기조절, 주의집중의 문제로 이어질 수 있다.
- 학습장애 학생의 60% 이상이 어떤 유형이든 언어장애를 지니고 있는 것으로 밝혀졌다.
- 학습장애 학생 중 41%에서 80%가 주의집중 문제를 지닌다.
- 학년기 초에 저학년 학습장애 학생들은 학업 성취면에서 또래들에 비해 6개월 이상 지체될 수 있고, 교육 기간이 늘어나면서 그런 현상은 지속되거나 더 심해질 수 있다.
- 학습장애 학생들은 흔히 인지 및 상위인지에 문제를 나타낸다. 한편에서는 학습장애 학생들이 인지에 일정한 결함을 지니고 있다기보다 오히려 차이가 있다고 주장한다.
- 학습장애 학생들은 흔히 학교에서 성공에 대한 동기를 상실하고, 실패를 많이 함으로써 외적 통제소에 의존하는 귀인 특성을 갖게 된다.
- 학습장애 학생들의 75%가 사회기술에 결함을 지니고 있다.
- 비언어성 학습장애는 특별한 자질과 결함을 동시에 지닌 신경학적 증후군이다.

기초 학습기능 특성

- 학습장애 학생의 경우 약 90%가 읽기 곤란을 지니고 있는 것으로 추정되고 있다.
- 학습장애 학생들은 비장애 또래에 비해 글씨 쓰기와 철자법, 작문 능력이 뒤처진다.
- 수학학습장애 학생들이 범하는 오류 유형은 부정확한 계산, 부정확한 수 사실, 부정확한 대수, 무작위 오류 등이다.

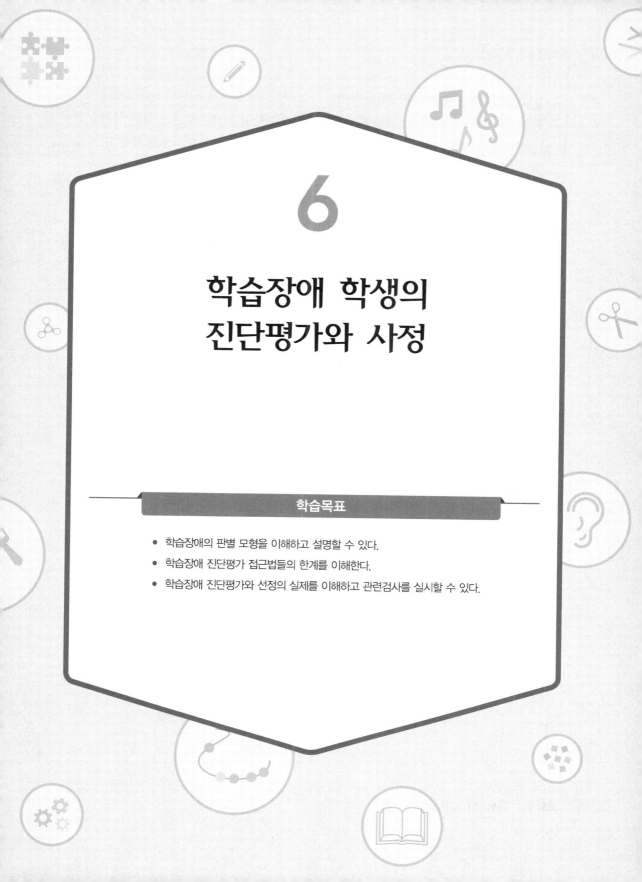

6

학습장애 학생의
진단평가와 사정

- 학습장애의 판별 모형을 이해하고 설명할 수 있다.
- 학습장애 진단평가 접근법들의 한계를 이해한다.
- 학습장애 진단평가와 선정의 실제를 이해하고 관련검사를 실시할 수 있다.

학습장애의 판별에서 가장 중요한 준거는 '예상치 못한 부진'을 근거로 지적장애나 정서
행동장애와 구분하고자 하는 구조이다. 판별과 관련된 과제는 다른 유형의 성취 문제
와 학습장애를 구별할 수 있는 신뢰성과 타당성이 확보된 포함적 준거를 밝히는 것이다. 이 장
은 학습장애 판별과 관련된 모델의 강점과 한계, 그 대안 및 판별의 실제에 중점을 두고 있다.

학습장애의 판별 모형

학습장애 판별 모형에는 크게 전통적 모형, 대안적 모형, 혼합 모형으로 구분된다.

전통적 모형

능력-성취 불일치 모형

능력(IQ)-성취 불일치 모형에 의하면 능력은 기본적으로 타고난 것이라고 보며, 개인은 자
신의 타고난 능력만큼 성취하는 것이 일반적이라고 생각한다. 따라서 IQ 검사의 점수와 성
취 점수 사이에 간극(불일치 정도)이 유의한 수준이면 학습장애로 판정할 수 있다고 가정한
다(그림 6.1 참조).

가장 잘 알려진 방법으로 능력을 조작화하기 위해 IQ 점수를 이용하는 방법(예 : 언어성
IQ, 동작성 IQ, 전체 IQ)이 제안되고 그 타당성을 검증하고자 했다. 그러나 포함적 준거로서
능력-성취 불일치법을 적용하여 측정할 경우 성취가 낮은 하위집단을 학습장애 집단과 다른
특성의 집단으로 구분해 주지 못하기 때문에 판별 방법으로서는 부분적으로 실패했다. 최근
의 신경영상연구는 불일치를 나타내는 열등 독자 집단과 불일치를 보이지 않는 열등 독자 집

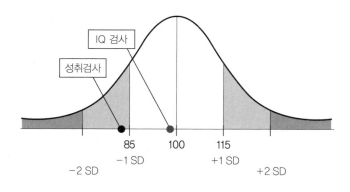

그림 6.1 성취도와 IQ의 불일치

단 간에 뇌활성화의 차이를 발견하지 못했다(Simos, Rezaie, Fletcher, & Papanicolaou, 2013).

국내에서도 초기에는 주로 불일치 모형을 이용하여 학습장애를 판별하였고, 현재는 중재반응법과 혼합 적용하고 있는 실정이다. 불일치 수준을 산출하는 공식은 다음과 같다.

첫째, **학년수준편차 공식**으로서 'CA(생활연령)−5'이다. 만 6세에 취학하는 초등학교 1학년 일반학생은 6−5=1로서 실제 학년 수준과 학업 성취 수준이 동일하다. 일반적으로 학년 수준과 성취 수준과의 격차를 2년 이상으로 적용해 왔지만 학년 수준에 따라 동일한 지체 연수 기준 2년을 적용할 경우 부진의 심각성 정도를 고려하지 못한다. 따라서 정대영(1998)은 초등학교 저학년 0.5년, 초등학교 고학년 1년, 중학생은 1.5년, 고등학생은 2.0년으로 제안하였다.

둘째, **표준점수차이 공식**은 지능지수와 학업 성취 점수를 평균이 100이고 표준편차가 15인 표준점수로 변환한 후 두 점수를 비교한다. 두 점수 간의 차이가 1~2 표준편차 사이일 때 현저한 불일치를 보이는 것으로 평가한다. 예를 들어 한 학생이 전체 지능 표준점수가 105이고 기초 읽기 표준점수가 85일 경우 불일치는 15이다(박현숙 외, 2007).

셋째, **회기 공식**은 성취의 두 측정값이 완전 상관이 아닐 때 나타나는 평균으로 회귀하는 현상을 통계적으로 재조정한 공식으로 표준점수 차이 공식의 문제를 보완하였다. 이 공식은 두 측정값의 상관관계와 지능을 고려하여 '기대학업 성취점수(predicted achievement score)'를 산출하고, 측정의 표준오차(standard error of measurement, SEM)를 고려하여 기대되는 학업 성취점수의 신뢰구간은 '기대학업 성취점수+/−1.96[1] × 측정의 오차'가 되며 설정된 신뢰구간과 실제 학생의 학업 성취점수를 비교하여 불일치 여부를 결정한다(김애화 외, 2012).

저성취 모형

저성취에 기초한 학습장애 판별 모형은 능력−성취 불일치 모형의 대안으로 제안된 것이다. 문제는 학습장애와 저성취를 동일시한다는 점이다. 학습장애 구성요인의 목적은 '예상치 못한 부진을 보이는 독특한 저성취 집단'을 판별하는 것이기 때문에 다른 추가의 준거 없이 그와 같은 방법으로 학습장애 학생을 판별할 수 있을지는 확실하지 않다. 최소한 다른 원인에 의한 저성취를 배제할 수 있어야 한다.

능력−성취 불일치에 기초한 판별의 타당성에 관한 취약점을 고려할 때 일부 학습장애는 절대저성취 기준에 의해 판별되어야 한다. 이러한 논리에 근거하면 16퍼센타일 이하의 점수

---

1 95% 신뢰구간 산출 시 Z 점수는 1.96임

는 학습장애 하위집단으로 구분될 수 있다. 성취의 강점과 취약점에 따라 하위집단을 구분하는 것(예 : 읽기장애 대 수학장애)은 신뢰할 수 있고 타당하다(Willcutt et al., 2013).

학습장애 판별이 다차원적이라면 이를 판별하기 위해 다중 측정이 필요하다. 이러한 맥락에서 저성취는 포함적 준거로 명문화되고, 기타 장애의 존재 및 저성취와 관련된 환경적 요인을 제외시키기 위해 배제준거가 추가되었으며, 그 결과 여러 유형의 학습장애 하위집단(예 : 기초 읽기, 읽기 유창성, 읽기 이해, 수학 계산, 문제해결, 쓰기장애)으로 분류된다.

저성취 방법의 취약점은 개인을 학습장애로 판별하기 위해 저성취를 추정적 원인에 따라 분류할 수 없는 점이다. 예를 들어 저성취 집단이 보이는 인지적 및 신경학적 특성은 사회경제적으로 유리한 아동과 불리한 아동을 구별해 주지 못한다. 아울러 아동이 환경적 요인 때문 학습장애를 지닐 수 없다고 규정하는 것은 합리적이지 않은 것 같다(Fletcher & Miciak, 2018).

인지 결함 모형 : 개인 내차 모형

인지적 처리과정의 강점과 취약점 패턴(pattern of strength and weakness, PSW 모형)을 사정하는 학습장애 판별 모형으로 전환시켜야 한다는 요구가 증가하고 있다(Hale et al., 2010). 이 방법은 웩슬러 지능검사의 하위검사에서 강점과 취약점을 찾아 분석하는 것과 유사한 것으로서 성취와 관련된 인지적 강점과 취약점을 파악하고자 한다. 전형적으로 인용된 타당성 관련 증거는 인지 능력이 성취와 상관이 있고(Johnson, 2014), 이 방법의 적용 사례 연구와 더불어 학습장애의 다양한 인지 프로파일과 심리사회 프로파일을 제시하고 있다(Backenson et al., 2015). 이 방법의 신뢰도와 타당도는 강점과 취약점 패턴 준거에 기반을 둔 학습장애 준거를 충족시키는 저성취 학생들과 충족시키지 않는 저성취 학생들을 비교해서 결정해야 한다. 강점과 취약점 패턴을 이용한 학습장애 판별 방법으로는 불일치/일치법(discrepancy/consistency methods, MDC)(Naglieri & Fiefer, 2018)과 PASS(planning[2], attention[3], simultaneous[4], successive[5])(Naglieri & Fiefer, 2018) 이론을 이용하는 방법이 있다. 불일치/일치법은 기본적 심리과정과 학업 성취의 관계를 평가하는 방법으로서 심리적 처리과정의 좋은 점수와 좋지 않은 점수 간의 불일치, 학업 성취의 좋은 점수와 좋지 않은 점수

---

2 계획하기 : 무엇을 하려고 결정할 것을 어떻게 할 것인지에 대한 생각

3 주의집중 : 기민함을 유지하고 산만함에 휩쓸리지 않음

4 동시적 : 사물이 전체적으로 어떻게 형성되어 있는지 이해하기

5 연속적 : 사물이 어떤 순서로 함께 이루어져 있는지 이해하기

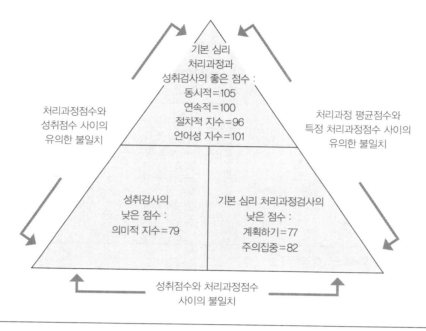

그림 6.2 인지사정체계-2와 Fiefer의 수학 사정에 나타난 취약점 패턴의 사례

출처 : Naglieri, J. A. & Fiefer, S. C. (2018)

간의 불일치, 좋지 않은 처리과정 점수와 좋지 않은 학업 성취점수 간의 일치를 근거로 학습장애를 결정한다. [그림 6.2]는 인지검사와 수학검사의 하위 영역 점수를 불일치/일치법에 근거하여 취약점 패턴의 학습장애를 판별하는 사례이다.

PASS 이론은 지능의 전통적인 개념에 대한 대안의 하나로 신경인지적 접근법이다. PASS 과정, 즉 계획하기, 주의집중, 동시적 및 연속적 처리과정이 모든 정신적 및 신체적 활동의 기저를 이루고 있다고 본다. 인지사정 체계에서 네 영역(PASS)의 평균과 각 영역을 비교하여 강점과 취약점을 찾으며 〈표 6.1〉은 PASS의 적용 사례이다.

최근 이 모형을 이용한 연구는 강점과 취약점의 패턴 구조에 의해 조작화된 개인 내의 인지적 불일치를 신뢰할 수 있고 타당하게 분류할 수 있는지에 관하여 더 많은 증거가 필요하다.

대안적 모형

중재반응 모형

지금까지 언급된 모형은 어느 한 시점에서 실시된 사정 결과에 기초하여 학습장애를 판별하고자 한다. 이에 반해 중재반응 모형은 모든 학생을 대량으로 선별하고, 위험군 학생의 읽기

표 6.1 PASS와 인지사정체계-2의 전체 척도점수 사례

인지사정체계-2			PASS 평균과의 차이 102.6	PASS 평균과의 유의한 차이(.05)	강점(S)/ 취약점(W)
PASS 척도	표준점수	백분위수			
계획하기	107	68	4.4	아니요	
주의집중	124	95	21.4	네	S
동시적	82	12	-20.6	네	W
연속적	108	70	5.4	아니요	
인지사정체계 총점	92	30			

출처 : Naglieri, J. A. & Fiefer, S. C. (2018)

와 수학 등 핵심 영역을 여러 회기에 걸쳐 반복적으로 사정하고 이를 기초로 학습장애를 판별하고자 한다.

목적과 구조. 중재반응 모형은 중층적 다차원 교수과정을 채택하고 있다(그림 6.2). 즉 1차원은 일반학급에서 모두를 위한 교수를 제공하고, 2차원은 1차원에서 반응하지 않은 학생들을 대상으로 1차원 교수와 2차원의 표적 중재를 하게 된다. 1, 2차원 교수에서 반응하지 않은 학생들은 의뢰되고 특수교육 대상으로 선정된다. 학생이 학습장애로 선정될 경우 전적으로 분리 특수교육을 받는 것이 아니라 1차원에 해당되는 일반교육과 3차원에 해당되는 특수교육을 함께 받게 된다. 학생의 교육적 요구에 따라 1차원 교육 후 반응하지 않을 경우 의뢰되어 특수교육 대상자로 선정될 수도 있다. 그림으로 표시되는 서비스는 단순한 단계적 접근이 아니라 중층적 다차원의 의미를 갖는다.

중재반응 모형의 1차 목적은 학습장애를 판별하는 것이 아니라 모든 공교육 프로그램이 제공하는 효과적인 학습 및 보충교수를 통해 학업 및 행동 문제를 예방하고 중재하는 것이다. 중재반응법은 실제 성취와 기대 수행 사이의 불일치를 제거함으로써 모든 학생의 학업적 및 행동적 성과를 향상시키는 데에 있다.

중재반응법 구조에서는 학업 성취 및 행동 곤란 학생을 지도하기 위해 보편적 설계를 적용한다. 위험군 아동들은 일반학급에서 교수를 제공하고 학생의 반응에 따라 강도를 높여 가는 중층적 다차원의 중재를 받게 된다. 시간이 지날수록 강도가 더해지고 소집단 지도로 나아가며 학생의 요구를 충족시켜 주기 위해 교육과정과 중재를 다양화한다. 중재반응 모형의 공통

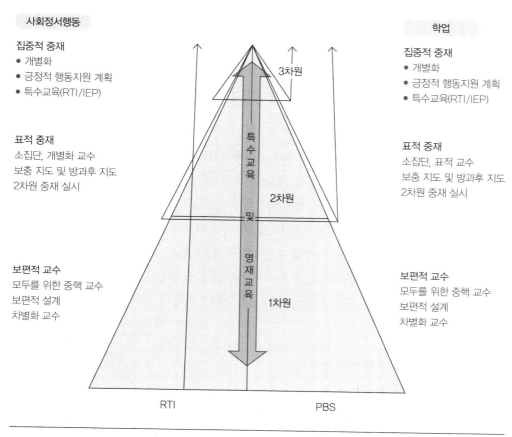

그림 6.3 중재반응 모형(RTI²)⁶

특징은 다음과 같다.

- 보편적, 전체 집단 중심의 선별과 진전도 점검(교수 수정을 위한 데이터 기반의 의사결정)
- 보충 중재, 집중 중재와 더불어 일반학급에서 증거 기반 중재 실시
- 예방과 중재가 연계된 서비스 전달 체계
- 특수교육을 위한 적격성 관련 정보를 제공하는 데이터 수집
- 부모 참여와 팀 기반의 의사결정(Fletcher & Miciak, 2018)

중재반응법에서 학생이 특수교육 대상자로 선정되기 전에 여러 차원의 중재를 받아야 한다는 것은 잘못된 생각이다(Kovaleski, VanDerHeyden, & Shapiro, 2013). 아동은 중재반응 과정의 어느

----

6 행동중재를 위한 긍정적 행동지원 모형과 학업 중재를 위한 중재반응 모형의 통합

시점에서든 특수교육에 의뢰될 수 있다. 중재반응법은 전통의 학습장애 판별 접근법과 달리 학생의 요구를 확인하고 적격성 결정과 중재를 함께 실시한다. 최근 학습과 행동은 불가분의 관계가 있고, 학생들은 학습 문제와 행동 문제가 공존하는 경향이 많기 때문에 지도를 위한 접근 방법 역시 중재반응법(RTI)과 긍정적 행동지원(PBS)을 조합하여 RTI^2로 접근하기 시작했다.

실행 구조. 중재반응법 구조의 실행 모형에는 문제해결 모형과 표준 프로토콜 모형이 있다. 문제해결 모형은 학교 차원에서 행정가, 교사, 순회전문가로 구성된 의사결정팀을 조직한다. 팀은 선별 및 진전도 점검과정에서 수집된 데이터에 기반을 두고 행동 및 학업 문제를 판별하여 문제를 해결할 중재 방법을 찾는다. 중재 결과를 평가하고 문제가 해결되지 않으면 새로운 중재를 제안한다. 이 모형은 행동 문제를 대상으로 중재반응법을 실시하였으나 학업 문제에도 이용된다. 한편 표준 프로토콜 모형은 보편적 선별과 진전도 점검 데이터화에 기초하여 아동을 위험군으로 판별한다. 중재를 각 차원에서 표준화하고 아동의 교수적 반응에 따라 차별화의 강도를 높인다.

전통적 모형과 중재반응 모형의 비교

중재반응법을 포함한 통합 모형과 의뢰 및 사정에 기반을 둔 전통적 모형 사이의 차이점은 [그림 6.4]에 명확히 제시되어 있다.

첫째, 보편적 선별과 지속적인 진전도 점검의 중요성이 강조되고 있다. 전통의 접근은 보편적 선별이나 진전도 점검을 하지 않는 반면, 중재반응 모형은 이 두 가지를 모두 포함하고 있다. 둘째, 학생들이 특수교육에 의뢰되는 방법의 차이이다. 전통적 모형에서는 교육자와 부모가 의뢰를 주도한다. 중재반응 구조에서는 교수에 대한 부적절한 반응이나 학생의 학습장애 판별 의뢰를 위한 판단 여부는 진전도 점검 결과에 따른다. 셋째, 진전도에 기반을 둔 다중 처치와 교수적 수정 개념이다. 중재반응 모형에서는 진전도에 근거한 다중 처치와 교수 수정을 명시하고 있으나 전통적 모형에서는 그렇지 않다. 넷째, 전통적 모형은 특수교육을 별도의 서비스로 취급하지만 중재반응 모형에서는 일반교육, 특수교육, 지속적인 진전도 사정을 연계시키고 있다.

중재반응법과 학습장애 판별

저성취 결정. 저성취를 확실히 결정하는 것은 대부분의 학습장애 종합 평가의 일부가 되고 있다. 플레처 등(Fletcher et al., 2007)이 개관한 바와 같이 준거 참조형 성취 사정은 간편하게 특

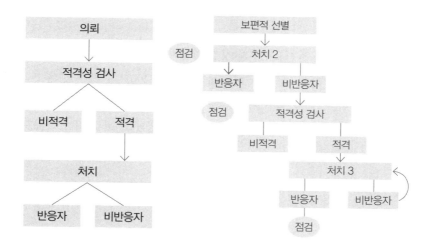

그림 6.4 학습장애 판별을 위한 전통적 모형과 중재반응 기반 모형의 비교

출처 : Fletcher et al. (2007)

정 아동의 학업적 손상의 특성과 범위에 관한 가설에 기반하여 간편하게 사용할 수 있다. 이러한 맥락에서 규준 참조형 성취도 검사는 교수에 대한 반응을 검사하고 학습장애 판별을 지지하는 추가 정보를 제공할 수 있다. 학업 문제를 쉽게 결정할 수 있다면 하위 영역을 모두 사정할 필요는 없다.

중재반응 사정.   학습장애 판별 준거를 충족시킬 수 있는 교수에 대한 반응에 기반을 둔 판별 접근법으로는 최종 상태, 경사도 불일치, 이중 불일치의 세 종류가 있다. 최종 상태 방법은 중재 후 규준 참조형 및 준거 참조형 성취도 점수를 지역 및 국가 규준에 기반을 둔 벤치마크와 비교한다. 경사도 불일치 방법은 참조 집단의 평균 비율과 성장률을 비교하고, 이중 불일치 방법은 부적절한 반응을 확인하기 위해 진전도 점검 사정에 대한 성장률과 수행률을 동시에 비교한다.

배제 및 맥락 요인 사정.   의뢰과정에서 기타 장애 가능성이 의심된다면 사정은 더욱 포괄적이 될 수 있고 기타 장애와 배제 준거를 확인할 필요가 있다. 종합적 평가는 아동에 관한 특정 가설을 강조해야 하고 ① 지적장애 판별을 위해 IQ와 적응행동의 사정 ② 전반적 발달장애 판별을 위한 사정과 절차 ③ 말과 언어 사정을 포함하여 여러 가지 구성요소를 포함시킬 수 있다. 부모와 교사가 실시한 행동평정 척도는 공존장애(예 : ADHD)와 저성취를 설명할 수 있는 기타 상황적 요인을 판별하거나 선별 측정으로 이용될 수 있다.

혼합 모형

중재반응, 저성취와 개인차 관점으로부터 성취 영역의 개인 내 차이, 배제 요인을 함께 고려하는 혼합(하이브리드) 모형이 제안되었다(Fletcher et al., 2007). 혼합 모형은 부적절한 반응자 집단을 분리해야 하고, 이를 위해 교수적 통합이 보장되어야 하며, 예상치 못한 학습부진의 구성요인을 요약해야 한다. 브레들리 등(Bradley et al., 2002)이 제시한 학습장애 판별 준거는 다음과 같다.

- 효과적인 연구 기반 중재에 대한 충분한 반응을 보이지 못함
- 단어 읽기, 읽기 유창성, 읽기 이해, 수학 계산, 수학문제 풀이, 쓰기 표현 영역에 절대적 저성취를 보임
- 지적장애, 감각손상, 심한 정서장애, 언어 소수집단이나 교수에 대한 부적절한 반응을 설명할 수 없는 학습 기회 부족 요인을 배제함

혼합 모형은 인지불일치 모형 및 다른 저성취 모형과 달리 '예상치 못한' 이란 조건을 판별하기 위한 주요 준거를 교수적 반응에 기반을 두고 있다.

진단평가 접근법의 한계

학습장애의 진단평가 방법에 관한 연구는 국내에서 많이 연구되고 있지만(강옥려 외, 2009; 김애화 외, 2011; 정대영, 2007, 2010) 그 타당성과 적합성에 대한 검증 연구는 다양하게 이루어지지 못하였다. 학습장애 판별 모형의 문제에 관한 질문에 응답한 다수의 전문가들은 불일치법(88%)이나 중재반응법(96%)만으로는 학습장애를 판별하기에 충분하지 않다고 보고 있다(LAD, 2010). 전문가들은 능력-성취 불일치 모형의 경우 다음과 같은 제한점을 지적하고 있다(Dombrowski, Kamphaus, & Reynolds, 2004; Vaughn, Lian-Thompson, & Hickman, 2003).

- 불일치법은 인지와 성취 분야의 발달적 차이에 민감하지 못하다.
- IQ 점수가 불일치 계산을 위한 능력 기준으로 설정되어야 한다는 근거가 명확하지 않다.
- 특정학습장애와 저성취를 구별하지 못한다.
- 시·도나 교육청에 따라 방법의 적용에 일관성이 없다.
- 다양한 배경을 지닌 학생들(소수 학생)이 과잉판별된다.

- 의사결정력을 떨어뜨리는 측정의 문제가 있다.
- 조기 판별이 쉽지 않다(실패 대기 모형).
- 자원의 이용에 있어 정확하지도, 효과적이지도 않은 '검사와 배치'를 조장한다.

그렇다고 중재반응법은 완벽한가? 중재반응법 역시 한계가 있다. 반응하지 못하고 실패한다고 학습장애로 추정하는 것이 정당한가? 다수의 전문가들이 지적하는 중재반응법의 한계는 다음과 같다(Fiorell, Hale, Decker, & Coleman, 2009; Fletcher-Janzen, & Reynolds, 2008; Hain, Hale, & Kendorski, 2009).

- 이용할 한 가지 유형의 중재반응법에 합의하지 못하고 있다.
- 중재반응 모형에서 반응성을 정의할 측정 모형에 대해 합의점을 찾지 못하고 있다.
- 교육과정, 교수 방법, 적절한 기술적 측면에서 합의된 양질의 측정 도구가 없다.
- 중재반응법은 모든 학년과 내용 영역을 대상으로 한 실험적 연구가 아니라 주로 초등학교 저학년 단어 읽기에 초점을 맞추고 있다.
- 문제해결 중재 방법은 한 가지 이상의 독립변인을 조작하여 원인을 결정해야 하므로 단일 대상 연구는 이용될 수 없다.
- 중재반응법은 특정학습장애와 다른 장애를 판별적으로 진단해 줄 메커니즘이 없다.
- 중재반응법은 처치 실패에 의한 진단일 뿐이므로 의료계에서는 오랫동안 불충분한 모형임이 입증되었다.
- 중재반응법 모형에서 참긍정이 없으며, 이는 질 높은 교수와 중재에 반응하지 못하는 모든 아동을 결함에 의한 특정 학습장애로 판단된다는 것을 의미한다.

중재반응 모형의 경우 학습장애 판별과정에서 참긍정이 없다는 점이 가장 큰 문제이다. 참긍정이 없으면 참부정, 거짓긍정, 거짓부정을 결정할 수 없고, 판별에 이용된 측정의 민감성과 특수성을 결정할 방법이 없다. 이런 제한성 때문에 중재반응법은 반응자와 비반응자를 신뢰롭게 구분할 수 있는 방안을 모색할 과제를 안고 있다.

학습장애의 진단평가와 선정의 실제

사정의 원리

학습장애의 이질성

학습장애의 구성요소는 몇 가지 성취 영역 중의 하나에서 손상을 지니고 있다는 사실이다. 학습장애는 주로 특정 영역(특수성) 문제이다. 이것은 읽기, 수학 및 쓰기 학습장애가 각각 현상학적 특성과 중재 요구가 다르다는 것을 의미한다. 이러한 이질성으로 인해 하위 유형들을 학습장애란 하나의 개념 산하로 묶을 수 있다는 가정을 복잡하게 만든다. 특히 여러 영역에 적용될 수 있는 인지적 처리과정을 나타내는 작업기억, 처리 속도, 구어 이해와 연관된 공존성 문제와 관련하여 일반 영역의 문제[7]가 있다. 이는 '영역 특정 요인[8]'을 사정하게 되면 판별이 더 용이하고 촉진된다는 증거는 거의 없지만 중재에 대한 시사점을 줄 가능성이 있다 (Fuchs& Fuchs, 2014b; Willcut et al., 2013).

사정 내용

기초학습 문제가 선수학습 기능 문제를 동반하거나 아니면 선수학습 기능의 문제가 원인으로 의심될 경우 이를 사정해 볼 필요가 있다. 이 경우 언어 능력, 주의집중, 기억결함, 인지적 및 상위인지적 결함, 지각결함, 동기와 귀인, 사회정서적 문제 등을 사정한다. 특히 학습 양식과 관련된 경우 교수에 많은 정보를 줄 수 있다. 그러나 이 분야의 표준화 검사 도구들이 많이 개발되어 있지 않은 점이 문제라고 할 수 있다. 단어 수준의 읽기, 읽기 이해, 수학 계산과 문제해결, 쓰기 표현의 다섯 가지 학업 원형은 학습장애를 판별하기 위해 사정해야 할 주요 영역이지만 필요에 따라 읽기 유창성, 수학의 유창성, 쓰기 유창성 등에 대한 사정도 필요에 따라 할 수 있다.

규준 참조 성취검사

학습장애를 사정하기 위해 의심되는 저성취 영역을 혼합 모형의 일부로 평가해야 한다. 혼합 모형은 신뢰도와 타당도가 높은 검사 도구를 이용하여 저성취를 직접 측정하고, 교수적 반응의 사정과 더불어 학습장애 결정에 필요한 다중 지표를 제공한다. 아울러 학습 영역에서 드

---

7 여러 영역에 공통적으로 나타나는 문제 특성 : 작업기억은 여러 장애 영역이나 학습장애 하위 영역에 공통적으로 나타나는 특성이다. 이와 상반된 개념은 영역 특정 요인이다.

8 특정 장애 영역만 지니는 다른 장애와 배타적인 독특한 특성을 의미한다.

러나는 패턴은 교수 차별화에 도움이 될 수 있다(Spear & Swerling, 2015).

교수적 반응

교수적 반응을 가장 잘 사정할 수 있는 방법은 교육과정 중심 측정과 같이 진전도를 점검하는 것이다. 이러한 유형의 사정 도구들이 단어인식, 읽기 유창성, 수학 계산, 쓰기, 철자법 사정을 위해 점차 개발되고 있다. 교육과정 중심의 읽기 유창성 검사는 읽기 이해력의 강력한 예언 요인이 된다. 읽기 이해, 수학문제 해결, 작문과 같은 복잡한 기능의 사정이 어렵기 때문에 성취 영역에서 규준 참조형 사정을 실시하는 것이 학습장애 판별에 중요하다.

배제 조건(맥락 요인) 및 기타 조건

마지막 구성요소는 학습장애의 배제 조건으로 고려했던 배제 요인과 기타 장애를 사정한다. 학습장애의 배제 조건이지만 공존장애인 ADHD, 정서행동장애를 선별하기 위해 평정척도를 실시할 수 있고, 학습장애의 배제 조건이 될 수 있는 기타 장애와 관련된 면담, 이력 및 형식적 사정을 이용한다.

사정하지 말아야 할 내용

합리적인 중재로 이어지지 않는 사정은 실시할 필요가 없다. 불필요한 사정에 소요되는 예산을 줄여서 중재에 투입하는 것이 효과적이다. IQ 검사를 필수적으로 하거나 학업기술과 관련이 있는 처리과정 기술조차도 의례적으로 검사할 필요는 없다(Fletcher & Miciak, 2017). IQ 점수는 학습장애 학생의 중재를 위한 명확한 시사점을 주지 못한다. 종합적 인지능력 사정 역시 학습장애 판별에 필요한 증거를 확보하는 데 필수적은 아니다(Schneider & Kauffman, 2017).

선검사-후처치 대 선처치-후검사

최근 학습장애 판별과정에서 중재를 해보지 않고서는 신뢰롭고 타당하게 판별하기 어렵다는 문제의식을 제기하고 있다(Fletcher, Lyon, Fuchs, & Barbesm 2019). 학습장애를 판별하기 전에 적절한 학습 기회를 보장하는 것은 상황에 관계없이 거쳐야 할 전제조건이며, 전통적으로 실시해 왔던 진단검사는 기껏해야 학습장애 위험군을 판별할 수 있을 뿐이다.

　[그림 6.5]는 혼합 접근법의 세 가지 평가 구성요소를 다이어그램으로 제시한 것이다. 첫 두 요소는 저성취와 교수에 대한 부적절한 반응은 포함적 준거이고, 셋째 구성요소는 배제

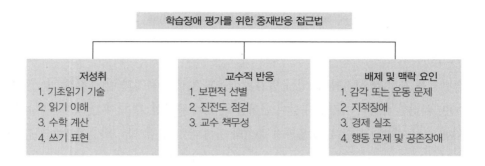

그림 6.5 혼합 모형에서 학습장애 판별을 위한 루브릭

조건을 충족시키기 위한 평가로서 감각장애, 운동장애, 지적장애, ADHD와 같은 공존장애, 기타 정서행동 문제, 가정환경, 경제적 불리, 주류 언어에 대한 효율성 부족과 같은 환경적 요인을 포함한다.

어떤 평가든 성취에 어려움을 지닌 학생을 가능한 한 빨리 중재하는 데 목표를 두어야 한다. 학교에서 읽기, 수학, 행동 문제의 선별을 대규모로 실시할 수 있다. 선별은 위험군이 아닌 학생을 매우 간편하고 정확히 판별할 수 있어야 한다. 즉 학습장애 위험군 학생을 판별하지 못하고 놓치는 것[9]은 비위험군 학생을 학습장애로 판별하는 것[10]보다 더욱 심각한 의사결정의 오류를 범하는 것이다. 진전도를 점검하면 비위험군 학생은 확인될 수 있기 때문이다.

다차원 지원체계 구조인 이 접근법은 장애를 결정하기 위해 선처치-후검사를 따른다. 대부분 적격성 판정 체계에서 어떤 기능장애 상태(disability status)가 적응기능(예 : 읽기기술)을 방해하는 증거가 있고, 그래서 어떤 기능을 무력하게 만드는 증거(예 : 읽기장애)에 의해 결정된다. 교수적 반응의 평가는 학습장애 평가를 위해 구성요소를 조작화하는 한 가지 방법이다.

교수에 대한 부적절한 반응은 중재반응법에 의한 판별 구조에서 예상치 못한 부진의 표시이다. 이 준거는 포함적이고 판별과정에서 드러나야 한다. 인지적 불일치 구조에서 교수에 대한 부적절한 반응은 배제 준거에 속한다. 중재반응 모형에서 적응 손상이 우선 결정된다(예 : 질 높은 교수에도 불구하고 학생이 어떤 벤치마크에 성취하지 못하는 증거). 중재반응을 사정하지 않을 경우 교육적 요구의 사정은 다소 주관적이 된다. 학업 성취 문제가 확인됨에도 불구하고 선정위원 중 의의를 제기하고 결국에는 학습장애 학생으로 선정되지 못하는 결과를 가져온다. 이러한 문제를 예방하기 위해 판별의 기초는 혼합 모형에 둘 것을 주장한

---

9 거짓 부정 오류(false negative error) : 적격자를 부적격자로 판정

10 거짓 긍정 오류(false positive error) : 부적격자를 적격자로 판정

다(Fletcher, Lyon, Fuchs, & Barbesm, 2019).

임상적 상황에서 저성취 준거는 초기에 결정할 필요가 있을 수도 있다. 저성취의 준거는 우선 아동이 받는 교육의 질에 관심을 갖게 된다. 학습장애를 진단하기 위해 IQ나 인지적 처리기술의 사정은 학생에게 그러한 사정을 해야 할 문제가 있을 때만 실시되어야 한다(Fletchet, Lyon, Fuchs, & Barnes, 2019)(예 : 학습장애로 의뢰된 학생이 지적장애가 의심될 경우 이를 확인하기 위해 IQ 검사 실시).

학습장애를 지닌 특수교육 대상자 선정

학습장애를 객관적으로 사정하기 위한 검사와 절차는 판별 모형에 근거하고 있다. 능력-불일치 모형에 의하면 능력(예 : IQ)과 읽기, 수학, 문어의 성취를 측정할 수 있는 검사를 한다. 저성취 모형에 의하면 능력보다는 성취에 초점을 맞춘다. 개인 내차 모형에 근거하면 인지적 과정이나 신경생리학적 검사를 한다. 중재반응법을 통합한 모형에 근거하면 교수에 대한 반응을 사정하기 위해 교육과정 중심 측정과 함께 교육의 질을 평가한다. 혼합 모형에 의하면 학습장애를 평가하기 위해 중재반응법의 사정, 규준참조형 성취검사, 성취 문제를 설명할 수 있는 상황적 요인 및 관련 조건을 평가하고, 교수적 방법을 통해 성취 문제를 강조한다. 여러 가지 모형을 고려하여 학습장애 선정 모형을 [그림 6.6]과 같이 제시할 수 있다.

학습장애를 선정하는 과정에서 반드시 1차 지도와 2차 지도를 거친 후 의뢰하는 것이 아니라 장애의 정도에 따라 1차 지도 후 즉시 의뢰할 수도 있다. 의뢰 및 선정과정은 다음과 같이 이루어질 수 있다.

[1차 일반교육]

- 보편적 학습 설계, 차별화 교수, 과학적 연구 기반 교수 등 일반교육
- 형식적 및 비형식적 성취도 검사
- 저성취 및 학습장애 위험군 확인 : 기존 자료로 학습장애 가능성이 높은 학생은 의뢰

그림 6.6 학습장애 진단평가 및 선정 모형

[2차 표적 중재]

- 1차 일반교육 병행
- 의뢰 후 나머지 학습장애 위험군 학생의 일반교육과 방과후 프로그램 등 집중교육 병행
- 진전도 검사 후 일반학급 교육으로 복귀, 표적지도(방과후 프로그램) 잔류 여부, 선정을 위한 특수교육 지원센터 의뢰 중 한 가지 결정

[선정 배치 의뢰]

- 지원센터의 선정 및 배치 결정

[3차 중재]

- 1차 일반교육 병행
- IEP에 근거한 개별화된 집중교육, 특수교육

한국학습장애학회(2013)는 학습장애 학생 선정 조건 및 절차를 제안하였고, 교육부는 이를 시·도교육청에 시달하여 전국 시·도가 대부분 이 절차를 따르고 있다. 현재 공식적인 학습장애 선정 절차 준거는 학습부진 학생으로서 IQ 70 이상, 학업 성취 하위 16퍼센타일이나 -1 표준편차 이하로서 외적 조건이나 환경적 요인에 의하지 않은 경우를 말한다.

정대영 등(2018)은 현재 적용되고 있는 학습장애를 지닌 특수교육 대상자의 의뢰, 진단·평가 및 선정 배치 절차의 불합리함을 지적하고 선정과정에서 각 해당 기관이 해야 할 활동과 학습장애 선정 기준을 [그림 6.7]과 같이 제안하였다.

성취 영역 평가 및 검사 도구

성취 영역 평가

여러 가지 규준 참조형 성취도 검사는 학습장애 사정에 이용되고 있다. 최소 수준에서 다섯 가지 성취 영역, 즉 단어인식, 읽기 이해, 수학 계산, 수학문제 해결과 쓰기 표현(철자법, 손 쓰기, 작문 포함)이 사정되어야 한다. 학습장애로 의심되는 학생들은 다중 영역에 어려움을 지니고 있어 학업 성취 영역을 전반적으로 평가할 필요가 있다.

단어인식 정확성. 대부분의 성취도 배터리는 난이도순으로 된 일견단어 인식을 사정한다. 단어인식 검사는 학습장애와 관련된 사정의 기본적인 구성요소이다. 이들 검사는 학업 성취도의 전반적인 수준을 판단할 수 있는 최상의 단일 지표이다(Laforte, McGrew, & Schrank, 2014).

	1. 진단 · 평가 의뢰
각급 학교 보호자	1-1 학습장애 진단 · 평가 의뢰를 위한 제출 서류 ①, ②, ③ ① 학습 문제 자료 : 다음 중 한 가지 • 기초학력 평가, 교과학습 진단 · 평가 등에서 학습부진으로 선별된 결과자료 • 학습장애 선별검사(난독증 선별 체크리스트)에서 학습장애 위험군으로 선별된 결과자료 • 학생의 학업 수행이 또래에 비해 낮다는 것을 증명할 수 있는 교사의 관찰 및 평가자료 ② 보충 지원 기록자료 : 다음 중 한 가지 • 학교 또는 지역 교육청에서 학습부진 학생지도를 받았던 기록(예 : 방과후 프로그램, 학습종합 클리닉 센터, 두드림학교 등) • 학교에서 다중 지원팀을 마련하여 중재반응 모형을 적용했다면 그 결과자료 ③ 외부 전문기관(의료기관, 상담실, 아동센터, 클리닉 등)의 학습장애 관련 검사 결과 위험군 또는 난독증으로 판정된 자료

	2. 진단 · 평가 실시 및 결과 보고
특수교육 지원센터 (진단 평가)	2-1 각종 해당 검사 실시(지능검사, 학업 성취도검사, 인지처리검사 등) 2-2 학습장애 선정 기준에 의한 적격성 결정(①, ②, ③ 조건을 모두 갖춘 경우 학생장애로 판정) -학습장애 선정 기준- ① 지능검사 결과 • 표준화된 개인별 지능검사 결과의 전체 지능지수가 70 이상인 자 ② 학업 성취도검사 또는 인지처리검사 결과가 하위 16백분위(퍼센타일) 또는 −1 표준편차에 해당하는 자(※ 학습장애 진단 시 학업 성취도검사는 필수적으로 진행하며, 인지처리검사는 추가적인 검사로 사용할 수 있음. 단, 학령 전기 아동의 경우 표준화된 개인별 인지처리검사 결과를 학업 성취도검사 대신 사용하는 것 가능) • 표준화된 개인별 학업 성취도검사 결과 : 학습장애 하위 유형별 평가 가능(읽기, 쓰기, 수학 등) • 표준화된 개인별 인지처리검사 결과 : 학습장애 하위 유형별 인지처리 평가 가능(읽기의 경우 음운인식 · 어휘 등, 쓰기의 경우 어휘 · 표기인식 등, 수학의 경우 수 감각 · 주의집중 등) ③ 배제 요인 검토 결과 • 다른 장애(예 : 감각장애, 정서행동장애)나 외적 요인(예 : 다문화, 가정환경)이 학습 문제의 직접적인 원인이 되는 경우는 제외 • 단 학습의 문제가 다른 장애나 외적 요인의 직접적인 결과인 것으로 명확하게 밝혀지지 않은 경우, 위의 ①~② 조건을 만족시키면 학습장애로 진단 2-3 진단 · 평가 보고서 작성 : 대상자 적격성 판정 및 필요한 교육 지원 내용에 대한 최종 의견 작성

	3. 선정 배치
교육지원청 또는 교육청	3-1 특수교육운영위원회 심사 3-2 선정 배치 결과 통지

그림 6.7 학습장애를 지닌 특수교육 대상자 선정 절차

출처 : 정대영, 김애화, 김의정, 김자경(2019). 학습장애학생 교육지원 방안

읽기 이해. 단일 측정으로 사정하기 어렵고 서로 다른 이해검사는 이해 사정 방법에 따라 수행성 수준에 관한 서로 다른 정보를 제공해 줄 것이다(Keenan, McGrew, & Olson, 2008). 개인의 반응 양식뿐만 아니라 읽기 자료의 특성에 주의를 기울이는 것이 중요하다. 읽기 이해 검사는 학생이 읽는 자료(문장, 문단, 장르), 반응 양식(완성하기 열린 질문, 선택형, 소리 내어 말하기), 기억 요구(이용할 텍스트가 있는 경우와 없는 경우), 의미의 추상을 사정하는 깊이(어휘 정교화 대 지식, 추론하기, 배경지식 활성화) 등 다양하다. 학생이 읽기 이해, 단어인식 및 읽기 유창성 기술 외에 다양한 요인에 문제가 있다면 사정 방법도 여러 가지가 동원될 필요가 있다.

수학. 수학에서 유리수와 정수를 사정하는 것이 중요하다. 정수기술의 곤란은 유리수 곤란을 예측할 수 있지만(Jorda et al., 2013), 정수 과제를 잘 수행하는 다수의 학생들도 유리수 문제를 경험한다(Fuchs, McMaster, Fuchs, & Alostaiba, 2013). 계산기술뿐만 아니라 문제해결 기술을 사정하는 것도 중요하다.

쓰기 표현. 부분적으로 쓰기 표현장애의 구성요소가 무엇인지 잘 정리되지 않았기 때문에 쓰기 표현 영역의 사정 지침을 제공하는 것이 가장 어렵다. 쓰기 표현장애는 주로 철자법, 손쓰기 또는 작문을 포함하고 있는가? 손쓰기와 철자법은 작문에 영향을 미치고 제한을 가져올 수 있다.

자동성. 읽기 유창성 측정은 읽기학습장애와 상관이 높지만(Arth et al., 2012) 수행성은 시간의 제한에 따라 구어 읽기 목록이나 문장 읽기와 의미 구성요소를 지닌 읽기가 다를 수 있다. 읽기 유창성 사정의 열쇠는 텍스트를 구두로 읽게 하는 것이고, 이 경우 유창성은 분당 정확히 읽은 단어의 수나 이해 문항으로 측정될 수 있다. 읽기에서처럼 수학 유창성 사정이 도움이 될 수 있다. 쓰기 유창성 사정은 작문의 질을 예측할 수 있기 때문에 유창성에 관한 정보를 줄 수 있다.

선정과정에서 사용할 수 있는 검사 도구

학습장애 학생을 판별하고 선정하는 과정에서 사용할 수 있는 검사 도구로는 선별검사, 지능검사, 학업성취검사, 인지처리과정 검사 등이 있다. 영역별로 사용할 수 있는 검사들은 다음과 같다.

선별검사. 이 검사는 학습장애 위험군 또는 학습장애일 가능성이 높은 학생을 일반 학생들로부터 1차 분리하기 위한 절차로서 일반적으로 선별검사나 평정 척도를 이용하여 대규모로 간단히 실시할 수 있다. 선별검사는 학습장애 위험성이 있는 학생들을 발견하는 진단평가의 1차적 관문이라고 할 수 있다. 선별검사로는 KISE 학습장애 선별검사(정대영, 정동영, 1997), 한국판 학습장애평가척도(K-LDES)(신민섭, 조수철, 홍강의, 2007), 학습장애선별검사(LDSS)(김애화, 신현기, 이준석, 2007) 등이 있다.

지능검사. 특수교육법에서는 학습장애를 지닌 특수교육 대상자 선정과정에서 지능검사를 필수적으로 실시하도록 규정하고 있지만 학문적으로는 학습장애로 의심되는 학생이 지적장애가 아니란 점을 확인할 필요가 있을 경우만 실시하도록 권장하고 있다. 불필요한 심리검사를 실시하는 데 드는 비용과 노력을 줄이고 대신에 중재에 투입함으로써 위험군 및 학습장애 예방을 극대화하고자 한다. 학습장애 선정과정에서 지적장애와 배타적인 조건인 지능 수준을 확인하기(지능 수준이 IQ 70 이상을 확인하는 조건) 위한 지능검사 도구로는 한국 웩슬러 아동지능검사(K-WISC)(곽금주 외, 2001), 카우프만 아동용지능검사(K-ABC)(문수백 외, 1997) 등이 있다.

학업성취도검사. 학습장애 선정과정에서 저성취를 확인할 수 있는 학업성취도검사는 국립특수교육원 기초학습기능검사(NISE-B · ACT)(이태수, 나경은, 서선진, 이준석, 김우리, 2017), BASA 기초학습기능 수행평가체제 : 읽기검사(김동일, 2000), BASA 기초학습기능 수행평가체제 : 수학검사(김동일, 2000), BASA 기초학습기능 수행평가체제 : 쓰기검사(김동일, 2000), 읽기진단검사(김윤옥, 2001), 읽기 성취 및 읽기 인지처리검사(김애화 외, 2014), 쓰기 성취 및 쓰기 인지처리검사(김애화 외, 2014)가 있다.

인지처리검사. 인지처리검사는 학습장애 위험군 학생들을 대상으로 학습선수기능의 특정 영역의 강점과 약점을 파악하기 위해 실시할 수 있는 검사로서 다음과 같은 검사 도구들이 있다. 이 영역의 검사로는 그림 어휘력 검사 : 수용 어휘 측정(김영태, 장혜성, 임선숙, 백현정, 1995), 아동용 Rey-Kim 기억검사 : 기억 측정(김홍근, 1999), 구문 의미 이해력 검사 : 구문 의미 이해(통사 처리) 측정(배소영, 임선숙, 이지희, 장혜성, 2004), 한국판 시지각발달검사(K-DTVP-2)(문수백, 여광응, 조용태, 2006), 한국 아동토큰검사(K-TTFC-2) : 듣기 이해(신문자, 김영태, 정부자, 김재옥, 2011) 등이 있다.

학업성취 및 인지처리검사. 읽기 성취 및 읽기 인지처리검사(김애화, 김의정, 황민아, 유현실, 2012)는 읽기 성취(단어인지 성취, 읽기 유창성 성취, 읽기 이해 성취)와 읽기 인지처리(단어인식 인지처리, 읽기 유창성 인지처리, 읽기이해 인지처리)를 측정하도록 개발되었다.

요약

학습장애의 판별 모형

- 학습장애 판별 모형에는 전통적 모형, 대안적 모형, 혼합 모형이 있다.
- 능력-성취 불일치 모형에 의하면 적성은 기본적으로 타고난 재능이나 능력이라고 보며, 개인은 자신의 타고난 능력만큼 성취하는 것이 일반적이고 정상이라고 생각한다.
- 저성취 모형은 학습장애와 저성취를 동일시한다는 점이 문제이다.
- 인지결함 모형은 인지처리과정의 강점과 취약점 패턴을 이용하여 학습장애를 판별하고자 한다.
- 중재반응 모형은 모든 학생의 대량 선별, 위험군 학생의 읽기 및 수학과 같은 핵심 영역을 여러 회기에 걸쳐 반복적으로 사정하고 이를 기초로 학습장애를 판별하고자 한다.
- 혼합 모형은 중재반응, 저성취와 개인차 관점으로부터 성취 영역의 개인 내 차이, 배제 요인을 함께 고려한다.
- 능력 불일치 모형과 중재반응 모형은 각각 장단점을 지니고 있고 지속적으로 연구되어야 할 과제를 안고 있다.

진단평가 접근법의 한계

- 전통적인 진단평가 방법인 불일치법(능력-성취 불일치 모형, 저성취 모형, 일치결함 모형)은 학습장애와 저성취를 구분하지 못한다는 지적과 더불어 실패 대기 모형이란 비판을 받고 있다.
- 대안적 모형으로 제안된 중재반응법은 문제의 발견과 즉시 중재와 진단평가를 동시에 시작하는 장점이 있으나 판별과정에서 참긍정이 없다는 약점이 있다.

학습장애의 진단평가와 선정의 실제

- 사정의 원리로는 학습장애의 이질성, 사정 내용, 규준 참조형 검사, 맥락 요인 및 기타 조건, 사정하지 말아야 할 내용, 증거주의 등이 제시되고 있다.
- 학습장애를 선정하는 과정에서 반드시 1차 지도와 2차 지도를 거친 후 의뢰하는 것이 아니라 장애의 정도에 따라 1차 지도 후 즉시 의뢰할 수도 있다.
- 최근 학습장애 판별과정에서 중재를 해보지 않고서는 신뢰롭고 타당하게 판별하기 어렵다는 문제의식이 제기되고 있다. 따라서 점차 검사 후 처치하기보다 처치를 하면서

검사를 실시하고 있다.

- 현재 공식적인 학습장애 선정 절차 준거는 "저성취 학생으로서 IQ 70 이상이고, 학업 성취가 하위 16퍼센타일이나 −1 표준편차 이하에 해당되나 외적 조건이나 환경적 요인에 의하지 않는 경우"를 적용하고 있다.
- 성취 영역 평가는 최소 수준에서 다섯 가지 영역, 즉 단어인식, 읽기 이해, 수학 계산, 수학문제 해결과 쓰기 표현(철자법, 손쓰기, 작문 포함)을 사정해야 한다.
- 학습장애 학생을 판별하고 선정하는 과정에서 사용할 수 있는 검사 도구로는 선별검사, 지능검사, 학업성취검사, 인지처리과정검사 등이 있다.

7

구어 표현과 듣기 이해 교수

학습목표

- 언어의 구성요소를 이해한다.
- 국어의 특성을 이해한다.
- 구어 표현장애와 듣기 이해장애의 개념과 유형을 이해한다.
- 구어학습장애의 특성을 이해한다.
- 구어 표현장애와 듣기 이해장애 학생의 중재 방법을 이해하고 적용할 수 있다.

구어적 어려움을 지닌 학생은 취학 전이나 초등학교 저학년에서 특정 언어손상을 지니고 있는 것으로 판별된다. 일부 학생들은 취학 전에 언어발달에 별 문제가 없었으나 초등학교 저학년에서 읽기 해독과 철자법 학습에 어려움을 나타내어 학습장애로 판별된다. 일부 학생은 구어 표현, 듣기 이해, 어휘에 취약점을 보이나 정도가 가벼우면 학습장애로 조기에 판별되지 않는다. 이 장은 구어 표현과 듣기 이해 문제를 다룬다.

언어의 구성요소

음운론

음운론은 언어의 소리 체계로서 자음과 모음, 액센트, 음장, 음절 등 언어의 소리 쪽을 연구한다. 언어음을 단위로 분할하는 것을 분절이라고 하고, 모음이나 자음은 분절음이다. 음소란 어떤 언어 체계에서 단어의 의미를 구별할 수 있는 언어음의 최소 단위이다.

발음하는 단위로 언어음을 나누면 음절이라는 단위를 추출할 수 있다. '어머니'는 '어 · 머 · 니'라는 3개 단위로 분절하여 발음한다. '나', '형'은 1음절, '누나', '오빠'는 2음절, '아버지', '할머니'는 3음절, '할아버지'는 4음절, '고조할아버지'는 6음절어의 단어이다. 음절은 어디까지나 문자 수와는 관계없는 '음'의 단위이다(김현아, 김기현, 박수진 옮김, 2016). 한편 어절은 체언에 조사가 붙거나 용언에 어미가 붙은 말을 가리키는 문법 단위로 한글에서는 보통 띄어쓰기를 하는 단어와 일치한다. 예를 들어 "철수는 밥을 먹었다."는 3어절로 이루어진 문장이다(다음백과, 2019).

음운론 및 비음운론적 언어 능력은 특정 언어손상뿐만 아니라 읽기와 쓰기에서 중요한 역할을 한다. 연구자들은 두 가지 차원의 사분면 모형을 제안했다(Bishop & Snowling, 2004). 이 모형은 난독증, 특정 언어손상과 난독증의 공존 문제가 어떻게 발현되는지를 설명하고 있다. 두 가지 차원이 마주하고 조합될 때 네 가지 패턴이 나타난다(그림 7.1 참조).

첫째, 오른쪽 상단 부분의 사분면은 음운적, 비음운적 언어기술이 평균 이상이며, 구어와 문어의 정상적인 발달을 나타낸다. 둘째, 상단 왼쪽 사분면은 음-소리-단어 수준의 음운기술은 열등하나 문장-담론 수준에서 듣기 이해와 구어 표현 능력은 양호한 패턴으로 전통적인 난독증의 형태이다. 셋째, 하단 왼쪽 사분면은 음운적, 비음운적 언어기술 모두 낮으며 구어와 문어 곤란을 함께 나타낸다. 이 패턴은 구어기술이 평균 이상이나 읽기와 쓰기의 문제를 동시에 나타내는 고전적 언어손상 패턴으로 보았으나 특정 언어손상만을 가진 패턴과 달

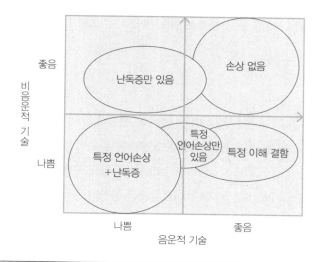

그림 7.1 난독증과 특정 언어손상의 관계를 반영한 2차원 사분면 모형

출처 : Bishop & Snowling(2004)

리 특정 언어손상과 난독증을 동시에 지닌 패턴으로 보고 있다(Ramus et al., 2013). 넷째, 하단 오른쪽 사분면은 특정 이해 결함을 지닌다.

형태론

형태론은 형태소가 만나서 이루는 단어의 내적 구조와 원리를 기술하며, 형태소의 분류, 조어법, 굴절법, 품사를 연구한다(배희숙, 2016). 형태소란 의미를 나타내는 소리의 가장 작은 단위로서 이를 음소로 해체하면 의미를 산출할 수 없게 된다. 형태소는 어휘형태소/문법형태소, 자립형태소/의존형태소, 파생형태소/굴절형태소로 구분된다.

특수교육이나 언어치료에서 자발화를 분석할 때 대상자의 형태·통사론적 발달 정도를 파악하기 위해 평균발화 길이를 구한다. 먼저 다양한 언어 환경에서 발화를 수집하고, 문장 구성 능력에 관한 정보를 얻기 위해 발화에 대한 형태소 분석을 실시한다(배희숙, 2016).

(가) 벌과 나비가 날아왔어요.(벌+과+나비+가+날+아+오+았+어요)

(나) 하늘은 높아요.(하늘+은+높+아요)

(가)의 문장은 9개의 형태소로 이루어져 있고, (나)의 문장은 4개의 형태소로 구성되어 있다. 따라서 13개의 형태소를 전체 발화 수를 2로 나누면 평균발화길이 MLU−m은 6.5가 된다. 이 밖에 문장 내에 다른 단어의 수에 초점을 맞춘 유형 토큰 비율(한 문장 내의 다른 단어

의 수), 하나의 주절과 그에 따른 종속절 단위 문장을 기준으로 분석하는 T-unit 방법이 있다 (박현숙 외, 2007).

통사론

통사론 또는 구문론은 구와 절을 형성하는 단어의 순서나 조합을 통제하는 규칙 체계이다. 즉 구, 절, 문장을 구성하는 여러 요소들의 배열 양식에 관하여 연구하는 분야이다. 통사론은 문장 구성 규칙과 문장 성분으로 나누어 볼 수 있다. 문장의 구성 규칙은 구조주의 통사론과 생성문법 측면에서 볼 수 있는데, 구조주의 통사론은 문장을 구성하는 직접 구성성분 분석을 강조한다.

[노란 [새끼 [오리]]]

이 구절의 층위적 구조를 살펴보면 형용사 '노란'은 '새끼 오리'를 수식하고, '새끼 오리'의 '오리'는 '새끼'에 의해 한정되는 구조로 이루어져 있다. 이와 같이 구를 둘로 분할할 때 그 두 개의 요소를 직접 구성요소라고 한다. 생성문법은 문장을 이루는 명사구와 동사구를 기본으로 하여 문장의 표층구조와 심층구조를 분석한다.

예쁜 꽃이 피었습니다.

이 문장은 명사구(예쁜 꽃이)와 동사구(피었습니다)로 구성되어 있다. 명사구는 다시 관형어(예쁜)와 명사구(꽃이)로 구성되고, 이는 다시 '꽃'과 '이'로 구성된다. 이를 구절 구조 규칙으로 표현하면 다음과 같다.

S → NP(예쁜 꽃이)+VP(피었습니다)

NP1 → NP1(예쁜)+NP2(꽃이)

NP2 → N(꽃)+P1(이)

VP → V(피었습니다)

위의 내용을 수형도로 표현하면 [그림 7.2]와 같다.

문장 성분은 주어, 목적어, 보어, 서술어, 관형어, 부사어, 독립어로 모두 일곱 가지이다. 이 중에서 주어, 목적어, 보어, 서술어를 주성분이라 하고, 관형어와 부사어는 부속 성분, 독립어는 독립 성분으로 분류된다. 주어와 술어가 한 번 나타나면 단문이고, 주절과 종속절로 구성된 문장은 복문이다.

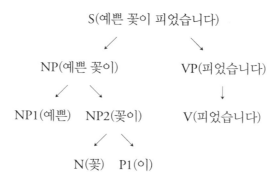

그림 7.2 문장 수형도의 사례

의미론

의미론은 기호의 의미를 다루는 분야로서 단어 사용의 이해를 포함한다. 단어란 의미의 영역을 대표하는 단위인데, 각 단어들이 어떻게 의미의 영역을 잘라 한 영역씩을 담당하게 되는가? 단어들이 결합하여 복합어를 이루고, 구를 이루고 문장을 이룰 때 의미의 영역은 어떻게 확대되고 변모되는가 등을 다루는 분야가 의미론이다.

화용론

화용론이란 의사소통을 할 때 발화에 대한 언어론으로서 화자와 청자의 관계에 따라 언어 사용이 어떻게 바뀌는지, 화자의 의도와 발화의 의미가 어떻게 다를 수 있는지 등에 대한 연구도 한다. 우리가 말할 내용과 방법을 이해하는 것은 말할 주제와 사람에 관한 많은 정보를 필요로 한다. 예를 들어 여러분은 선생님에게 사건을 보고할 때 친구에게 말하는 것과 달리할 것이다. 언어학습장애 학생의 경우 중재 상황에서 학습한 기능을 일반화시켜야 하므로 이 구성요소가 가장 어려울 수 있다. 수업이나 임상 상황에서 학습한 기능이 학급과 다른 실생활 상황으로 전이되어야 한다. 지금까지 논의된 언어의 구성요소를 요약하면 〈표 7.1〉과 같다.

국어의 특성

한글은 음성기관의 형태를 상형했다. 보이지 않는 음을 발생론적 근원으로 올라가 형태를 찾고, 보이는 형태로 상형한 것이다. 자음의 경우 파생의 기초 원리는 기본이 되는 자모에 획을 더하는 '가획'이다. ㄱ의 기본 소리에 획을 더하여 센소리 ㅋ을 만들었다. 같은 위치에서 발

표 7.1 언어 구성요소의 정의와 수용 및 표현 수준

구성요소	정의	수용 수준	표현 수준
음운론	언어의 소리 체계와 소리의 조합을 지배하는 언어 규칙	말소리의 구분	말소리의 조음
형태론	기본적인 의미 요소로부터 단어의 구조, 수어, 단어 형태를 지배하는 언어 규칙	단어의 문법적 구조 이해	단어 내의 문법 이용
통사론	문장을 구성하기 위한 단어의 순서와 조합, 문장 내 요소들 간의 관계를 지배하는 언어 규칙	절과 문장의 이해	절과 문장에서 문법 사용
의미론	단어의 발화, 의지, 의미를 패턴화하는 심리언어적 체계	단어의 의미, 단어의 관계 이해	단어의 의미와 단어의 관계 이용
화용론	의사소통 속에서 언어 이용을 패턴화하는 사회언어적 체계로서 운동적, 음성적, 구어적으로 표현됨	언어단어의 이해	맥락에서 언어 사용

음되는 격음 자모는 가획하여 만든다.

ㄱ 평음 [K/g]   가획   ㅋ 격음 [Kh]

음성기관의 명칭과 한글의 자음글자의 형태 파생 체계는 [그림 7.3]과 같다. 초성은 종성이 되고 종성은 초성이 된다. 'nan'이라는 음절이라면 초성 /n/을 나타내는 'ㄴ'과 같은 종성에도 사용하여 '난'이 된다. 모음글자는 'ᆞ, ㅡ, ㅣ'라는 3개의 기본 글자로 만들어진다. 천 'ᆞ'의 왼쪽에 인 'ㅣ'을 가져다 놓으면 'ㅏ'가 되는 식이다. 이렇게 7개의 단모음글자 'ᆞ, ㅡ, ㅣ,

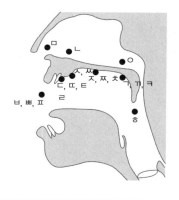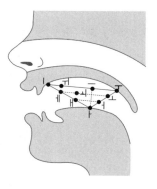

그림 7.3 자음과 모음의 발성 위치

ㅗ', 'ㅜ, ㅏ, ㅓ'와 반모음 [j]를 조합하여 4개의 모음글자 'ㅛ, ㅠ, ㅑ, ㅕ'를 합하여 11자가 완성된다.

단음＝음절문자 시스템의 특징이 있다. 한글은 라틴문자와 달리 음절 단위로 조합하여 쓰는 구조이다. 하나의 음이 하나의 자모인 단음문자라는 성격과 하나의 음절이 하나의 글자라는 음절문자의 성격을 가진 문자 체계이다.

자음 ＋ 모음 ＋ 자음

p	a	m	pam
ㅂ	ㅏ	ㅁ	밤

한글은 음을 음소의 평면과 음절의 평면이라는 두 개의 층으로 계층화하여 바라보고 있다. 즉 음소의 평면과 음절의 평면이 계층화되어 있다(그림 7.4 참조). 음의 최소 차원에 있는 음소에 하나의 자모를 부여하고, 음소가 합쳐진 음의 더 고차원적인 수준인 음절에 자모의 결합체로서 하나의 글자를 부여한다.

〈음소＝자모〉를 조합해서 〈음절＝글자〉를 만든다. 이런 방식으로 〈단음＝음소〉의 배열을 나타냄과 동시에 음절이라는 단위의 〈외부 경계〉뿐 아니라 음절의 〈내부 구조〉도 나타낸다

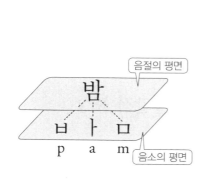

그림 7.4 음소의 평면과 음절의 평면 계층화

출처 : 김진아, 김기연, 박수진 옮김(2016)

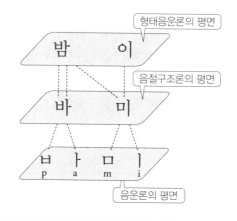

그림 7.5 음운론, 음절구조론, 형태음운론의 3층 구조로 되어 있는 정음

출처 : 김진아, 김기연, 박수진 옮김(2016)

(그림 7.5 참조)(김진아, 김기연, 박수진, 2016).

구어 표현 및 듣기 이해장애의 개념과 유형

청각적 언어장애는 청각적 수용언어장애와 청각적 표현언어장애로 구분될 수 있다(Johnson & Myklebust, 1968).

청각적 수용언어장애

학생이 구어 이해에 어려움을 겪으면 표현언어에 어려움을 겪을 수 있고, 읽기와 쓰기에 영향을 미친다. 이 학생들은 음성인식(phonic awareness)에 어려움을 갖게 되며, 전형적으로 소리와 단어에서 차이를 구별하지 못하고 운율이나 혼합음을 단어로 소리 내지 못한다.

청각적 표현언어장애

표현언어장애는 재청각화, 행위상실증(aprazia), 결함성 통사론(구문론)의 세 가지 주요 장애가 있다. 재청각화는 단어 인출이나 단어 발견이라고도 한다. 이 장애를 지닌 학생은 단어를 알고 있으나 자발적으로 이용하기 위해 회상하지 못한다. 행위상실증이 있으면 말에 필요한 운동 패턴을 형성할 수 없다. 불완전한 구문 능력을 지닌 학생은 단어 순서, 문장 완성, 동사시제, 기타 문법적 형태에 어려움을 겪는다. 학습장애 학생들은 대부분 이 세 가지 구성요소 중 하나에 특정 장애를 갖기보다 언어의 형태, 내용, 화용의 상호작용 모두에 어려움을 나타낸다.

구어학습장애의 발달 특성 : 발달적 표상

아동들은 출생과 더불어 눈 맞춤을 하고 영아기에 음운적 특징에 반응한다. 출생 후 1년이 되면 대부분 익숙한 단어와 구어에 반응하게 되고, 18개월이 되면 첫 단어를 발화하기 시작하며 타인의 말을 모방하려고 시도한다(Bruner, 1975). 2세가 되면 어휘가 폭발적으로 증가하는 어휘 폭발기를 맞게 되는데 한 단어를 두 단어 발화로 조합하거나 굴절어미(복수, 소유격)를 추가하기도 한다. 2세부터 3세 사이에 경험법칙에 따라 3어문을 발화할 수 있다. 3세 이후가 되면 문법적 발달이 빨라진다. 유치원에 이르게 되면 대부분의 아동들은 문장을 조합할 수 있게 되고 종속문과 매입문을 구사할 수 있게 된다.

내용의 습득

취학 전과 학령기 동안에 아동들은 의미를 전달하기 위해 통사적 구조와 연계하여 대규모의 어휘, 연합된 개념, 결합 규칙(의미론)이 발달한다. 이러한 인간의 언어발달 체계 측면은 개인의 일생을 거쳐 발달하고 수정된다. 한 가지 관점은 의미적 언어 체계가 점진적 조정과정에서 초기의 구체적 유사성에 초점을 맞추다가 점진적으로 추론적 비교(추상적 및 이성적 유사성의 비교로 발달하는)를 통해 습득된다(Gentner & Namy, 2006)고 본다.

최근 과학자들은 단어가 뇌에서 어떻게 매핑되는지를 이해하기 시작했고, 특정 단어와 일련의 단어가 조직되는 것을 보여주는 의미 지도를 작성할 수 있게 되었다. 이 기법을 이용할 경우 앞으로 특정 언어손상과 학습장애가 어떤 특정 유형의 개념 어휘에서 어려움을 겪게 되는지를 밝힐 수 있을 것이다.

구조의 습득

언어 구조의 지식은 모든 언어 수준, 즉 소리, 단어, 문장, 담론에서 필요하다. 아동은 소리 수준에서 말-소리 순서를 처리하기 위해 말소리(음소)를 단어로 조합하는 음운 규칙을 학습해야 한다. 아동이 문해력을 갖기 위해 단어를 구성하는 개별 음소를 인식해야 하는데, 이를 음운기술이라고 한다. 음운 체계는 독자적으로 기능하는 것이 아니라 통사 체계(형태론, 통사론)와 상호작용한다. 음운기술은 듣기와 말하기를 지원하고 읽기와 쓰기를 위한 문해기술의 습득을 지원한다. 일반 아동은 음소적 표현이 유아기에 발달하고 18개월이 되면 의미와 연결 짓는다. 이 시기의 아동들은 대부분 약 150단어를 이해하고 50단어로 소통한다.

언어 화용론적 능력 습득

화용기술은 사회적으로 적절한 태도로 예의 바르게 행동하는 것 이상의 많은 것을 포함하고 있다. 그것은 상황에 따라 서로 다른 대화 파트너와 나눌 담론의 의도를 이해하는 것이 중요하다. 담론 수준의 기술은 통사와 함께 학령기를 넘어서까지 발달한다. 취학 전 아동과 걸음마기 아동들까지 개인적 대화 요소를 전달할 수 있고, 나아가 완전한 대화적 에피소드를 조직할 수 있는 능력은 학령기 이후까지 성장한다. 대구조(macrostructure)의 설명글을 사용하는 기술은 다른 형태의 학업 및 학문의 특정 담화기술과 더불어 증가한다.

학업적 맥락에서 중요한 화용론적 기술의 하나는 질문을 통해 정보를 이끌어 내고 공유하는 것이다. 언어장애 학생들은 설명의 맥락에서 질문을 할 때나 고차원의 wh- 질문을 이용하는 데 문제를 보이는 경향이 있고, 추론적 사고를 요구하는 wh- 질문(예 : 왜? 어떻게?)에 유의한 어려움을 나타낸다. 언어장애 청소년은 간접적으로 표현된 의도를 해석하는 데 어려움을 겪고 간접적인 질문(예 : 신발을 벗는 게 어떠니?)을 이해하지 못하고 무시하는 경향이 있다. 그들은 사과하기, 설득하기, 협상하기와 같은 복잡한 의도를 요구하는 상호작용에 어려움을 겪는다.

언어발달 및 장애와 인지적 상관 요인

유능한 언어 사용자는 예측 가능한 대화를 다양한 방식으로 이용하고 언어 단위를 조합하여 무수한 발화를 할 수 있고 이해할 수 있다. 이러한 능력을 실시간 능동적으로 발휘하기 위해서는 언어지식과 기술뿐만 아니라 이러한 처리과정을 기능적 신경네트워크 내에서 신속하게 이루어질 수 있게 하는 인지적 능력을 지녀야 한다. 주의집중, 작업기억, 실행기능은 언어를 원활히 사용하는 데 필요한 일반적인 인지과정이다. 그러한 요소들은 정상적인 말과 듣기의 속도로 언어를 수용하고 처리하고 해석하고 파지하고 인출할 수 있는 능력을 향상시키고, 흔히 상위언어적 의식, 자기조절전략 및 목적에 의해 안내된다. 주의집중, 실행기능, 단기기억, 작업기억, 단어 인출 및 처리속도와 같은 인지적 상관 요인이 어떻게 듣기 이해와 구어 표현에 기여하는지, 언어 수행 측정에 어떻게 영향을 줄 수 있는지를 검토하고자 한다.

주의집중

주의집중은 제한된 용량이나 자원을 통제할 수 있는 인간의 인지적 측면이다(Anderson, Anderson, & Anderson, 2006). 주의집중 결함은 장애 유형과 정도에 따라 다양하고 여러 가지 뇌 구조와 연관된다. 주의집중 지속은 일정 시간 주의집중이 유지되는 것으로서 망상체, 뇌간, 뇌의 앞부분에서 통제된다. 선택적 주의집중은 인간이 하나의 자극에 초점을 맞추고 상관 요인을 차단하도록 함으로써 관자엽, 마루엽, 뇌의 홈 영역에 의해 통제받는다. 억제반응과 주의집중 분할 이동은 주의집중 체계의 실행 수준을 구성하며 이마엽에 의해 조정된다.

주의집중 능력과 실행기능은 아동기 동안 중추신경계와 이마엽의 성숙과 함께 특별히 증가한다(Manly et al., 2001). 선택적 주의집중은 6세에서 13세 사이에 발달한다. 안정적 주의집중 지속은 8세부터 10세 사이에 주의집중의 다른 모든 측면과 함께 발달하는데 약 11세경에 급속히 발달한다. 주의집중 손상, 특히 반응억제는 ADHD와 관련이 있고 이마엽 기능과 연관되어 있다. 구어장애, 문해장애, ADHD의 공존 비율이 높은 것으로 보고되고 있으나 관련 특성은 명확하지 않으며, 이러한 요인들이 연관되어 있다고 해서 주의집중 문제가 이들 장애의 원인임을 반드시 시사하지는 않는다. 한 가지 사실은 처리속도 결함은 구어장애와 ADHD가 공통적으로 지닌 인지 특성일 수 있다(Boada, Willcutt, & Pennington, 2012).

실행기능

주의집중은 선택적 주의집중, 인지적 억제, 장기기억 통제, 인지적 융통성이 포함된 실행기능과 복잡한 관계를 지닌다. 인지적 융통성은 다중 관점에서 나오는 의미적 단서에 주의를 집중하고, 그것의 비유적 의미를 유추하며 다중 의미를 지닌 단어를 이해할 수 있게 한다. 실행기능은 주의집중을 통제할 수 있고, 산만함을 무시할 수 있는 성장의식(growing awareness)과 연관되어 있으며, 합목적적인 과제 중에 청각 및 인지 노이즈를 무시하는 학습과정을 포함한다(Diamond, 2013). 실행기능은 개인이 언어기술의 다중 영역과 수준의 협응을 요구하는 복잡한 과제, 즉 듣기, 말하기, 읽기, 쓰기와 같은 복잡한 과제를 수행할 수 있게 돕는다.

단기기억

단기기억 용량은 언어 습득과 사용에 중심이 된다. 청각적 단기기억은 구어를 이해하기 위해 몇 초간 짧은 기간 정보를 유지시키는 데 이용된다. 아동과 성인의 단기 청각기억은 2초 동안 듣고 산출할 수 있는 언어 단위의 수(예 : 소리, 음절, 단어)로 측정되며, 산출 속도와 시간 간의 관계는 일생을 통해 안정적으로 유지된다. 단기 청각기억 결함은 복잡한 종속절과 매입절(예 : 관계절)을 포함한 문장과 같이 길고 복잡한 정보의 처리와 이해를 방해한다. 언어장애 아동들은 들은 내용을 실시간 처리하고 청킹하기에 부적절한 단기 청각기억 용량을 지니고 있다. 이들은 통사론 습득에서와 같이 순차적 학습에 포함된 절차적 기억 역시 부적절하며, 이러한 장애는 언어 영역을 넘어 다른 학습에까지 영향을 미친다(Tomblin et al., 2007).

작업기억

작업기억은 정보를 처리하고 해석하며 반응할 동안 버퍼에 임시로 저장하듯이 마음속에 정보를 유지할 수 있게 한다. 적절한 작업기억 능력은 사고의 해석, 복잡한 구어 표현을 위한 언어뿐만 아니라 구어 해석에 중요하다. 작업기억, 복잡한 인지 및 행동을 안내하는 억제조절 간에 발달적 관계가 있으며, 이는 복잡한 인지와 행동을 안내하는 일반 목적의 기능으로 작용할 수 있다. 그러나 시간이 지나면 이것이 변할 수 있다. 두 가지 과제나 차원 간의 이동을 위한 이중과제 효율성(dual-task efficiency)은 6~11세 아동들의 작업기억과 긍정적인 상관이 있고, 12~17세 아동들의 경우 중요하지 않은 자극에 대한 반응 억제의 효율성과 긍정적인 상관이 있다. 구어 표현을 위해 메시지를 구성할 동안 작업기억은 말의 구사에 포함된 운동과정이 실행될 수 있을 때까지 의도한 발화 관련 정보를 일시적으로 저장한다 (Montgomery, 2003).

처리속도 결함

처리속도 결함은 구어장애, 난독증, 기타 읽기장애의 원인이 될 수 있다(Boada et al., 2012). 이마엽이나 관자 마루엽 영역과 피질구조가 청각이나 시각에 따라 좌우되는 입력 처리속도를 조정한다. 처리속도는 미엘린화, 수상돌기의 가지치기, 생물물리학 요소와 연관되어 있다. 고차 처리속도는 보다 큰 작업기억 능력 및 귀납적 추론 능력과 연계되어 있다.

단어인출

명칭언어상실증(dysnomia)이라고도 하는 단어인출 문제는 장기기억에 저장된 단어를 인출하는 데 어려움을 겪게 된다. 이 어려움은 처리속도의 결함과 상관이 있다. 그러한 특성은 언어장애 아동들에게 제시된 물체의 이름 말하기, 연상적 이름 말하기, 구어 유창성, 문장 완성, 주제 말하기 및 쓰기 등의 과제를 수행할 동안 관찰된다(German & Newman, 2004).

일반적으로 발달하는 학생들이 동물 이름 말하기와 같은 연상적 이름 말하기 과제에 반응할 때 조직화된 의미적 집단화를 나타낸다. 그러나 구어장애 아동들은 이런 과제를 수행할 때 문제를 나타낼 수 있다. 구어적 맥락에 적합한 특정 단어의 인출을 시도하다가 실패할 경우 완곡어법으로 이어질 수 있다. 이런 현상은 이름 말하기 상황에서 이름을 말할 대상을 기술하게 된다. 다른 이름 말하기 오류는 고도의 연상적 단어 대치현상(예 : 칼 대신 포크)을 보인다. 흔히 청중의 주의집중을 유지하기 위해 긴 휴지시간이나 간투사(예 : 에, 그, 저 등)를 사용함으로써 자발적 말이 방해를 받는다.

구어학습장애 학생의 행동 특성

구어장애 학생은 구어의 이해와 사용의 무능력과 관련된 다양한 행동을 나타낼 수 있다. 이들이 나타내는 특정 행동과 사례는 다음과 같다.

- 서툰 또래 관계 : 종종 혼자서 논다.
- 변화에 적응이 서툴고 고집스러움을 보임 : 일상이 바뀌면 화를 내거나 혼란스러워한다.
- 고집 : 불필요하게 과제 수행을 고집한다.

- 정서조절이 서툴고 쉽게 좌절함 : 쉽게 화를 내고 소리를 지른다.
- 쉽게 좌절함 : 과제 수행을 요구받으면 발을 구르거나 토라진다.
- 의사소통의 주도성 감소 : 요구를 충족시키기 위해 요청하기보다 자리에 조용히 앉아 있는다.
- 지나친 접촉 요구 : 종종 다른 사람을 껴안거나 몸에 닿는다.
- 과잉행동 : 자리에 조용히 앉아 있거나 서 있기 어려울 정도로 지나치게 움직인다.
- 일관성 없는 다양한 수행 : 잘 수행했던 과제를 나중에 반복적으로 수행하지 못한다.
- 과제 지속 능력 열등 : 일단 시작한 과제를 완성하기가 어렵다.
- 미숙함 : 나이가 더 어린 아동처럼 행동한다.
- 어휘 감소 : 사물의 명칭 이해와 사용 능력이 부족하다.
- 지연된 반응 : 간단한 지시를 이해하는 데 추가의 시간이 필요하다.
- 상황에 부적절한 행동 : 자신에게 웃고 지나치게 말을 한다.
- 단어 회상 곤란 : 특정 단어를 알지만 회상하지 못한다.
- 충동적 : 생각 없이 행동하고 반응한다.
- 간단한 지시 따르기 곤란 : 몸짓 단서를 주지 않고 앉으라고 하면 이해하지 못하고 계속 서 있는다.

구어 표현장애와 듣기 이해장애 학생의 중재

문화적 및 언어적으로 다양한 학생 고려

학습장애 학생을 지도하는 모든 교사는 불균형 관련 문제를 인식해야 한다. 특히 다문화 가정의 자녀들은 다양한 환경에서 생활하며 언어발달에 위협을 받고 있다. 한국어를 제2언어로 학습하거나 다문화 가정에서 언어발달에 적절한 서비스나 지원을 받지 못하는 경우 다음과 같은 지침을 참고할 필요가 있다.

첫째, 정보를 수집하여 언어의 문제가 언어나 문화의 차이에서 온 것인지, 학습 기회가 부족해서인지, 장애 때문인지를 결정한다.

둘째, 평가팀과 IEP팀의 구성원으로 학생의 언어와 문화에 익숙한 인사를 포함시킨다.

셋째, 학생의 언어 능력이나 유창성을 고려하여 특수교육 대상자 선정을 위한 사정과정에서 사용할 언어를 선택한다.

넷째, 다차원적 사정을 위해 다양한 환경(학교, 가정, 지역사회)으로부터 오는 다른 정보 자원(관찰, 면담)과 더불어 편견을 갖지 않고 적절한 교수를 선택한다.

제2언어 학습자나 학습장애 학생을 지도하는 교사를 위한 시사점

특수교사는 한국어를 모국어로 사용하지 않는 학생들의 언어발달 단계를 이해할 필요가 있다. 이는 언어 곤란이 제2언어 학습의 결과인가, 아니면 학습장애 때문인지를 파악하기 위해 추가의 증거 자료를 수집하는 데 도움이 된다. 살렌드(Salend, 2005)는 이를 위한 다문화 아동들의 언어발달 단계를 다음과 같이 제시하였다.

첫째, 산출 이전기 또는 침묵기. 학생들은 들은 것을 처리하고 이해하는 데 초점을 두지만 구어적 자극, 맥락적 단서, 주요 단어, 의미 이해를 위한 듣기 전략을 회피하고 종종 지적하기와 신체적 몸짓으로 의사소통을 한다. 학습활동을 할 때 모방하기, 그리기, 가리키기 등으로 반응하도록 허용하여 도움을 줄 수 있다.

둘째, 전문체기 또는 초기 산출기. 다문화 학생들은 2~3개 어문을 사용하기 시작하고 제한된 이해력을 보인다. 그들은 1,000단어 수준의 수용 어휘력을 지니고 300단어의 표현 어휘력을 갖는다. 학습활동에서 그들이 이해할 수 있는 언어를 사용하고, 사물의 이름을 말하고, 집단화하며, 간단한 질문에 반응하기 등의 활동을 하면 도움이 된다.

셋째, 중간 언어 유창기. 학생들은 좀 더 긴 절로 말하고 완전한 문장을 사용하기 시작한다. 그들은 종종 두 언어의 기본적인 절과 문장을 혼용한다. 언어를 사용하고 어휘를 발달시키고 확대시키도록 격려하는 학급활동을 통해 도움을 받을 수 있다.

넷째, 확장기 또는 확대기. 학생들은 기본적인 문장을 확장하고 언어 능력을 확대시켜 동의어를 적용하고 표현할 수 있게 된다. 훌륭한 이해기술을 발달시키고 보다 복잡한 문장 구조를 적용하며 말할 때 오류가 줄어든다. 학급 문해활동, 어휘와 문법 지도를 하는 것이 언어발달에 도움이 된다.

다섯째, 질적 향상기 또는 강화기. 학생들은 새로운 언어로 전환해 가도록 지원하고 학습 전략을 배운다.

여섯째, 독자적 학습기. 학생들은 이질적 집단과 함께 난이도가 다양한 수준의 활동에 참여하기 시작한다.

일반적 중재

학생의 요구와 다양한 배경을 고려하여 중재 계획을 세워야 한다. 최근 특수교육 대상 학생의 71% 정도가 통합되어 있고(교육부, 2019) 필요에 따라 풀아웃 프로그램을 적용하고 있다.

언어 이해

다음 전략은 듣기기술을 향상시키고 언어 문제를 지닌 학생의 이해를 증진시킬 수 있다(McNamara, 2007).

- 학생이 종종 지시 따르기나 복잡한 정보를 이해하는 데 어려움을 겪으면 정보를 제시하기 전에 눈을 마주치고 주의를 집중시킨다. 잠시 말이나 교수활동을 중단하고 교사를 보게 한 다음 듣기를 위한 단서를 제공한다. 이는 듣기를 준비시키는 데 도움이 된다.
- 지시나 교수 내용을 확실히 이해하도록 내용을 반복한다.
- 듣기를 촉진시키기 위해 교실 좌석 배치를 정돈하고 복도나 유리창 밖에서 발생되는 산만함을 제한하고 시각적 보조기기의 사용을 극대화한다.
- 새로운 개념이나 기술을 도입할 때 학생에게 익숙한 어휘와 용어를 사용하여 설명한다.
- 가능한 한 여러 가지 양식(예 : 청각, 시각, 운동)으로 새로운 개념을 제시한다.
- 의미적 역할과 단어 순서 사이의 관계 이해를 증진시키기 위해 문장을 말하도록 격려한다.
- 도입말("이것이 바로 요점이야.", "우리가 시작하기 전에")을 이용하여 학생이 과제를 준비하도록 돕는다.
- 학생의 언어 능력에 민감하고 교수적 언어의 비율과 복잡성에 따라 적절히 조정한다. 수업에서 5~10단어 이내의 구조적으로 단순하고 비교적 간단한 문장을 이용하여 새로운 단어를 설명하고, 새로운 어휘는 5개 이내로 제시한다.
- 학생이 새로운 정보를 조직, 범주화, 저장, 인출할 수 있도록 돕기 위해 특정 기억 전략(예 : 시각 이미지, 정보의 군집화, 연상)을 지도한다.

언어 산출

언어 문제를 지닌 학생의 표현기능이나 산출기능을 향상시키는 데 중점을 둔 전략은 다음과 같다(Mercer & Mercer, 2005).

- 학생이 담론 과정에서 종종 불완전한 문장으로 말하는 것이 정상임을 인식한다.
- 학생의 의사소통에 대한 효과성에 관계 없이 메시지가 중요함을 알려준다. 의사소통 과

정에서 동사와 형용사의 어간과 어미, 조사, 접사 등이 중요하므로 학생의 메시지에 먼저 반응한 후 다음에 통사적 오류를 교정한다.

- 어린 아동의 발화를 확대시키고자 할 때 모방하기 어려운 성인의 언어 구조를 강요하기보다 자발적 언어에 한두 단어를 추가하여 조장한다. 발화의 확장 이유는 정확히 말하는 것이 아니라 사고 표현의 복잡한 방법을 제시하는 것이다.
- 다양한 실제 상황(예 : 교실, 식당, 운동장)에서 언어를 지도하고 교육과정 내용과 연계시켜 언어기술을 지도한다.
- 훌륭한 언어 모형을 활용하고 학생들에게 들은 것을 모방하도록 요구한다.
- 기술을 관련 맥락에 적용하기 위해 상호작용 활동뿐만 아니라 새로운 기술을 연습할 적절한 기회를 제공하는 구조화된 언어 프로그램을 이용한다.
- 학생의 아이디어를 언급하고 다듬어서 더 많은 정보를 표현하게 하고 개념이 어떻게 관련될 수 있는지 알게 한다.
- 학생이 다른 맥락에서 언어를 사용할 수 있도록 역할놀이나 몸짓 같은 활동을 이용한다. 눈맞춤, 얼굴 표현, 제스처 같은 비언어적 기능의 중요성을 인식할 수 있는 능력을 향상시키기 위해 시범을 보이고 대화 중 차례를 적절히 지킬 때 강화한다.

특별 중재

단어 발견

단어 발견을 위한 특정 중재는 재청력화(Johnson & Myklebust, 1967)라고도 한다. 단어 발견에 문제를 지닌 학생들을 지도할 때 의미 있는 청각 자극 제공하기, 입력 조직하기, 회상 촉진시키기, 빠르게 이름 말하기 등을 채택하여 자기점검 기술을 가르쳐야 한다.

문장 구성

문장을 구성하는 과정에서 장애를 교정하기 위해 다음과 같은 원리가 제시되었다(Wigg & Semel, 1984).

- 정상 언어발달을 따른다.
- 문장의 길이를 제한한다.
- 규칙을 알게 한다.
- 익숙하지 않은 단어를 그림으로 제시한다.

- 친숙한 단어를 이용한다.
- 그림을 이용한다.
- 연습을 자주 한다.

이상의 원리와 더불어 문장 변형, 서툰 문장, 문장 조합하기, 문장 확대하기, 학생에게 리포터의 역할을 부여하거나 질문에 대한 답 찾기를 강화하는 등 여러 가지 게임을 이용하여 학습하는 것이 효과적이다.

단어 의미 파악

단어의 의미 파악과 단어 관계에 장애를 보이는 학생의 중재 원리는 다음과 같다(Wigg & Semel, 1984).

- 정상발달을 따른다.
- 먼저 일반적인 사례를 지도한다.
- 일반적인 것에서 특수한 것으로 나아간다.
- 단순한 것에서 복잡한 것으로 나아간다.
- 반의어의 긍정적 사례로 시작한다.
- 문장의 길이를 제한한다.
- 그림을 자주 이용한다.
- 중요한 요소를 강조한다.
- 연습을 자주 한다.
- 많은 사례를 이용한다.
- 의미 있는 실용 과제를 이용한다.
- 일반화할 동안 어휘를 통제한다.

단어의 의미와 단어 관계에 어려움을 겪는 학생을 위한 추가 중재는 다음과 같다(Thomas, 2004).

- 사전 만들기(다중 의미). 한 가지 이상의 의미를 가진 단어를 나타내는 그림을 모은다. 학생의 읽기 수준에 적절한 간단한 사전에 정의된 내용을 인쇄한다. 학생은 사전의 정의와 그림을 짝짓는다.
- 수수께끼 놀이(다중 의미). 학생들에게 수수께끼를 제시하고 그 의미를 설명한다.
- 단어 조사(비유어). 기술적(설명적) 단어를 선택하고 지도하며 추상적 사고력을 배양한다. 구체적인 것으로 시작하고 학생들이 보다 추상적인 개념으로 나아가도록 돕는다.
- 감각활동 수업(비유어). 학생이 기술적 언어를 사용하도록 자극하기 위해 물건을 보고, 맛보고, 냄새 맡는 등 감각활동을 통해 구어적 반응 목록을 작성한다.

- 설명하기(비유어). 수업 중 공통적인 아이디어에 대해 토의한다. 학생들이 문자와 비유 의미 간의 관련성을 발견하도록 돕는다(예 : 그들은 살얼음판을 걷고 있는 기분이었다).
- 측정(공간과 시간 관계). 교실 내의 사물을 측정하고 각 대상의 높이와 너비를 게시판에 게시한다. 책상의 높이와 너비, 앞문의 폭, 높이, 가로 및 세로, 교실에서 교문까지, 교 문에서 교문 앞 가게까지, 교문에서 주민센터까지, 교문에서 버스 정거장까지의 거리 등에 대해 이야기한다.
- 달력(시간과 공간). 칸이 그려진 종이를 나누어 주고 달력을 만들게 한다. 월, 일, 요일, 날짜를 어떻게 써넣을지를 시범 보인다. 그다음 학생들은 개인적으로 중요한 사건(친구 만나기, 생일 파티, 시험, 영화, 태권도 학원 및 기타 활동)을 표시한다.
- 우화(인과관계). 학생들에게 도덕성이 강한 우화나 이야기를 읽게 하여 이야기의 원인 과 결과를 기억하도록 돕는다.
- 이유(인과관계). 학생들에게 원인을 제공하고 가능한 결과를 상상하도록 요구한다. 원 인이 되는 시작하는 말을 다음과 같이 한다.
  - 바람이 심하게 불었다.
  - 신발이 너무 작았다.
  - 생일 선물을 받았다.
  - 친구가 생일 파티에 초대했다.

요약

언어의 구성 요소

- 언어란 '의사소통을 위해 세상에 관한 아이디어가 전통적인 인위적 신호체계를 통해 표 현되는 부호'이며, 형태(구조), 내용(의미), 사용(화용)의 세 가지 주요 요소로 구성되어 있다.

국어의 특성

- 한글은 음성기관의 형태를 상형했으며, 자음의 경우 파생의 기초 원리는 기본이 되는 자모에 획을 더하는 '가획'이다.
- 모음글자는 'ㆍ, ㅡ, ㅣ'라는 3개의 기본 글자로 만들어진다.
- 한글은 음절단위의 성격이고, 음은 음소의 평면과 음절의 평면이 계층화되어 있다.

구어 표현 및 듣기 이해장애의 개념과 유형

- 청각적 언어장애는 청각적 수용언어장애와 청각적 표현언어장애로 구분된다.
- 청각적 수용언어장애는 구어의 이해에 어려움을 겪고 표현언어의 어려움에 영향을 미친다.
- 청각적 표현언어장애는 구어 표현에 어려움을 겪으며 재청각화, 행위상실증, 결함성 통사론의 세 가지 유형이 있다.

구어학습장애의 발달 특성 : 발달적 표상

- 취학 전 및 학령기에 아동들은 의미를 전달하기 위해 통사적 구조와 연계하여 대규모의 어휘, 연합된 개념, 결합 규칙이 발달한다.
- 언어 구조의 지식은 소리, 단어, 문장, 담론에 필요하며, 음소적 표현은 유아기에 발달하고, 18개월이 되면 의미와 연결 짓는다.
- 화용기술은 사회적으로 적절한 태도로 예의 바르게 행동하는 것 이상의 많은 것을 포함하고 있으며, 학업적 맥락에서 중요한 기술의 하나는 질문을 통해 정보를 끌어내고 공유하는 것이다.
- 언어발달과 장애는 주의집중, 실행기능, 단기기억, 작업기억, 단어 인출, 처리속도와 같은 인지적 요인과 상관이 있다.
- 구어학습장애 학생은 구어의 이해와 사용의 무능력과 관련된 다양한 행동 특성을 나타낸다.

구어 표현장애와 듣기 이해장애 학생의 중재

- 교사는 다문화 가정 자녀들이 겪는 언어발달에 관심을 가져야 한다.
- 다문화 아동들의 언어발달은 산출 이전기, 전문체기, 중간 언어 유창기, 확장기, 질적 향상기, 독자적 학습기의 단계를 거친다.
- 언어 이해 능력을 향상시키기 위한 전략으로는 지시나 내용의 반복, 시각적 보조기의 사용, 정보의 범주화와 저장 인출을 돕기 위한 기억 전략 등이 있다.
- 언어 산출을 향상시키기 위한 전략에는 메시지의 중요성 강조, 실제 상황에서 지도하기, 훌륭한 모델 이용하기, 비언어적 기능의 인식 능력 향상시키기 등이 있다.
- 구어 표현과 듣기 이해 능력 향상을 위한 특별 중재로는 단어 발견 전략, 문장 구성 전략, 단어 의미 파악 전략 등이 있다.

8

단어 수준의 읽기교수

- 읽기의 의미와 읽기발달 단계를 이해한다.
- 읽기학습장애의 개념, 유형 및 특성을 이해하고 설명할 수 있다.
- 음운인식의 발달과 학습장애 학생의 음운인식 지도 방법을 이해하고 설명할 수 있다.
- 학습장애 학생의 어휘 교수법을 이해하고 적용할 수 있다.

읽기 능력은 일상생활에서 매우 중요하다. 특히 독립적인 생활을 하려면 최소한 기능적 문해 능력을 지녀야 한다. 국어, 수학, 사회, 과학 교과의 학습 효율성은 읽기에 의존하므로 읽지 못하면 학업 진전도가 제한되고 학습에 어려움을 겪게 된다. 읽기는 개인적 및 사회적 적응과 지역사회 활동에 성공적으로 참여하기 위한 열쇠가 된다. 따라서 특수교사는 읽기, 읽기 실패, 읽기장애 및 읽기지도법에 특별한 관심을 기울여야 한다. 이 장은 음운인식, 단어인식과 단어 어휘 교수에 초점을 맞추고 있다.

읽기의 의미와 발달

읽기란 단순히 문자를 해독하고 문장과 문단을 이해하며 글의 중심 내용과 작가의 의도를 파악하는 것에서 나아가 학생의 경험을 바꾸어 나가는 것을 의미한다(강경호, 2009; 김영택, 2011). 읽기는 학생들이 학교에서 학습하는 그 어떤 기술보다 중요하며, 다른 지식의 세계로 들어가는 통로이며 관문이라고 할 수 있고, 학습에 의해 점진적 발달과정을 거친다. 영유아기의 아이들은 부모와 함께 그림책을 읽으며 읽기가 생활에서 중요하다는 점을 인식하게 된다. 그러면서 점차 낱말카드나 그림카드 등을 이용하여 단어 중심으로 읽고 글을 소리 내어 읽기도 하고, 소리 내지 않고 읽기도 하며, 남의 도움을 받지 않고 혼자서도 읽기가 가능해진다(신헌재 외, 2015).

읽기의 발달 단계를 살펴보면 읽기학습장애 학생의 지도에 많은 시사점을 얻을 수 있다. 슐츠비(Sulzby, 1994)는 읽기발달을 4단계, 즉 이야기가 형성되지 않은 그림 읽기 단계, 이야기를 구성할 수 있는 그림 읽기 단계, 문자로 읽기를 시도하기 단계, 거의 정확하게 글자 중심으로 읽는 단계로 나누고 있다.

칼(Chall, 1996)은 읽기기술의 발달 6단계를 제시하였다. 0단계(0~6세) : 전읽기 단계는 출생에서 초등학교 입학 전까지에 해당된다. 아동은 시청각, 운동능력, 지각력 등을 발달시켜 모양 변별, 비슷한 것 찾기 등의 활동을 할 수 있다. 이 시기에는 읽기 자체에 대한 통제력과 통찰력이 성장하여 초등학교 입학 후 초기읽기 능력을 좌우하게 된다. 1단계(6~7세) : 초기 문자해독 단계로 초등학교 1~2학년 수준으로 발달한다. 이 단계는 음소와 음운인식 능력이 발달하고, 음독이 효율적으로 작용하여 새로운 단어를 음성화하는 읽기기술을 습득하게 된다. 2단계(7~8.6세) : 확인과 유창성 단계는 초등학교 2~3학년에 해당된다. 자신의 지식과 언어를 내용과 연관지으며 기본 해독기술과 주의집중을 통해 읽기 유창성을 발달시키는 과정이다.

3단계(8.6~14세) : 새로운 학습을 위한 읽기 단계는 초등학교 5학년부터 중학교 시기에 해당된다. 읽기를 통해 지식과 느낌, 태도를 배워 가는 장기적인 읽기를 시작한다. 어휘력, 인지 능력, 배경지식의 수준에 따라 읽기가 결정되므로 효율적인 학습 방법을 찾는 것이 중요한 단계이다. 4단계(14~18세) : 다중관점 단계는 다양한 견해 단계로 고등학교까지의 시기에 해당된다. 읽기의 깊이가 깊어지고 본인의 지식에 여러 계층의 개념과 사실을 덧붙이는 능력이 요구된다. 5단계(18세 이후) : 구성과 재구성의 단계로 자신의 필요에 따라 책에서 필요한 내용을 필요한 만큼 선별하여 읽는다.

읽기학습장애를 비롯하여 읽기에 어려움을 겪는 학생들은 일반적인 학습과정을 통해서 자연스럽게 읽기를 습득하지 못한다. 이들은 유치원이나 초등학교에 입학하여 수업을 따라갈 수 있을 정도의 읽기 능력을 갖추기가 어렵고, 학교 수업을 따라가기 위한 읽기 능력을 갖추기까지 여러 단계의 기술을 습득할 필요가 있어 많은 노력이 요구된다. 즉 음운인식, 음소인식, 단어 해독과 인식, 일견단어 읽기, 읽기 유창성 기술을 갖추고 읽기 이해를 하며, 내용교과 학습의 도구로 이용할 정도의 능력을 갖추기 위해서는 상당한 수준의 읽기 능력이 요구된다.

읽기학습장애의 개념, 특성 및 유형

읽기학습장애의 개념

읽기학습장애의 대표적인 유형인 난독증은 비교적 친숙한 단어이기는 하지만 명확히 수용될 수 있는 정의가 없다. 가장 넓은 의미에서 난독증이란 정상적인 지능을 가진 학생들이 학교와 가정에서 적절한 교육 기회를 가지고서도 읽기와 쓰기학습에 심한 어려움을 겪는 것을 말한다. 국제난독증협회(2005)의 난독증 정의는 다음과 같다.

난독증은 언어의 습득과 처리과정을 방해하는 흔히 신경학적 기반을 가진 가계성 장애이다. 심한 정도가 다양하고 수용언어 및 표현언어, 음운론, 읽기, 쓰기, 철자법, 손쓰기, 때로는 수학에서 어려움을 나타낸다. 난독증은 동기유발, 감각손상, 부절한 교수나 환경적 기회 또는 다른 제한적 조건에 의한 것이 아니지만 이들 문제와 함께 일어날 수 있다. 난독증은 일생에 걸쳐 지속되지만 난독증을 지닌 개인은 흔히 적기에 이루어지는 적절한 중재에 성공적으로 반응한다.(p.1)

읽기학습장애의 유형과 특성

읽기학습장애의 대표적인 유형인 난독증의 특성에 대해 미국 특수교육전문가협회가 출판한 교육자를 위한 장애 진단편람(*Educators' Diagnostic Manual of Disabilities and Disorders*, 2007)은 다음과 같이 제시하고 있다.

주마간산형(직접적) 난독증은 큰 소리로 정확히 읽을 수 있으나 읽은 내용을 이해하지 못한다. 시각형 난독증은 일견단어 어휘력이 부족하고 대부분의 경우 단어를 해독하기 위한 단어 공략에 시간이 많이 걸린다. 그 결과 힘들게 읽고, 음운적 불규칙 단어를 정확하게 해독하지 못하며, 철자법 특징으로는 불규칙 단어를 음성학적 동의어로 읽는다. 시기억결함형 난독증은 개별 문자를 소리 낼 수 있으나 집단 내의 문자 패턴을 확인하는 데 어려움을 겪는다. 이 유형의 난독증 학생들은 음소기술을 습득할 수 있으나, 문자 및 단어 모양의 시각적 기억에 결함을 지니고 있어 일견단어 발달에 어려움을 겪는다.

난필증형 난독증(딥형 난독증)은 문자와 단어 쓰기, 단어 의미 파악하기, 문자와 소리의 통합하기, 유사한 단어나 새로운 단어의 발음하기에 문제를 지닌다. 순수형 난독증은 읽기 문제는 있으나 쓰기 문제가 없다. 미세기능장애형(운동성) 난독증은 문자 형성에 포함된 운동겉질 영역에 미세기능장애를 지니고 있다. 따라서 쓰기를 할 때 손의 움직이는 방향 등이 헷갈려 문자와 단어를 쓸 때 좌우를 반전시키는 특징이 있다.

발음곤란형(음성장애형) 난독증은 문자와 발음을 관련짓는 데 어려움을 겪고 철자법에 혼돈을 일으킨다. 발음 곤란형 난독증은 상징과 소리의 연합에 어려움을 겪는다. 이 장애를 지니면 개별 문자를 읽을 수 있지만 단어를 읽지 못하고 의미를 이해하지 못한다.

혼합읽기장애형 난독증/실독형 난독증은 시기억결함형 난독증(dyseidetic)과 발음곤란형 난독증(dysphonetic)의 특징을 동시에 지니고, 일견단어와 음소기술 모두에 장애를 가지고 읽기나 철자법을 할 수 없다. 부주의형 난독증은 좌우를 무시하고, 특히 단어를 읽을 때 일부를 강조하는 문제를 지닌다. 단어를 제시하면 단어의 첫 글자 몇 개를 놓치는 오류를 범한다. 복합어에 문제를 가지면 '물소'와 같은 단어를 '물'과 '소'로 부분적으로 읽는다. 기초학습형 난독증은 좌측 대뇌겉질의 기능장애로서 성숙에 변화는 없으나 4학년 수준 이상의 읽기를 할 수 없고, 읽기, 철자법, 쓰기에 어려움을 겪을 수 있다.

의미형 난독증은 주어진 단어의 의미를 혼돈하기 때문에 단어를 왜곡시키거나 부정확하게 읽지만 반의어, 동의어를 말할 수 있고, 단어의 하위 유형을 말할 수 있다. 철자법형 난독증은 모든 유형의 단어 읽기에 문제를 보이고 가끔은 개별 문자의 확인에 어려움을 겪는다. 읽기 속도가 느리고 머뭇거리며 특히 단어가 길 경우 더욱 그렇다. 표면형 난독증은 단어를 음운적으로 읽을 수 있으나 전체 단어인식에 문제를 지닌다. 외상형 난독증 유형은 일반적으로 읽기와 쓰기를 통제하는 뇌의 영역에 외상이나 손상을 입은 후 일어나며, 외상후스트레스장애로 진단되므로 학령기에는 드물게 진단된다.

난독증이나 심한 읽기장애 학생들이 또래에 비해 단어인식 기술이 뒤처지기 전에 조기에 판별하는 것이 중요하다. 난독증이 초등학교 2학년 이전에 진단되면 이들의 80% 이상은 학년 수준을 따라갈 수 있으나 5학년 때까지 진단되지 않으면 10~15%만이 도움을 받을 수 있다(Kirk et al., 2003).

음운인식의 이해와 지도

음운인식의 발달

음운인식은 철자법과 소리의 일치를 학습하는 기본 능력으로서 구어가 보다 작은 구성요소로 나누어지며 조작될 수 있는 여러 방식을 이해하는 것이다. 음운인식은 읽기 습득 곤란의 원인으로 작용하고, 초기 읽기 습득의 가장 훌륭한 예측 변인으로 IQ, 어휘, 듣기 이해보다 예측력이 더 높다(Stanovich, 1993). 음운인식이 읽기학습의 필요조건이지만 충분조건은 아니다. 말소리 언어(spoken language)는 여러 가지 방식으로 분해될 수 있다. 문장은 단어로, 단어는 음절, 개별 음소로 분해될 수 있다. 소리 조작에는 음절이나 소리의 삭제, 추가, 대체 등이 있다. 음운적으로 인식하고 있다는 것은 이러한 것을 모든 수준에서 일반적으로 이해한다는 것을 의미한다(강경호, 2009; 노명환 외, 2016; 윤평현, 2013).

음운인식은 읽기학습의 선수기능인 동시에 결과이기도 하다. 음운인식 발달은 어떤 위계적 구조가 있어 초보의 독자를 위한 특정 중재 전략을 선택할 때는 이를 고려하는 것이 좋다. 이 위계를 확대하여 음운 처리과정의 후속발달과 뇌의 특정 영역을 연계시키고자 하였으며(Berninger & Richard, 2002), 〈표 8.1〉은 뇌의 특정 발달 영역과 음운발달의 상관을 설명하고 있다.

한글 자음과 모음 지도

모음글자 지도

한글의 모음글자는 6개의 단모음글자 'ㅏ, ㅓ, ㅗ, ㅜ, ㅡ, ㅣ'와 반모음 [j]가 조합되어 형성된 4개의 모음글자 'ㅑ, ㅕ, ㅛ, ㅠ'를 합하여 10개의 글자가 있다. 모음을 지도할 때는 입모양의 그림을 이용하거나 사진처럼 실제로 문자와 입모양, 문자모양의 손 모습을 동시에 제시하여 이해를 돕는다.

표 8.1 음운발달 단계와 뇌의 발달

활동	연령(세)	목적	뇌발달
1. 라임에 대한 반응	3~4	3~4세 아동은 보육라임, 운율 노래를 기억할 수 있고, 라임이 있는 텍스트에 마지막 단어를 제공할 수 있다.	아동이 3, 4세가 되면 관자엽에 있는 청각 겉질의 미엘린 성숙으로 말소리를 구별할 수 있게 된다.
2. 음소 분류	4~5	이 시기의 아동은 비슷한 소리를 함께 대응시키기 시작하고, 없는 소리도 선택할 수 있다(예 : book, look, took, cat).	뇌의 발달은 오른쪽 뇌에서 왼쪽 뇌로 진행된다. 4세에 이르면 양 뇌가 서로 말을 주고받을 수 있게 됨에 따라 우뇌로 소리를 듣고, 좌뇌가 분류하기 시작한다.
3. 단어 분절	5~6	5세가 되면 단어의 시작과 끝소리를 구별하고 창의적 철자법이 가능해진다(예 : cat 대신 KT),	교차식 연합이 더욱 자동화되고 단어의 시각적, 정자법 표상이 청각 양식으로 저장된다.
4. 음소 분절	6~7	1학년이 되면 단어의 음소 또는 음절 수에 해당하는 리듬을 칠 수 있고, 창의적 철자법으로 단어 안에 있는 모든 소리를 표상할 수 있다.	뇌와 미엘린의 발달이 언어 영역의 뒷부분에서 앞부분으로 진행된다. 언어 영역 앞부분에서 소리를 순서에 따라 정리하는 동안 뒷부분에서 부호화한다.
5. 음소 삭제	7~8	단어의 복잡성에 따라 아동들은 다른 단어를 만들기 위해 단어의 소리를 삭제하거나 대체할 수 있다(예 : '형'에서 /ㅎ/을 빼고 말해보세요).	교수 환경은 고차 수준의 사고와 음소의 조작을 담당하는 뇌의 3차 영역을 형상하는 데 중요하다.

출처 : Berninger, V. & Richard, T.(2002)

자음글자 지도

자음글자는 'ㄱ, ㄴ, ㄷ, ㄹ, ㅁ, ㅂ, ㅅ, ㅇ, ㅈ, ㅊ, ㅋ, ㅌ, ㅍ, ㅎ'의 14자로 되어 있다. 각 자음글자를 모음글자 'ㅡ'와 결합시켜 자음글자의 음가를 지도한다(그, 느, 드, 르, 므, 브, 스, 즈, 츠, 크, 트, 프, 흐). 이때 교사는 입모양을 아동이 볼 수 있도록 지도하면 자음글자를 익히는 데 도움이 된다. 음가마다 사용하는 조음기관(입술, 혀, 잇몸, 입천장)을 설압자로 만져주거나 아동의 손으로 입술과 목을 만지게 하여 자음글자의 모양과 음을 정확히 인지할 수

| 아 | 이 | 우 | 에 | 오 |

그림 8.1 모음글자 지도법 사례

ㄱ	ㄴ	ㅁ	ㅅ	ㅇ
혀뿌리가 목구멍을 막는 형상	혀끝이 윗잇몸에 닿는 형상	입의 형상	이의 형상	목구멍의 형상

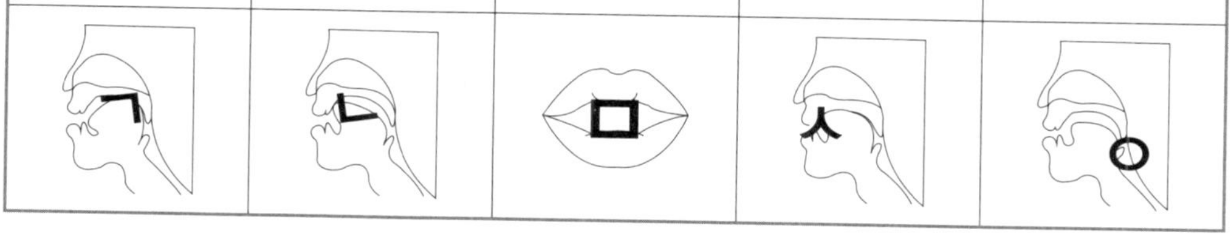

그림 8.2 자음글자의 형상화 모습

출처 : 김진아, 김기연, 박수진 옮김(2010). 한글의 탄생 : 문자라는 기적

있도록 지도한다.

자음글자와 모음글자의 결합 지도

한글 모아쓰기의 원리. 한글은 음절문자 시스템으로서 네모난 상자틀에 맞추어 음절 단위로 모아쓰기를 하며, 다음과 같이 세 가지 원리로 정리된다(김영숙, 2018).

첫째, 모음글자에서 주된 선이 수직선일 경우(예 : ㅏ, ㅓ, ㅑ, ㅕ, ㅣ, ㅔ, ㅐ) 모음글자가 초성자음 글자 오른쪽에 쓰이고, 종성 글자가 있으면 그 아래에 쓴다.

둘째, 모음글자에서 주된 선이 수평선일 경우(예 : ㅗ, ㅛ, ㅜ, ㅠ, ㅡ) 모음글자가 초성자음 글자 밑에 쓰이고 종성 글자가 있으면 그 아래에 쓴다.

셋째, 모음글자의 주된 선이 수평과 수직선을 모두 포함할 경우(예 : ㅘ, ㅙ, ㅚ, ㅝ, ㅞ, ㅟ, ㅢ), 위아래쪽에 먼저, 그다음 오른쪽에 붙여 쓴다. 종성 글자가 있으면 그 아래에 쓴다.

받침이 없는 자음과 모음글자의 합자. 다음은 자음을 다른 모음과 조합시켜 글자를 형성하는 법을 지도한다. "ㄱ(그)+ ㅏ → 그아 → 가, ㄴ(느)+ ㅏ → 느아 → 나"와 같은 방식으로 지도해

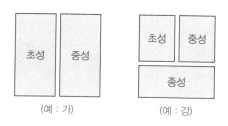

그림 8.3 모음글자에서 주된 선이 수직선일 경우의 글자 조합

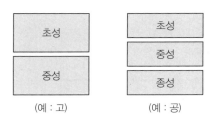

그림 8.4 모음글자에서 주된 선이 수평선일 경우의 글자 조합

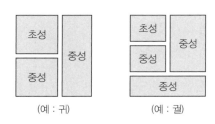

그림 8.5 모음글자에서 주된 선이 수평과 수직선을 포함한 경우의 글자 조합

간다. 그 외에 자음글자와 모음글자 카드를 조합시켜 지도하기, 구체물로 제작된 자음글자와 모음글자를 조합시켜 지도하기 등 다양한 방법을 이용할 수 있다.

음운인식 지도

음운인식과 음소인식은 지도할 수 있고, 학습장애 학생들이 이 능력을 향상시키면 후속 읽기 습득을 촉진시키게 된다(Lundberg et al., 1988). 학습장애 학생들에게 형식적인 읽기지도를 하기 전에 음소인식을 지도하는 것이 중요하고, 읽기기술이 발달함에 따라 음운인식이 더욱 정교해질 수 있다. 다음은 음운인식 교수법의 사례이다(김정미, 윤혜련, 이윤경, 2008; Spector, 1975).

그림 8.6 자음과 모음의 합자 지도 모습

- 취학 전에는 운과 두음 게임 같이 단어 내에 주의를 집중할 수 있는 활동을 한다.
- 문장을 개별 단어로, 단어를 음절로 나누는 분절과 반대로 합치는 합자를 지도한다.
- 문자-소리 관계의 지도와 분절하거나 합자 훈련을 결합한다.
- 분절과 합자를 지도할 때 사례를 일정한 순서로 체계적으로 배열한다.
- 음절에 따라 손뼉을 치며 듣고 운을 느끼고 각 단어의 소리에 대한 인식을 발달시킨다.
- 단어, 음절, 라임을 이용한 게임을 편하게 할 수 있게 되면 음소인식으로 이행한다.

음운인식을 지도할 때 특히 훈련과 단순기억을 피하고 재미와 흥미를 유지하기, 아동들 간의 상호작용을 격려하는 집단 상황을 이용하기, 개인차를 허용하고 그에 따라 준비시키기, 활동 시에 어조가 평가적이지 않도록 하고 오히려 비형식적이고 재미있는 어조로 지도하는 것이 바람직하다. 음운인식 활동은 문어(활자인식)와 음성언어(단어놀이)에 대한 아동의 경험을 바탕으로 형성되고 나아가 경험을 향상시킨다. 성공적인 음운인식과 문자에 대한 지식을 지닌 초보 독자는 단어가 지면에 제시되는 방식을 학습한다.

학습장애 학생의 음운인식 중재는 조기에 전략적이고 체계적이며 세심하게 설계되어야 한다. 교육과정에 기초하여 중재하고, 음소 교수와 의미 식별의 중요성을 인식하고 균형 있게 지도해야 한다. 읽기학습장애 학생들에게는 효과적인 읽기 교수 전략을 이용하여 음운인식과 자모 이해를 지도해야 한다. 이런 전략은 음소지도 시 학생들의 주의집중과 지각 수준에 맞게 명시적이어야 한다. 교수 전략은 단어를 더 읽기 쉽게 또는 더 어렵게 만드는 특징, 즉 단어 내의 음소의 수, 단어 내의 음소 위치(시작 음은 더 쉽다), 단어의 음소적 성질(예 : /m/와 같은 연속음은 /p/와 같은 폐쇄음보다 쉽다), 소리 조합, 단어 분절, 운을 포함한 음운인식 차원 등을 고려해야 한다.

다수의 초보 독자들은 교사의 지원과 보조를 더 많이 필요로 한다. 교사는 학생에게 비계 교수, 즉 교수의 초기 단계에 많은 지원을 제공하고 학생들의 읽기기능을 학습해 감에 따라 점차 지원을 줄여간다. 일부 학습장애 학생들의 음운인식을 향상시킬 수 있는 활동은 다음과 같다(Stanovitch, 1993).

- 음소 삭제. '형'에서 /ㅎ/음을 없애면 어떤 단어가 남게 되는가?
- 단어 대 단어 대응. '바람'과 '바위'에서 첫음 /ㅂ/는 같은 소리인가?
- 합자. /ㅂ/ /ㅏ/ /ㅁ/을 함께 조합하면 어떤 단어가 되는가?
- 소리 고립. '라디오'에서 첫 소리는 무엇인가?
- 음소 세기. 단어 '소'는 몇 개의 문자로 된 단어인가?

- 삭제된 음소. '신바람'에서 들리나 '바람'에서 들리지 않는 소리는 무엇인가?
- 시작 음이 다른 단어. '바람', '바다', '나비', '바늘'에서 나머지 셋과 다른 음으로 시작되는 단어는 어느 것인가?
- 소리-단어 대응. '바늘'에 /ㄴ/가 있는가?

한글은 음절 문자이지만 단음절 단어가 적고 주로 다음절 단어로 구성되어 있다. 읽기는 대부분 다음절의 상황에서 이루어지고 음운 변화가 수반되므로 음운인식과 더불어 음운 변화를 익혀야 한다. 한국어의 여러 음운 변화 중 대표적인 것은 〈표 8.2〉와 같다(김영숙, 2018). 연음화는 한글 읽기에서 흔히 발견되는 현상으로 앞 음절이 자음으로 끝나고 다음 음절이 모음으로 시작할 경우 앞 음절의 종성이 그다음 초성으로 옮겨가는 현상이다. 예를 들어 '연음'을 발음할 때는 /ㄴ/가 다음 음절 초성으로 넘어가서 /여늠/이 된다. 구개음화는 자음이 /ㅣ/나 /히/와 사용되면서 구개음(ㅈ 또는 ㅊ)으로 변하는 현상이다. 예를 들어 '굳이'가 /구지/로 발음되고, '같이'가 /가치/로 발음된다. 이러한 여러 음운 변화 현상은 음운 변화의 정도에 따라 읽기와 쓰기에 미치는 난이도가 다르다.

음소인식 지도

음소란 단어의 의미상 차이를 가져오는 음성단어에서 가장 작은 소리 단위이다. 예를 들어 '달'과 '발'에서 'ㄷ'과 'ㅂ'을 제외하면 '날'이란 같은 조건이 남는다. 이때 'ㄷ'과 'ㅂ'이라는 음의 차이에 의해 두 단어의 뜻이 달라진다.

읽기를 성공적으로 시작하기 위해 특정 읽기장애나 난독증의 경우 음소인식이 매우 중요하다. 음소인식은 음성단어에서 개별 소리를 알아차리고 그것을 생략하고 다룰 수 있는 능력이다. 학생들이 글 읽기를 배우기에 앞서 단어 내의 소리가 어떻게 작용하는지를 인식할 필요가 있고 단어가 말소리나 음소로 구성되어 있음을 이해해야 한다(제7장 참조). 아동들이 음소인식을 보여주는 몇 가지 방식은 다음과 같다.

- 단어에서 첫음이 동일한 자모로 시작하는 단어를 인식한다('바다' '봄'은 'ㅂ'으로 시작한다).
- 단어의 마지막 음을 분리하고 말한다('감'에서 첫음은 'ㄱ'이고 끝음은 'ㅁ'이다. 끝음 ㅁ을 분리하면 '가'가 된다).
- 자모를 결합하거나 단어를 만든다(ㅂㅏㅁ - 밤).
- 단어를 각 소리로 분할하거나 분절한다(봄 날 -/ㅂ/ /ㅗ/ /ㅁ/ /ㄴ/ /ㅏ/ /ㄹ/).

표 8.2 음운 변화 유형과 사례

음운 변화	설명	단어 용례
연음화	앞 음절이 자음으로 끝나고 다음 음절이 모음으로 시작할 경우 앞 음절의 종성이 그다음 초성으로 옮겨가는 현상	눈이 → /누니/ 감을 → /가믈/ 흙이 → /흘기/
경음화(된소리되기)	ㄱ, ㄷ, ㅅ, ㅈ이 된소리 또는 경음 /ㄲ, ㄸ, ㅃ, ㅆ, ㅉ/로 바뀌는 현상	학교 → /학꾜/　신다 → /신따/ 있다 → /이따/　용돈 → /용똔/
ㅎ 발음	ㅎ은 ① 장애음과 결합하여 거센소리, ② ㅅ이 따라올 때 ㅆ으로, ③ 뒤에 'ㄴ'이 따라올 때 ㄴ으로 동화, ④ 모음이 따라올 때 묵음으로 소리난다(최혜원, 국립국어원)	① 넓다 → /너타/ ② 많소 → /만쏘/ ③ 놓는 → /논는/ ④ 낳은 → /나은/
구개음화	구개음이 아닌 /ㄷ/ 또는 /ㅌ/가 / ㅣ /와 /히/ 앞에서 구개음 /ㅈ/, /ㅊ/로 바뀜	같이 → /가치/ 맏이 → /마지/ 헤돋이 → /해도지/
격음화	ㅂ, ㄷ, ㅈ, ㄱ이 ㅎ 앞뒤에서 격음, ㅍ, ㅌ, ㅊ, ㅋ으로 바뀌는 현상	축하 → /추카/　급히 → /그피/ 입학 → /이팍/
비음화	파열음인 ㄱ, ㄷ, ㅂ이 비음 ㅁ, ㄴ 앞에서 ㅁ, ㄴ, ㅇ으로 바뀜	막내 → /망내/　국물 → /궁물/ 먹는다 → /멍는다/
유음화	유음 ㄹ의 앞이나 뒤에 오는 'ㄴ'이 'ㄹ'로 동화	전라도 → /절라도/ 줄넘기 → /줄럼끼/
사이시옷	/ㄷ/ 소리로 나는 받침 중에 'ㄷ'으로 적을 근거가 없을 경우 사이 'ㅅ'으로 적는다. 즉 어근에서 /ㄷ/ 소리가 ㄷ으로 표기되지 않았을 때 /ㄷ/ 소리가 나는 것은 'ㅅ'으로 표기한다.	돗자리 웃어른 무릇, 옛, 첫, 얼핏

출처 : 김영숙(2018)

- 한글은 영어와 달리 글자를 풀어서 쓰지 않고 묶어서 쓰기 때문에 음절이 더욱 중요한 단위로 기능한다(예 : ㄱ ㅏ ㅂ ㅏ ㅇ = 가방). 제7장에서 소개된 음소=자모로 조합하거나 음절=글자로 만든다.
- 음소를 학생의 주의나 지각에 두드러지게 하는 전략을 이용한다. '신호등' '신발'의 단어에서 /ㅅ/의 음가를 학습할 때 특징을 이해할 수 있도록 지도한다.
  - 교사 : '신호등' /ㅅ/(스)　　학생 : '신호등' /ㅅ/(스) (스) (스)
  - 교사 : '신발' /ㅅ/(스)　　학생 : '신발' /ㅅ/(스) (스) (스)

음운인식은 읽기에서 널리 이용되고 있지만 흔히 잘못 이해하고 있다. 한 가지 오해는 음소인식과 파닉스가 동일하다는 생각이다. 음소인식은 말소리 언어의 소리가 함께 작용하여 단어를 만드는 것을 이해하는 것이다. 파닉스는 음소와 서기소(grapheme)[1] 간에 예측할 수 있는 관계가 있다는 것을 이해하는 것이다. 아동들이 파닉스로부터 도움을 받을 수 있으려면 음소인식이 필요하다.

음소인식에 대한 또 다른 오해는 이것이 음운인식과 동일하다는 생각이다. 이 두 용어를 같은 의미로 사용할 수 있는 것이 아니다. 음소인식은 음운인식의 하위 범주이다. 음소인식의 초점은 좁으며 단어에서 개별 소리를 확인하고 조작하는 것이다. 음운인식의 초점은 훨씬 더 넓다. 음운인식은 음소뿐만 아니라 단어, 음절, 어두 자음군, 운과 같은 말소리 언어보다 큰 부분을 다루는 것이다. 압운, 두운, 억양과 같은 기타 소리의 측면에 대한 인식도 포함한다.

음소인식 교수는 읽기를 돕고, 철자학습에 도움을 주며, 자모문자를 이용하여 음소 조작법을 지도할 때 효과적이다(Wendling & Mather, 2009). 음소인식을 형성시키기 위한 활동으로는 음소 조작[2], 음소 조합 및 음소 분절 등이 있다. 음소인식을 지도할 때 세 가지 이상의 조작법을 동시에 지도하면 혼란을 일으키기 때문에 한두 가지 음소 조작법을 중점적으로 지도하는 것이 읽기와 쓰기에서 더 효과적이다. 아울러 여러 가지 조작법을 지도하게 되면 보다 쉬운 기술을 습득하기 전에 더욱 어려운 조작법을 다루는 상황이 되기 때문에 비효과적이다.

음소인식 교수 전략

효과적인 음소인식 교수는 아동들이 구어의 소리를 알아채고 생각하며 활용할 수 있도록 지도하는 것이다. 교사들은 음소인식을 형성시키기 위해 다음과 같은 활동을 할 수 있다.

- 음소 분리. 단어 내의 개별 소리를 재인한다.

  교사 : '감'에서 첫 소리는 무엇일까요?

  아동 : '감'의 첫 소리는 /ㄱ/입니다.

- 음소 확인. 아동은 여러 다른 단어들에서 동일한 소리를 재인한다.

  교사 : '강', '감' 에서 같은 소리는 무엇일까요?

  아동 : 첫 소리 /ㄱ/가 같아요.

- 음소 분류(범주화). 아동은 3~4개의 단어 세트 중에서 다른 음을 재인한다.

  교사 : '바둑이', '바위', '강아지' 중 다른 소리로 시작하는 단어는 무엇일까요?

---

1 문자언어에서 이들 소리가 나타내는 글자

2 음소 조작(phoneme manipulation). 학생들이 단어에서 음소를 다룰 때 음소를 조작한다. 음소 조작 유형으로는 음소를 조합하여 단어 만들기, 단어를 음소로 분절하기, 단어에서 음소 삭제하기, 한 음소를 다른 음소로 대체하여 새 단어 만들기 등이 있다.

　　아동 : '강아지'가 다르게 소리 납니다.

- **음소 조합.** 아동은 말해주는 음소를 듣고 단어로 조합할 수 있다.

　　교사 : /ㅂ/ /ㅜ/ /ㄹ/는 무슨 단어일까요?

　　아동 : /ㅂ/ /ㅜ/ /ㄹ/는 '불'입니다.

　　교사 : '불'의 소리를 글자로 써 봅시다. /ㅂ/는 ㅂ, /ㅜ/는 ㅜ, /ㄹ/는 ㄹ로 각각 씁니다.

　　교사 : (칠판에 '불'을 쓰고) 자, 이제 '불'이란 단어를 읽어 봅시다.

- **음소 분절.** 아동들은 단어를 각 음으로 분할하고 각 음을 가리키며 말한다. 그들은 그 단어를 쓰고 읽는다.

　　교사 : '밤'이란 단어에는 몇 개의 소리가 있나요?

　　아동 : /ㅂ/ /ㅏ/ /ㅁ/ 3개의 소리가 있습니다.

　　교사 : '밤'의 소리를 써 봅시다. /ㅂ/는 ㅂ, /ㅏ/는 ㅏ, /ㅁ/는 ㅁ으로 각각 씁니다.

　　교사 : (칠판에 '밤'을 쓰고) 자, 이제 '밤'이란 단어를 읽어 봅시다.

- **음소 삭제.** 아동들은 단어에서 음소 하나가 삭제되었을 때 남은 단어를 재인한다.

　　교사 : '보리'에서 /ㅂ/가 없으면 무슨 단어가 되나요?

　　아동 : '보리'에서 /ㅂ/가 없으면 '오리'입니다.

- **음소 첨가.** 아동은 현재의 단어에 음소를 추가하며 새로운 단어를 만든다.

　　교사 : '오리'의 시작 부분에 /ㅂ/를 추가하며 무슨 단어가 될까요?

　　아동 : '보리'가 됩니다.

- **음소 대치.** 아동은 음소를 대치하여 새로운 단어를 만든다.

　　교사 : 단어 '돌'이 있습니다. /ㄹ/를 /ㄱ/로 바꾸면 새 단어는 무엇일까요?

　　아동 : '독'입니다.

　음소인식 교수는 취학 전 학생, 유치원 학생, 읽기를 시작하는 초등학교 1학년, 읽기 능력이 열등한 나이가 든 독자 등 모든 학생에게 도움을 줄 수 있다. 교사는 학습지도의 많은 시간을 모두 음소인식 교수에 투입할 필요는 없다. 연간 총 음소인식 교수 프로그램은 20시간을 넘지 않아야 한다고 권고하고 있다(Pierangelo & Giulianm 2006). 이러한 권고는 물론 일방적인 것으로서 학습자의 요구와 특성에 따라 지도 시간이 정해질 것이다.

　음소인식 지도를 위한 소집단 교수는 개별 교수나 대집단 교수보다 학생들이 동료들의 반응을 들을 수 있고, 교사에게 피드백을 받을 수 있어 효과적이다. 읽기 시작 프로그램이나 읽기 교정 프로그램에 음소인식 교수를 추가하면 학생들의 읽기와 철자법에 큰 도움이 될 것이다.

파닉스 교수

파닉스 교수는 아동들에게 문자언어의 문자(서기소)와 구어의 개별 소리(음소) 사이의 관계를 지도한다. 파닉스 교수의 목적은 학생들이 자모 원리를 학습하고 사용하도록 도와주는 것이다. 아동들이 이러한 관계를 알게 되면 단어를 신속하고 정확하게 자동적으로 인식할 수 있어 새로운 단어를 독해하는 데 도움이 된다. 파닉스의 유형은 다음과 같다(Tolbert, 2019).

분석적 파닉스. 개별 문자나 소리의 관계에 초점을 맞추지 않고, 이전에 학습된 단어에서 문자-소리 관계를 학습한다.

유추 기반 파닉스. 단어족의 일부를 이용하여 유사한 부분을 지니고 있지만 모르는 단어를 확인한다. 바람을 학습하고 산바람, 강바람 등으로 학습한다.

삽입(매입) 파닉스. 읽기 상황에서 텍스트를 읽을 동안 문제가 발생하면 이를 중심으로 지도한다. 이 접근법은 단어의 첫 글자에 초점을 맞추고 통단어로 지도하므로 체계적이거나 명시적이지 않다.

어두 자음군/운율 파닉스 교수. 1음절어의 첫 모음 앞에 있는 문자나 문자의 소리와 그 단어의 나머지 소리를 확인하기를 학습한다. 초성 자음을 확인한 후 모음과 함께 한 음절을 읽고, 다음에 단어 전체를 읽는다.

철자법을 통한 파닉스. 단어를 음소로 분절하고 음소의 문자를 써서 단어 만들기를 학습한다.

합성적 파닉스. 문자음 배우기, 문자 조합 배우기, 단어 만들기의 단계로 지도한다.

파닉스 교수에 대한 비판에 따르면 영어 철자법은 파닉스 교수를 적용하기에 너무 불규칙해서 학생들의 단어 읽기 학습을 도와줄 수 없다고 주장한다. 그러나 음소 교수는 학생이 읽고 쓰기 방법을 기억할 수 있는 체계를 지도한다. 따라서 문자-소리가 일치하지 않더라도 일단 학습을 하면 이 단어를 기억하게 되고, 그러면 다음부터 단어를 즉시 읽고 철자하며 재인할 수 있게 된다. 모든 불규칙 단어의 학습도 이와 같은 과정으로 이루어진다. 이러한 논리는 한국어 교육에서도 예외가 아니다.

파닉스 지도 내용의 범위와 순서

파닉스 지도의 지침은 다음 몇 가지로 요약할 수 있다(김영숙, 2018). 첫째, 아동이 자주 사용하는 익숙한 단어를 사용한다. 둘째, 발음/조음하기 쉬운 단어를 사용한다. 셋째, 자모글자 모양이 비슷하거나 소리가 아주 유사한 것은 별도의 시간에 지도한다. 체계적인 내용 구성과 배열은 쉬운 것부터 어려운 순서대로 다음과 같이 진행할 수 있다.

- 단자음, 단모음 → 복자음, 복합모음
- 자-모 음절 낱말(예 : 차) → 자-모-자 음절 낱말(예 : 창)
- 단음절 낱말 → 다음절 낱말
- 글자-소리 대응이 일대일인 자모글자 → 글자-소리 대응이 일 대 다수인 자모글자
- 겹받침('ㄹㅂ, ㄱㅅ, ㄴㅈ, ㄴㅎ, ㄹㄱ, ㄹㅁ, ㄹㅂ, ㄹㅌ, ㄹㅍ, ㄹㅎ, ㅂㅅ')과 음운 변화 도 쉬운 것부터 어려운 것의 순서대로 지도한다. 예를 들어 음운 변화의 경우 난이도는 다음과 같다.

  [연음화 → 경음화 → 격음화 → ㅎ받침 → 구개음화 → …사이시옷]

어휘지도

어휘란 우리가 효과적으로 의사를 소통하기 위해 알아야 할 단어로서 읽기학습에서 중요한 역할을 한다. 어휘의 유형에는 듣기 어휘(들은 것을 이해하기 위해 알아야 할 단어), 말하기 어휘(말할 때 사용하는 단어), 읽기 어휘(읽은 것을 이해하기 위해 알아야 할 단어), 쓰기 어휘(쓰기에 사용하는 단어)가 있다. 초보의 독자는 구두 어휘에 포함되지 않은 단어를 읽는 데 상당히 힘든 시간을 보낸다. 우선 읽기의 가장 기본이 되는 소리와 문자의 관계를 지도하고 단어 발음하기, 나아가 철자를 지도하고 다양한 어휘력을 갖도록 한다.

철자법 발달 단계

철자법이란 "어떤 문자로서 글자를 표기하는 규칙"(표준국어대사전, 2018)으로서 동의어로 는 '맞춤법'이 있다. 철자법에 해당되는 스펠링은 "단어의 글자를 쓰거나 말하는 과정이나 활 동"(English Oxford Living Dictionalries, 2018)으로 정의된다. 즉, 철자법 또는 맞춤법이란 단 어를 구성하고 있는 자모글자를 바르게 쓰거나 바르게 말하기 등을 의미한다. 어린 아동들은 말소리를 인쇄문과 관련짓기 위해 체계적인 전략을 적용한다. 이러한 전략들은 철자법 발달 단계를 통해 적용된다. 철자법 발달 단계는 다음과 같다.

첫째, **전음소적 철자법** 단계. 아동이 일부 문자를 알게 되면 문자와 그 소리 간의 관계를 실험 하기 시작한다. 발달의 초기에 초성 자음이나 종성 자음과 단어 간의 일대일 일치한다는 개 념이 발달한다.

둘째, **음소적 철자법** 단계. 아동이 창의적 철자법 과정에서 모음을 나타내기 시작한다. 6~7세

아동들은 단어의 문자-소리 대응시키기를 통해 이 방법을 학습한다. 그들은 이전 단계보다 훨씬 정교해지지만 일대일 대응을 이용하는 경향이 있다.

셋째, 전환적 철자법 단계. 아동은 학교의 안팎에서 읽기와 쓰기 기회를 더 많이 갖게 된다. 따라서 말소리와 그래픽 상징 사이에 일대일 대응이 되어야 한다는 개념을 포기하기 시작한다. 그들은 말소리를 나타내는 문자의 청크나 패턴을 적극 찾기 시작한다.

넷째, 전통적 철자법 단계. 아동은 초등학교 3학년이 되면 언어의 표준 규칙에 상응하는 단어 철자법의 여러 가지 정확한 개념을 발달시키며 점점 더 정확한 철자법을 이용하게 된다.

철자법 지도

소리와 글자의 관계 지도

자모글자는 구어에서 소리를 나타내므로 학생들이 학습해야 하고 글자를 변별할 수 있어야 한다. 각 글자를 제시할 때 글자와 일치되는 소리를 시범을 보이고 소리를 내게 해본다. 학습 장애 학생들을 위한 지도활동은 명시적이어야 하고 모호하지 않아야 한다. 먼저 많은 단어에서 이용 빈도가 가장 높고 글자-소리가 일치하는 몇 개의 단어를 선정하여 지도하기 시작해야 한다. 학생들이 규칙 단어를 학습하고 철자법 원리에 익숙해지면 불규칙 단어를 지도한다.

단어 발음하기 지도

학생들이 글자-소리 일치에 대해 학습한 후 친숙한 단어부터 단어를 해독하고 발음하기를 시작한다.

- 아동들에게 글자 발음하기, 왼쪽에서 오른쪽으로 읽기, 글자 조합하기, 기억하는 단어 찾기를 지도한다.
- 낱말 발음하기, 소리를 조합하고 낱말 말하기를 시범 보인다.
- 학습한 적이 있는 글자-소리 패턴의 단어가 포함된 문장을 들려주고 불확실한 단어를 발음하도록 격려한다.
- 풍부한 사례를 비교하고 대조하며 철자법 관행을 학습하도록 돕는다.

단어 철자법 지도

- 글자를 하나씩 차례로 소리 내어 단어 철자법을 지도한다.
- 규칙적인 단순한 낱말 읽기를 한다.

- 학생들이 자율적으로 쓰기에서 철자법 지식과 전략을 이용하도록 격려한다.
- 철자법 관행을 체계적으로 도입한다. 빈도가 가장 높고 기본적인 단어로 시작하여 다른 단어로 일반화시킬 수 있도록 지원과 연습기회를 제공한다. 목표는 단어 내의 철자법 관행을 파악하는 것이다.
- 글자-소리가 일치하는 보편적인 소리의 낱말을 이용한다.
- 아동들이 자신의 학습 속도로 소리와 낱말을 적용하고 유창성을 발달시킬 수 있는 일련의 기회와 일정을 개발한다. 사정할 기술, 다음 기술로 이행할 내용을 구체화한다. 각 학생의 배경지식과 연계시키고 텍스트 읽기를 통해 단어를 조합하는 단계로 이행한다.

길링햄법

이 방법은 알파벳법이라고 하며 글자로 제시된 자음과 모음을 다감각법을 이용하여 한 번에 한 글자씩 배운다. 학습자는 글자를 보고 음을 들으며, 손으로 글자를 추적하고, 다음은 실제로 글자를 종이에 써 본다. 이 방법은 세 가지 부분, 즉 시각기호와 글자 이름 연합, 시각기호와 글자-소리의 연합, 학습자가 자신에게 하는 말을 듣고 글자의 이름이나 음을 말할 때 언어기관에 대한 느낌의 연합으로 구성되어 있어 연합법이라고 하기도 한다.

헤게-커크-헤게법

이 방법은 발음 중심의 접근법으로서 첫째, 자음과 모음자를 학습한다. 둘째, 낱말의 첫 자음 글자를 바꾼다. 셋째, 낱말의 마지막 자음글자를 바꾼다. 넷째, 낱말의 첫 자음과 마지막 자음을 모두 바꾼다(강위영, 정대영, 2001).

퍼날드의 다감각법

교사는 학생과 나눈 이야기를 받아 쓴 다음 그중에서 지도할 낱말을 선정한다. 선정한 낱말을 칠판, 노트, 사포 등에 쓴 다음 학생에게 덧쓰게 한다. 학생은 낱말을 읽고 쓴 다음 보고, 손가락으로 덧쓴다. 충분히 연습한 다음 그 낱말을 기억하여 쓰고 다시 낱말을 읽는다. 단어를 통글자 중심으로 배운다(강위영, 정대영, 2001).

간접적 어휘지도

어휘지도에 대한 과학 기반 연구는 대부분 어휘를 간접적으로 지도하고, 일부 어휘를 직접 지도한다. 간접 어휘학습과 직접 어휘지도에 대한 미국읽기패널(NRP, 2000)의 연구 결과는 다음과 같다.

첫째, 매일 언어를 사용한다. 어린 아동들은 다른 사람들, 특히 어른들과의 대화를 통해 낱말의 의미를 학습한다.

둘째, 어른들이 읽어주는 것을 듣고 학습한다. 책을 큰 소리로 읽어주다가 읽기를 멈추고 낯선 낱말을 설명하는 것은 특히 도움이 된다. 다시 읽으며 책에 관하여 대화를 나눌 때 새 낱말과 개념을 학습하고 이전 지식과 경험을 관련짓는다.

셋째, 스스로 집중하여 읽는다. 아동들은 스스로 집중해서 책을 읽을 때 새로운 낱말을 많이 학습한다. 직접교수는 복잡한 개념을 나타내는 어려운 낱말을 학습하는 데 도움이 된다. 그러나 학급에서 독립적 읽기를 위한 시간을 배정하기보다 학생들이 학교 밖에서 읽기활동을 더 많이 할 수 있도록 격려한다.

직접적 어휘지도

학생들은 많은 양의 어휘를 간접적으로 학습하고, 일부 어휘는 직접 지도를 받아야 한다. 주어진 텍스트와 관련된 어휘를 직접 지도할 경우 단어 이해력이 향상되고, 학생들에게 특정 단어와 단어학습 전략을 지도함으로써 읽기 이해력이 향상된다.

특정 단어 지도

읽기에 앞서 특정 단어를 지도하거나 개별 단어를 지도할 경우 학생의 단어지식을 깊게 해주며, 폭넓고 깊은 낱말 지식은 학생들이 듣고 읽은 내용을 이해하는 데 도움이 되며, 말하기와 쓰기를 할 때 낱말을 정확하게 사용할 수 있게 된다. 교사는 학생에게 단어를 지도할 때 다음과 같은 활동을 할 수 있다.

첫째, 성취활동을 촉진시키는 교수를 적극적으로 확대한다.

둘째, 각 읽기 단원을 지도하기 전에 그 단원에 나오는 낱말의 개념을 지도한다. 그 낱말의 개념이 왜 중요한지, 그 낱말과 관련된 이전 경험과 연관 지어 이해시킨다.

셋째, 학생이 새로운 여러 맥락의 어휘에 반복적으로 노출될 때 낱말 학습에 도움이 된다.

넷째, 낱말의 의미를 확실히 이해하기 위해 학생 스스로 그 낱말을 이용하여 문장을 만들어 보게 한다.

다섯째, 지도할 낱말 목록은 교육과정평가원이나 국립특수교육원에서 조사한 교과서 어휘 분석 자료에서 고빈도 낱말을 선정한다.

낱말학습 전략

교사는 필수 어휘를 중심으로 효과적인 낱말학습 전략을 개발할 필요가 있으며 전략의 사례는 다음과 같다.

첫째, 낱말에 반복적으로 노출시킨다. 과학자의 전기를 학습하는 단원일 경우 주인공이 과학자로서 어떤 중요한 역할을 하는지에 대해 토의한다.

둘째, 낱말을 부분적으로 이용한다. 일부 사용 빈도가 높은 접사(접두사, 접미사), 어근, 어간 등에 대한 개념과 활용 방법을 학습하면 새로운 낱말학습에 도움이 된다.

셋째, 사전과 기타 참고자료 활용법을 지도한다. 새 단원을 시작할 때 새로운 낱말을 사전으로 찾아 의미를 파악할 수 있도록 사전 이용 방법을 지도한다.

넷째, 맥락 단서를 이용한다. 맥락 단서는 낱말, 구, 문장 가운데 모르는 낱말의 의미에 관한 힌트이다. 맥락 단서에는 정의, 재진술, 사례, 설명 등이 포함된다.

다섯째, 적극적으로 어휘력을 확대시킨다. 사회 교과에서 직업 관련 단원을 학습할 경우 직업의 개념을 이해시킨다. 학생들이 이미 알고 있는 직업에 대해 물어보고 부모의 직업을 사례로 들게 한다. 교사는 직업에 관한 간단한 책자(예 : 교차로 광고 신문)를 준비하여 소개할 수도 있다. 책을 통해 사람들이 서로 다른 직업을 가지고 상품과 서비스를 제공해서 다른 사람들의 요구를 만족시켜 준다는 것을 이해하도록 한다. 이 과정에서 상품, 요구, 서비스, 만족, 제조 등의 낱말을 학습한다.

지도할 어휘 선택

교사는 교과서에 나오는 낱말 중 학생이 모르는 낱말을 모두 직접 가르칠 수는 없다. 교사는 일주일에 단지 몇 낱말만 철저히 지도할 수 있을 것이고, 따라서 가르칠 낱말을 세심하게 선정할 필요가 있다. 중요한 낱말, 유용한 낱말, 어려운 낱말의 지도에 초점을 맞추어야 한다. 학생들이 텍스트를 읽기 전에 낱말을 가르칠 때 개념이나 텍스트를 이해하는 데 중요한 낱말을 직접 지도한다.

여러 가지 의미로 사용되는 낱말은 학생들에게 어렵다. 학생들은 철자가 같지만 발음이 다르고 맥락에 따라 의미가 다른 낱말을 이해하기 어렵다. 학생들이 이런 낱말을 사전에서 찾더라도 헷갈리기 쉽다. 관용적 표현 역시 학생들에게는 어려운 어휘이다.

낱말학습 방법으로는 네 가지가 있다.

- 알고 있는 낱말의 새로운 의미 학습하기

- 알고 있는 개념을 나타내는 새로운 낱말의 의미 학습하기
- 모르는 개념을 나타내는 새로운 낱말의 의미 학습하기
- 알고 있는 낱말의 의미를 명확히 하고 풍부하게 하기

요약

읽기의 의미와 발달

- 읽기란 단순히 글자를 해독하고 문장과 문단을 이해하며 글의 중심 내용과 작가의 의도를 파악하는 것에서 나아가 학생의 경험을 바꾸어 나가는 것을 의미한다.
- 읽기발달은 이야기가 구성되지 않은 그림 읽기 단계, 이야기를 구성할 수 있는 그림 읽기 단계, 글자로 읽기를 시도하기 단계, 거의 정확하게 글자 중심으로 읽는 단계로 나뉜다.

읽기학습장애의 개념, 특성 및 유형

- 난독증이란 정상적인 지능을 지닌 학생들이 학교와 가정에서 적절한 교육을 받고서도 읽기와 쓰기학습에 심한 어려움을 겪는 것을 말한다.
- 난독증의 유형에는 주마간산형, 시각형, 시기억결함형, 난필증형, 미세기능장애형, 발음곤란형, 혼합읽기장애형, 부주의형, 기초학습형, 의미형, 철자법형, 표면형, 외상형이 있다.
- 난독증이 초등학교 2학년 이전에 진단되면 이들의 80% 이상 학년 수준을 따라갈 수 있으나 5학년 때까지 진단되지 않으면 10~15%만이 도움을 받을 수 있다.

음운인식의 이해와 지도

- 음운인식을 향상시킬 수 있는 활동으로는 음소 삭제, 단어 대 단어 대응, 합자, 소리 고립, 음소 세기, 삭제된 음소, 시작 음이 다른 단어, 소리-단어 대응하기 등이 있다.
- 음소인식 교수는 철자법 학습과 읽기에 도움을 주는 중요한 기초 기술이며, 자모글자를 이용하여 음소를 지도할 때 가장 효과적이다.
- 음소인식을 형성시키기 위한 활동으로는 음소 조작, 음소 조합 및 음소 분절 등이 있다.
- 음운인식 교수 전략에는 음소 분리, 음소 확인, 음소 분류, 음소 조합, 음소 분절, 음소 삭제, 음소 첨가, 음소 대치가 있다.
- 파닉스 교수의 유형에는 분석적 파닉스, 유추 기반 파닉스, 삽입 파닉스, 어두 자음군

파닉스, 철자법을 통한 파닉스, 합성적 파닉스가 있다.

어휘지도

- 철자법은 소리와 글자의 관계지도, 낱말 발음하기 지도, 낱말 철자법 지도 등을 이용해서 지도한다.
- 어휘 유형에는 듣기 어휘, 말하기 어휘, 읽기 어휘, 쓰기 어휘가 있다.
- 철자법은 전음소적, 음소적, 전환적, 전통적 철자법 단계를 거쳐 발달한다.
- 철자법 지도에는 소리와 글자의 관계 지도, 단어 발음하기 지도, 단어 철자법 지도, 길링햄법, 헤게-커크-헤게법, 퍼날드의 다감각법 등이 있다.
- 간접적 어휘지도법에는 매일 구어 사용하기, 어른이 읽어주는 것을 듣고 학습하기, 스스로 집중하여 읽기 등이 있다.
- 직접적 어휘지도법에는 특정 단어 지도하기와 낱말 학습 전략 지도하기가 있다.
- 낱말학습 전략으로는 단어에 반복적으로 노출시키기, 낱말을 부분적으로 이용하기, 사전과 기타 참고자료 활용법 지도하기, 맥락 단서 이용하기, 적극적으로 어휘력을 확대시키기 등이 있다.

9

텍스트 이해 수준의
읽기교수

학습목표

- 읽기 이해의 이론적 모형을 이해한다.
- 읽기의 이해교수 전략을 이해하고 적용할 수 있다.
- 읽기 유창성 교수법을 이해하고 적용할 수 있다.

단어의 분석과 단어인식이 중요한 기술이지만 읽기지도의 주요 목적은 아니다. 읽기의 목적은 인쇄 자료에서 의미를 파악하고 이해하는 것이다. 읽기 이해는 학생이 학교에서 성공하기 위해 필요한 중요한 기술이다. 이 장은 단어지식과 읽기 이해를 강조한다.

읽기 이해 모형

읽기 이해는 구어와 문어에 포함된 여러 가지 인지적 처리과정 간의 협응을 직·간접적으로 요구한다. 읽기 이해의 발달과 장애 연구에 관련된 이론적 모형은 세 가지가 있다. 첫째 모형은 텍스트 이해의 변인에 작용하는 구성요소 기술을 설명하는 데 초점을 맞추고 있다.[1] [그림 9.1]은 직접 및 추론적 매개 모형(DIME)을 그림으로 나타낸 것이다. 일부 연구자들은 읽기 유창성 구성요소를 추가하고(Kirby & Savage, 2008), 언어 이해를 단어, 세계 지식, 추론하기, 이해 점검 및 전략 등과 같은 구성요소로 분석함으로써 이 구조를 더욱 분명히 하였다.

둘째 모형은 이해 처리과정을 설명하고 있다. 이 과정에서 저차원 및 고차원 수준의 읽기와 인지적 처리과정이 상호작용하며 텍스트가 설명하는 실제 세계의 표상을 구성하게 된다.[2] 이 구조는 인지적 구성요소에 관심을 덜 갖는 반면, 인지적 처리과정과 더불어 텍스트의 특징과 독자의 상호작용에 더 초점을 맞춘다.

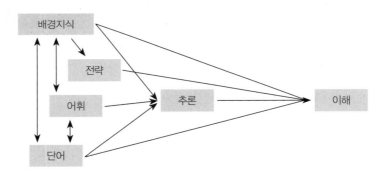

그림 9.1 읽기 이해의 다섯 가지 구성요소를 지닌 DIME 모형 : 배경지식, 단어 어휘, 전략, 추론

출처 : Cromley, Synder-Hogan, & Luciw-Dubas(2010)

---

1 직접 및 추론적 매개(direct and inferential mediation, DIME) 모형(Cromley & Azevedo, 2007 ; SVR, Hoover & Gough, 1990)

2 Gernsbacher(1990)의 구조-형성 구조, Kintsch(1988)의 구성 통합 모형, Ven den Broek, & Rapp, Kendeou(2005) 의 조망 모형

셋째 모형은 읽기 체계 구조이다(Perfetti, Landi, & Snowling, 2005). 이 모형은 구성요소 기술과 처리과정 모형이 결합된 것이다. 이 모형은 다양한 지식 자원[3], 텍스트 기반 표상[4] 및 상황 모형[5]의 구성에 포함된 추론 등의 이해 처리과정이 상호작용한다고 가정한다. 이 구조 역시 제한된 작업기억 능력을 포함하여 인지적 처리에 영향을 미친다고 추정하고 있다(Prefetti & Stafura, 2014)(그림 9.2 참조).

이러한 접근법은 대안적 모형이라기보다 어느 정도 다른 수준에서 설명을 하고 있다. 읽기 이해에 대한 이론적 구조의 글로벌 특성을 고려할 때 읽기 이해의 발달과 관련된 훌륭한 모형을 개발하기란 어려운 일이다. 한 가지 예외는 격자 모형(Connor, 2016)으로서 아동기 초기와 중기에 걸쳐 읽기와 이해학습에 영향을 주고받는 텍스트 특정의 언어적 및 사회적 처리과정이 상호 영향을 미칠 것으로 가정한다(그림 9.3 참조).

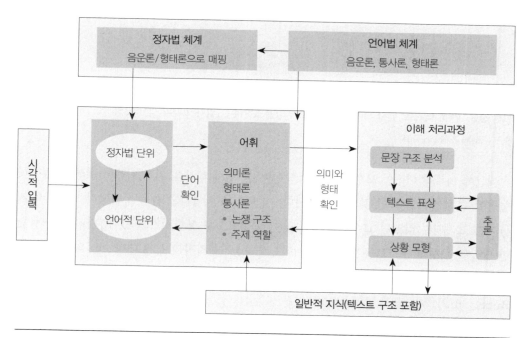

그림 9.2 읽기 체계 구조

가장 중요한 구성요소는 지식, 인지, 언어 처리과정의 자원이다. 사전(어휘 목록)은 단어 확인과 이해 체계에 개입한다.

출처 : Perfetti & Stafura(2014)

3　텍스트 구조에 관한 지식을 포함하고 있는 어휘적–의미론적, 정서법적, 통사론적, 일반적 지식 등의 자원

4　텍스트에 서술된 의미

5　텍스트가 기술하고 있는 실제 세계의 상황

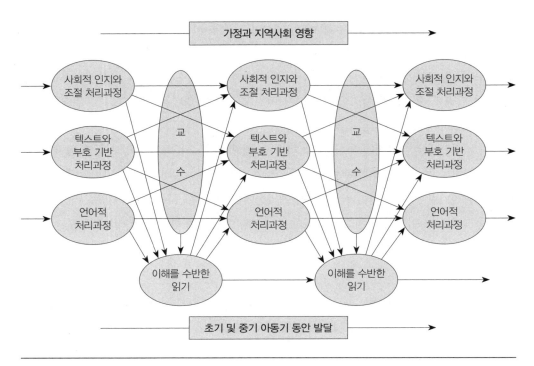

그림 9.3 언어, 텍스트, 인지 처리과정의 상호 영향을 보여주는 읽기 이해의 격자 모형

출처 : Taylor & Francis(2014)

　최근에 이르러 이러한 모형이 출현함으로써 읽기장애 학생의 읽기 이해를 어떻게, 얼마나 설명할 수 있을지를 밝힐 것으로 기대된다. 이 모형은 학업기술 습득의 발달적 모형에서 지금까지 고려되지 않았던 교수 요인을 중요한 구성요소로 포함시키고 있다. 읽기 이해에 관한 발달적 모형의 구조화는 아동의 언어적 · 사회적 · 물리적 환경에 대한 그들의 초기 경험을 바탕으로 지속적인 경험을 통해 어떻게 발달해 가는지를 이해하는 데 달려 있다(Cain & Barnes, 2017).

읽기 이해 교수

훌륭한 독자는 목적을 가지고 적극적으로 읽으며, 읽을 때 능동적으로 생각한다. 읽은 내용을 이해하기 위해 복잡한 과정에 참여하며, 이해과정에서 문제가 생기더라도 해결 방법을 찾을 수 있다.

효과적인 읽기교수를 위한 과학적 연구 기반 교수

읽기학습장애 학생들에게 특정 이해 전략을 지도하여 텍스트의 이해를 향상시킬 수 있다. 이해 전략이란 의도적 계획, 즉 훌륭한 독자가 텍스트를 이해하기 위해 이용하는 일련의 단계이다. 이해 전략 교수는 학생들이 특정 목적을 가지고 텍스트를 읽을 때 자신의 읽기 이해를 능동적으로 조절하는 데 도움이 된다. 다음은 텍스트의 이해력 향상을 위한 과학적 연구 기반의 교수 전략들이다(NRP, 2000).

이해 점검 교수

이해 점검 교수는 학생들이 이해하고 있는 내용과 이해하지 못하는 내용을 확인하고, 이해 관련 문제를 해결할 수 있는 다음과 같은 몇 가지 이해 점검 전략을 이용할 수 있다.

- 어려운 곳 확인하기
- 무엇이 어려운지 확인하기
- 어려운 문장이나 문단을 자신의 말로 다시 말하기
- 텍스트를 통해 되돌아보기
- 그들을 도와 어려움을 해결하는 데 도움이 될 정보를 텍스트에서 찾아보기

글의 구조도 작성하기

글의 구조도 작성하기[6] 또는 의미 구조도는 개념을 설명하고 텍스트 내의 개념들 간의 관계를 그림으로 나타낸다. 글의 구조도는 지도, 웹, 그래프, 차트, 프레임, 클러스터, 그래픽 조직자 등 다양한 이름으로 불린다. 이름에 관계없이 글의 구조도는 독자가 특정 개념이 다른 개념과 어떻게 관련되어 있는지에 초점을 맞추는 데 도움이 된다. 과학이나 사회 교과와 같은 내용 영역의 정보 텍스트를 학습하는 데 도움이 되고, 정보 텍스트의 이용과 더불어 학생들이 개념을 공통된 텍스트 구조에 어떻게 맞추는지를 알 수 있게 해준다. 또한 학생들이 읽는 과정에 텍스트의 구조에 초점을 맞출 수 있고, 텍스트 내의 관계를 검토하고 시각적으로 제시할 수 있는 도구가 되며, 텍스트의 내용을 조직적으로 잘 요약할 수 있게 도와준다.

대부분의 교육 상황에서 글의 구조도를 이용하고 있지만 그 효과를 극대화하기 위해서는 직접적이고 간결해야 하고, 학생들이 글의 구조도의 활용법을 학습해야 하며, 교사는 지도과

---

6 graphic organizer. 의미 구조도, 의미 구성도, 그래픽 구조도, 그래픽 조직자 등 다양하게 번역되고 있음. 여기서는 글의 구조도와 글의 구성도를 같은 의미로 함께 사용한다.

정의 모든 측면에서 일관되게 사용하여 학생들이 의미와 활용법을 숙달할 수 있도록 해야 한다. 글의 구조도는 정보의 정리 방식에 따라 위계적 · 개념적 · 순서적 및 주기적 구조도로 분류될 수 있으며 이용 지침은 다음과 같다.

첫째, 단순화한다. 글의 구조도가 효과적인 교수적 도구가 되기 위해서 명확하고 직선적이어야 한다. 다루어지는 아이디어의 수를 제한하고, 학생이 반드시 이해하고 기억해야 할 주요 개념에 초점을 맞추어야 한다. 개념들 간의 관계를 나타내기 위한 명칭과 화살 표시는 명확해야 한다.

둘째, 글의 구조도에 관하여 지도한다. 학생들은 다양한 경험을 가지고 오기 때문에 정보를 조직하는 방법과 특정 구조도가 도움이 되는 경우를 명시적으로 학습해야 한다. 학생이 구조도의 이용 방법을 이해하게 되면 창의적으로 실행하고 효과성을 높이기 위해 노력해야 한다.

셋째, 글의 구조도를 자주 이용한다. 교사는 글의 구조도를 수업 시간에 일상적으로 활용하고, 수업의 모든 단계에 활용하며, 학생들이 특정 구조도를 어려워하더라도 포기하지 않아야 한다. 다음은 대표적인 구조도의 유형이다.

개념도는 중심 아이디어와 일치하는 특징을 함께 제시하는 일반적인 글의 구조도로서 여러 가지 형태를 취할 수 있고, 이름이 붙여질 수 있는 어떤 관계 유형을 보여주기 위해 이용한다. 개념도는 내용 영역의 단원을 시작하기에 앞서 브레인스토밍을 할 때, 이야기를 읽기 전 이전 지식을 활성화할 때, 동의어를 제시할 때 매우 효과적이다. 개념도는 구조도가 작성되는 크기와 태도에 의해 개념들 간의 위계적 관계를 제시하기 위해 이용될 수 있다. 가장 중요한 개념은 제일 위나, 가운데, 왼편에 기술하고 특성을 아래, 주변, 오른편에 각각 기술한다.

흐름도 및 순서도는 일련의 단계나 사건을 순서로 보여준다. 최종 사항에 도달하는 데 필요한 단계를 지도할 때 매우 효과적이다. 읽기에서는 이야기 내의 주요 사건을 개관하기 위해, 쓰기에서는 작문을 위한 사전 쓰기를 위해, 과학의 경우 과학적 과정의 절차적 부분을 위해, 수학의 경우 연산 절차를 상기시켜 주기 위해 이용될 수 있다. 사건의 순서는 숫자나 독특한 화살표로 명확히 할 수 있고, 일상생활이 변하는 특별한 날의 사건 순서를 개요하기 위해 이용될 수 있다.

비교/대조 또는 벤다이어그램은 두 가지 이상의 개념들 간의 유사성과 차이성을 살펴볼 때 이용된다. 교육과정 전반에 걸쳐 사용할 수 있으며, 이야기 글의 경우 인물 · 이야기 · 장르 · 문제해결 등을 비교하기 위해, 쓰기에서는 비교 작문을 위한 사전 쓰기를 위해, 수학에서는 일반적인 곱셈 문제를 다룰 때, 과학과 역사는 동물, 신체 부위, 기후 체계, 지구, 생태계에서

(a) 지역사회에 도움을 주는 사람들

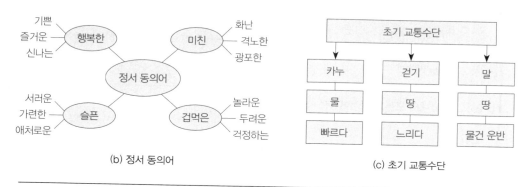

(b) 정서 동의어

(c) 초기 교통수단

그림 9.4 개념도 사례

출처 : https://www.teachervision.com/graphic-organizer/steps-process, https://www.teachervision.com/top-10-most-popular-graphic-organizers

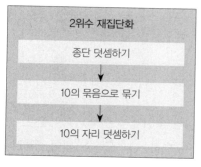

(a) 2위수 계산과정

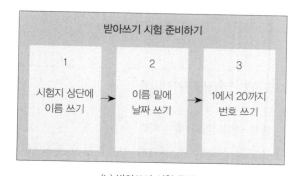

(b) 받아쓰기 시험 준비

그림 9.5 흐름도 및 순서도 사례

역사의 지도자, 지리적 영역, 문화 · 경제적 계층에 이르기까지 다양하게 이용될 수 있다.

인과관계 다이어그램은 서로 다른 사건이나 개념 간의 직접적인 관계를 강조하며, 모든 교과에 적용할 수 있는 글의 구조도이다. 이 구조도는 여러 가지 인과관계를 지닌 주요 사건을 시각화하기 위해 이용된다. 읽기의 경우 인물과 사건 분석, 사회와 역사에서 주요 사건 토의, 과학 실험의 영향 연구 등을 위해 이용할 수 있다.

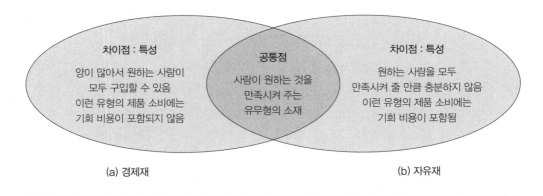

그림 9.6 비교/대조 또는 벤다이어그램 사례

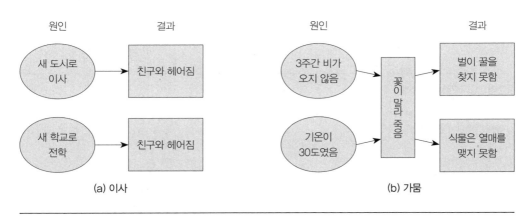

그림 9.7 인과관계 다이어그램

　중심 아이디어와 세부 차트는 주요 개념과 그 하위 요소들 간의 위계적 관계를 보여준다. 이 구조도는 관련된 덜 중요한 정보로부터 중심 아이디어를 구별하는 데 도움이 되며, 위계적 관계가 명백하여 중심 아이디어를 제일 윗부분이나 왼쪽에 배치하고 세부적인 관련 정보를 아래쪽이나 오른쪽에 기술한다. 중심 아이디어와 세부적인 내용의 명칭을 명확히 붙인다. 중심 아이디어와 세부 내용의 그림 형태를 다르게 하여 학생들이 두 개념의 차이를 시각화하고 내면화하기 쉽게 할 수 있다.

　특징 차트는 정보의 범주가 유사하나 다른 세부 내용을 공유한 주요 개념을 나타내며, 학생들이 다른 중심 주제의 특성을 이해할 수 있다. 이 구조도는 단원이나 장의 시험에 앞서 복습하고 학습 안내를 할 수 있다. 과학의 경우 생태계, 동물 유형, 식물이나 물질 상태 간의 특징을 구별할 수 있고, 사회과의 경우 지리적 영역, 정치적 리더나 문화를 구별을 하기 위해 이

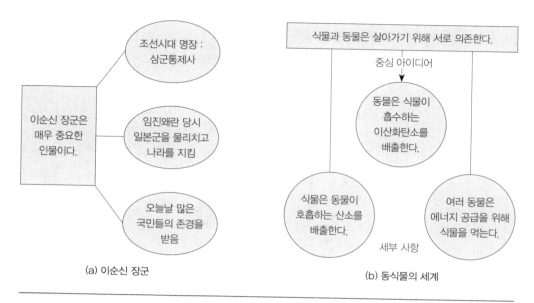

그림 9.8 중심 아이디어와 세부 차트 사례

지역	시도	자원	자연환경
산촌	강원도–정선	벌꿀, 버섯, 산나물, 지하 자원 등	• 주위가 산으로 둘러싸여 있음 • 길이 좁고 울퉁불퉁함 • 경치가 아름답고 공기가 맑음 • 산비탈에서 경사진 밭과 계단식 논을 볼 수 있음
어촌	경상도–남해	생선, 미역, 조개, 소금 등	• 바닷가에 자리 잡고 있음 • 해안가에는 갯벌이나 백사장, 자갈밭이 넓게 펼쳐져 있는 곳이 있음
농촌	전라도–호남 지방	쌀, 채소, 과일 등	• 주로 넓은 평야 지역에 위치함 • 물이 흐르는 하천 또는 수로를 볼 수 있음 • 들판이 넓게 펼쳐져 있어서 논, 밭이 많음

그림 9.9 특징 차트

용된다.

　이야기 지도는 각 픽션의 중심인물과 요소를 시각적으로 나타내며, 흔히 인물 · 상황 · 문제 · 사건 · 해결을 정리한다. 픽션의 중심 요소를 확인하고 분류하며 기술하기 위한 시각적

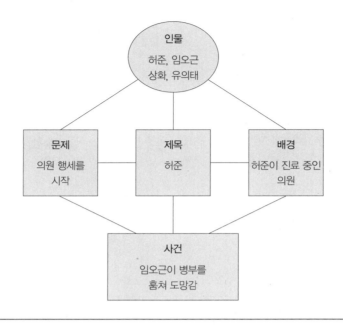

그림 9.10 이야기 지도 사례

자원이다. 1학년의 경우 그림과 한 단어 명칭을 이용하여 작성하고, 학생의 능력이 향상됨에 따라 점점 더 복잡한 과제를 수행한다. 다양한 단계, 여러 가지 이야기 사건, 중심인물과 주변인물, 여러 가지 문제와 해결을 추가할 수 있다. 이야기 지도의 형태가 같을 필요는 없고 주어진 글의 특징에 따라 다양하게 그릴 수 있다.

질문 만들고 질문에 대답하기

학생들에게 스스로 질문을 하도록 지도하면 텍스트에 대한 처리과정과 이해를 향상시킨다. 질문을 작성함으로써 학생들은 질문에 대답할 수 있는지, 읽고 있는 내용을 이해할 수 있는지의 여부를 인식하게 된다. 학생은 교사의 질문에 대답하기 위해 글을 읽고 학습하게 된다. 질문이 읽기학습에 효과적인 이유는 다음과 같다.

- 학생에게 읽기 목적을 제시한다.
- 학생에게 읽고 있는 내용에 주의를 집중하게 한다.
- 학생이 읽으며 능동적으로 생각하도록 도와준다.
- 학생이 자신의 이해를 점검하도록 촉진한다.
- 학생이 내용을 검토하고 이미 알고 있는 내용과 학습한 내용을 관련짓도록 도와준다.

요약하기

요약은 텍스트에서 중요한 아이디어를 종합하는 것이다. 요약하기는 학생들에게 읽고 있는 것 중에서 무엇이 중요한지를 결정하고, 그 정보를 압축하고 그 내용을 자신의 말로 바꾸어 정리한다. 학생들은 요약하기 교수를 통해 중심 아이디어를 연결짓고, 불필요한 정보를 삭제하며 읽은 것을 기억하게 된다.

명시적이고 직접적이며 효과적인 종합 전략 교수

어떤 이해 전략이 효과적인지를 확인하고 어떻게 지도할 것인지에 관한 지침을 제공한다. 효과적인 이해 전략 교수는 명시적이고 직접적이다. 명시적 지도 기법은 특히 독자에게 어떤 전략을 왜, 언제, 어떻게 적용할지를 말해 준다. 명시적 교수의 유형은 일반적으로 다음과 같다.

- **직접 설명.** 전략이 왜 이해에 도움이 되고, 언제 적용할지를 설명한다.
- **모델링.** 텍스트를 읽을 동안 생각을 소리 내어 말하기를 시범 보인다.
- **안내된 연습.** 학생들이 전략을 언제, 어떻게 적용할지를 학습할 때 도우며 지원해야 한다.
- **적용.** 학생들이 전략을 독자적으로 적용할 수 있을 때까지 연습하도록 돕는다.

협동학습을 통한 효과적인 이해 전략 교수

학생들은 서로의 학습을 돕고 이해 전략을 적용하며 내용 영역의 텍스트를 이해하기 위해 함께 활동한다. 교사는 학생들이 집단활동을 통해 학습하도록 돕는다. 또한 이해 전략을 시범 보이고 학생들의 진전도를 점검한다.

효과적인 교수를 통한 이해 전략의 이용 지원

학생들에게 개별 교수 전략을 지도함으로써 내용을 이해하는 데 도움이 되지만 훌륭한 독자는 이해를 돕는 몇 가지 전략을 조화시키고 조정할 수 있어야 한다. 다중 전략 교수는 학생들의 이해를 돕기 위해 전략을 융통성 있게 이용할 수 있는 방법을 지도한다. 다중 전략 교수의 좋은 사례로는 상호 교육 또는 호혜적 교수로서 교사와 학생이 함께 활동하고 학생들이 다음 네 가지 이해 전략을 학습하게 된다.

- 학생들이 읽고 있는 텍스트에 관하여 질문한다.
- 텍스트의 각 부분을 요약한다.
- 학생이 이해하지 못하는 단어와 문장을 명확히 설명한다.
- 텍스트에서 다음에 일어날 일을 예측한다.

통합학급에서 읽기교수 집단 구성

최근 학급 내의 학생들의 다양성이 증가하고 있는 상황에서 학급 내 모든 학생에게 적절한 읽기교수를 제공하는 것이 과제가 되고 있다. 과거와 달리 근래에는 학습장애를 비롯한 지적 장애 학생, 경계선 지적기능 학생, 느린 학습자, 부진학생 등 다양한 학생들이 통합학급에서 일반 학생들과 함께 학습하는 비율이 높아지고 있어 적절한 지도법의 모색이 중요하다.

학습장애 학생의 읽기 이해 지도를 위한 전략으로 연령 교차 또래지도, 소규모 학습 집단 지도, 집단 구성(결합된 집단화 형식)/이형태 집단의 조합 전략이 제안되고 있다. 또래지도 는 도우미와 배우미 모두 가르치고 배우는 활동을 통해 혜택을 볼 수 있기 위해 도우미의 훈 련과 세심한 점검이 필요하다. 호혜적 역할 튜터링은 도우미 역할을 통해 학생들의 자존감을 높이는 것으로 나타났다. 이러한 테크닉을 이용하기 위해서는 과정, 조직의 계획, 도우미의 훈련, 세심한 점검을 이해할 필요가 있다.

소집단 구성은 5~7명보다 3~4명 집단이 교사와 학생의 시간과 비용 측면에서 효율적이 다. 교수 시간은 늘어나고 또래 상호작용이 증가하며 기술의 일반화가 향상된다. 이러한 교 수법은 집단을 계획하고 조직하는 과정에서 소집단 이용을 위한 교수, 방법, 자료를 조정해 야 한다. 자료는 서로 다른 학생들의 요구에 맞추어 조정할 때 효과가 더 크다. 장애 학생들 은 요구에 따라 각기 다른 자료를 필요로 하고 직접교수를 더 요구할 것이다. 이형태 집단 조 합 전략은 교사가 각 수업을 전학급 교수, 짝활동, 소집단으로 다양하게 구성하여 진행할 수 있다.

읽기 유창성 교수

유창성은 글을 정확하고 신속하게 읽을 수 있는 능력으로서 단어인식과 이해 사이에 다리를 제공하므로 중요하다. 유창성은 집중적인 연습을 통해 상당한 시간에 걸쳐 점진적으로 발달 한다. 읽기발달의 최초 단계에서는 학생들이 소리와 문자를 잇고 문자-소리를 인식하기 위 해 단어 조합을 학습해야 하므로 힘이 많이 든다. 학생들이 여러 단어를 자동적으로 재인하 더라도 구어 읽기는 표현력이 부족하고 유창하지 않을 수 있다. 표현력을 가지고 읽기 위해 독자들은 글을 의미 있는 덩어리(구와 절이 포함된)로 나눌 수 있어야 한다. 독자들은 문장 내에서나 끝부분에서 적절히 쉬는 곳을 알아야 하고, 강조할 시점과 음조를 바꾸어야 할 시 점을 알아야 한다.

유창성은 독자가 모든 단어를 신속하고 쉽게 읽을 수 있는 발달 단계가 아니다. 유창성은 독자가 읽는 내용, 단어에 대한 친숙성, 글 읽기의 연습량에 따라 변화한다. 매우 능숙한 독자들도 친숙하지 않은 단어와 주제의 글을 읽을 때는 시간이 많이 걸리고 힘이 들기 때문이다.

과학적 연구 기반 유창성 교수

유창성 교수는 두 가지 주요 접근법이 있다. 첫째 접근법은 반복적 읽기교수로서 학생들이 문단을 여러 차례 큰 소리로 읽고 교사의 안내와 피드백을 받는 방법이다. 특히 점검을 수반한 반복적 읽기는 읽기 유창성과 전반적 읽기 성취를 개선시킨다(NRP, 2000). 둘째 방법은 독립적 묵독하기로 학생들이 스스로 집중해서 읽도록 격려한다.

반복적 읽기교수

학생들이 교사로부터 안내와 피드백을 받으며 문단을 소리 내어 읽고 다시 읽는 학생들은 더 나은 독자가 된다. 구어적 반복 읽기는 유창성뿐만 아니라 단어인식, 읽기 속도와 읽기의 정확성을 향상시킨다. 이 방법을 꾸준히 활용하면 읽기 이해력도 개선된다. 구어적 반복 읽기는 초등학년기를 통해 모든 학생들의 읽기 능력을 개선하는 데 도움이 된다.

- 유창한 읽기 모델 제공. 교사와 가족 등 기타 훌륭한 독자가 읽기 모델이 되어줄 때 유창한 읽기를 들음으로써 학생들은 텍스트를 이해하는 데 도움이 된다. 자연스럽게 표현하는 모델 읽기를 통해 표현력과 읽는 방법을 익힌다.

- 구두로 반복하여 큰 소리로 읽기. 학생이 구두로 반복 읽기를 연습할 글의 길이는 학생의 능력과 학년 수준에 따라 다르겠지만 50단어 내지 200단어 정도가 적합하다. 읽기자료는 이야기, 통지서, 시를 포함하여 다양해야 한다. 특히 동시는 짧고 리듬과 운율, 의미가 있고, 연습하기 쉬우며 재미있을 뿐만 아니라 학생들에게 유익하므로 유창성 연습에 특히 적합하다.

- 학생-성인 짝지어 읽기. 짝지어 읽기에서 성인은 교사, 부모, 학급 보조원, 튜터 등이 될 수 있다. 성인은 먼저 글을 유창한 읽기로 시범을 보인다. 그리고 학생은 성인의 도움을 받으며 같은 문단을 읽으며 격려를 받고, 유창하게 읽을 수 있을 때까지 그 문단을 3~4회 읽는다. 학생들이 글을 소리 내어 다시 읽기를 연습할 수 있는 방법으로는 학생-성인 짝지어 읽기뿐만 아니라 일제히 읽기, 테이프 지원 읽기, 파트너 읽기, 독자의 극장 등이 있다.

- 일제히 읽기. 내용이 너무 길지 않은 책, 대부분의 학생들이 독립적으로 읽을 수 있는 책을 골라야 한다. 교사가 유창한 읽기를 시범 보이고 큰 소리로 읽으며 생각한다. 그리고 그 책을 다시 읽고 교사가 읽고 있는 단어들을 재인할 수 있을 때 학생들을 합류시킨다. 이 책을 계속해서 반복하여 읽고 학생들이 교사를 따라 읽도록 격려한다. 학생들은 교사와 함께 같은 내용을 3~5회 읽어야 한다.
- 테이프 지원 읽기. 오디오 테이프에서 유창한 독자가 읽어 주는 내용을 듣고 따라 읽는다. 테이프 지원 읽기에서 학생이 독자적으로 읽을 수 있는 수준의 책을 선택해야 하고 읽기 속도는 유창한 독자가 분당 80~100단어를 읽는 속도로 읽는다. 테이프는 음향효과나 음악을 함께 제시하지 않는다. 지도과정은 단어를 지적하며 테이프에서 읽어 주는 것 듣기 → 오디오테이프와 함께 소리 내어 읽기 → 독립적으로 읽을 수 있을 때까지 계속 읽기의 순서로 진행한다.
- 파트너 읽기. 학생이 짝을 지어 교대로 서로에게 소리 내어 읽어 준다. 파트너 읽기의 경우 더 유창한 독자와 덜 유창한 독자를 짝지을 수 있다. 더 유창한 독자가 한 문단이나 첫 페이지를 읽으며 읽기의 시범을 보인다. 그다음 덜 유창한 독자가 같은 텍스트를 큰 소리로 읽는다. 더 유창한 독자가 덜 유창한 독자에게 단어재인을 도와주고 피드백을 제공하고 격려를 한다.
- 독자 극장(연극하기). 학생이 동료와 다른 사람을 위해 시연하고 연극을 한다. 그들은 대화체가 풍부한 책에서 발췌한 스크립트를 읽는다. 학생들은 필요한 배경정보를 공유한 화자의 인물 역할을 한다.

독립적 묵독하기

훌륭한 독자와 열등한 독자 사이의 주요 차이 중의 하나는 그들이 읽기에 보낸 시간의 양이다. 많은 연구들은 읽기 능력과 학생들이 읽기에 보낸 시간 사이에 강한 관계가 있다고 본다. 교사 교육과 읽기 교육 관련 문헌은 흔히 수업 중 이 방법을 적용해 볼 것을 권고하고 있다.

학급에서 독립적 읽기를 위해 교사가 할 일

읽기 유창성은 학생들이 교사와 함께 직접 활동할 때 성장이 극대화된다. 그러므로 읽기에 할당된 시간을 최대한 활용하여 읽기기술과 전략을 직접 지도해야 한다. 독립적 묵독은 유창성과 읽기 성취도를 향상시킬 수 있지만 읽기를 지도할 때 직접교수 대신에 사용해서는 안 된다. 학생은 교실에서 수업 시간에 독립적인 개별 활동으로 책을 읽을 수 있다. 예를 들면

한 집단이 읽기지도를 받고 그들이 한 가지 활동을 완성한 후 새로운 활동을 시작하기 위해 기다릴 동안 혼자서 읽기를 할 수 있다.

읽기를 학급에서만 지도하는 데는 한계가 있다. 따라서 학생들에게 학교 밖에서 더 많이 읽도록 격려한다. 그들은 다른 성인과 가족 구성원들과 함께 읽을 수 있다. 아니면 독립적 읽기 수준의 책을 스스로 읽을 수 있어야 한다.

유창성 교수의 시작

유창성 교수는 학생들이 글에 포함된 단어를 자동적으로 재인하지 못할 때 유용하다. 학생들이 다음과 같은 경우 자동적으로 재인하지 못하는 것으로 판단하고 유창성 교수를 실시한다.

- 연습하지 않은 텍스트를 읽게 하고 10% 이상 단어재인에 오류를 보일 경우
- 표현력을 갖고 구두로 읽을 수 없을 경우
- 자신이 구두로 읽은 텍스트에 대한 이해가 매우 부족한 경우

개별적 단어의 재인기술은 필요하나 유창한 읽기를 위한 충분조건은 아님

최근 연구에 따르면 유창성은 교수를 통해 발달될 수 있는 읽기의 또 다른 구성요소로 밝혀졌다. 학생들에게 단어 목록을 검토시키고 시연시키는 것(예 : 플래시카드 이용)은 개별 단어의 재인 능력을 향상시킬 수 있지만 이 능력은 실제 글에서 제시된 단어로 전이되지 않을 수 있다. 따라서 글의 읽기 유창성은 체계적으로 개발되어야 한다.

유창성 점검

학생들이 적절히 진전을 보이고 있는지를 확인하기 위해 규칙적으로 유창성을 사정하게 된다. 가장 비형식적인 사정은 학생이 큰 소리로 읽는 것을 듣고 유창성의 진전도를 판단하는 것이다. 그러나 좀 더 형식적인 유창성 측정을 포함시켜야 한다. 예를 들어 학생의 읽기 비율은 분당 90단어 이상으로 빨리 읽어야 하고, 표정을 갖고 구두로 읽을 수 있어야 하며, 구두로 읽을 동안 읽고 있는 내용을 이해할 수 있어야 한다.

유창성을 가장 쉽게 사정할 수 있는 방법은 학생이 표현력을 가지고 유창하게 읽는 정도(분당 정확하게 읽은 단어의 수)를 인쇄된 읽기 유창성 규준이나 표준과 비교하는 것이다. 학생의 읽기 유창성의 진전도는 교사의 교수 효과성을 결정하고, 교수 목표를 설정하는 데 도움이 된다. 유창성 성장의 변화 정도를 그래프로 보여주면 학생의 동기를 유발시킬 수 있다.

유창성 측정의 다른 방법으로는 비형식적 읽기 인벤토리, 오류 분석, 연속기록 등이 있지

만 이 절차들은 유창성 점검보다는 학생이 범하는 단어재인의 오류 유형을 확인하는 것이다. 분당 정확히 읽는 단어의 수를 계산하는 방법은 단순하며, 읽기 속도와 정확성을 측정할 수 있어 유창성 점검에 적절하다.

유창하고 신중한 읽기발달 돕기

유창한 읽기는 오랜 시간 읽기 연습을 통해 습득될 수 있다. 따라서 지치거나 싫증이 나지 않도록 학생의 관심, 흥미, 생활, 진로 등과 연계하여 읽기 소재를 다양하게 선택하여 꾸준히 읽도록 지도한다.

- 학생들에게 새로운 이야기를 읽게 하고 매일 반복하여 읽게 함으로써 유창하게 읽도록 도와준다.
- 어려운 텍스트를 상호작용하는 방식으로 읽음으로써 책 속의 단어, 언어, 아이디어에 대한 경험을 확대하도록 아동들을 돕는다.
- 학생이 흥미를 느끼는 다른 사건(휴일, 애완동물, 형제, 게임)과 책에 있는 정보를 연결 짓는다.

학생들이 글의 주제와 관련하여 토의하게 한다. 주인공이 왜 그렇게 했을까? 사건이 왜 일어났을까? 사건이 어떻게 전개되고 끝났을까 등 학생들이 이야기에 대해 의문을 갖도록 격려하고 문제를 함께 해결하도록 훈련한다.

- 이야기와 정보 텍스트에 궁금하고 의문을 갖도록 격려한다. 아빠가 왜 그런 생각을 할까? 개구리들은 겨울에 무엇을 할까? 그것이 문제라고 생각하니? 왜?
- 이해 전략을 시범 보이고 학생들에게 안내된 교수를 통해 지원한다.
- 책이 무엇을 이야기하고 있는지에 관하여 제목(주제)과 소제목을 지적하고 알려준다.
- 학생들이 텍스트 내에 제시된 중심 아이디어와 세부 내용을 지원하는 내용을 확인하도록 돕는다. 그래픽은 중심 아이디어를 나타내도록 그림으로 나타내고 텍스트와 그래픽 간의 관계는 학생들이 무엇을 읽고 있는지를 이해하도록 돕는다.
- 친숙하지 않은 단어의 의미를 이해하기 위해 맥락 단서를 어떻게 분석할 것인지를 학생들에게 보여준다. 어휘력은 읽기에서 만나는 새로운 단어의 학습을 통해 향상된다.

요약

읽기 이해 모형

- 읽기 이해 모형에는 직접 및 추론적 매개 모형, 이해 처리과정 모형, 읽기 체계 구조 모형, 읽기 이해 격자 모형이 있다.

읽기 이해 교수

- 이해 점검 교수는 학생들이 이해하고 있는 내용과 이해하지 못하는 내용을 확인하고, 이해와 관련된 문제를 해결할 적절한 전략을 이용하는 것이다.
- 효과적인 읽기 교수를 위한 과학적 연구 기반 교수에는 이해 점검 교수, 글의 구조도 작성하기, 질문 만들고 질문에 대답하기, 요약하기, 명시적이고 직접적이며 효과적인 종합 전략 교수, 협동학습, 효과적인 교수를 통한 이해 전략의 이용 지원 등이 있다.
- 글의 구조도 유형에는 개념도, 흐름도 및 순서도, 비교/대조 또는 벤다이어그램, 인과관계 다이어그램, 중심 아이디어와 세부 차트, 특징 차트, 이야기 지도 등이 있다.
- 질문 만들고 질문에 대답하기는 학생들에게 스스로 질문을 하도록 지도하면 텍스트에 대한 처리과정과 이해를 향상시킨다.
- 요약하기는 텍스트에서 중요한 아이디어를 종합하는 것이다.
- 명시적이고 직접적이며 효과적인 종합 전략 교수, 협동학습을 통한 효과적인 이해 전략 교수가 있다.
- 이야기 글과 설명글처럼 이야기 유형에 따라 적절한 전략이 적용되어야 한다.
- 통합학급에서 읽기교수 집단은 3~4명으로 하는 것이 효율적이다.

유창성 읽기 교수

- 유창성 읽기 교수 기법으로는 반복적 읽기교수와 독립적 묵독하기 영역에서 다양한 전략이 적용된다.
- 과학적 연구 기반 유창성 교수에는 반족과 읽기 교수와 독립적 묵독하기가 있다.
- 반복적 읽기 교수에는 유창한 읽기 모델 제공, 구두로 반복하며 큰 소리로 읽기, 학생-성인 짝지어 읽기, 일제히 읽기, 테이프 지원 읽기, 파트너 읽기, 독자 극장 등이 있다.
- 학급에서 독립적 읽기를 위해 교사가 할 일로는 유창성 교수의 실행, 유창성 점검, 유창하고 신중한 읽기발달 돕기에 관심을 기울여야 한다.

10

쓰기교수

학습목표

- 쓰기기술의 발달을 이해한다.
- 쓰기학습장애의 개념을 이해하고 설명할 수 있다.
- 쓰기학습장애의 하위 유형을 이해하고 설명할 수 있다.
- 쓰기학습장애의 특성을 이해하고 설명할 수 있다.
- 쓰기 지도법을 이해하고 적용할 수 있다.

쓰기는 교육, 의사소통, 사회적 상호작용 및 고용을 위해 중요한 기술이다. 오늘날 전자 의사소통의 의존도가 높아짐에 따라 적절한 쓰기기술의 필요성도 증가하고 있다. 글을 이용한 의사소통을 할 수 없으면 학령기 동안에 어려움을 겪게 되고 졸업 후 취업에도 제약을 받을 수밖에 없다. 쓰기의 하위 유형은 손글씨 쓰기, 철자법 및 작문(쓰기 표현)으로 구분될 수 있으며 이들에 대해 각각 살펴보기로 한다.

쓰기기술의 발달

[그림 10.1]은 쓰기기술 발달의 필요 단계를 나타낸다. 이 단계는 위계적이며, 학생이 하위 수준과 간극이 너무 크면 상위 수준이 흔들리거나 불안정할 수 있다. 내재된 처리과정 기술은 여러 가지 기억, 운동, 언어 영역을 포함하고 있다. 예를 들면 쓰기의 물리적 구성요소, 운동 수행의 속도, 능동적 작업기억, 언어 형성과 생각의 표상 등이다. 기계적 기술은 자동적 문자 형성, 공간 이용, 구두점과 같은 하위 수준의 과제를 포함한다. 보다 성숙된 기술(기법)에는 속도, 표현의 명료성, 적절한 문법이 포함된다. 내용기술은 아이디어 조직하기 및 표현하기와 관련된다. 상위 수준의 기술로는 서로 다른 쓰기 스타일 이용하기, 쓰기과정에서 융통성 갖기, 독자의 관점 이해하기, 열정을 가지고 쓰기 등이 있다.

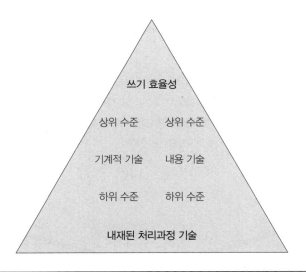

그림 10.1 쓰기기술의 발달 단계

출처 : Pierangelo & Giuliani(2006)

쓰기학습장애의 개념과 하위 유형

쓰기학습장애의 개념

쓰기장애는 쓰기과정처럼 복잡하고 다면적이다. 작문(쓰기 표현)은 소근육운동기술, 쓰기 관습의 지식, 구어, 추론 등이 요구된다. 글 쓰는 이는 철자법에 맞게 알기 쉽게 쓰고 생각을 글로 바꿀 수 있는 다양한 능력을 통합적으로 사용해야 한다. 쓰기의 어느 한 가지 측면에 대한 어려움은 다른 측면의 어려움에 영향을 미친다. 예를 들면 서툰 손글씨 쓰기나 서툰 철자법은 쓴 글의 질과 양에 영향을 미친다.

특수교육법이나 IDEA는 쓰기장애를 학습장애의 하위 유형으로 분류한다. DSM-5는 쓰기표현장애를 "쓰기 표현에 손상을 지닌 특정학습장애"로 규정하였다. 특수교육법과 DSM-5의 쓰기학습장애의 진단 준거는 유사하지만 동일하지는 않다. DSM-5는 "쓰기 표현의 곤란이 적어도 6개월 이상 지속되고 표적중재에도 불구하고 개인이 자신의 연령 수준에서 학업적으로 적절히 수행할 수 없음"을 조건으로 하고 있다. 아울러 이 장애는 개별로 실시된 표준화 성취 측정과 종합적인 임상적 사정 결과에 의해 학업, 직업 수행, 일상생활 활동을 유의하게 방해하고 있는 것으로 확인되어야 한다.

쓰기학습장애 판별은 개인이 적절한 학습 경험과 교수 경험을 하고서도 학년 또는 연령 수준에 적합한 성취를 하지 못한다는 문서적 근거가 필요하고, 기타 장애[1]나 부정적인 조건[2]이 배제되어야 한다. 쓰기 어려움은 쓰기로 자신을 적절히 표현할 수 없을 정도로 심한 것을 의미한다. 학습장애 학생들은 흔히 저학년 쓰기의 기초기술인 손글씨 쓰기와 철자법에 어려움을 겪으며, 이러한 어려움은 중등학년에까지 지속되고 심하면 쓰기학습장애로 이어진다.

쓰기학습장애의 하위 유형

작문(쓰기 표현)에 손상을 나타내는 증후로는 철자법, 문법, 구두점, 명료도, 쓰기 표현의 조직 측면의 곤란 등을 들 수 있다. 쓰기장애의 유형은 쓰기장애(실서증), 난독증형 쓰기장애, 구어손상 쓰기장애의 유형으로 분류되기도 하고(Berninger & May, 2011), 난독증형 쓰기장애, 운동형 쓰기장애, 공간형 쓰기장애(실서증)로 분류(Educator's Diagnostic Manual of Disabilities and Disorders, 2007)되기도 한다. 많은 실천가들은 쓰기 기초기술에 어려움을 겪

---

1   지적장애, 감각장애, 정서행동장애 등

2   교수언어의 유창성 부족, 부적절한 교육이나 교수

는 집단과 쓰기 표현에 어려움을 겪는 집단으로 구분한다. 낮은 수준의 쓰기 기초기술은 손글씨 쓰기와 철자법, 베껴 쓰기에 영향을 주고, 난서증과 난독증은 주로 베껴 쓰기 기술에 영향을 미친다. 고차 수준의 쓰기 표현이나 작문기술의 어려움은 구어손상이나 실행기능의 문제로 인해 일어난다.

실서증은 베껴 쓴 글의 질이 좋지 못한 특징을 보이고 기본적으로 운동장애의 한 유형 또는 유사한 단어나 새로운 단어의 철자법을 잘못 쓰거나 쓰기기술의 여러 면 중 하나 또는 모든 면에서 기술이 부족한 특징을 보이는 복합적 장애이다. 실서증은 소근육운동기술의 손상으로 손글씨 쓰기와 철자법 발달에 영향을 주고 문자 쓰기, 가독성의 어려움, 지연된 자동성(15초 동안 몇 자를 쓸 수 있는가), 쓰기 속도의 어려움 등의 특징을 보인다.

난독증형 쓰기장애. 이 장애를 지닌 학생들은 단어 읽기와 쓰기의 언어 상징적 측면에 어려움을 겪는다. 이들은 평균 지적 능력을 지니며 적절한 구어기술을 갖추고 있다. 구어 철자법이 열등하지만, 문어 형태의 글을 쓰고 베껴 쓰기와 소근육운동 측정의 하나인 손가락 마주치기 속도[3]는 정상이다.

운동형 쓰기장애. 이 장애 유형의 학생들은 자발적으로 쓰거나 베껴 쓰기를 할 때 읽기 어려울 정도로 쓴다. 구어 철자법은 정상이지만 일반적으로 문자의 선 긋기에 문제를 보인다. 특히 손가락 마주치기 속도가 비정상적이다.

공간형 쓰기장애. 자발적이든 텍스트를 보고 베껴 쓰든 읽을 수 없게 쓴다. 구어 철자법과 손가락 마주치기 속도는 정상이나 문자의 선 긋기에 매우 문제가 많다.

구어손상형 쓰기장애. 이 유형의 장애는 읽기장애와 쓰기장애를 함께 지닌 학생들에게서 많이 발견된다(Costa, Edward, & Hooper, 2016). 구어손상을 지닌 학생들은 학년이 올라감에 따라 **사전적 지식**[4], **형태론적 지식**[5], **정서법 지식**[6]은 물론 자신의 사고를 표현하기 위한 **통사론적 지식**[7]이 부족하기 때문에 쓰기 표현에 어려움을 나타낸다.

---

3 손가락 운동기능과 협응을 검사하는 신경심리학적 검사, 손을 펴서 책상 위에 얹고 움직이지 않는 상태에서 엄지와 검지를 마주치는 횟수를 세는 검사

4 어휘, 단어의 의미나 단어 간의 관계에 대한 지식

5 언어의 의미 단위(예 : 접두어, 접미어, 어근)

6 문어가 구성하는 문자, 수, 구두점을 포함한 부호

7 문법과 어순, 문장 구조를 지배하는 규칙에 대한 지식

쓰기학습장애의 발달적 특성

손글씨 쓰기

연필 잡기가 서툴고, 읽을 수 없는 글쓰기, 쓰기를 할 때 단어를 소리 내어 말하기, 쓰기과정을 회피하기 등은 쓰기 문제를 나타낼 잠재적 조짐이다. 쓰기발달은 일반적으로 다음과 같은 단계를 거친다(Levine, 1987). 모방 단계(취학 전에서 유치원)에서는 다른 사람의 글을 베껴 쓰려고 흉내 낸다. 그림 제시 단계(1~3학년)에서는 문자 쓰기와 자간 간격을 적절히 하여 일렬로 쓰기를 학습한다. 점진적 결합 단계(2~4학년)에서는 큰 노력을 하지 않고 문자 쓰기를 할 수 있다. 자동화 단계(4~7학년)에서는 빠르고 쉽게 효율적으로 쓸 수 있으며, 개인적 스타일을 개발하고 쓰기 비율이 증가한다. 학습장애 학생과 연관된 세 가지 쓰기운동장애로는 상징적 결함, 운동속도 결함 및 난서증이 있다(Gregg, 2009).

- 상징적 결함. 쓰기에 영향을 주는 특정 음소, 정서법적 형태론에 취약성을 지닌다.
- 운동속도 결함. 손글씨 쓰기를 잘할 수 있으나 문자와 단어를 쓰는 속도가 느리다.
- 난서증. 학습 능력, 쓰기 및 그리기에 영향을 주는 자발적 운동활동의 수행이 제한된다.

철자법

대부분의 아동들은 유치원 단계나 초등학교 저학년 동안에 음소(소리)와 서기소(문자)의 일치에 관한 지식을 자연스럽게 발달시키고, 문자와 소리를 알며 점차 단어 내의 개별음을 분절할 수 있게 된다. 일반적으로 학생들은 1학년 때 단어를 음절로 분할하고, 2학년이 되면 대부분 단어를 개별 음소로 분할할 수 있으며, 정자법, 형태론과 통사론의 중요성을 이해하기 시작한다.

작문(쓰기 표현)

작문의 발달을 위해 초보의 필자는 낙서에서 일련의 문자로, 단일 단어로, 목록과 무관한 문장으로, 그리고 이야기, 문단, 수필을 쓰기 위해 통합된 완전한 연결 문장으로 나아가게 된다. 덜 숙련된 필자는 단문이나 복문을 이용하고 숙련된 필자는 독자의 관심을 유지하는 데 도움이 될 여러 유형의 문장 구조를 이용한다. 학생들은 발달해 감에 따라 청중의식, 조직, 아이디어 통일성(글의 응집력), 글의 구조에 대한 지식이 향상된다.

텍스트 작문

작업기억

베껴 쓰기   실행기능

그림 10.2   쓰기 표현에 대한 '간단하지 않은 관점'

베껴 쓰기와 작문의 관계

작문은 철자법과 아이디어 구성하기의 산물이라는 개념에서 작업기억을 요구하는 계획하기, 검토하기, 수정하기와 주의집중의 인지적 통제를 추가하여 쓰기 표현의 '간단치 않은 관점 (not-so-simple view)으로 확대되었다(Berninger & Winn, 2006)(그림 10.2 참조).

손글씨 쓰기 유창성은 저학년과 중학년의 작문 유창성과 질을 예언해 주고, 손글씨 쓰기 유창성과 철자법은 저학년 작문 유창성을 예언해 준다. 쓰기의 다섯 가지 구성요인은 전반적인 텍스트 조직, 생산성, 복잡성, 철자법과 손쓰기 유창성으로 확인되었다(Berninger, 2004).

연구자들은 '쓰기의 직접 및 간접 효과모형'을 검토했다(Kim & Schatschneider, 2017). 이 모형은 구성요인에 '추론하기와 작업기억' 과정을 포함시키고 있다. 작업기억은 담화 수준의 구어뿐만 아니라 베껴 쓰기의 구성요인(철자법, 문장 쓰기)에 영향을 주는 기초 자원으로 보인다. 그 이후에는 '문법, 추론하기, 마음이론, 어휘, 아이디어'가 포함되었다. 손글씨 쓰기 유창성, 철자법, 담화 수준의 구어는 쓰기 표현의 통로로서 보다 상위 차원의 인지기술, 기초 언어, 작업기억과 직접적으로 연관이 있고, 언어와 인지기술은 담화 수준의 구어에 간접적인 영향을 미친다.

쓰기지도

쓰기지도의 일반적 지침

학생들이 쓰기를 회피하는 이유는 여러 가지가 있지만 대부분 쓰기는 재미없고 즐길 수 없다는 생각과 연관되어 있다. 쓰기가 의미 없을 때 열정적으로 쓰기를 하는 데 필요한 여러 기술을 함께 활용하기란 어렵다. 학생들이 이러한 기술의 자동성을 적절히 발달시킬 수 있도록 보다 낮은 수준의 기술을 분석하는 것이 중요하다. 학생들이 쓰기 과제와 관련된 개별 구성요소에 좌절을 느낄 때, 스스로 생각하고 따라가는 데 어려움을 느낄 때, 쓰기과정이 재미없고 쓰기에 대한 열정이 급격히 낮아진다. 학생들은 쓰기의 주제가 얼마나 신나는지에 관계없이 따분할 수 있고, 쓰기과정에 위협을 느낄 수 있다. 이러한 학생들에게는 좌절감, 어려움, 위협감을 줄여주는 것이 중요하고, 전반적 쓰기 자동성을 증가시킬 필요가 있다.

손글씨 쓰기

테크놀로지가 발달해도 역시 손글씨 쓰기는 중요하다. 손글씨 쓰기는 쓰기 표현언어에 영향을 미치고, 쓰기 속도를 떨어뜨리며, 정보와 문자의 공간에 지나치게 초점을 맞추게 되며 결국 그들의 쓰기언어 산출물의 양과 질을 떨어뜨릴 것이기 때문에 반드시 가르쳐야 한다. 학습장애 학생의 손글씨 쓰기와 철자법 교수에 관한 교수 원리는 다음과 같다(Graham, 1999).

- 즐겁고 재미있어야 한다.
- 우연학습과 명시적 교수를 함께 적용해야 한다.
- 명시적이어야 한다.
- 읽기와 쓰기를 통합해야 한다.

효과적인 손글씨 쓰기 프로그램의 중요 요소는 다음과 같다.

- 글씨를 쓸 동안 문자 이름을 말한다.
- 자신이 쓴 것을 스스로 평가하게 한다.
- 쓰기의 방향을 화살표로 나타내는 등 시각적 단서를 제공한다.

손글씨 쓰기에서는 자세, 연필 잡기, 공책의 위치가 중요하다. 많은 교사들은 학생들의 쓰기 구성요인의 습득에 도움이 되는 '자연공'(자세, 연필, 공책 위치) 전략을 이용하고 있다.

- 자세
  - 나는 의자에 바르게 앉아 있는가?   - 내 팔은 책상에 닿아 있는가?
- 연필 잡기
  - 연필을 정확히 잡고 있는가?   - 엄지, 검지, 중지가 바른 자세인가?
  - 연필이 중지 위에 올려져 있는가?   - 연필을 잡은 위치가 적절한가?
  - 연필을 너무 낮게 잡고 있는가?   - 연필을 너무 강하게 잡고 있는가?

- 공책의 위치
  - 공책과 연필의 각도가 바른가?
  - 쓰는 공책을 너무 멀리 두고 있는가?
  - 쓰는 손이 공책을 적절히 누르고 있는가?
  - 쓰는 공책을 너무 가까이 두고 있는가?

일부 학생들에게는 바른 자세, 연필 잡기, 공책의 위치를 그림으로 그려서 책상에 붙여 주는 것이 도움이 된다. 손쓰기 지도는 보고 베껴 쓰기에서 시작한다. 다음은 효과적인 손글씨 쓰기교수 프로그램에 포함된 공통적인 요소들이다(Mather, Wending, & Roberts, 2009).

- 손글씨 쓰기 연습 기회, 상급학생 및 교사와 기능적 쓰기 기회 제공(은행 예금 인출지)
- 교사는 직접교수로 정확한 문자 쓰기 방법을 시범 보이기
- 교사는 덧쓰기나 따라 쓰기 형식으로 문자 쓰기 연습 기회 제공하기(촉진과 용암기법 활용)
- 어린 학생들의 경우 교사는 칸 공책을 제공하여 적절한 크기의 글씨 쓰기 연습하기

철자법 및 쓰기 기초기술

학습장애 학생의 지도는 연습과 즉각적인 교정적 피드백 기회가 많은 명시적 교수가 효과적이다. 정서법 지식과 언어 원리에 관한 지식이 발달함에 따라 철자법 능력이 증가하지만 다수의 학습장애 학생은 또래보다 철자법 기능이 더 느리게 발달한다. 따라서 철자법은 기초 쓰기기능 지도에서 중요한 영역이고, 일부 학생의 경우 통사론과 구두점을 직접교수 방법으로 지도할 필요가 있다. 적절한 철자 중재를 결정하기 위해 학생의 효과적인 연구 기반 철자법 교수의 원리는 다음과 같다(Alfonso & Flanagan, 2018).

- 문장보다 목록에 있는 철자법 단어 제시하기
- 쓰기를 할 때 단어를 구성하는 글자를 읽으며 쓰게 하기
- 학생이 학습한 단어를 자주, 체계적으로 복습할 기회 제공하기
- 공부 기법으로서 단어를 여러 차례 쓰도록 요구하지 않기, 대신에 단어를 보지 않고 기억하여 쓰게 하기
- 불규칙 단어 지도 시에 특별한 관심을 기울이기[8]

----

8 문자와 소리가 일치하는 규칙단어를 먼저 지도하기, 일반 학생은 문자 따라 쓰고 이름 말하기, 기억하여 쓰기를 통해 효과를 얻을 수 있음

철자법의 중요성

학습장애 학생의 다수는 읽기와 쓰기에 문제가 있고, 그중 1/3은 쓰기로 의사를 소통하는 데 어려움을 겪는다(Lerner & John, 2011). 철자법 능력이 열등하면 단어 철자법과 문장 쓰기 과정에 주의를 더 많이 기울여야 하므로 쓰기과정에 부정적인 영향을 미칠 수 있다. 철자법에 어려움을 지닌 학생들은 작업기억이 포함되어 있어 계획하기와 내용 개발기술에 어려움을 겪는다. 철자법의 역할을 이해하지 못하면 철자법, 읽기와 기타 문해기술의 발달에 부정적인 영향을 미친다. 따라서 철자법 학습은 읽기와 쓰기를 위한 학업기술의 습득에 중요하다.

철자법 지도 방법

덮고, 복사하고 비교하기. '덮고-복사하고-비교하기(덮사비)'[9]는 학생이 학업적 자극(쓰인 철자법 단어)을 보고 단어를 덮은 뒤 쓰고, 그다음 가렸던 단어를 다시 보고 자신이 쓴 것과 비교해서 평가하며, 쓴 단어가 제시된 것과 일치하지 않으면 오류를 수정한다. 이 절차는 철자법, 일견단어 읽기, 지리, 과학, 수학 등을 지도할 때 적용될 수 있다.

오류 자기 교정하기. 이 지도법은 잘못 쓴 낱말과 모델 낱말을 비교하여 철자법을 학습하는 중재이다. 오류 교정은 철자법의 학습 성취에 영향을 미치는 가장 중요한 요인으로 확인되고 있으며, 덮사비 전략의 중요한 부분이기도 하다. 이 전략은 학생들이 각 단어를 쓴 후 자기가 즉시 교정하는 것이 표적 단어를 모두 쓴 다음에 일괄 교정하는 것보다 효과적이었다(Alber & Walshe, 2004).

유창성 중재. 일반적으로 이 중재는 타이밍을 이용하고, 직접적인 기술이나 구성요소에 대한 연습 기회의 확대, 결과를 그래프로 그려 제시하기, 후속결과(강화, 보상 등) 제공하기 등의 방법을 이용한다.

비계화. 과제를 보다 작은 단위로 나누고 각 하위 과제를 독립적으로 수행한다. 비계화는 학생들이 각 하위 과제에 보다 집중하고 쓰기의 질적 수준을 강조할 수 있게 도와준다.

분량 줄여주기. 학생들에게 수학문제의 수나 쓰기 문장의 수를 줄여주고 보다 짧은 이야기를 쓰도록 한다.

시간 연장해 주기. 학생들이 과제를 마치는 데 필요한 시간을 더 제공한다.

---

9 덮사비 : cover, copy, compare(CCC)

베껴 쓰기 과제 줄이기.   칠판의 판서 내용을 필기하기, 다른 페이지의 내용을 베껴 쓰기 등 복사 요구를 줄이거나 아예 하지 않는다.

수학의 구조 제공하기.   커다란 그래프 종이나 가제식(페이지를 끼웠다 뺐다 할 수 있는) 종이의 이용은 학생들이 다단계 수학문제의 수를 적절히 정리하는 데 도움이 된다. 모눈노트 이용법은 수학뿐만 아니라 다른 교과학습에도 매우 유익하다(홍성민, 2016).

쓰기 형식 조정하기.   손글씨 쓰기에 어려움을 지닌 학생들에게 컴퓨터 워드프로세스를 이용하여 과제를 완수하도록 대안을 허용한다.

철자 오류 허용하기.   수업 중 과제를 수행할 때 철자 오류를 허용하나 최종적으로 제출할 때는 철자를 점검하여 정확하게 쓰도록 하고, 파닉스 기반의 맞춤법 검색기를 이용하도록 한다.

워드프로세스 이용하기.   실서증 학생을 위해 설계된 특정 다감각 전략은 적절한 글자 쓰기와 자동적 근육운동을 발달시키는 데 도움이 필요한 학생들에게 유용하다. 공중에 쓰기, 칠판에 쓰기, 쓰기과정에서 구어적 단서 제공하기, 촉각적 입력의 강화 등의 전략이 매우 효과적이다. 키보드 사용의 자동성을 발달시키는 과정에서 꾸준히 그리고 자주 연습하는 것이 중요하고, 초등학교 저학년 학생이 매일 5~10분씩, 고학년은 10~15분, 중고등학생이 되면 시간을 좀 늘려 15~20분 정도씩 연습을 시키는 것이 적당하고 꾸준히 연습시키는 것이 중요하다.

공책 필기 도우미.   읽기에 어려움을 겪는 많은 학생들은 공책 필기 속도가 느리고 비효율적이다. 다수의 학생들은 강의 시간 공책 필기를 위해 대필자나 도우미가 필요하다.

손의 피로 풀기.   쓰기에 어려움을 겪는 학생들은 공통적으로 손의 피로를 호소한다. 이것은 연필을 부적절하게 잡기, 연필을 너무 힘주어서 잡기, 비효율적인 쓰기 자세 등 여러 가지 요인에 의한 것일 수 있다. 이런 학생들은 연필 잡기 보조기구를 사용하는 것이 도움이 된다. 수업 중 필기를 많이 해야 하는 나이든 학생들의 경우 공책 페이지를 반으로 접어서 필기하여 손의 이동량을 줄이면 손의 피로를 줄일 수 있다. 학생들이 쓰기활동을 시작하기 전에 준비운동을 하여 손근육을 이완시키고 피로를 줄일 수 있는 활동은 다음과 같다.

- 두 손을 마주하여 비비기
- 손을 가볍게 흔들기
- 손뼉 치기와 손등을 향해 스트레칭하기
- 두 손을 무릎 위에 얹어서 비비기

- 연필을 잡고 엄지손가락으로 연필 누르기
- 의자를 잡고 팔굽혀펴기
- 엄지, 검지, 중지를 이용하여 연필을 가볍게 돌리기

작문(쓰기 표현)

자신의 생각을 글로 표현하는 능력은 여러 가지 인지 능력이 필요한 복잡한 의사소통 방법이다. 학생이 글을 쓸 때 주제, 글 및 독자에게 동시에 주의를 기울여야 한다. 구어와 읽기의 결함은 쓰기과정 곤란의 전조가 되고 주의집중과 기억 역시 중요한 역할을 한다. 쓰기 연습을 많이 하면 글쓰기 능력의 향상과 읽기 능력에 의미 있는 영향을 미친다. 더욱 정밀한 중재를 할 경우 학생이 관련된 두 문장을 선택하여 한 문장으로 조합하는 방법은 글쓰기에 많은 도움이 된다. 초등학생이 작문에 익숙해지도록 지도하기 위한 활동은 다음과 같다.

매일 쓰기 시간을 제공.   학습 시간은 효과적인 쓰기교수의 구성요소이며, 하루에 30분 지도하고 30분 연습하기를 권장한다.

다양한 목적으로 쓰기과정을 이용하도록 지도.   공통적인 조직 패턴이나 장르를 인식하도록 도와주고 정보 제공, 이야기, 설득, 설명을 위한 특정 목적의 쓰기를 할 때 큰 도움이 된다. 다른 유형의 이야기글과 설명글의 구조에 대한 직접교수는 학생들이 글쓰기를 계획하고 조직하는 데 도움이 되고 직접교수나 비계교수를 이용하여 점진적으로 촉진의 양을 줄여 스스로 쓸 수 있도록 유도한다(용암기법 적용).

쓰기 기초기술 지도.   고차원의 쓰기 표현 과정에 초점을 맞추기 위해 기본이 되는 기초기술을 유창하게 발달시켜야 한다. 개인은 낮은 수준의 보고쓰기 기능을 자동화함에 따라 자신의 주의를 고차원 쓰기 능력에 집중할 수 있다(Jung et al., 2017). 교수적 초점은 개인의 발달 수준에 따라 다양하지만 연필 바로잡기, 문자 정확히 쓰기, 단어 처리기술, 정서법, 형태론 등의 순서로 지도해 간다.

환경 조성.   쓰기과정과 기초 쓰기기술의 지도뿐만 아니라 지원적이고 동기를 유발시킬 수 있는 환경 조성이 필요하다. 쓰기에 참여할 때 교사는 훌륭한 쓰기 시범을 보이고 학생에게 주제를 선택할 기회를 주면 글쓰기에 동기가 유발되고 자주 쓰게 되며, 글쓰기 능력이 향상되면 보다 적극적으로 글을 쓰고자 하는 등 기회가 확대된다.

자기조절 전략개발(SRSD). 연구자들은 쓰기발달과 쓰기장애에서 전략, 기술, 지식, 동기화의 역할을 체계적으로 연구하고, 이를 근거로 자기조절 전략개발(SRSD) 중재를 개발했다. '자기조절 전략개발'을 이용하여 학생들에게 특정 쓰기 전략(계획하기와 수정하기 전략), 이러한 전략을 이용하는 데 필요한 지식, 전략, 쓰기과정 및 그들의 행동을 조절하기 위한 절차를 명확히 지도할 수 있다고 주장한다(Harris et al., 2009). 학습과정에서 학생을 능동적인 협력자로 여기고 노력할 것을 강조한다. 제공하는 피드백의 수준, 유형 및 교수 지원은 학생의 요구에 맞추어 조정하고 전략의 이용 책임을 점차 교사에서 학생으로 이동시킨다. 교수는 시간 기반이 아니라 학생이 초기 준거를 충족시킬 때까지 다음 단계로 나아가지 않고, 자신의 학습 속도에 따라 각 교수 단계를 이행해 가는 준거 기반의 접근을 한다. 자기조절 전략개발 교수 단계는 다음과 같다.

① **배경지식의 개발과 활성화.** 시작단계에서 교사는 학생이 전략을 이해하기 위해 학습할 필요가 있는 쓰기 전 기술을 시범 보이고 설명한다.

② **토의하기.** 학생과 교사는 전략 이용의 목적과 이점에 대해 토의한다.

③ **시범 보이기.** 교사는 전략을 어떻게 이용하는지를 시범 보인다. 학생이 성취할 목표를 설정하고 나중에 목표 도달 여부를 사정한다.

④ **기억하기.** 전략 단계를 기억하도록 도와줄 활동을 한다.

⑤ **지원하기.** 학생이 전략을 쓰기에 적용할 때 교사는 다단계 지도, 촉진, 안내를 한다.

⑥ **독자적 쓰기.** 학생은 전략을 스스로 정확히 적용하여 쓰기를 한다.

과정 중심의 쓰기지도. 쓰기에 대한 과정적 접근은 문어장애 학생들에게 도움이 되는 것으로 지지를 받고 있다(정대영, 이수자, 2007; 정대영, 최미숙, 2007). Mercer와 Mercer(2005)는 과정적 쓰기 전략으로 다음과 같은 단계를 제시했다.

① 쓰기의 주제 정하기

② 쓰기의 목적을 신중히 고려하기(예 : 알림, 설명, 오락, 설득)

③ 누구를 대상(청중)으로 쓸 것인지 확인하기(예 : 학급 동료, 교사, 부모, 사업가, 출판가)

④ 목적이나 청중에 기반을 둔 작문에 적절한 형식 선택하기(예 : 이야기, 보고, 시, 스크립트, 편지)

⑤ 교사와 형식적 및 집단 작문활동에 참여하여 교사는 쓰기과정을 시범 보이거나 시연해 보이고, 질문과 잘못된 개념을 명확히 교정해 주기

한편 다른 유형의 과정 중심 쓰기지도는 초안 쓰기, 교정, 편집, 인쇄 순서로 지도하며 단

계별 활동은 다음과 같다.

① 초안 쓰기 단계. 개략적으로 쓰고 한 줄씩 띄어 쓰기, 교정할 공간을 두고 쓰기, 기술적 · 문법적 · 철자법 측면보다 내용을 강조한다.

② 교정 단계. 초고를 다시 읽고 추가, 대체, 삭제, 글의 이동으로 완성도를 높인다. 쓰기 집단에서 글을 공유하고 그 과정에서 다른 사람의 글에 대한 자신의 소감을 말하며 글의 완성도를 높일 수 있는 방안을 제시한다.

③ 편집 단계. 구두점, 철자법, 단어 사용, 글의 형식 등 기계적인 측면에 초점을 맞춘다. 의미를 읽기보다 단어를 하나씩 읽어 가며 오류를 찾아내고 교정을 본다. 바꾸어야 할 부분은 교정 부호를 사용하여 표시한다. 가능한 한 기계적 오류를 많이 교정하고, 필요하면 사전을 이용하고 교사로부터 필요한 기술을 단기간 집중적으로 지도를 받는다.

④ 인쇄 단계. 적절한 형태로 인쇄한다. 완성된 글을 동료들과 읽으며 내용을 공유한다.

일부 학생들은 상당히 쉬운 단문을 필기하거나 쓸 수 있지만 문단을 쓸 때는 상당히 힘들어한다. 이런 학생들은 전체를 모두 쓰기 전에 한 부분을 쓰도록 지도한다. 학생이 성공하기 위해 각 단계에서 상당량의 모델링이 필요하다. 예를 들어 학생이 문단을 쓸 때 다음 8단계를 거치도록 지도할 수 있다.

① 아이디어를 생각하고 각 아이디어를 다듬는다.

② 글의 구조도를 이용하여 표현하고 싶은 아이디어를 조직한다.

③ 글의 구조도를 분석하여 아이디어를 모두 포함시켰는지를 확인한다. 철자법에 어려움이 있다면 쓰기에 포함시킬 어렵고 중요한 단어 목록을 만들어 참고한다.

④ 내용과 아이디어에 초점을 맞추어 문단 초안을 작성한다.

⑤ 검토와 편집, 구두점, 띄어쓰기를 검토하고 컴퓨터로 작성할 경우 맞춤법 검사를 한다.

⑥ 문단을 수정하며 검토한 내용을 교정하고 보완한다.

⑦ 문단을 다시 검토하고 필요하면 편집, 수정한다.

⑧ 최종적으로 마무리한다.

보상 전략

키보딩의 경우 타이핑 속도가 늦으면 쓰기의 기계적인 구성요소를 개선시킬 수 없다. 키보딩은 쓰기가 서툰 학생들에게 효과적인 통과 도구가 될 수 있지만 효과적으로 쓰기를 할 수 있는 것은 또 다른 문제이다. 음성인식 방법에 기반을 둔 받아쓰기의 경우, 학습장애를 포함하여 쓰기 대신에 구술할 수 있는 학생들은 더 많은 자료를 생산했다. 문어 곤란 학생을 위한 단어 예고 프로그램 소프트웨어는 학습장애 학생에게 의미 있는 효과를 보여주었다. 보상의 전반적 목적은 학생이 쓰기 과제를 더욱 자동적으로 수행하고, 지속적으로 전략의 도움을 받도록 함으로써 문제를 살펴보고 내용에 초점을 맞출 수 있게 하는 것이다. 보상 전략의 사례는 다음과 같다.

- 학생의 불규칙한 오류 범하기와 수행의 이상 파악하기
- 문제를 보이기 시작하면 글의 구조도와 같은 사전 조직 전략으로 자신감 갖게 하기
- 학생들에게 컴퓨터 워드프로세서를 자유롭게 사용할 수 있도록 지도하기
- 워드프로세서와 말재인 프로그램을 함께 이용하기
- 맞춤법 점검을 지속적으로 이용하기
- 저학년의 경우 초기 쓰기 과제에서 철자법을 문제 삼지 않기
- 보고서의 교정 시한을 연장해 주기
- 필요한 쓰기 과제를 단축시켜 주기
- 쓰기활동 시간을 연장해 주기
- 이미 완성된 필기 내용을 제공하기
- 대부분 정리하고 일부분만 비워져 있는 노트자료 제공하기
- 중요한 과제 녹음 허용하기
- 비계 제공하기, 과제를 한 차례에 완성하기보다 단계적으로 나누어 완수하게 하기
- 우선순위 정하기, 복잡한 활동을 할 때 과제의 특정 요소를 강조하거나 후순위로 미루기
- 한 과제에서 기술적 단어 이용에 초점을 맞추고 다른 과제에서 복문을 이용하는 데 초점 맞추기
- 복사할 양 줄여주기
- 그래프 용지 제공하기 또는 칸 공책이나 모눈공책 제공하기
- 학생이 하는 노력의 긍정적 측면 강화하기
- 인내심을 갖도록 훈련하기

통합교육 환경에서 쓰기지도

다수의 쓰기 표현학습장애 학생은 일반학급에 통합되어 있다. 이들은 또래와 마찬가지로 다양한 과제에 따라 명확하고 짜임새 있는 쓰기를 해야 한다. 쓰기장애에 관한 연구는 구어장

애나 읽기장애에 비해 훨씬 적다. 쓰기가 서툴다고 모두 학습장애는 아니다.

한 가지 문제는 교사들이 쓰기교수에 투입하는 시간이 제한되어 있고, 일부 교사는 쓰기 지도법에 대한 적절한 교육을 받지 못했다는 점이 지적되고 있다(Brindle, Graham, Harris, & Robert, 2016). 따라서 효과적인 쓰기교육 과정은 일반교사나 특수교사가 쓰기교수에 관한 지식을 갖추고 학생의 쓰기 능력 향상을 위해 함께 도와주어야 한다.

일반적인 원리로서 쓰기교수는 하위 단어, 글의 모든 언어 수준에 초점을 맞추어야 한다. 따라서 하위 단어 문자 쓰기에서 시작하여 단어 철자법 바르게 쓰기, 글 구성하기로 나아가 야 한다. 철자법 바르게 쓰기에 필요한 음소-서기소 일치 능력을 숙달하기 위해 자동화될 때 까지 절차적 지식을 지도해야 한다. 쓰기지도를 위한 가장 일반적인 조정은 교사의 추가 격 려, 추가의 쓰기 시간 제공하기였고, 기타 조정은 테크놀로지 이용과 받아쓰기를 통한 글짓 기가 적용되었다(Alfonso & Flanagan, 2018). 몇 가지 유형의 증거 기반 프로그램은 쓰기에 어려움을 겪는 학생들에게 효과적인 것으로 나타났으며, 초등학생들의 경우 다음과 같은 활 동을 할 수 있다.

- 쓰기과정, 기술, 지식의 명시적 교수
  - 전략교수
  - 글의 구조 지도하기
  - 보고쓰기 기술 지도하기
  - 전략교수에 자기조절 추가하기
  - 창의적 및 상상 교수
- 학생의 쓰기를 다단계로 지도하기
  - 쓰기 전 활동
  - 목표 산출 설정
  - 쓸 때 또래 지원하기
  - 쓰기 사정
- 부가적 중재
  - 단어 처리과정
  - 종합 쓰기 프로그램
  - 추가 쓰기

다음은 중고등학생들의 쓰기 능력 향상을 위해 적용할 수 있는 방법들이다(Graham & Perin, 2000). 쓰기지도 관련 연구에 관한 메타분석에 의하면 효과적인 쓰기교수에 포함된 요 소로는 목표 설정과 전략교수, 글의 구조교수, 피드백, 상호작용인 것으로 나타났다.

- 계획하기, 수정하기, 쓴 글의 평가하기를 지도하기(자기조절 전략개발)
- 글의 요약하기를 지도하기

- 계획하기, 초안 쓰기, 수정하기, 편집하기를 함께하기
- 도달할 수 있는 쓰기 목표를 세우도록 격려하기
- 쓰기 과제를 위한 교수적 지원으로 컴퓨터 워드프로세스 이용하기
- 문장 조합 활동으로 복잡한 문장 구조를 구성할 수 있도록 지도하기
- 특정 쓰기 과제를 위한 아이디어와 내용을 개발하도록 도와주기 위해 구체적 정보와 데이터를 분석하도록 격려하기
- 여러 가지 쓰기교수 활동을 조합하고 과정 쓰기 접근법의 이용, 쓰기 기회 확대, 실제 청중을 위한 쓰기의 개별화 교수 제공하기
- 좋은 모델 글을 제공한 후 읽고 분석시키기
- 쓰기를 내용자료의 학습 도구로 이용하기

그림 이야기를 이용한 인공지능 기반 쓰기지도 프로그램

연구자들은 정보처리과정 및 인지이론, 뇌구조이론을 기반으로 하고, 내용은 주제 중심의 5개 학습 영역과 25개 주요어를 선정하여 그림 이야기 형식으로 개발하였다(정대영, 황민태, 정희태, 안희정, 2016). 이 프로그램은 단순한 컴퓨터 보조학습(Purrazzella & Mechling, 2013; Ramdoss et al., 2011)을 넘어 인공지능 활용 쓰기 교수-학습 프로그램을 개발하였으며, 지도자료 사례는 [그림 10.3]과 같다.

이 프로그램은 교사나 임상전문가가 수업이나 중재 상황에서 강조했던 수업 내용과 학교 및 가정에서 아동이 보이는 선호도를 동시에 반영하여 최적화된 학습 과제를 복수로 선택하여 제안한다. 이러한 추천 패턴은 절단 일반분포를 따르며, 교사의 문제 선택 패턴은 평균값으로 학생의 선호도는 공분산으로 표현한다.

전체 지도과정은 5단계(준비 → 지도 I 단계 → 평가 및 기록 → 그림 선택/준비 II 단계 → 지도 II 단계)로 되어 있고, 이야기 쓰기지도는 모두 7단계(준비 → 그림자료 순서대로 나열하기 → 그림자료 보고 이야기 주고받기 → 이야기 꾸며 보기 → 내용 수정하기 → 수정된 이야기 읽기 → 이야기 다시 꾸미기)로 이루어진다.

제안된 인공지능은 프로그램을 개발하는 과정에서 예비 연구로 학습장애 학생의 쓰기지도에 적용되었다. 특히 학습장애 아동들을 대상으로 한 사례연구에서 우리가 제안한 인공지능 프로그램이 교사와 학생의 패턴을 효과적으로 분석할 수 있음을 증명했다. 그뿐만 아니라 실제 쓰기지도 관련 임상실험을 통해서 학습장애 아동의 단어 습득과 문장 구성 능력에 효과적인 것으로 밝혀졌다. 이 프로그램은 쓰기지도를 위해 개발되었으나 실제 지도과정에서 듣기,

그림 10.3 인공지능 기반의 쓰기지도 프로그램에서 활용되는 이야기자료 그림 사례

말하기, 쓰기, 읽기를 종합적으로 지도할 수 있는 것으로 확인되었다.

요약

쓰기학습장애의 개념과 하위 유형

- 쓰기학습장애 판별은 개인이 적절한 학습 경험과 교수 경험을 하고서도 학년 또는 연령 수준에 적합한 성취를 하지 못한다는 문서적 근거가 필요하다.
- 쓰기 표현에 손상을 나타내는 증후로는 철자법, 문법, 구두점, 명료도, 쓰기 표현의 조직 측면의 곤란 등을 들 수 있다.
- 쓰기장애와 관련된 유형은 쓰기장애(실서증), 난독증형 쓰기장애, 구어손상형 쓰기장애 또는 난독증형 쓰기장애, 운동형 쓰기장애, 공간형 쓰기장애(실서증)로 분류되기도 한다.

쓰기학습장애의 발달적 특성

- 한 영역의 문제가 다른 영역에 영향을 주지만 손쓰기, 철자법, 문어 표현은 서로 다른 발달과정을 거친다.
- 쓰기발달은 모방 단계, 그림 제시 단계, 점진적 결합 단계, 자동화 단계를 거친다.

- 학습장애 학생과 연관된 세 가지 쓰기운동장애로는 상징적 결함, 운동속도 결함, 난서 증이 있다.
- 철자법 발달은 문자-이름 자모 철자법, 단어 패턴 내 철자법, 음절과 접사 철자법, 파생 관계 철자법 단계를 거친다.

쓰기지도

- 손쓰기 지도는 즐겁고 재미있어야 하고, 명시적이어야 하고, 읽기와 쓰기를 통합해야 하며, 우연학습과 명시적 교수를 함께 적용해야 한다.
- 효과적인 손쓰기 프로그램의 중요 요소는 쓸 동안 문자 이름 말하기, 쓰기의 시각적 단서 제공하기, 자신이 쓴 것을 스스로 평가하기이다.
- 철자법 능력을 증가시키기 위해 가장 일반적인 직접교수 구성요소는 체계적인 오류 교정, 반복적인 검토, 분산학습, 연속 수업이다.
- 철자법 지도 방법으로는 덮고, 복사하고 비교하기, 오류 자기 교정하기, 컴퓨터 보조 전략 절차, 유창성 중재 등이 있다.
- 학급에서 수업 중 사용될 수 있는 쓰기지도 전략으로는 비계화, 분량 줄이기, 시간 연장해 주기, 복사 과제 줄이기, 수학의 구조 제공하기, 쓰기 형식 조정하기, 철자법, 워드프로세스 이용하기, 노트 필기 도우미, 손의 피로 풀기 등이 있다.
- 쓰기 표현(작문)지도 방법으로는 매일 쓰기 시간을 제공, 다양한 목적으로 쓰기과정을 이용하도록 지도, 과정으로서 쓰기지도, 기초 쓰기기술 지도, 환경 조성, 자기조절 전략 개발 등이 있다.
- 자기조절 전략개발 교수 관계는 배경지식의 개발과 활성화, 토의하기, 시범 보이기, 기억하기, 지원하기, 독자적 쓰기 과정을 거친다.
- 과정 중심 쓰기지도는 초안 쓰기, 교정, 인쇄 단계를 거친다.
- 쓰기지도의 보상 전략은 학생이 쓰기 과제를 보다 자동적으로 수행하고 지속적으로 전략의 도움을 받을 수 있도록 하는 데 목적이 있다.
- 통합교육 환경에서 쓰기지도를 위해 일반교사나 특수교사는 쓰기교수에 관한 지식을 갖추어야 하고, 초등학생과 중등학생 지도에 차별화가 필요하다.
- 그림 이야기를 이용한 인공지능 기반 쓰기지도 프로그램은 읽기·쓰기의 종합지도에 효과적이다.

11

수학 : 개념, 특성, 기초 연산교수

수학은 계속해서 복잡성이 더해지고 학습자의 지식, 추론 능력 및 많은 노력이 요구되는 복잡하고 미묘한 교과 성격 때문에 학생들이 어려움을 겪기도 한다. 교육부(2019)가 발표한 수학 기초학력미달 학생은 중학생의 약 11.1%, 고등학생의 약 10.4%에 이르고 있다. 국어 기초학력미달 학생과 비교하면 중학생의 경우 2.5배, 고등학생의 경우 3.1배에 달하는 것으로 수학을 포기한 학생의 수가 늘어나는 심각한 상황을 맞이하고 있다. 통계적으로 보면 국어 기초학력미달은 수학의 기초학력미달과 공존한다고 볼 수 있다. 이 장은 수학학습장애의 개념과 특성 및 수학교과 지도의 기본적인 사항에 중점을 두고 있다.

수학학습장애의 개념과 하위 유형

수학학습장애의 개념

수학학습에 어려움을 겪는 경우에 계산장애, 산술장애, 수학학습장애 등의 용어를 사용했다. 그러나 수학교과에 어려움을 겪거나 일부 수학 저성취의 경우는 수학학습장애가 아니지만 낮은 능력과 잘못된 교수 때문에 수학에 어려움을 겪는 문제를 광범위하게 포함하고 있다(Mazzocco, 2007). 엄격한 준거가 부족하고 명확한 정의가 없어 수학학습장애 학생과 수학학습곤란 학생을 구별하는 것은 어려운 일이다. 특수교육법(2007)이나 IDEA(2004)의 학습장애 정의에서 수학학습장애를 별도로 정의하고 있지는 않지만 학습장애 진단 준거의 하위 영역으로 포함시키고 있다.

DSM-5(2013)에 명시된 특정학습장애 진단 6개 준거 중 수학학습장애 준거 2개 항은 다음과 같다.

- 수 감각, 단순 연산값 암기 또는 연산 절차의 어려움(예 : 숫자의 의미, 수의 크기나 관계에 대한 빈약한 이해, 한 자릿수 덧셈을 할 때 또래들처럼 단순 연산값에 대한 기억력을 이용하지 않고 손가락을 사용함, 연산을 하다가 진행이 안 되거나 연산과정을 바꿔 버리기도 함)
- 수학적 추론의 어려움(예 : 양적 문제를 풀기 위해 수학적 개념, 암기된 연산값 또는 수식을 적용하는 데 심각한 어려움이 있음)

아울러 학습장애 중 수학 손상을 동반할 경우 수 감각, 단순 연산값의 암기, 계산의 정확도 또는 유창성, 수학적 추론의 정확도를 명기하도록 하고 있다. 특수한 패턴의 수학적 어려움을 난산증으로 진단하고자 한다면 수학적 추론이나 단어 추론의 정확성과 같은 부수적인 어려움이 동반되었는지를 살펴보고 명시하는 것이 중요하다(DSM-5, 2013).

수학학습장애 진단에 이용되는 합의된 검사나 성취도의 절선 점수는 없지만, 표준화된 수학 성취도 검사에서 적어도 연속하여 2년 동안 10퍼센타일 이하인 경우 수학학습장애, 2개 학년 동안 25~30퍼센타일 이하이면 수학 저성취로 분류된다(Mazzocco, 2007). 일부 연구자들은 절선점을 25퍼센타일에서 35퍼센타일까지 설정하고 있다. 이는 수학학습장애를 과잉 판별하는 결과를 불러오지만 여러 종류의 수학 어려움을 하나의 집단으로 묶는 효과도 있다. 일부 연구자들은 중등도 수학 저성취(25퍼센타일 이하)와 심한 수학학습장애(11퍼센타일 이하)로 구분하기 시작했다(Stock, Desoete, & Roeyers, 2010). 절선점을 기준으로 구분된 두 집단은 유사성을 지니고 있어 범주적이기보다 차원적이다. 그러나 수학학습장애와 수학 저성취 집단 간에 인지기술과 상관에 주요 차이를 나타내고 구별될 수 있는 것으로 보고 있다.

수학학습장애의 유형

수학학습장애의 하위 유형은 의미적 기억곤란, 절차적 수학곤란, 시공간적 수학곤란(Geary, 2011)으로 분류될 수 있다. 한편 일부 연구자들은 수학학습장애를 기초 수학학습장애(비언어성 학습장애)와 언어성 장애 또 읽기학습장애에 기인한 수학학습장애로 구분하고 (Fleischner & Manheimer, 1997), 다른 한편으로는 다음 네 가지 유형으로 분류하기도 한다 (Garnett, 1998).

- 기초 수 학습에 어려움을 보이는 유형
- 계산 능력이 취약하나 수학 개념 파악 능력이 우수한 유형
- 구어 및 문어학습의 어려움을 보이는 유형
- 수학의 시공간적 측면의 어려움을 보이는 유형

미국 특수교육전문가학회의 교육자 장애진단편람(Educators' Diagnostic Mannual of Disabilities and Disorders, 2007)은 수학학습장애의 하위 유형을 다음과 같이 분류하고 있다.

기초숫자사실장애는 8−2, 7+1, 12×2와 같은 기초 계산 사실을 기억하고 파지하는 데 문제를 보인다. 이 장애를 지닌 학생은 어떤 숫자를 기억하지 못하나 다른 학생들이 기억하는 만큼 많은 사실을 기억하는 특징을 지니고 있다.

계산장애는 수학활동을 할 때 일관성 없는 계산으로 많은 오류를 범할 수 있다. 예로써 8+2를 계산할 때 2를 더하는 대신 빼기를 하여 6이라고 반응한다.

수학적 관념제약장애는 높은 수준의 수학적 개념에서 기능할 수 있는 능력이 없고, 그 결과 구체적 이해 수준에서만 기능할 수 있다.

수학적 추정장애는 숫자 크기를 재인하는 감각이 손상된 것 같다. 이 장애는 숫자를 비교, 추정하는 과제에 영향을 미친다.

수학적 언어장애는 수학언어 측면에 특히 어려움을 겪게 되며, 용어를 혼동하고 구어적 설명에 어려움을 겪으며 복잡한 계산 단계를 점검하는 구어적 기술이 취약하다.

수학적 측정장애는 속도(시간당 km), 온도(단위 질량당 에너지), 평균, 비례 측정 등이 포함된 개념에 어려움을 겪는다.

수학적 내비게이션장애는 세기의 순서를 학습할 수 있지만 2, 3 또는 그 이상 앞뒤로 이동하는 데 어려움을 겪는다.

수학적 조직장애는 사물을 논리적인 방법으로 체계화하지 못한다. 이들은 큰 그림적 사고와 전체 그림적 사고를 하지 못한다.

수학적 순서화장애는 좌/우 방향을 포함한 순서에 문제를 지닌다. 그들은 숫자를 거꾸로 읽거나 순서를 바꾸어 읽는다. 과거와 미래 사건의 순서를 혼동한다.

상징적 수학계산장애는 숫자 이름들 간의 전환에 특히 어려움을 겪는다. 즉 1의 크기는 자릿값(일, 십, 백, 천)에 의해 결정되는데, 이를 파악하는 데 어려움을 겪는다.

시간적/화폐적 수학장애는 시간, 시간 말하기, 시간 추적하기, 시간 측정하기, 화폐 개념, 돈세기와 관련된 주제에 어려움을 겪는다.

시공간적 수학장애는 시각-공간-운동 조직의 문제로 개념 이해가 서툴거나 수 개념이 매우 열등하고, 그림을 이용한 표상에 어려움을 겪으며, 손글씨 쓰기조절이 서툴러 공책에 숫자(특히 종대 정렬)와 기호를 나란히 쓸 상황에서 혼동을 일으킨다.

문어적 상징체계장애는 초등 수학에 어려움을 지닌 다수의 어린 학생들이 생활 속에서 비형식적 수학에 대한 이해의 토대를 형성하여 입학한다. 이런 지식 기반이 부족하면 학교에서 이루어지는 보다 형식적인 절차, 언어, 상징적 표기법(기수법) 체계와 연결 짓는 데 어려움을 겪는다.

수학학습장애의 특성

수학학습장애와 관련된 영역 특정 기술 : 수 감각

수학학습장애와 관련된 영역의 특정 기술에는 비형식적 및 비상징적인 양적 처리과정을 통해서 습득되는 기술과 더불어 학교 및 기타 상황에서 형식적으로 습득되는 정확한 수리적 절차와 지식을 통해서 수리적 또는 양적 정보를 지각하고 처리하는 기술이 있다.

수 감각에 대한 통일된 정의가 없다. 수학 교육자들과 정책 입안자들은 일반적으로 수 감각을 수와 관련된 일련의 기술(skill), 지식(knowledge), 기능(function) 범위를 포함하여 광범위하게 사용한다(National Mathematics Advisory Pannel, 2008).

비상징적 수 기술

인지과학자들은 객체 추정 체계(object tracking system)와 어림수 체계(approximate number system)의 두 가지 체계가 직관적 수 감각을 지원한다고 본다(Feigenson, Dehene, & Spelxe, 2004). 직산(subitizing)은 작은 집합의 요소(3~4개로 구성된 집합)를 세지 않고 신속하고 정확하게 확인할 수 있는 능력이다. 직산 능력은 적은 양을 정확히 파악하는 능력과 관련된 구성요인인 객체 추정 체계에 의해 지원을 받는다. 이와 반대로 보다 큰 집합을 파악할 때는 어림수 체계에 의해 지원을 받는다. 어림산은 보다 큰 근사치의 양을 신속하고 정확하게 사정하는 특성이 있다. 직산과 어림산은 형식적 교수 또는 형식적 수 지식과 무관하므로 직관적인 것으로 여긴다. 수학학습장애 학생은 매우 적은 수의 집합도 직산보다는 하나씩 세기를 한다(Kucian & von Aster, 2015).

상징적 수 기술 : 비용과 효과

수 확인 및 집합 수 세기와 같이 초기의 상징적인 수 기술은 수학학습장애의 핵심 결함으로 드러나고 있다(Venbint et al., 2016). 상징적 기술과 비상징적 기술이 수학학습장애에 미치는 영향의 정도는 다르지만 단순히 수 기술의 측정만으로 수학 저성취와 수학학습장애를 식별할 수 있는 것으로 나타나고 있다(Bugden & Ansari, 2015).

수 지식, 수 세기 및 계산

아동들은 계산 능력을 갖추기 위해 수(각 숫자를 나타내는 양), 세기(아동이 학습해야 할 세기의 기본 원리), 계산 문제에 포함된 개념적 특성(기초 10의 수 체계)과 절차적 특성(42-9에서처럼 빌려오기)을 이해해야 한다(강문봉 외, 2009). 상징적 수 기술은 아동들이 그들의 환경 내에서 배우는 광범위한 형식적 수학기술을 포함한다. 상징적 기술의 절차적 측면과 개념적 측면이 서로를 지원한다.

수 세기 기술은 수 이름을 양으로 매핑하기도 하지만 아라비아 숫자 같은 상징은 일치하는 양과 연관되어 있다. 유치원 시기까지 일반 아동들과 수학 저성취 아동들은 대부분 1위수와

2위수의 이름을 쉽게 말할 수 있으나 수학학습장애를 지닌 저학년 학생은 수 이름 말하기에서 오류를 더 많이 범하며(Mazzocco & Thompson, 2005) 수 받아쓰기를 할 때 시간이 더 오래 걸린다.

수직선은 단일 수를 나타내고 숫자들 간의 관계를 나타내는 또 하나의 방식이다. 수학학습장애와 수학 저성취는 수직선 과제의 수행능력 발달 패턴에 차이를 보인다. 수학학습장애와 수학 저성취 학생은 초기 실조를 겪고 대수적 수직선 반응에서 선형 수직선 반응으로의 이동이 느리다. 두 집단은 1학년 초에 수직선에 대한 학교교육에 잘 따라가지 못하지만 2학년이 되면 수학 저성취 학생집단은 일반 또래 학생들처럼 잘 따라가는 반면 수학학습장애 학생들은 대수적 수직선 반응에서 선형 수직선 반응으로 이동하지 못하고 그대로 남아 있게 된다.

초등학생의 경우 측정 오류, 자릿값 오류를 많이 범하고, 정수 계산이 느리거나 부정확한 계산을 하게 된다(Mazzocco, Murphu, Brown, Rine, & Herold, 2013). 초등학교 고학년과 중학교 수학학습장애 학생들은 분수 개념을 이해하지 못하고, 수학 저성취 학생들은 이해하고 학습을 할 수 있으나 일반 학생들에 비해 학습 속도가 늦다.

일반 인지 특성

수리적 기술은 다른 인지기술과 상호 관련되어 있어 독자적으로 일어날 수 없다. 양에 주의를 기울이거나 비교하기는 시공간 능력과 관련이 있고, 집합에 집중하기, 양 비교하기, 계산 문제 완수하기는 모두 선택적 주의집중 및 작업기억과 연관된다. 집합 내의 요소나 항목을 셀 때 시각적 추적하기, 업데이트하기[1], 자기 점검하기, 기타 실행기능 기술이 포함된다. 절차를 수행하고 사실 인출하기는 일반적 처리과정의 속도에 영향을 받는다. 이러한 기술은 언어가 포함될 수 있고 개인 및 사회문화적 영향을 받을 수도 있다.

기억과 의미론적 기억

기억은 모든 교과의 학습을 지원하므로 수학 영역에만 특정되는 것은 아니다. 수학학습장애와 수학 저성취 학생은 계산 유창성에 문제를 지니고 있고(Chong & Siegel, 2008), 수 인출 결함은 읽기장애와 공존할 가능성이 있다. 단순한 계산문제에 답하기와 같은 수학적 사실을 인출하는 데 어려움을 겪는다.

---

1 문제풀이 과정에서 단계별 결과를 파악하기, 즉 중간 계산값을 이해하고 활용하는 능력

처리속도와 문제풀이

수학학습장애와 수학 저성취 학생은 일반 학생에 비해 수 이름 말하기, 양 비교하기, 순위 분수, 문장제 문제를 완성하는 데 시간이 더 걸린다.

실행기능 기술

실행기능 기술에는 과제를 수행할 동안 주의지속 능력, 다중 관점이나 전략들을 선택적으로 적용하는 능력, 과잉학습 반응(비억제 통제), 계산할 동안 정신적으로 정보를 계속 유지하는 능력, 계산과정에 나오는 정보를 파지하는 능력(계산과정에서 나오는 부분적 합), 풀이한 답의 정답 여부를 평가하고, 문제풀이에 필요한 단계를 따라가기 등이 포함된다. 실행기능과 작업기억의 문제는 절차적 수학학습장애의 하위 유형이다. 작업기억 능력이 낮으면 수학 저성취로 이어질 위험이 높다(Alloway & Alloway, 2010).

시공간적 문제

수학적 정보와 관계의 수리적 형태 및 기타 형태를 공간적으로 나타내는 데 어려움을 겪고 공간적으로 제시된 정보의 해석과 이해에 어려움을 겪는다.

심리사회적 상관 : 동기유발과 불안

수학학습 동기유발은 수학이 가치 있고, 수학을 잘하는 것을 바람직하게 여기며, 수학문제와 과제에 성공하기 위해 노력하려는 의지가 포함된 용어이다. 수학학습불안은 다양한 일상생활과 학업 상황에서 수 계산과 수학문제 풀이를 방해하는 긴장감과 불안을 의미한다. 수학 동기유발과 수학불안은 상호작용하는 복합체이다. 적정 수준의 수학불안은 주의집중이나 작업기억을 높여주지만 높은 수준의 수학불안은 수학 동기유발 수준에 관계없이 비교적 낮은 수학 수행성으로 이어진다(Wang et al., 2015). 수학 동기유발과 수학불안이 수학학습장애의 원인이 아니라 성취에 영향을 주고 수학 어려움에 모종의 역할을 한다. 수학학습장애와 수학 저성취 학생은 일반 아동에 비해 수학불안 수준이 더 높다.

읽기에 어려움을 겪는 학생들은 수학에 진전도가 느리고 대부분 기본적 계산 조합의 정확한 인출과 자동적 인출에 어려움을 겪는다. 수학에 가장 위험을 보이는 학생들은 양의 비교(어느 수가 더 큰가), 세기 전략, 수의 유창한 확인, 작업기억에 결함을 보인다. 수학학습장애 학생들이 겪는 공통적인 어려움은 〈표 11-1〉과 같다(Bley & Thornton, 2001 ; Mercer & Pullen, 2005).

표 11.1 학습장애와 수학 관련 수행성

학습 곤란		수학 관련 수행성
시지각	전경-배경	• 연습장에서 위치를 잃어버림, 한 페이지에 있는 문제를 모두 끝내지 못함 • 다차원 숫자 읽기 곤란
	변별	• 숫자(예 : 2, 5, 6, 9, 17, 71), 동전, 연산기호, 시곗바늘의 구별 곤란 • 모양이나 문제의 복사 곤란, 직선 위에 세로로 쓰기 곤란, 전후 개념의 혼란(예 : 시간과 계산 곤란)
	공간적	• 위-아래(예 : 덧셈), 좌우(예 : 다시 묶기) • 수 정렬하기 등 수학의 방향성 측면 관련 곤란, 소수점 자리 잘못 찍기, 음수와 양수의 방향성 혼돈
청지각		• 구두 훈련에 곤란, 구두 문장제 문제풀이 곤란 • 일련의 순서를 세지 못함, 숫자, 과제 받아쓰기 곤란, 수 패턴 학습 곤란
운동		• 숫자를 읽을 수 없을 정도로 부정확하게 쓰거나, 느린 속도로 부정확하게 쓰기, 작은 공간에 숫자 쓰기 곤란(예 : 숫자를 너무 크게 쓰기)
기억	단기	• 수학 사실이나 새로운 정보를 파지하지 못함, 대수의 단계를 잊어버림 • 상징의 의미를 파지할 수 없음
	장기	• 시간에 대한 사실의 학습이 느림, 복습과정에서 수행이 열등함, 대수의 단계를 잊어버림
	계열적	• 시간 말하기 곤란, 다단계 계산 문제에서 전체 단계를 완수하지 못함
주의집중		• 대수의 문제해결 과정에서 각 단계에 주의 지속 곤란 • 중요한 교수활동(예 : 교사의 모델링)에 주의 지속시키기
언어	수용	• 수학 용어와 의미의 관련짓기 어려움(예 : 빼기, 더하기, 나누기, 다시 묶기, 피승수, 자릿값) • 다중 의미를 지닌 단어 관련짓기 곤란
	표현	• 수학 어휘를 사용하지 않음, 구어적 수학 훈련 수행 곤란 • 문제해결이나 대수에서 풀이 단계를 말하는 데 어려움
읽기		• 수학활동 문제의 어휘를 이해하지 못함
인지와 추상적 추론		• 언어정보와 수리정보를 수학 등식과 대수로 바꾸는 데 어려움이 있음 • 문장제 문제풀이 어려움, 크기와 양의 비교를 못함, 수학에서 상징의 이해 곤란(예 : >, <, ×, =, y) • 수학 개념과 연산의 추상적 수준 이해 곤란
상위인지		• 문제풀이와 문장제 문제의 적절한 전략을 확인하지 못하고 선택하지 못함 • 문장제 문제와 다단계 계산의 문제풀이 과정을 점검하는 데 어려움을 겪음 • 전략을 다른 상황에 일반화하지 못함
사회적 및 정서적	충동성	• 계산에서 부주의한 실수를 범함, 구두 연습에 부정확하게 재빨리 반응함 • 문제를 다시 보거나 들으라고 했을 때 흔히 반응을 자주 수정함, 문제해결의 세부 사항에 주의를 기울이지 못함

표 11.1 학습장애와 수학 관련 수행성(계속)

학습 곤란		수학 관련 수행성
사회적 및 정서적	단기주의집중 /주의산만	• 제한된 시간에 과제를 완수하지 못하고 다단계 계산에 어려움을 겪음 • 문제를 시작하지만 끝내지 못하고 다음 문제로 넘어감, 과제를 벗어남
	수동적 학습된 무력감	• 계산문제나 문장제 문제 누락 • 무관심을 보임, 전략 부재
	자존감	• 자신감 부족, 쉽게 포기함, 수학 검사를 받을 동안 너무 긴장하여 수행을 제대로 하지 못함
	불안	• 불안을 줄이기 위해 수학을 회피함

출처 : Mercer, Cecil, D., Pullen, Paige, C(2005)

수학학습장애의 중재 원리와 지도 계획

수학교수의 일반 원리

교사들은 특정 교수 절차에 대한 연구를 해야 하고 수학 교수에 많은 시간을 투입해야 한다. 수학교과에서 학생의 수행성을 향상시키기 위한 방법으로 교수 시간 늘리기, 효과적인 교수 이용하기, 실제 생활 사례 이용하기, 강화 양식의 다양화 등이 있다(Loci, 1996).

교수 시간 늘리기

교수 시간을 충분히 확보하는 것이 중요하다. 흔히 교수 시간은 짧고 안내된 연습 없이 기술 시범을 간단히 보여주는 것보다 소집단을 구성해 연습을 통해 학생이 문제풀이를 완수하는지, 정답을 확인하고, 자기점검 소프트웨어를 이용하며 교사의 중간 지도를 넣는 것이 좋다.

효과적인 교수 활용

효과적인 교수의 구성요인은 학습장애 학생의 성취에 중요한 역할을 한다. 자료의 복습 시간, 개념에 대한 교사 주도의 교수, 직접교수, 상호작용과 안내된 연습, 교정적 피드백 등을 독자적 연습과정에 포함시켜야 한다(Polloway & Patton, 1996). 안내된 연습과 독자적 연습을 할 때 수학적 과정에 대한 개념적 이해를 촉진시키기 위해 구체물의 조작활동, 수업에 포함된 전반적인 과정의 확인, 덧셈이나 뺄셈의 수리적 상징 등을 사용한다. 주요 수학 용어[2]는 기초수학 연습을 통해 지도하기보다 특정 기술로 지도하는 것이 중요하다.

---

2 합, 차이, 몫, 부분, 전체, 모두, 비율 등

집단 크기의 다양화

수학학습장애 학생을 위한 교수적 수정의 한 유형으로 교수 집단의 크기를 다양화하는 방법이 있다. 대집단교수는 브레인스토밍과 문제해결 활동에 유용하고, 소집단 교수는 교사가 개인적 관심을 가지고 동일 기술을 이용하여 활동하는 또래와 협력할 수 있게 해준다.

실제 생활 사례 이용

일상적인 상황을 동기유발 요소로 활용할 경우 학생들은 개념의 중요성과 연관성을 쉽게 이해한다. 화폐 인식과 거스름돈 계산하기 등 실제에 기반을 둔 과제를 이용한 교수활동은 생활 수학 경험을 제공한다.

강화 유형의 다양화

교사는 차별강화에 대한 지식을 갖추고 강화 체계를 근거로 강화 유형을 적절히 조정하거나 수정하고 학생의 진전도를 확인한다. 결과에 관계없이 문제풀이 단계를 완성하려는 노력을 인정하고 강화를 제공하도록 한다.

학습장애 학생의 수학교수에서는 전략과 자기조절 교수, 구체물과 그림의 이용, 직접교수, 컴퓨터 지원교수가 유용하며, 교사의 시범, 모델 시연, 안내된 연습, 독자적 연습, 학생의 진전도에 대한 지속적인 측정 등과 같은 절차가 많이 이용되고 있다.

균형적 접근

전미수학교사협의회(NCTM, 2000)는 구성주의 교수 기법을 지지하고, 각 학생이 자신의 지식 기반을 형성하도록 요구한다. 이것은 암시적 교수로서 교사는 경험을 제공하고 학생들은 자신의 지식 기반을 만들어 간다. 다른 한 편은 명시적 교수법이라고 하는 직접교수법을 지지한다. 명시적 교수법은 모든 학생들에게 적절한 한 가지 접근법이 없기 때문에 교사들에게 균형적 접근을 고려하도록 요구한다. 균형적 접근의 원리는 다음과 같다.

첫째, 학생의 연령과 포함된 주제에 관계없이 구체물-표상(그림, 기호)-추상적 상징(concrete-representation-abetract, CRA)(그림 11.1)의 제시 순서를 따른다. 둘째, 이질적 집단의 학급에서 가능한 한 협동학습을 실시한다. 셋째, 실생활 문제해결의 성취를 강조하고 기초 사실, 절차적 사실 등 기술 학습과의 균형을 유지한다. 넷째, 학습장애 학생들과 학업 성취 위험군 학생들이 수학교육 과정 성취에 관심을 기울이지 않으면 점차 수학 학습 성취에 문제를 갖게 된다.

구체물	표상	추상적 상징
43 −26	43 −26	43 −26
4(10의 자리)+3(1의 자리) − 2(10의 자리)+6(1의 자리)	4(10의 자리)+3(1의 자리) − 2(10의 자리)+6(1의 자리)	40+3 −(20+6)
3(10의 자리)+1(10의 자리)+3(1의 자리) − 2(10의 자리)+6(1의 자리)	3(10의 자리)+1(10의 자리)+3(1의 자리) − 2(10의 자리)+6(1의 자리)	30+10+3 −(20+6)
3(10의 자리)+13(1의 자리) − 2(10의 자리)+6(1의 자리)	3(10의 자리)+13(1의 자리) − 2(10의 자리)+6(1의 자리)	30+13 −(20+6)
1(10의 자리)+7(1의 자리)	1(10의 자리)+7(1의 자리)	10+7
17	17	17

그림 11.1 구체물 - 표상(그림, 기호) - 추상적 상징(CRA) 제시의 뺄셈 사례

계산이나 문제해결 지도 계획

학습장애 초 · 중 · 고등학생들이 계산문제를 효과적으로 해결할 수 있도록 지도하는 과정에서 학생의 기술 사정과 목표 개발, 학습 목표 설정 및 효과적인 지도 단계는 다음과 같다.

1단계, 수업 도입 : 학생들의 관심을 집중시키기 위한 주의집중 활동을 한다. 전시 학습의 복습과 본시 학습을 연계시켜 학습 목표, 전략 및 내용을 확인시킨다.

2단계, 기술이나 전략의 설명과 시범 : 교사는 기술이나 전략을 시범 보이는 동안 학생에게 주의를 집중시키고 학생의 이해를 돕기 위해 다음 두 가지 절차를 이용한다.

- 절차 1. 교사는 질문하고 자신의 질문에 대답한다.
- 절차 2. 교사는 질문하고 학생이 대답하도록 돕는다.

3단계, 비계교수를 이용한 연습과 상호작용적 대화를 통한 안내

- 절차 1. 교사는 학생이 요구하지 않으면 시범 없이 문제풀이 전략을 안내한다. 안내는 요구에 따라 제공하고 다음과 같은 지원적 기법을 이용한다: 특정 유도 질문하기, 선언적 지식에 관한 촉진 제공, 절차적 지식에 관한 단서 제공
- 절차 2. 교사는 학생이 과제를 수행하도록 지도하고 과정과 결과를 검토한다.

4단계, 독자적 연습을 통한 숙달 유도 : 학생들이 검토(예 : 추정, 예측, 점검, 창출)하거나 교사의 지원 없이 학습활동을 하도록 격려한다. 협동학습, 또래교수, 교수적 게임, 자기교정 자료, 컴퓨터 지원교수 등 여러 가지 방법으로 다양한 연습문제를 이용한다.

5단계, 피드백 제공

- 절차 1. 성공에 초점을 맞춘다. 학생의 수행이나 결과를 사전에 설정한 학습 목표 측면에서 논의한다. 학업 성취를 위해 학생의 노력과 사고과정을 유도한다.
- 절차 2. 오류 수정에 초점을 맞춘다. 교사는 오류를 수정하고 재지도의 기회로 삼는다.

6단계, 일반화와 전이 지도 : 다양한 상황과 환경에서 새로운 지식을 적용해 본다.

수 감각

수는 복잡하고 다면적인 개념이며 '수와 그 관계에 관한 훌륭한 직관'으로서 수를 탐색하고 다양한 맥락에서 수를 시각화하며, 알고리즘에 의해 제한받지 않는 방식으로 수를 관련지음으로써 점진적으로 발달한다. 한편 수 감각은 "기본적인 수 세기 기법의 발달로 시작하여 수의 크기, 수의 관계, 패턴, 연산, 자릿값 등 보다 정교한 이해로 이동하는 것"(NCTM, 2000)으로 정의되고 있다.

학생들이 수 개념을 이해할 수 있게 도와줄 수 있는 한 가지 방법은 복잡한 개념을 구체물 조작과 그림으로 변형시켜 제시하는 것이다(Witzel, 2005). 제시 방법은 흔히 교수에서 이용되는 구체물, 즉 교수 목적으로 구조화된 유형의 조작물이나 구체물이 이용된다. 반구체물인

표상을 이용하는 다른 방식으로는 기호, 그림이나 그리기가 있다. 제시 방법을 적절히 이용하면 학생들은 보다 구체적이거나, 시각적 사물을 조작하거나 볼 동안 개념과 절차를 생각하도록 촉진한다. 특수교육에서는 학습 수준과 구체물–표상(그림, 기호)–추상적 상징의 순서로 제시하는 교수가 많이 적용되고 있다(김자경, 강혜진, 서주영, 2017; Eisener, 2002).

교수적 고려사항

수 감각의 개념적 이해를 발달시키기 위한 조기 경험으로 종이컵이나 블록과 같이 쉽게 재인할 수 있고 익숙한 자료를 이용할 수 있다. 저학년에서는 수 감각에 대한 질 높은 초기 핵심 교수를 통하여 수학 어려움을 예방하기 위해 지도과정에 다음 사항들을 포함시켜야 한다 (Bryant, Bryant, Gersten, Scammacca, & Chavez, 2008).

- 명백한 목표 제시
- 표상(그림, 기호) 이용
- 교수, 자원, 사례의 연합
- 지속적인 복습
- 어휘발달
- 진전도 점검

- 한 번에 한 가지 기술지도
- 명시적 교수
- 적절한 연습
- 오류 패턴 분석과 교정적 피드백
- 문제해결 전략

수 세기와 관계 수

수에는 집합수(주어진 묶음에 대한 옳은 수 이름 찾기, 예, 몇 개지?), 순서수(첫째, 둘째, 셋째와 같이 어느 것이라는 질문에 대한 답), 명목수(수의 명칭이나 분류를 제공하는 측면)가 있다(강문봉 외, 2009). 수 세기 학습에는 적어도 두 가지 기술이 포함되어 있다. 첫째, 기계적인 수 세기로서 학생은 수 이름을 순서대로 말할 수 있어야 한다(일, 이, 삼 등). 둘째, 합리적인 수 세기로서 학생은 이 순서로 세어야 할 집합의 하위 요소와 일대일 방식으로 대응시킬 수 있어야 한다. 그러나 세기의 순서는 기계적인 절차일 수 있다. 세기에 부여된 의미는 주요 개념적 아이디어이고, 여기에 근거하여 다른 모든 수 개념이 발달된다. 수 세기와 관계 수의 원리를 이해시키고 발달시키기 위해 수와 비교 개념이 포함된 활동이나 게임, 테크놀로지에 참여시킨다. 합리적인 수 세기 능력이 능숙해지면 앞으로 세기, 거꾸로 세기, 뛰어 세기 등 보다 효율적이고 복잡한 세기 전략을 가르쳐야 한다(강문봉 외, 2009).

수 세기와 수 관계

비교하기와 수 세기의 경험은 아동이 수 감각에 대한 토대를 일찍 발달하도록 돕는다(강문봉 외, 2009). 학생에게 수를 지도하는 방법은 자모글자의 인식 및 쓰기를 지도하는 것과 유사하다. 그러나 각 수나 문자가 무엇을 나타내는지, 다른 수와 문자의 비교 개념을 이해시키고 발달시키는 것도 중요하다. 이 지식은 관계를 이해하는 데 필요하며, 학생들이 수와 집합수 간의 관계를 비교하기 시작할 때 수 세기와 수 관계를 바탕으로 형성된다. 학생이 시각적으로나 촉각적으로 집합수나 전체 수를 비교할 때 '보다 많은, 보다 적은, 같은'의 개념은 기초적인 관계를 비교하는 것이다. 처음에 가장 유용한 교수적 도구는 구체물이고, 자릿값을 구별하는 사물을 이용하여 수의 개념 이해와 다른 수와의 관계에 관한 개념을 이해시킨다.

자릿값

자릿값은 수 체계의 핵심적인 특징이다. 학생이 기수 개념을 일단 습득하면 수 세기 기술을 의미 있게 이용할 수 있고, 나아가 비교 관계를 결정하며, 자릿값과 연관된 수 감각을 발달시키기 위해 덧셈 관계의 개념을 형성해야 한다. 수의 값이 숫자 내에 있는 자리와 위치에 의해 결정되므로 자릿값 체계는 위치 체계이다. 자릿값의 개념 이해는 아라비아숫자(0~9)를 이용하여 값을 나타내는 데 필요하다. 아울러 자릿값은 개념적 이해, 단순 문제(예 : 50×9), 내포 문제(예 : $4 + 50 \times 9$, $50(8-x)$)는 연산의 유창성에 기반을 두고 있다(Witzel & Little, 2016). 학생이 위치 체계에 대한 기본적인 이해와 경험이 부족하면 개념적 오해와 오류를 범하게 된다(그림 11.2).

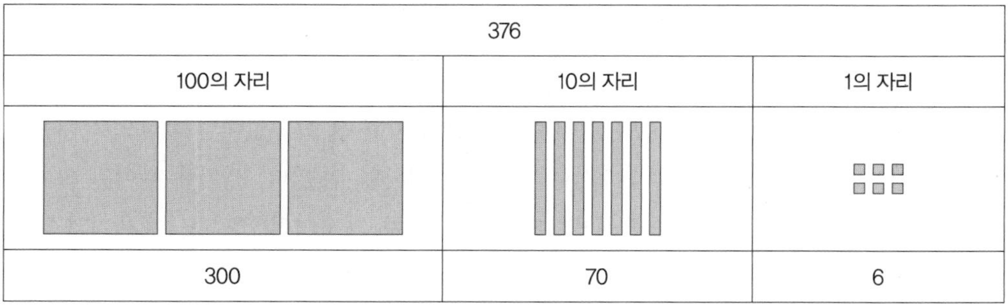

376		
100의 자리	10의 자리	1의 자리
300	70	6

그림 11.2 자릿값 체계의 사례

수직선을 이용한 수 감각 중재

수직선을 이해하고 기초 수 사실과 함께 수직선 위에 숫자를 어디에, 어떻게 배치할지를 이해하는 1학년 아동은 동일 연령 아동들보다 계산을 훨씬 더 잘 수행했다(Geary, 2011). 가장 흔히 사용하는 중재 전략은 수직선이다. 따라서 중재는 기본적인 계산 개념과 유창성뿐만 아니라 수의 양과 크기에 초점을 맞추어야 하고, 수직선을 다음과 같이 이용할 수 있다.

- 길이 기반 표상으로 시작한다.
- 비례, 수, 공간의 합동, 기본 계산 능력이 발달하는 학생에게 점이나 숫자를 이용한다.
- 길이가 이해되면 수직선 자리에 값을 부여한다.
- 비례와 기초 계산을 이해하면 열린 수직선을 이용하고, 학생이 문제에 따라 스스로 굵은 선으로 표시를 할 수 있다.
- 수직선 위에서 할 수 있는 계산 전략을 개발한다.
- 음수를 포함한 수 배열만 제시하기보다 수직선을 함께 표시하여 알기 쉽게 한다.

[그림 11.3]과 [그림 11.4]는 수직선 위에 5와 3의 크기를 각각 비교한 것이다. [그림 11.5]는 두 수를 길이 중심으로 비교하므로 수의 크기를 볼 수 있다.

학생이 크기 개념을 이해하면 [그림 11.4]와 같이 수직선 위에 수를 나타내는 점을 찍을 수 있게 된다. 이것을 정확히 할 수 있으면 [그림 11.5]와 같이 수직선 위에서 간단한 계산을 시작할 수 있다. 학생이 수 감각과 자릿값의 개념을 이해하게 되면 강화를 제공하여 계산 능력을 향상시킨다.

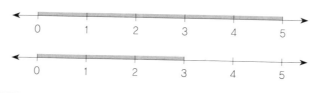

그림 11.3 수직선을 이용한 5와 3의 길이 중심 비교

그림 11.4 수직선 위 점 배치를 이용한 5와 3의 크기 비교

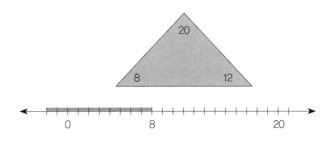

그림 11.5 수직선을 이용한 계산하기

유리수의 개념과 계산

정수의 연산

정수 연산의 능숙성 발달

정수 계산의 기초 사실과 방법은 오늘날 수학교육에서 매우 중요한 위치를 차지하고 있다. 정수 연산의 능숙성 또는 정수 연산의 기량은 "중요한 개념을 이해하고, 적절한 수준으로 자동성을 발휘하여 표준 알고리즘을 유연하고 정확하게 자동적으로 수행할 수 있는 능력을 발달시키며 문제해결을 위해 이러한 능력을 이용할 수 있는 것"으로 정의되고 있다(The National Mathematics Advisory Panel, 2008).

학생이 계산 유창성을 획득하려면, 즉 계산을 위한 효율적이고 정확한 계산 방법을 이해하고 이용하려면 개념적 이해와 절차적 유창성이 있어야 한다. 수학에서 개념적 이해는 아이디어 간의 논리적 연결성과 관계에 초점을 맞추고 있다. 이전 지식과 새로운 지식을 형성하여 다음 학년과 단계로 넘어가도록 지도해야 한다.

절차적 학습은 기술과 단계적 절차에 초점을 맞추고 있다. 절차적 기술의 발달은 이해 없이 단순히 기억해서 될 문제가 아니라 계획된 학습의 결과로 얻어지는 성과이다. 모든 학생은 절차적 유창성 기술을 발달시켜야 한다. 유창성 유형에는 수 계산과 매입된 유창성이 있다. 수 계산은 분석할 필요가 없는 단순 사칙 연산을 대상으로 한다. 대부분의 연습은 수 계산의 유창성과 정확성에 중점을 두고 매입된 유창성은 거의 강조하지 않는다. 매입된 유창성이란 복잡한 수학 문장 내의 계산을 쉽게 할 수 있는 것을 의미한다. 예를 들어 $6x=42$ 문제에서 42를 6으로 나눌 수 있어야 하고, $1x=7$임을 이해할 수 있어야 한다. 일부 학생들은 6과 7의 계산을 능숙하게 하지만 이런 유형의 문제에 응용하지 못한다.

덧셈과 뺄셈

교사는 학생의 덧셈과 뺄셈의 준비도를 파악하기 위해 학생의 수 감각[3]에 대한 지식을 평가해야 한다. 덧셈과 뺄셈의 지도는 구체물-표상(그림, 기호)-추상적 상징의 제시 순서로 지도하는 것이 가장 효과적인 것으로 밝혀졌지만 교사는 각 학습 수준에서 동일 어휘와 절차가 사용되도록 많은 준비를 해야 한다. 일반적으로 덧셈과 뺄셈의 계산지도는 저학년에서 비형식적으로 시작하고, 초등학교 과정에서 매년 복습하고 확장된다. 초기에 학생들이 기계적 기억을 시작하기 전에 덧셈의 개념과 수학적 관계를 발달하도록 도와주어야 한다. 또한 덧셈을 포함한 문장제 문제는 덧셈 개념의 각 단계에 포함되어야 한다(Witzel & Little, 2016).

개념과 기술을 발달시키기 위해 체계적이고 주기적인 접근이 중요하다. 예를 들어 단순 덧셈과 뺄셈을 계산하기 위해 이용되는 방법은 다중 수준, 표상 체계 및 처리과정을 이용할 수도 있다.

확대된 기수법. 학생들이 여러 자릿수 곱셈을 하기 위해 자릿값을 알고 있어야 한다. 자릿값 수직선이 음의 정수가 되는 뺄셈의 경우 문제를 다시 묶기를 이용해서 양의 정수로 만들어야 한다. 다음 사례를 보자.

$$531 = 500 + 30 + 1 = 400 + 120 + 11$$
$$-246 = -200 - 40 - 6 = -200 - 40 - 6$$

학생은 왼쪽에서부터 오른쪽으로 차례대로 각 자릿값 단위로 종단 뺄셈한다.

$$400 + 120 + 11$$
$$-200 - 40 - 6$$
$$200 + 80 + 5$$

학생은 자릿값 단위의 부분적 차이를 모두 합산하여 뺄셈 전체의 답을 구한다.

$$200 + 80 + 5 = 285$$

마이너스가 있는 뺄셈. 피감수와 감수의 뒤에 등호를 각각 쓰고, 각 자릿값에 따라 문제를 다시 쓴다. 정수값을 유지한 채로 덧셈과 뺄셈을 한다.

---

3 수의 순서, 일대일 대응, 수 세기 능력, 수의 재인, 숫자 쓰기

$$531 = 500 + 30 + 1$$
$$-246 = -200 - 40 - 6$$

학생은 왼쪽에서부터 오른쪽으로 차례대로 종단으로 뺄셈을 한다.

$$500 + 30 + 1$$
$$- 200 - 40 - 6$$
$$300 - 10 - 5$$

학생은 순서대로 차이를 계산한다.

$$300 - 10 = 290 - 5 = 285$$

학생이 덧셈과 뺄셈을 이해해야 할 주요 개념은 다음과 같다.

- 덧셈과 뺄셈 과정의 의미
- 기초 덧셈과 뺄셈 사실(기억해야 함)
- 덧셈과 뺄셈 문제의 풀이와 관련된 자릿값
- 덧셈 및 뺄셈과 관련된 고쳐묶기

계산 유창성을 향상시키기 위한 전략들을 소개하고 있는 사이트들이 많이 있으므로 직접 방문하여 참고하면 큰 도움이 될 것이다.[4]

곱하기와 나누기

곱셈과 나눗셈은 수학의 기본적인 기능이다. 교사는 덧셈과 뺄셈을 지도할 때 학생들이 적절한 준비기술을 갖추고 있는지, 학생의 요구가 어떠한지를 정확히 파악해야 한다. 곱셈은 동일 집단의 수를 세거나 더할 때 효율적인 방법이다. 그러나 나눗셈의 경우 학생이 주어진 요소의 수를 동일 크기의 집단으로 분리하는 것과 주어진 수를 어떤 특정 집단으로 분리하는 연산은 모델링을 통해 학습해야 한다. 곱셈 전략은 다음과 같다.

- 완전수 전략(예 : 27×5의 경우, $27 + 27 + 27 + 27 + 27$처럼 27을 다섯 번 계산함)
- 칸막이 전략(예 : 27×5의 경우, 20×5, 7×5를 분리하여 계산한 다음 합산하기)
- 보상 전략(예 : 27×4의 경우, 30×4와 3×4를 각각 계산한 후 120에서 12를 빼기)

---

4 다비소(https://www.youtube.com/watch?v=zFoL8nTi3SI)

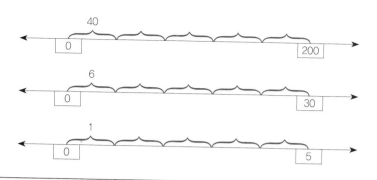

그림 11.6 스태킹 수직선

덧셈과 뺄셈에서처럼 곱셈과 나눗셈의 개념은 곱셈 방법과 전략을 이용하여 발달한다. 예를 들어 수직선을 이용하여 학생은 숫자를 자릿값에 따라 분할하고 제수(약수)로 나눗셈(그림 11.6)을 한다(235/5).

수준이 더 높은 학생을 지도할 경우 19×19단의 원리를 참고하면 쉽게 지도할 수 있다.[5, 6] 펜토미노를 이용하여 사각형의 개념, 넓이에 대한 개념, 사각형의 가로와 세로, 세로의 관계를 약수 · 배수와 관련하여 지도할 수 있고, 곱하기도 지도할 수 있다(이강숙, 2017).

칸막이에서 배열로

하나의 수직선을 이용하던 것을 확대하여 x축과 y축을 따라 두 개의 수직선을 연결하여 곱셈 배열을 만들 수 있다. 곱셈 배열을 만들기 위해 승수와 피승수의 표상을 연결하여 직사각형을 만든다. 곱셈 문제(45×23)의 사례에서 각 수준에 따라 CRA 전략의 교수를 적용할 수 있을 것이다. [그림 11.7]은 100을 나타내는 사각형, 10을 나타내는 막대기, 1을 나타내는 작은 사각형으로 나타낼 수 있고, 45×23의 구체적 배열은 [그림 11.8]과 같다.

그림 11.7 기초 10블럭

5 다비수(https://www.youtube.com/watch?v=3naMv3wCyH8)

6 점프셈 교실(https://www.youtube.com/watch?v=uCQ048NU3Xg)

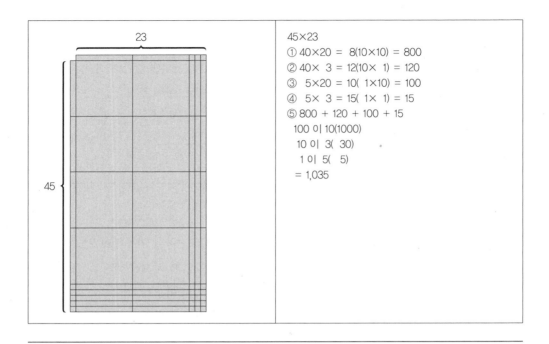

그림 11.8 구체적 곱셈 사례 : 45×23의 구체적 배열

그림 배열(그림 11.9)은 시간이 덜 걸리지만 구체적 수준에서 처음 조작된 유사한 방정식(등식)을 세우지 않은 학생에게는 훨씬 더 감각적이다. 구체적 수준에서 이해되면 그림 수준으로 나아가고 마지막엔 추상적 수준으로 나아간다(그림 11.10).

정수가 아닌 유리수 개념과 계산

정수의 이해 단계에서 유리수 이해 단계로 넘어가는 것은 비전략적 학습자와 학습장애 학생들에게는 특히 어렵다. 유리수에는 음의 정수(음수), 분수, 소수점이 포함된다. 정수는 양의 정수, 0, 음의 정수를 모두 나타내는 말이다. 분수는 전체에서 부분을 나타내며, $\frac{a}{b}$ 형식을 취하며 a, b는 정수이나 b가 0이 아니다($\frac{1}{2}$, $\frac{3}{4}$, $-\frac{1}{2}$, $(3x-2)/x+5$). 소수점은 10진법으로 각 단위를 10의 배수로 분할된 것이다(-0.23, 0.1, 3.678).

소수점의 적절한 이름은 분수의 이해를 돕는다. 예를 들어 십분의 일은 0.1이지만 $\frac{1}{10}$로 생각할 수 있다. 사분의 일은 0.25보다 $\frac{1}{4}$로 생각하는 것이 쉽다. 학생들이 학년이 올라가면서 소수점을 이해하고 정확히 계산하기 위해 이러한 관계를 이해하고 분수와 소수점을 정확히 말할 수 있는 것이 중요하다.

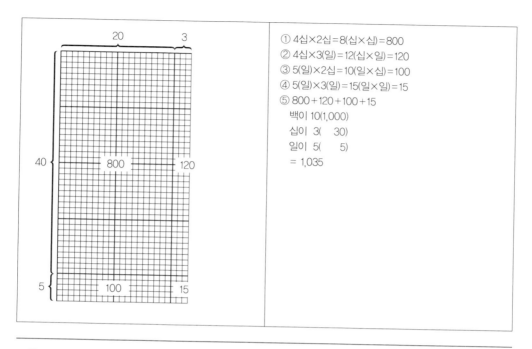

그림 11.9 곱셈 그림 표상 사례 : 45×23의 그림 배열

곱셈 배열	20	3	① 4십×2십=8(십×십)=800
40	800	120	② 4십×3십=12(십×일)=120
5	100	15	③ 5(일)×2십=10(일×십)=100

① 4십×2십=8(십×십)=800
② 4십×3십=12(십×일)=120
③ 5(일)×2십=10(일×십)=100
④ 5(일)×3(일)=15(일×일)=15
⑤ 800+120+100+15
  백이 10(1,000)
  십이 3(30)
  일이 5(5)
  = 1,035

그림 11.10 곱셈에서 추상적 문제해결 사례

다시 묶기의 오해와 음수

초등학교에서 간단한 절차를 부정확하게 지도하면 학생들이 미래의 개념을 학습하려고 할 때 혼란을 일으킬 수 있다. 뺄셈의 사례를 보자. 학생이 143−28을 통해 다시 묶기를 배울 때 교사는 일반적으로 계산과정을 왼쪽 수에서 오른쪽 수를 빼야 한다고 지도한다. 그러면 다시 묶기 위해 교사는 "3에서 8을 뺄 수 없다."라고 말할 수 있다. 사실은 뺄 수 있다. 즉, 답은

	백 십 일		백 십 일
143 − 28	100+40+3 −　0−20−8 ――――― 100+20−5=115	107 − 83	100+00+7 −　0−80−3 ――――― 20+4=24

그림 11.11 다시 묶기 없는 뺄셈

−5이다. [그림 11.11]의 사례에서 학생은 다시 묶기를 하지 않고 음수를 이용하여 뺄셈을 끝낼 수 있다.

　학생이 음수를 이해하는 것이 중요하다. 수직선 위에서 음수는 단순히 0의 왼쪽에 있는 수이다. 음수는 동시에 양의 거울상처럼 0으로부터 같은 거리에 있다. 각 수직선에서 길이는 같지만 0으로부터 방향이 다르다. 따라서 −4의 절댓값은 +4의 절댓값과 같다(그림 11.12).

　다시 묶기와 음수에 대한 이해가 부족한 경우도 흔히 볼 수 있다. 뺄셈은 자릿값에 관계없이 무조건 큰 수에서 작은 수를 빼는 실수를 한다(예 : 143−28=125). 음수를 조기에 이해하면 속성을 이해하기 쉽다. 교환법칙을 이용할 때 더하는 두 수의 위치를 바꾸어도 답이 같다는 것을 이해하기 쉽다(그림 11.13)(예 : 3+5=8, 5+3=8).

　그러나 더하는 두 수 중 하나가 음수일 때는 달라진다. 교환법칙이 유사하게 작용하는가? 5+(−3)=2와 (−3)+5=2. 첫째 계산은 5에서 시작하여 음의 방향을 3단계를 가면 2가 된다. 둘째 계산에서 음수 3에서 시작하여 양의 방향을 5단계 가면 2가 된다(그림 11.14).

　음수의 곱셈은 숫자뿐만 아니라 기호의 곱셈 조합을 나타낸다. (+5)×(−7)은 음수 곱하기

그림 11.12 수직선 위의 절댓값

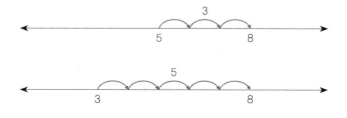

그림 11.13 음수가 없는 수직선 계산

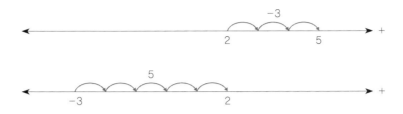

그림 11.14 음수가 있는 수직선 계산

$$(+2)+(-6)=(+2)+\boxed{\begin{array}{c}+6\\ \ominus 6\end{array}}=-4$$

그림 11.15 음수가 있는 장모형

그림 11.16 그림 11.15에서 장모형과 연관된 수직선의 사례

양수와 5×7과 같다. 답은 −35이다. 이것은 수직선에서 음의 방향에서 7의 5묶음을 의미한다.

장모형(field model)을 이용하면 학생은 그러한 계산의 방향을 합리적으로 설명할 수 있다. 학생은 첫째 더하는 수를 제시하고 둘째 더하는 수를 선택한다. [그림 11.15]와 [그림 11.16]은 예제 (+2)+(−6)의 음수와 양수의 계산에서 두 가지 장모형을 적용한 경우이다. [그림 11.15]의 경우 "빼기를 한다."라고 말하고 빼기에 동그라미를 그린다. 문제는 2−6이다. 수직선상에서 계산은 [그림 11.16]과 같다.

분수의 교수 전략과 중재

학습장애 학생들은 분수를 잘못 이해하거나 흔히 두려워한다. 분수를 지도할 때 유의할 사항은 다음과 같다(Siegler et al., 2010).

- 초기의 분수 개념을 발달시키기 위해 몫과 비율에 대한 학생들의 비형식적 이해를 바탕으로 지도한다.
- 분수는 수이고, 수 체계가 정수의 범위를 벗어나 확대된 것임을 이해시키며, 지도할 때

는 수직선을 이용한다.

- 분수 계산의 절차를 이해하도록 도와준다.
- 문제해결 절차로서 비율, 비례, 교차 곱셈을 배우기 전에 이들에 대한 전략의 개념적 이해를 발달시킨다.
- 교사는 지도법과 관련된 전문성 역량을 강화시키기 위해 최선을 다한다.

첫째, 전체에 대한 부분이나 균등 비율을 통해 분수를 도입한다. 여기서 분수는 전체 단위에 비례되는 부분의 수를 나타낸다. 이러한 표상은 보통 넓이모형을 통해 학습한다. 이 모형의 분자를 나타내는 부분을 음영처리하고 전체 조각이 분모가 된다. 이 문제를 풀기 위해 학생은 전체에 대한 각 비율이 동일한 크기여야 함을 이해해야 한다. [그림 11.17]에서 원과 직사각형은 전체의 동일한 부분으로 $\frac{1}{4}$씩 나누어진다. 각 부분의 동일한 크기이고 전체 중에서 한 부분만 음영처리 되었다. 이 두 그림은 모양과 크기가 서로 다르지만 각 음영 부분은 $\frac{1}{4}$을 나타낸다.

둘째 모형은 길이 기반으로 한다. 1단위의 각 거리는 분모에 의해 정해진 증가분으로 분할한다. 길이 기반 모델에서 분자는 분모에 의해 정해진 증분에 기반을 둔 길이를 나타낸다. 길이 기반 모형에 의하면 학생은 수직선에서 분수를 볼 수 있다. 앞서 소개된 모형에 의하면 학생이 전체 부분 모형에서 길이 기반 모형으로 전환하는 데 도움이 된다. [그림 11.18]은 전환을 돕고 개념 이해를 발달시키기 위해 이용될 수 있는 모형이다. 원을 보여주고 학생에게 둘레 선을 따라 끈으로 맞추어 놓게 한다. 분자에 해당되는 부분에 색칠을 한 다음 끈을 편다.

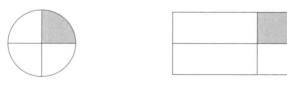

그림 11.17 넓이 모형으로 크기를 나타내는 사례

그림 11.18 면적 기반 모형이 선 기반 모형과 연결된 관계를 보여주는 사례

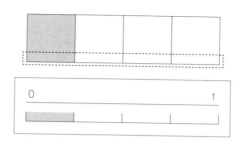

그림 11.19 모형 간의 관계를 명확히 설명해 주는 사례

그림 11.20 수직선을 이용한 분수의 확인 사례

이 전체 선은 1을 나타내고 색칠한 부분이 분자이다.

　직사각형으로 나타낸 부분–전체 모형은 4등분으로 나누어져 있지만 원과 달리 길이의 형태로 어떻게 나눌 수 있는지를 보여준다. 그리고 학생은 왼쪽에서 오른쪽으로 분자에 색칠을 한다. 직사각형의 색칠한 부분을 자르고 동일한 판에 붙인다(그림 11.19).

　최근 연구는 학습장애나 위험군 학생들은 면적 모형보다 선 기반 모형을 이용할 때 학습효과가 큰 것으로 밝히고 있다(Witzel & Little, 2016). 예를 들어 수직선으로 분수를 가르칠 때 $\frac{3}{4}$은 $\frac{1}{4}$을 1단위로 하여 3번 이동한 것을 [그림 11.20]과 같이 보여준다.

분수의 계산

분수의 덧셈과 뺄셈의 경우 처음에는 분모가 같은 분수를 이용하여 학습하고, 학생들이 익숙해지면 분모가 다른 두 분수의 덧셈으로 넘어간다. 우선 $\frac{3}{5} + \frac{2}{3}$는 $\frac{9}{15} + \frac{10}{15}$과 같음을 이해하고 $\frac{9}{15} + \frac{10}{15} = \frac{19}{15}$에서 분자가 분모보다 크면 수가 1보다 크다는 것을 의미한다는 것을 지도한다(그림 11.21).

　분수의 곱셈은 학습장애 학생들에게 너무 어려워 가끔 불가능한 것처럼 보인다. 하지만 그렇지 않다. 모든 학생은 분수의 곱셈을 배울 수 있다. 정수의 곱셈에 어려움을 겪으면 분수의 곱셈에서도 어려움을 겪게 된다. 따라서 계산 절차를 어떤 방법으로 진행하는지와 개념적 이해를 발달시키는 것이 중요하다. $(\frac{2}{3})(\frac{1}{6})$의 사례는 [그림 11.22]와 같다.

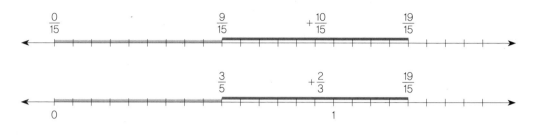

그림 11.21 수직선을 이용한 분모가 같은 분수의 덧셈

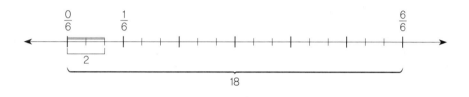

그림 11.22 수직선을 이용한 분수의 곱셈

① 수직선을 그린다.

② 피승수의 분모($\frac{1}{6}$)의 수직선을 그린다.

③ 수직선 위에서 피승수를 확인한다.

④ 승수($\frac{2}{3}$)의 분모에 기초하여 피승수의 분모 사이에 선을 긋는다.

⑤ 승수의 분자에 해당하는 수만큼 색칠한다.

⑥ 색칠한 수(분자)를 전체 수(분모)와 관련짓는다(18개 중 2개).

⑦ 분수의 답을 쓴다($\frac{2}{18}$).

⑧ 분수를 더 작은 수($\frac{1}{9}$)로 약분할 수 있는지를 확인하고 실시한다.

유리수의 오류는 흔히 정수 및 그와 관련된 개념을 명확히 이해하지 못한 데서 기인한다. 수직선에서 오름수와 내림수의 의미를 이해하지 못하면 수직선에서 일정 단위로 증가하는 것을 이해하기 어렵다. 정수의 조작과 계산을 할 수 없으면 더 복잡한 유리수의 계산은 더욱 어렵게 된다.

학습장애 학생들이 유리수에서 가장 많이 범하는 실수는 기호를 이해하지 못한다는 점이다. 분수의 계산에서 분자와 분모의 위치(예 : $\frac{1}{2}$)를 혼돈하고, 개념적 오류($\frac{1}{2} \times \frac{1}{3} = \frac{1}{6}$, $\frac{1}{2} - \frac{1}{3}$ $= \frac{0}{1}$)를 범한다. 분모를 잘못 이해하기도 한다. 가장 일반적인 오류는 분자와 분모를 각각 더하는 경우이다(예 : $\frac{3}{4} + \frac{1}{4} = \frac{4}{8}$, $6 + \frac{1}{4} = \frac{7}{4}$). 분수 덧셈의 경우 2차원 배열 모델이 도움이 된다.

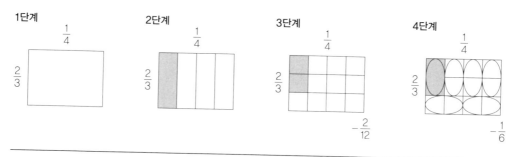

그림 11.23   분수 곱셈을 위한 배열 모형을 이용한 사례

분수의 나눗셈 식 쓰기	$\dfrac{\left(\dfrac{3}{4}\right)}{\left(\dfrac{2}{7}\right)}$	분자를 역으로 두 분자와 분모 계산하기	$\dfrac{\left(\dfrac{3}{4}\right)\left(\dfrac{7}{2}\right)=\left(\dfrac{21}{8}\right)}{\left(\dfrac{2}{7}\right)\left(\dfrac{7}{2}\right)=\left(\dfrac{14}{14}\right)}$	남는 값은 바뀐 분수와 곱하기 를 1로 나눈 것	$\left(\dfrac{21}{8}\right)$

그림 11.24   분수 계산에서 전략의 적용 방법을 설명한 사례

$\dfrac{1}{4}+\dfrac{2}{3}$의 지도 사례는 [그림 11.23]과 같다.

학생이 **뺄셈** 수준에서 어떤 절차가 필요한지를 이해하면 오류를 줄이는 데 도움이 된다. 예로 $\left(\dfrac{3}{4}\right)/\left(\dfrac{2}{7}\right)$의 경우 분수의 나눗셈이다(그림 11.24). 통분 방법과 곱셈의 방법 대신에 학생에게 계산 방법이 어떻게 도출된 것인지를 보여준다. 분수 나눗셈을 그림처럼 기록한다. 분수는 계산을 하면서 방법을 이끌어내고 분수가 어떻게 계산되는지를 보여주는 것이 중요하다.

소수점의 교수 전략과 중재

분수에 어려움을 겪는 학생들은 소수점에서도 비슷한 어려움을 겪는다. 차이점은 소수점의 경우 10진법으로 기록한다는 점이다. 어린아이들도 화폐의 경우는 시각적으로 소수점에 익숙하다(1원, 10원, 100원). 소수점 이해를 수직선 기반 모형과 연계시키는 것이 중요하다. 분수의 분모 증분을 설정하는 대신 $\dfrac{1}{10}$에서 시작한다. 학생이 수직선에서 $\dfrac{1}{10}$을 확인하게 한다. 그것은 0에서부터 떨어진 거리임을 보여주고 크기를 강조한다. 일단 크기가 이해되면 간단한 점이나 x축을 이용하여 $\dfrac{1}{10}$의 크기로 표시한다(그림 11.25).

그림 11.25   수직선으로 소수점 나타내기

계산할 때 배열과 영역 모델을 보여주기 위해 정사각형과 두 개의 수직선 모형을 이용한다. 수학의 목적은 소수점을 정확히 계산하기 위해 분배 속성을 이용하는 것이다. 배열은 구체물, 표상 및 추상적 상징의 순서로 제시할 수 있기 때문에 많이 이용된다. 구체적 단계에서 10진법을 나타내는 구체물을 보여준다. 각 구체물이 전체를 10으로 나눈 값, 즉 10개로 분할한 것 중의 하나임을 확인한다. 100의 자리집단이 1로 표시되며, $\frac{1}{10}$(0.1)의 막대기가 10개, $\frac{1}{100}$(0.01)로서 1단위를 표시한다(그림 11.26).

두 개의 수직선에 배열하기 위해 x축과 y축을 따라 수직선을 설정한다. 숫자를 서로 분리하여 분배 속성(정수와 소수)을 시각화한다. 구체적 계산 모형으로 시작하고, 다음 표상으로, 마지막에 추상적 상징으로 나아간다. 구체물-표상(그림, 기호)-추상적 상징(CRA)의 순서는 [그림 11.27](구체적 배열), [그림 11.28](표상 배열), [그림 11.29](추상적 상징 배열)는 모두 (1.3)(1.5)의 곱셈 문제를 나타낸 것이다.

그림 11.26 소수점을 위한 크기 비율 조작 사례

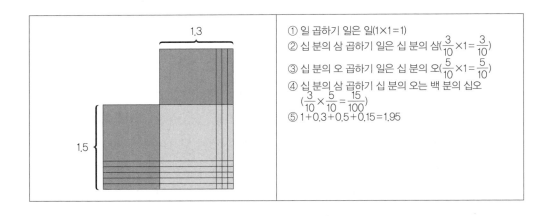

그림 11.27 소수점 곱셈을 위한 구체적 배열 모형 : (1.3)(1.5)의 구체적 배열

① 1곱하기 1은 1
② 10분의 3 곱하기 1은 10분의 3
③ 10분의 5 곱하기 1은 10분의 5
④ 10분의 3 곱하기 10분의 5는 100분의 15
⑤ 1+0.3+0.5+0.15=1.95

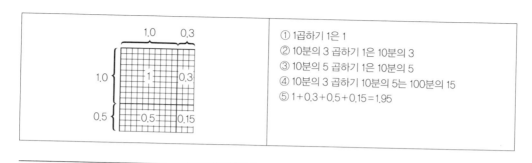

그림 11.28 소수 곱셈의 표상 배열 모형 : (1.3)(1.5)의 그림적 배열

<table>
<tr><td>곱셈 배열</td><td>1.0</td><td>0.3</td><td rowspan="3">① 1곱하기 1은 1
② 10분의 3 곱하기 1은 10분의 3
③ 10분의 5 곱하기 1은 10분의 5
④ 10분의 3 곱하기 10분의 5는 100분의 15
⑤ 1+0.3+0.5=0.15=1.95</td></tr>
<tr><td>1.0</td><td>1.0</td><td>0.3</td></tr>
<tr><td>0.5</td><td>0.5</td><td>0.15</td></tr>
</table>

그림 11.29 소수점 곱셈의 추상적 배열 모형 : (1.3)(1.5)의 추상적 배열

요약

수학학습장애의 개념과 하위 유형

- 표준화된 수학 성취도 검사에서 적어도 연속하여 2년 동안 10퍼센타일 이하일 경우 수학학습장애로, 2개 학년 동안 25~30퍼센타일 이하이면 수학 저성취로 분류한다.
- 수학학습장애의 하위 유형은 의미적 기억곤란, 절차적 수학곤란, 시공간적 수학곤란으로 분류되기도 하고 특성에 따라 상세하게 분류되기도 한다.

수학학습장애의 특성

- 수학학습장애의 특성으로는 영역 특정 기술(수감각)과 영역 일반 인지 특성(기억, 처리 속도, 실행기술, 시공간적 문제)으로 구분된다.
- 심리사회적 상관 요인으로 동기유발과 불안은 밀접한 관계가 있다.

수학학습장애의 중재 원리와 지도 계획

- 수학교수의 일반 원리로는 교수 시간 늘리기, 효과적인 교수의 활용, 집단 크기의 다양화, 실제 생활 사례 이용 등이 있다.
- 그 외 직접교수, 균형적 접근, 계산 및 문제해결 지도 계획 등의 전략이 있다.

수 감각

- 수감각 지도에는 수의 크기, 수의 관계, 패턴, 연산, 자릿값 등이 포함된다.

유리수의 개념과 계산

- 정수 연산지도에는 구체물-표상-추상적 상징(CRA)의 제시 전략이 많이 이용된다.

12

수학 : 도형, 측정, 문제해결 교수

학습목표

- 도형과 측정에 관한 교수 전략을 이해한다.
- 문제해결의 요소와 문제해결 수업 모형을 이해한다.
- 문제해결을 위한 효과적인 교수법을 이해하고 적용할 수 있다.
- 학습장애 중고등학생을 위한 교수적 지침을 이해하고 적용할 수 있다.
- 수학교과에서 중재반응법의 적용 방법을 이해한다.

수학은 비즈니스, 제조업, 과학, 테크놀로지는 물론 모든 교육 분야와 연관된다. 교사는 효과적인 교수를 통해 학생이 고등학교를 졸업하고 이어서 중등 후 교육, 취업과 같은 생활 목표를 달성할 수 있도록 도와주어야 한다. 오늘날 사회에서 수학의 통합적 특성 때문에 수학교수는 교육 공동체의 고려 사항 중 가장 중요시되고 있다. 이 장은 도형, 측정, 문제 해결 및 수학교과의 효과적인 교수 및 중재반응법에 중점을 두고 있다.

도형 및 측정

도형에 관한 교수 전략

학생이 도형을 학습하기 위해 교수는 시각적으로나 구어적으로, 이 두 가지 모두를 동원하여 수행하는 문제해결에 초점을 맞추어야 한다.

도형과 그림의 분류

교사는 수업에서 기타 도형을 별도로 분리하기보다 분수와 같은 다른 수학 아이디어와 조합하여 접근할 수 있다. 초등학교 1학년의 경우 패턴 블록을 이용하여 복합 도형을 보여준 다음 크기와 양을 조합한 덧셈으로 소개한다(그림 12.1). 이 사례에서 작은 삼각형은 1, 마름모꼴은 2, 사다리꼴은 3으로 세었다. 학생은 도형을 추가하여 새 도형을 만들고 도형의 이름과 더한 수를 말한다.

초등학교 3학년의 경우 패턴 블록 활동을 넘어 분수를 도입할 수 있다. 학생은 전체를 넓이가 같은 두 개의 도형으로 나눈다. 어려움을 겪는 학생을 위해 하나의 도형을 다른 도형 위에 쌓아서 비교해 볼 수 있도록 한다. [그림 12.2]의 마름모꼴은 6각형의 $\frac{1}{2}$이다. 이런 활동에

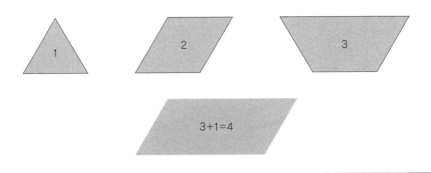

그림 12.1 도형과 덧셈의 연습

그림 12.2 도형과 분수의 연습

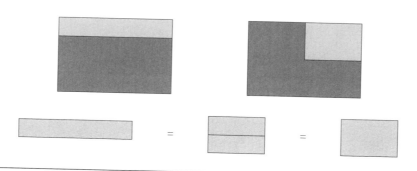

그림 12.3 도형과 너비 계산의 연습

일단 성공한 학생은 사각형으로 옮겨 독자적인 활동을 한다. 학생에게 직사각형을 4등분하게 한다. 교사는 직사각형을 다른 모양으로 4등분할 수 있지만 크기가 같다는 것을 보여준다. 도형을 반으로 자른 다음 서로 대응시켜 줄 수 있다(그림 12.3).

면적과 둘레의 길이

면적과 둘레를 학습할 때 우선 두꺼운 종이나 플라스틱 다각형을 이용하여 학습하고 다음에 기하판과 관련지어 지도하는 것이 도움이 된다. 다각형 지도를 위한 기하판 이용 사례는 각각 [그림 12.4], [그림 12.5]와 같다.

면적 계산을 지도할 때 정사각형이란 용어를 사용하고 면적이 정사각형 단위에 따라 측정된다는 것을 설명하는 것이 중요하다. 간단한 직사각형과 정사각형의 경우 면적을 계산하기 위해 정사각형을 단위로 계산하는 것이 비교적 간단하다. 왜냐하면 학생이 전체를 계산하기 위해 각 그림의 위에 같은 크기 단위의 정사각형을 쌓을 수 있기 때문이다. 그러나 삼각형, 평행사변형, 사다리꼴과 복합 도형은 두 개 또는 그 이상의 도형을 이루고 있다. [그림 12.4]의 사례처럼 다른 전략이 필요하다.

둘레 계산의 지도 방법은 면적 계산을 지도하는 것과는 다르다. 도형의 면적은 특별한 상황이 아니면 둘레에 직접적인 영향을 미치지 않는다. [그림 12.5]의 사례에서 두 도형의 차원

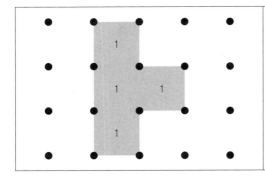

학생은 숫자를 이용하여 도형 안에 있는 정사각형의 수를 셀 수 있다. 이 도형의 전체 면적은 4개의 단위 정사각형이다. 그러나 둘레를 계산할 때는 도형판을 이용하는 것이 더 쉬울 수 있다.

그림 12.4 기하판을 이용한 그림의 면적 계산

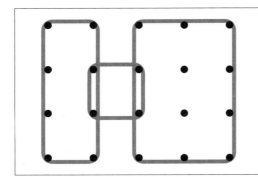

학생은 도형판과 고무 밴드를 이용하여 어떻게 둘레가 면적처럼 모양에 직접 영향을 받지 않는지를 알아볼 수 있다. 두 사례에서 둘레는 10단위이다. 각 직사각형의 길이는 같고 넓이는 2×3단위이다.

그림 12.5 기하판을 이용한 그림의 너비 계산

은 2×3단위이다. 그러나 면적은 다르다. 즉, 4 대 6의 정사각형 단위이다. 그럼에도 불구하고 두 도형의 둘레는 10단위이다. 학생이 먼저 둘레를 결정하기 위해 가장자리를 세고자 할 것이다. 어떤 경우 도형의 길이와 너비는 길이의 2배 더하기 너비의 2배와 같다고 가르친다 (P=2L×2W: 둘레의 길이=(2×길이)+(2×너비). 학생이 이 관계를 일단 이해하면 그것이 적용될 때와 되지 않을 때를 결정하는 과제로 넘어간다.

장애 학생의 장벽

둘레는 길이나 거리를 포함하고 면적은 평면이나 평면 공간을 포함한다. 그러므로 면적과 둘레를 보여주기 위해 다른 구체물이 필요할 수 있다. 위의 사례에서 기하판이 면적과 둘레 사이의 관계를 보여주기 위해 이용된다. 일부 학생들은 기하판을 이용하는 것보다 손가락으로 세는 것이 더 쉬울 수 있다. 많은 교재에서 정사각형 입방체가 사용된다. 학생이 면적과 둘레

그림 12.6 블록 격자

그림 12.7 도형 둘레의 시각화

를 알아보고자 할 때 블록의 수를 세어서 둘레를 계산할 것이다(그림 12.6).

예를 들어 위에 제시된 블록 격자를 보는 학생이 12개 블록을 셀 것이고 3×5 면적의 둘레가 12라고 말할 것이다. 이것은 학생이 면의 수를 세지 못하거나 블록의 수를 세기 때문이다. 대신에 교수에 사용된 조작물을 가르치고 있는 면적이나 둘레에 대응시킨다. 예를 들면 면적을 보여주기 위해 블록을 이용할 수 있고 막대기, 성냥개비, 진흙, 자석은 둘레를 보여주기 위해 이용될 수 있다(그림 12.7).

도형학습의 비계 교수

학생에게 정사각형을 만들게 한다. 그리고 한쪽 모서리를 밀어서 다른 도형 만들기를 학습한다. 학생에게 정사각형의 정의를 복습시키고 새로 만들어진 도형은 네 각이 90도가 아니고 더 이상 정사각형이 아니라는 것을 공부한다. 학생들은 이 도형을 다이아몬드라고 할 수 있다. 이런 방식으로 마름모꼴을 도입한다(그림 12.8).

학생들이 마시멜로, 파스타, 막대기, 진흙을 이용하여 그물망을 만드는 학습을 도와줄 수 있다. 그물망은 3차원 도형을 만들기 위해 겹쳐질 수 있는 2차원 청사진이다. 망의 각 만나는 부분은 3차원 구체물의 면이 된다. [그림 12.9]의 사례에서 망의 막대기와 진흙 표상을 접어서 삼각형 바탕의 피라미드, 즉 삼각뿔이 된다.

측정을 이용한 계산하기 설명

계산활동을 할 때 수직선을 주로 이용해야 한다. 특히 수직선은 1차원 수학문제 계산에 시

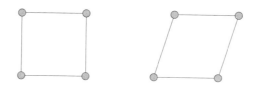

그림 12.8 구체적인 그림을 이용한 사각형과 마름모꼴 모형 비교

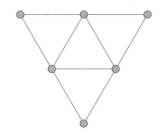

그림 12.9　그물의 2차원의 표상을 3차원 그림으로 접기

각적 도움을 준다. 그러나 수직선 학습 경험이 부족한 학생은 이러한 유형의 학습에 익숙하지 않을 수도 있다. 수직선을 이용한 계산 기능을 갖추기 위해 측정과 연계시킨다(Cohen & Sarnecka, 2014).

　학생에게 측정과 수직선 사이의 관계를 파악도록 길이 기반 측정으로 시작한다. 자를 수평으로 놓고 0에서 시작한다. 학생에게 자의 앞뒤로 셀 수 있도록 연습시키고 수직선에서 더하기, 빼기를 하도록 한다. 다음은 학생에게 구체물의 길이를 정수로 정확히 측정하게 한다. 예를 들어 연필의 길이를 재어본다. 측정의 시작과 끝점을 확실히 가르치고 길이를 측정할 때 자의 1에서 시작하는 것이 아니라 0에서 시작하여 재도록 지도한다.

문제해결 지도

문제해결을 수학의 중요한 요소로 인식하고 있지만, 특히 특수교육 현장에서는 주로 사실의 기억과 계산 절차를 강조하고 문제풀이에 필요한 개념적 및 절차적 지식과 전략을 개발하는 데 시간을 많이 투입하지 않는다.

문제해결의 요소

학습장애 학생을 지도하는 교사가 연령에 따라 수학적 어려움의 빈도를 평정할 때 가장 관심을 갖게 되는 것은 문장제 문제이다. 흔히 문제해결에 곤란을 지닌 학생들은 문제의 요구 조건을 정확히 이해하지 못하고, 문제의 복잡한 단계를 따르는 데 어려움을 겪는다. 효과적으로 문제를 풀기 위해서는 문제를 정확하게 이해하고 → 문제의 요소를 시각화하며 → 수 간의 관계를 이해하며 → 자기조절을 이용하여 → 언어와 어휘의 의미를 이해할 수 있어야 한다.

문제의 표상

문제를 이해하기 위한 가장 기초적인 능력은 문제를 정확히 파악하고 그림이나 도형으로 표상할 수 있어야 한다. 즉 학생이 문장제 문제를 해결하기 위해서 언어적 정보를 추가하여 문제를 그림이나 방정식으로 변환시킬 수 있어야 한다.

시각화

아동들의 시각화 기술이 발달함에 따라 이 기술은 문제의 의미를 말로 표현하기 위한 전략으로 이용된다. 학생들은 흔히 문제를 행동화하고 그림으로 그리며 다이어그램으로 표시하도록 배운다. 문제를 잘 해결하는 학생과 해결하지 못하는 학생의 특징은 다음과 같다(표 12.1).

숫자들 간의 관계 이해

숫자에 관한 개념적 지식과 그 관계는 유리수를 포함한 수학 성취에 중요하다. 일부 아동들은 수 감각 발달에 어려움을 겪는다. 수 감각은 넓은 의미에서 학생이 정신적 수학을 유창하고 유연하게 수행하는 능력을 말한다. 이 개념적 지식이나 수 감각이 없으면 진전도가 제약을 받을 수 있다.

자기조절

문제를 해결하기 위해서는 상위인지 능력과 실행기능이 요구된다. 자기조절은 학습자가 자기교수, 자기질문, 자기점검, 자기평가, 자기강화 등 학습을 촉진시키는 인지적 과정을 이용

표 12.1 학생의 문제해결 관련 특징

문제를 잘 해결하는 학생	문제를 해결하지 못하는 학생
• 자기점검 전략 등 다양한 전략을 이용함 • 문제를 이해하기 위하여 읽음 • 문제를 알기 쉽게 바꾸어 쓰기 • 중요한 정보를 확인함(밑줄 긋기). • 문제가 무엇인지, 무엇을 찾을 수 있는지를 자신에게 묻기 • 시각화하기(그림 방식의 제시) • 구어적 및 시각적 정보를 이용하여 문제해결 계획 세우기 • 답을 추정함 • 계산하고 답을 확인함 • 수학언어를 이해함	• 수 감각이 열등함 • 다양한 전략을 거의/전혀 사용하지 않음 • 자기점검 전략을 거의/전혀 사용하지 않음 • 시각화 전략을 거의/전혀 사용하지 않음 • 계획을 거의/전혀 수립하지 않음 • 추정을 거의/전혀 하지 않음 • 수학 어휘력이 제한적임 • 문제를 이해하지 않고 계산부터 시작함 • 절차나 답을 거의/전혀 점검하지 않음

하도록 도와준다(Montague, 2008). 학생들이 효과적인 문제해결자가 되기 위해서는 문제에 관하여 생각하고, 무엇을 할 것인지, 무엇을 모르는지, 문제를 어떻게 해결할 것인지에 대한 계획을 세우고, 관련 없는 정보를 억제하고, 계산하며 합리적인 대답이 맞는지를 확인하고, 자신의 문제해결 수행과정을 전부 점검할 수 있어야 한다. 아울러 자기조절 전략을 이용할 경우 학생의 문제해결력이 개선되고 습득한 능력을 새로운 문제해결로 전이시키도록 촉진한다.

언어와 어휘

수학 어휘의 제한된 지식과 언어 능력은 문제해결 기술에 영향을 미치는 중요한 요인이다 (Fuchs, Fuchs, & Stuebing et al., 2008). 수학은 개념적으로 읽기와 달리 어렵고 상황적 단서가 제한적이며 추상적이다.

덧셈 / 뺄셈 문장제 문제의 기본 범주

교사는 문장제 문제를 의미 있게 만들고, 구두로 제시하며 구체적인 사례를 이용하고, 문제를 단순화하며, 자신의 말로 문제를 설명하게 한다. 교사는 추가 연습을 제공하고 전략을 이용하며 정보처리 시간을 충분히 제공한다. 학습장애 학생들은 수학과 문장제 문제풀이를 위해 가시적인 전략을 필요로 한다. 덧셈/뺄셈 문장제 문제의 네 가지 기본 범주는 다음과 같다.

- 합산(요소들이 주어진 집합에 더해짐)
  - 철수는 쿠키 7개를 가지고 있습니다. 영희는 철수에게 쿠키 4개를 더 주었습니다. 철수는 쿠키를 모두 몇 개 가지고 있을까요?(결과 모름)
  - 철수는 쿠키 7개를 가지고 있습니다. 몇 개를 더 가져야 11개를 갖게 될까요?(변화 모름)
  - 철수는 쿠키를 가지고 있었는데 영희가 4개를 더 주어서 11개를 갖게 되었습니다. 철수는 쿠키를 몇 개 가지고 있었나요?(시작 모름)
- 제거(요소들이 주어진 집합에서 분리 또는 제거됨)
  - 철수는 쿠키 11개를 가지고 있었습니다. 그런데 영희에게 7개를 주었다면 몇 개가 남아 있을까요?(결과 모름)
  - 철수는 쿠키 11개를 가지고 있다가 영희에게 몇 개를 나누어 주었습니다. 이제 철수는 쿠키 7개를 가지고 있습니다. 철수는 영희에게 쿠키를 몇 개 주었을까요?(변화 모름)
  - 철수는 쿠키를 가지고 있었습니다. 영희에게 7개를 주었더니 4개가 남았습니다. 철수는 처음에 쿠키 몇 개를 가지고 있었을까요?(시작 모름)

- **부분-부분-전체**(두 개의 분리 집단 간의 비교)
  - 철수는 쿠키 7개와 쌀 과자 4개를 가지고 있습니다. 과자를 모두 몇 개 가지고 있을까요?
  - 철수는 과자 11개를 가지고 있습니다. 쿠키는 7개이고 나머지는 쌀 과자입니다. 쌀 과자는 모두 몇 개일까요?
- **비교**
  - 철수는 과자를 11개 가지고 있고 영희는 7개를 가지고 있습니다. 철수는 영희보다 과자를 몇 개 더 가지고 있을까요?
  - 영희는 과자 7개를 가지고 있고, 철수는 영희보다 4개를 더 많이 가지고 있습니다. 철수는 과자를 몇 개 가지고 있을까요?
  - 철수는 과자 11개를 가지고 있습니다. 철수는 영희보다 과자를 7개 더 많이 가지고 있습니다. 영희는 과자를 몇 개 가지고 있을까요?

문제해결 지도를 위한 수업 모형

학생들은 일반학급에 통합되어 수업을 받는 비율이 높기 때문에 통합학급에서 문제해결을 위한 수업을 어떻게 진행하는지를 이해할 필요가 있다. 문제해결은 특정 문제를 해결하는 것을 의미하지만 문제해결 그 자체가 수학 수업의 목적인 동시에 수학의 교수학습 방법이기도 하다.

한국교육개발원(강옥기, 1985)은 여러 학자들의 문제해결 모형을 분석하고 문제해결 과정을 '문제 의식-문제 이해-계획 수립-계획 실행-반성'의 5단계로 설정하였다(강문봉 외, 2009). 이 모형은 폴리야(Polya)의 문제해결 단계에 문제 의식 단계를 추가한 것으로 문제해결자의 문제 의식과 해결 의지를 가지고 활동을 시작해야 한다는 점을 강조한 것이다.

이 모형에 따르면 교사와 아동이 함께 토론하면서 문제해결 단계 및 전략을 익히고 나서, 학생들을 소집단으로 나누어 집단별로 문제를 해결해 보게 하고 정리하게 된다. 문제해결 능력은 가르쳐지는 것이 아니라 해결자 스스로 모방과 연습을 통하여 학습되는 것(강문봉 외, 2015)이란 점에서 학습장애나 특별 요구를 지닌 학생들에게 매우 어려운 과제이다. 특히 상위인지 능력과 실행기능 수준이 낮은 학생들에게는 문제를 의식하고 해결 전략을 개발하여 적용하는 과정이 매우 어렵기 때문에 직접교수와 비계교수를 통해 모방과 학습을 지원할 필요가 있다.

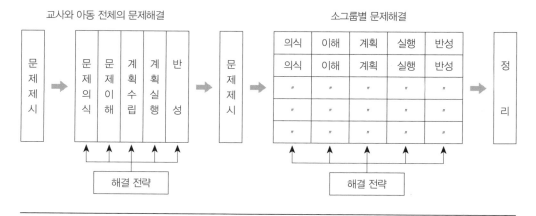

그림 12.10 교육개발원 문제해결 수업 모형

출처 : 강문봉 외(2015)

수학학습장애 학생을 위한 효과적인 교수

교사가 학습에 미치는 영향은 막대하며 또한 수학이 부적절한 교수에 매우 민감하므로 지도과정에서 연구 기반 교수를 적절히 이용하는 것이 매우 중요하다. 수학을 지도하는 시간이 충분하지 못할 수 있고, 교실에서 사용되는 수학 교과서가 가장 효과적인 실제를 적용하지 않을 수 있다. 효과적인 수학교수를 위한 증거 기반 교수의 특징은 다음과 같다(Jitendra et al., 2005).

- **목표의 명료화** : 학습목표를 구체적인 행동 용어로 기술한다.
- **하나의 기술 또는 개념 지도** : 한 가지의 새로운 기술이나 개념에 초점을 맞추어 지도하고 학습에 활용될 수 있는 적절한 작업기억의 자원이 되게 한다.
- **구체물 또는 그림의 이용** : 구체물과 그림 기법은 개념적 이해와 조직의 역량을 향상시키기 위해 이용된다.
- **교수적 접근** : 모델링과 단계의 설명 등을 적용하는 명시적 교수 절차를 이용한다.
- **교사 예제** : 교사가 표적기술이나 개념을 지도하기 위해 예문(사례)을 제시한다.
- **적절한 연습 기회 제공** : 연습 기회를 충분히 제공한다.
- **수학선수 기술 복습** : 중요한 선수기술을 복습한다.
- **오류 교정과 피드백** : 학생의 수행성을 분석한 뒤 교정적 교수 피드백을 제공한다.
- **어휘** : 주요 어휘를 도입하고 복습한다.

- **전략** : 인지적 전략을 지도하고 연습시킨다.
- **진전도 점검하기** : 학생의 진전도와 숙달을 명확히 하기 위한 절차를 기술한다.

이러한 중재는 효과적일 뿐만 아니라 효율적이다(Montague, 2008). 학생들에게 수학을 지도하고 학생의 성취를 개선하는 데 효과적인 교수적 실제는 다음과 같다.

- **학습 기회** : 문제를 충분히 경험하고 연습할 기회를 제공한다.
- **의미 파악에 초점** : 중요한 수학적 아이디어를 지도한다.
- **문제해결** : 절차적 지식을 향상시키기 위해 개념을 형성시킨다.
- **창의적으로 생각하고 연습할 기회** : 학생들에게 문제해결을 위한 창의적 방법을 구안하고 학습된 기술을 적용할 시간을 제공한다.
- **학생 해결과 학생 상호작용에 개방** : 학생들이 지식을 어떻게 구성하는지를 이해하고 이용한다.
- **소집단 학습** : 협동학습 활동 기회를 제공한다.
- **전학급 토의** : 학생들에게 다양한 해결 방법을 공유하도록 격려한다.
- **수 감각 초점** : 학생들이 합리적인 해결책을 결정하도록 도와준다.
- **구체물의 이용** : 학생 성취를 증가시키기 위해 구체물을 제공한다.
- **계산기의 이용** : 학생의 성취 향상과 태도 개선을 위해 테크놀로지의 이용을 장려한다.

직접교수와 명시적 교수

직접교수와 명시적 교수란 용어는 근본적으로 동일한 것을 의미한다. 직접교수와 명시적 교수는 단서 주기, 모델링, 구어적 시연, 피드백 등과 같이 연구 기반 실제와 교수적 접근을 이용하는 교사 주도의 교수이다. 두 전략은 모두 고도로 조직화되고 구조화되어 있으며 진행 속도가 빠르고, 교사와 학생의 지속적인 상호작용을 제공하며, 우연한 기회를 전혀 주지 않는다. 학생들은 능동적으로 학습에 참여하고 수업의 목표를 연습한다. 수행성에 대한 즉각적이고 교정적이며 긍정적인 피드백이 각 학생에게 제공된다. 그 목적은 학생이 지도받고 있는 기술을 숙달하고 자동화하도록 하는 데 있다.

아울러 명시적 교수는 사례 안내를 통한 연습, 수학 어휘와 서로 다른 추상적 상징의 의미를 지도하는 데 중요하다. 수업을 준비할 때 교사는 중요한 어휘를 확인하고 그것을 명확히 지도하며 수업 전반을 통해 의미를 강화한다. 읽기 이해 지도에서처럼 적은 수의 단어를 소집단으로 지도하고 구조도를 이용하여 학생을 능동적이고 적극적으로 수업에 참여시키는 것이 가장 도움이 된다(Bryant, 2005).

모델링

교사는 문제를 해결하는 동안 스포츠 선수의 활동을 생생하게 중개하듯이 '생각하고 활동하는 것'을 모두 큰 소리로 말한다. 학생들은 실제로 문제를 풀기 전에 훌륭한 문제풀이 행동을 보고, 들을 수 있는 기회를 갖게 된다. 교사는 또한 부정확한 문제풀기 행동을 시범 보임으로써 학생들이 자신의 수행을 점검할 수 있는 자기조절 전략의 적용 방법을 볼 수 있게 한다. 학생들은 문장제 문제를 종이와 연필을 이용하여 그림, 다이어그램, 표, 차트, 기타 그림 형태로 전환시킨다. 학생들이 기술을 습득해 감에 따라 구체적인 이미지에서 정신상으로 이동해 갈 수 있다.

구어적 시연

구어적 시연은 수학문제 풀이과정과 전략을 회상하기 위한 기억 전략이다. 학생들이 문제풀이 단계를 기억하도록 돕기 위해 사용하는 방법의 과정을 내면화할 수 있도록 두문자 전략을 흔히 사용한다. 결국 학생은 안내된 연습을 한 후 자신의 말로 문제해결 단계를 큰 소리로 말하는 과정으로 넘어간다.

전략교수

효과적인 지도 원리를 이용하고 집중적으로 연습시키는 전략교수가 수학의 문제풀이 지도에 가장 효과적이다. 특히 인지적 전략교수가 학습장애 학생을 위한 가장 강력한 중재 방법 중의 하나이다. 모든 학생은 자기교수, 자기질문, 자기점검과 같은 자기조절 전략의 학습을 통해 도움을 받을 수 있다(Montague, 2006). 전략을 일관되게 이용하면 개념적 이해의 호혜적 효과[1]를 지니는 것으로 드러났다. 개념적 이해는 앞서 발달된 절차적 지식에 의해 촉진된다.

인지적 전략은 학생들이 복잡한 풀이 단계로 이루어진 수학문제를 처리하고 기억하도록 도와줄 수 있다. 폴리야(Polya)의 문제풀이 4단계 전략(Van de Walle, 2007)은 ① 문제 이해, ② 문제해결 계획 세우기, ③ 계획 수행하기, ④ 풀이한 문제의 답이 맞는지 검토하기이다.

자기조절 전략인 '질문하고 점검하기'는 ① 말하기: 문제를 읽고, 이해하지 못하면 다시 읽는다, ② 질문하기: 내가 문제를 읽고 이해하였나, ③ 점검하기: 문제를 풀이할 때 내가 이해하였는지를 확인한다. 확실히 이해하고 문제를 풀고 있는가의 과정을 거친다.

---

1 한 곳에서 학습하여 도움을 받으면 다른 곳에서 효과적인 학습이 가능함

그림 기반 전략교수

그림 기반 전략교수는 학습장애를 지닌 학생들에게 수학 문장제 문제의 풀이와 관련된 절차적 및 개념적 이해를 지도하는 데 효과적인 접근법이다(Fuchs & Fuchs, 2007). 일반적인 그림식 기반 문제풀이 모형은 이미 알려진 문제 유형이나 그림식에 네 가지 절차적 단계(확인, 제시, 계획, 풀이)를 적용한다. 학생은 먼저 문제를 읽고 문제의 그림식을 확인한다. 다음으로 문제의 주요 정보를 다이어그램으로 작성하여 문제를 제시한다. 그다음 학생은 적절한 연산 방법을 선택하고 수학 등식으로 나타내어 문제풀이 방법을 계획한다. 문제풀이 교수에서 그림 기반 교수, 또래교수와 결합된 교수과정에 명시적 교수, 자기조절 교수 전략을 결합시켰을 때 문제풀이 기술이 향상되었다(Fuchs et al., 2003b).

구체물-표상-추상적 상징 제시 전략

구체물-표상(그림, 기호)-추상적 상징(CRA)의 제시 전략 교수의 순서는 구체적 수준에서 반구체적 수준으로, 그다음 추상적 수준으로 나아간다. 구체물이나 조작물의 이용은 학생의 수학적 개념에 대한 이해의 발달을 돕고, 나아가 학생이 수학적 표상을 할 수 있는 준비를 하도록 돕는다. 구체물은 자릿값과 같은 초기 개념에서부터 확률과 통계와 같이 보다 복잡한 개념에 이르기까지 다양한 수학적 개념을 발달시키는 데 도움이 된다. 예를 들어 CRA 지도 순서가 대수에 적용되었을 때 학생들의 문제해결 기술이 극적으로 향상된다. CRA 교수 순서는 명시적 교수, 모델링, 비계교수가 포함될 때 수학에 어려움을 겪는 학습자에게 더욱 의미가 있고 접근할 수 있게 된다(Allsopp et al., 2007).

몽태규 상위인지 전략

수학적 문제해결을 위한 상위인지 전략을 제안하였다(Montague, 2003). 교사가 학생에게 전략을 시범 보이고 안내된 연습과 독자적 연습 기회를 제공한다.

읽고 문제 이해하기

- 지시 : 문제를 읽어 보세요. 이해가 안 되면 다시 읽어 보세요.
- 점검 : 이해하고 문제를 푼다.

다시 말하기

- 말하기 : 중요한 정보에 밑줄을 그으세요. 문제를 자신의 말로 설명해 보세요.

- 질문 : 중요한 정보에 밑줄을 그었나요? 질문은 무엇인가요? 나는 무엇을 찾고 있나요?
- 점검 : 정답은 문제에 있어요.

시각화하기

- 말하기 : 문제를 다이어그램으로 그려 봅시다.
- 질문 : 문제에 맞게 그림을 그렸나요?
- 점검 : 그림과 문제의 내용을 맞혀 볼까요?

정답 추정하기

- 말하기 : 숫자를 훑어보고 암산으로 문제의 답을 추정해 봅시다.
- 묻기 : 문제를 훑어보고 답을 추정해서 썼나요?
- 점검 : 나는 중요한 정보를 이용했나요?

계산하기

- 말하기 : 올바른 순서로 계산을 했나요?
- 질문 : 내가 구한 답과 추정한 답을 비교해 볼까요? 소수와 화폐 기호가 바른 자리에 있나요? 내 답이 맞는지 확인해 볼까요?
- 점검 : 계산이 순서에 맞게 이루어졌나요?
- 말하기 : 계산을 점검해 봅시다.
- 질문 : 모든 단계를 점검했나요? 계산을 점검했나요? 내가 계산한 답이 맞나요?
- 점검 : 모든 것이 맞다. 틀리면 다시 돌아간다. 그리고 도움이 필요한지를 물어본다.

기억술 전략

학생들이 수학문제 풀이를 할 때 도움이 되는 여러 가지 기억술 전략이 있다. 이러한 전략으로는 두문자어, 그림, 이합체 전략(각 단어의 첫 글자가 단계를 나타내는 단어 형식), 구조도, 또는 단서 시트로 제시될 수 있다. 다음은 두문자 및 이합체 전략의 사례들이다.

이해 그림 답 검토.   두문자 기억 전략은 고학년 학생들이 정수를 포함한 문장제 문제나 방정식을 풀기 위해 이용되는 단계를 기억하게 돕는다(Maccini & Ruhl, 2000). 이해 그림 답 검토란 STAR을 국어식으로 표현한 것으로서 '문제를 이해하고 그림 식으로 바꾼 후 풀고 답을 검토하기' 과정을 의미한다.

이해(S) : 문장제 문제 이해하기

그림(T) : 문장에 문제를 그림 형태의 방정식으로 바꾸기

답(A) : 문제를 풀어 답 찾기

검토(R) : 문제풀기 과정 검토하기

부호 읽고 풀어쓰기. 부호 읽고 풀어쓰기(DRAW) 전략은 CRA 전략을 결합하여 가감승제(사칙 연산)가 포함된 문제풀이를 돕는다(Mercer & Mercer, 1998). DRAW 전략은 문제에서 먼저 수학 부호를 찾아보고 문제를 읽은 다음 문제를 풀어 답을 쓴다.

D : 수학 부호 찾기	R : 문제 읽기
A : 문제풀기	W : 답 쓰기

이부 순서 계산 완료. 이부 순서 계산 완료(ORDER) 전략은 사칙 연산의 혼합 문제의 계산 순서를 기억하도록 돕는다. 문제의 내용을 파악하고 계산 부호를 읽은 후 계산 순서를 정하여 차례대로 계산한다.

O : 문제를 읽고 이해하기	R : 부호를 찾아 읽기
D : 계산 순서 정하기	E : 순서에 따라 계산하기
R : 완료하기	

양곱표 계산표. 양곱표 계산표(EQUEL) 전략은 '보다, 크다, 작다, 같다'와 같은 것을 결정하기 위한 학습전략이다.

E : 문제의 양쪽 검토하기	Q : 더하기, 곱하기 확인하기
U : 덧셈은 동그라미나 선으로 표시하고 곱하기는 '묶음' 이용하기	
E : 양쪽의 합을 각각 계산하기	L : 같거나 다르기 표시하기

대수

여러 가지 교수 전략은 이미 이 장에서 논의되었다. 특히 대수지도를 위한 효과적인 교수 전략은 다음과 같다.

- 교사 중심의 활동
- 구체물-표상-추상적 상징의 지도 순서
- 직접적 · 명시적 교수 모델링
- 연계하기, 확인하기, 제공하기 — 선수기능 지도

- 컴퓨터 보조교수
- 전략교수
- 상위인지 전략(예 : 자기질문하기)
- 구조화된 연습장
- 기억술(예 : STAR)
- 내용 구조도

수학의 위계적 특성과 빠른 교수 속도 때문에 학년 수준을 조정하기 어렵다. 통합 상황에서 학습장애 학생을 지도하는 교사는 수학 영역에 능력이 있는 교사들과 함께 협력하게 될 것이다. 일반교사와 특수교사는 함께 특정 수업에 필요한 선수기술을 고려해야 한다. 교수적 조정을 실시할 여지가 있는가? 추가 지원을 필요로 하는가? 학생의 수행 수준에서 치료를 제공하거나 학년 수준에서 조정을 제공할 필요가 있는가? 수학 파트너와 협력을 통해 어느 접근이 더 적절한지를 결정해야 한다.

테크놀로지

계산기와 같은 테크놀로지를 사용하면 수학문제에서 요구되는 고차적 수준의 사고를 할 수 있게 된다. 개인의 인지적 자원, 특히 작업기억은 계산 부담으로부터 자유로워진다.

컴퓨터와 계산기

컴퓨터 기반 활동이나 웹 기반 활동은 수학교육 과정의 유용한 보완재가 된다. 이런 활동과 도구의 다수는 문제풀이에 중요한 요소가 되는데, 수학문제의 시각적 제시를 제공한다. 시각적 제시는 전형적으로 역동적이고 상호작용이어서 학생들이 패턴을 보고 중요한 요소를 재인하는 데 도움이 된다.

계산기는 학생들의 개념 이해, 전략 이용, 수학에 대한 태도를 향상시키는 데 도움이 된다. 계산기의 사용은 큰 수를 계산하는 문제를 풀 때는 특히 권장된다. 학생들의 부정확한 반응은 주로 큰 수를 사용할 때 오류를 범할 가능성이 커진다.

컴퓨터 보조교수

컴퓨터 보조교수는 학습장애 학생의 수학교수에 효과적인 것으로 나타났다. 그러나 선택할 프로그램이 너무 많아서 고민해야 할 상황이다. 이처럼 혼란스러운 상황에서 소프트웨어를 선택하는 데 도움이 될 팁은 다음과 같다(Babbitt, 1999).

- 스크린이 가급적 단순한 배열의 형식일 것
- 절차는 학교에서 학습하고 있는 것에 맞출 것
- 수정할 수 있는 소프트웨어를 선택할 것
- 수준 간의 이동이 세분화된 소프트웨어 선택
- 피드백이 용이한 소프트웨어 선택
- 단일 문제에 대한 틀린 답의 수를 제한하는 소프트웨어 선택
- 성적을 계속 기록할 수 있는 소프트웨어 선택
- 붙박이 교수 보조가 있는 소프트웨어 선택
- 실제 생활 문제를 자극하는 소프트웨어 선택
- 소프트웨어는 하나의 학습된 도구이지 총체적 해결이 아님을 명심할 것

학습장애 중고등학생을 위한 수학지도 지침

중고등학생 수학교수에 관한 대부분의 연구는 낮은 수준의 수학기술에 초점을 맞추고 있다. 수학지도에서는 모델링, 안내된 연습, 구체적 조작물, 독자 연습이 문제해결 기술지도에 효과적이었다. 명시적 교수 모델인 구체물-표상-추상적 상징의 단계적 제시 접근법은 학습장애 중고등학생의 대수지도에 효과적이다(Witzel, Mercer, & Miller, 2003). 교사가 대수를 지도할 때 추가의 지원, 과제의 복잡성 줄이기, 관련 활동과 자료, 집단학습 활동 능력이 중요하다.

학습장애 중고등학생 지도 시에는 교육과정 요구가 초등학교보다 어렵기 때문에 협동적이어야 한다. 수학교사는 학습장애에 관한 지식이 부족하고, 특수교사는 중등수학 교육과정에 대한 전문성이 부족하기 때문에 상담과 협력이 필수적이다.

많은 학습장애 학생들이 수학 실패 경험을 지니고 있음을 지적하고 있다. 이러한 경험과 이력으로 인하여 수학에 대한 부정적인 태도와 불안을 느끼게 될 수 있다. 교사는 다음 지침을 참고로 학생의 수학에 대한 긍정적인 태도를 촉진시켜야 한다(Mercer & Pullen, 2005).

- 도달할 수 있는 목표를 설정하고 도전적인 상황을 선정하여 학생을 참여시킨다.
- 열등한 기능을 향상시키고 과제분석을 이용하여 수학기술이나 개념의 교수 계열을 단순화하여 성공 기회를 제공한다. 차트를 이용하여 학생의 수행성을 피드백해 준다.
- 수학기술을 실제 생활 문제와 연관 지어 논의한다.

- 학습할 능력이 있음을 긍정적으로 기대하고 대화를 나눈다.
- 학생이 열심히 노력하는 것이 수학 성취도 결과에 중요한 영향을 미친다는 전제를 이해하도록 돕는다.
- 수학에 대한 열정적이고 긍정적인 태도를 시범 보이고, 수학을 지도할 동안 진도를 학생의 학습 속도에 맞추어 유지하는 것이 중요하다.

다차원 접근 : 중재반응법

비상징적 기술의 연습이 초등학교 학생들의 수학 수행성을 향상시킨다는 증거들이 제시되고 있다. 이러한 실제의 일부 성공적 사례를 근거로 직접 수학기술을 지원할 것을 강조하고 있다. 다차원 중재의 단계별 특성은 다음과 같다(Alfonso & Flanagam, 2018).

중재반응법 1차원 중재과정에서 적용되는 효과적인 교수의 특징

- 학습자를 적극적으로 참여시키고 학생들에게 반응할 기회를 많이 제공한다.
- 학생과 교사는 학생의 학습에 책임을 진다.
- 인지적 전략교수를 선택하고 각 단계를 명시적으로 지도하며 문제 유형과 문제풀이 방법을 확인시킨다.
- 절차적 이해와 개념적 이해를 함께 형성시킨다.

중재반응법 2차원 중재과정에서 적용되는 효과적인 교수의 특징

- 교수가 명시적·체계적·설명적이며, 이는 2차원에서 실시되는 중재의 주요 특징이다. 수 조합, 분수 지도, 문장제 문제를 지도하는 데 효과적이다.
- 학습 문제는 학생의 지식에 기반을 두어 세심한 교수 순서를 통해 최소화되어야 한다.
- 교수는 강력한 개념적 근거를 포함시킨다. 분수 개념을 지도할 때 분수의 개념적 및 절차적 지도를 하는 것이 더 효과적이다.
- 교수는 훈련과 연습을 통해 기술을 숙달시킬 충분한 기회를 제공한다.
- 학생의 학습 효과성과 반응성은 지속적인 진전도 점검에 의해 결정된다.
- 학습된 자료와 새롭게 제시되는 자료를 누가적으로 복습함으로써 학습이 이루어진다.
- 실패를 반복할 때 학생들이 수학학습에 참여하고 지속할 수 있는 강화 체계를 도입한다. 효과성과 반응성은 지속적인 진전도 점검에 의해 결정된다.

중재반응법 3차원 중재과정에서 적용되는 효과적인 교수의 특징

- 개별 학생과 독특한 학습 프로파일에 초점을 맞춘다.
- 학생의 반응을 지속적으로 점검하면서 집중적인 교수를 제공한다.
- 현장이나 상황을 중심으로 기술을 명시적으로 지도하는 기술 기반 교수를 제공한다.

요약

도형 및 측정

- 학생이 도형을 학습하기 위해 교수는 시각적으로나 구어적으로, 이 두 가지 모두를 동원하여 수행하는 문제해결에 초점을 맞추어야 한다.
- 수직선의 이용은 계산활동의 중심이 되어야 한다. 특히 수직선은 1차원 수학문제 계산에 시각적 도움을 준다.

문제해결 지도

- 효과적으로 문제를 풀기 위해서는 문제를 정확히 기술하고, 문제의 요소를 시각화하며, 수 간의 관계를 이해하며, 자기조절을 이용하여 언어와 어휘의 의미를 이해할 수 있어야 한다.
- 자기조절은 학습자가 자기교수, 자기질문, 자기점검, 자기평가, 자기강화와 같은 학습을 촉진시키는 인지적 과정을 이용하도록 돕는 전략을 포함하고 있다.
- 덧셈/뺄셈 문장제 문제는 합산, 제거, 부분-부분-전체, 비교의 네 가지 기본 범주가 있다.

수학학습장애 학생을 위한 효과적인 교수

- 직접교수와 명시적 교수는 모두 단서 주기, 모델링, 구어적 시연, 피드백 등과 같이 연구 기반 실제와 교수적 접근을 이용하는 교사 주도의 교수이다.
- 인지적 전략은 학생들이 복잡한 풀이 단계로 이루어진 수학문제를 처리하고 기억하도록 도와줄 수 있다.
- 폴리야의 문제풀이 4단계는 문제 이해, 문제해결 계획 세우기, 계획 수행하기, 풀이한 문제의 답이 맞는지 검토하기이다.
- 그림 기반 전략교수는 학습장애를 지닌 학생들에게 수학 문장제 문제풀이와 관련된 절차적 및 개념적 이해를 지도하는 데 효과적인 접근법이다.

- 구체물-표상-추상적 상징의 제시 전략교수의 순서는 구체적 수준에서 반구체적 수준으로, 그다음 추상적 수준으로 나아간다.
- 몽태규는 수학문제 해결을 위한 상위인지 전략으로 읽고 문제 이해하기, 다시 말하기, 시각화하기, 정답 추정하기, 계산하기 과정을 제시했다.
- 기억술 전략으로 이해 그림 답 검토, 부호 읽고 풀어쓰기, 이부 순서 계산 완료, 양곱표 계산표 등이 있다.
- 계산기와 같은 테크놀로지의 사용은 개인으로 하여금 수학문제에서 요구되는 고차적 수준의 사고를 할 수 있게 해준다.

학습장애 중고등학생을 위한 수학지도 지침

- 수학지도에서는 모델링, 안내된 연습, 구체적 조작물, 독자 연습이 문제해결 기술지도에 효과적이었다.

다차원 접근 : 중재반응법

- 중재반응법 1차원 중재과정에서 적용되는 효과적인 교수의 특징은 학습장애 학생에게 충분한 반응 기회를 제공하고 교사가 학생의 학습에 책임을 진다.
- 중재반응법 2차원 중재는 명시적 · 체계적 · 설명적 교수를 제공한다.
- 중재반응법 3차원 중재과정은 개별 학생과 독특한 학습 프로파일에 초점을 맞추고, 학생의 반응을 지속적으로 점검하면서 집중적인 교수를 제공한다.

13

사회과 교수

사 회과는 시민교육이며 인간의 다양성, 사회적 복잡성, 일반적 세계 지식의 이해에 중요하게 기여하는 정보기술과 가치발달을 촉진시킨다. 이러한 의미에서 이 장은 학습장애뿐만 아니라 통합교육 장면에서 교육받는 특별요구를 지닌 모든 경도장애 학생들을 대상으로 기술한다.

특별요구 학습자

특별요구 학습자를 위한 고려

학습자 특성

학습장애 학생이 사회과 학습에서 일반적으로 겪는 문제는 읽기와 이해 능력이다. 학습장애를 포함하여 경도장애 학생과 특별요구 학생이 어려움을 겪는 읽기 구성요소에는 사실의 회상, 중심 개념의 요점 정리하기, 텍스트 자료의 중심 아이디어를 지원하는 세부 사항 찾기, 사건의 순서 따르기, 이용할 수 있는 데이터로부터 추론하기가 포함된다. 아울러 일반적인 부진학생은 쓰기 표현, 이해와 파지를 위한 어휘의 강화, 강의 중심의 수업에서 노트 필기하기, 여러 가지 실제 세부 사항 내에서 사회과 교육과정 내의 큰 아이디어를 개념적으로 찾기 등의 영역에서 어려움을 겪는다.

교육과정 자료 관련 문제

교육과정을 개발할 시점부터 보편적 학습설계를 반영하여 특별요구 학생의 학습곤란을 조정한다는 개념을 충분히 반영하지 못하고 있다. 실제 지도할 때는 교과서에 주로 의존하거나 보충자료를 활용하게 되는데, 학습장애 학생들이 수업에서 어려움을 겪는 것은 당연하다. 다양한 학습요구를 지닌 학생들에게 도움이 될 설계 특징은 다음과 같다(Lenz & Schumaker, 1999).

- **추상성.** 사회과 내용의 상당 부분은 개념 이해를 다루고 있다. 다양한 학습요구를 지닌 다수의 학생들은 복잡한 개념을 파악하기가 쉽지 않다.
- **공부기술.** 사회과 영역은 학생으로부터 다양한 공부기술을 기대한다. 텍스트 문단을 대략 훑어보는 능력은 과제를 완수하고 시험공부에 중요하다. 읽기 텍스트 자료로부터 얻은 정보를 조직하는 능력은 중요하다.
- **학습 전략.** 사회과 영역의 내용을 효과적으로 숙달하기 위해 다양한 전략을 효과적이고

효율적으로 이용할 필요가 있다.

- **경험 배경.** 풍부한 경험 배경을 지닌 학생들은 사회과 수업 시간에 제시된 내용을 숙달하고 읽으며 토의하고 시험을 볼 때도 훨씬 더 유리하다.
- **정보의 양.** 중등 수준의 사회과 교재의 단원에 제시된 정보의 양은 엄청나다. 일반적인 주제를 이해하고 관련지어야 할 세부 사항도 그 양이 무척 많다.

기술 요구 관련 문제

사회과는 여러 가지 복잡한 주제, 이슈, 개념을 포함하고 있다. 예를 들어 지역사회의 개념은 인지적 및 개념적 기술을 요구하며 추상적이다. 다양한 경험의 결과로 여러 가지 주제를 더욱 의미 있게 찾을 수 있는 풍부한 경험 배경을 지닌 학생들이 사회과 학습에 유리하다. 아울러 대부분의 사회과 수업은 읽기, 쓰기, 구어 표현, 상호작용 기술, 집단기술, 공부기술, 연구 관련 기술(인터넷과 도서관 활용기술) 등 여러 영역에서 효율성이 요구된다. 학생들이 갖추어야 할 사회과 학습기술은 다음과 같다(Smith & Smith, 1990).

- **정보 획득.** 읽기, 공부기술, 정보 찾기, 공학적 기술(인터넷 활용기술), 정보의 조직과 이용, 분류, 해석, 분석, 요약, 종합, 평가, 의사결정
- **사회적 참여.** 개인기술, 집단 상호작용, 사회 및 정치적 기술(예 : 집단 역동성과 연관된 것)

교사의 교과지도 준비

사회과 교수와 관련된 또 하나의 관심사는 특수교사의 훈련 배경으로 그들 대다수는 사회과 지도를 위한 준비가 되어 있지 않다는 점이다. 그러나 특수학급 담당 특수교사는 읽기, 쓰기, 수학과 더불어 내용교과의 학습을 지원하거나 직접 지도해야 한다.

특히 학습장애 학생이나 특별요구 학생은 개인생활, 가정생활, 학교생활, 지역사회생활, 대인관계 등 사회기술 문제를 지니고 있다. 이러한 문제들을 행동이나 생활지도 차원에서 특별히 지도할 수 있지만 가능하면 교육과정과 연계하여 체계적으로 지도할 필요가 있다. 특수교육 대상 학생들의 다수가 통합교육 상황으로 이동하고 있는 현실은 특수교사의 역할과 기능에 대한 변화를 불러오고 있다(정대영, 2017). 특수교사의 역할은 내용 전문가가 아니라 교수적 전략가가 되는 것이라고 지적했지만(McCoy, 2005) 현재의 상황은 특수교사들이 내용 전문가뿐만 아니라 교수적 전략가의 역량을 동시에 갖추어야 한다는 것이다.

사회교과의 사정

사회교과 영역에서 학생의 지식과 기술에 관한 정보를 수집하는 데 이용되는 기법은 여러 가지다. 학생의 사정은 습득된 지식의 정확성 여부를 평가할 뿐만 아니라 학생의 사회과 지식의 질과 깊이에 대한 지표가 되어야 한다(Spinelli, 2012). 교사는 그 과정에서 적용한 교수 방법별로 적절한 평가 방법을 선택하여 실시해야 한다(예 : 교과서 중심 교수, 탐구 중심 교수). 예를 들어 교사는 어휘발달, 읽기 이해, 그래프와 차트의 해석 능력을 평가하여 교과서 중심의 교수를 실시하고, 학생의 지식을 사정할 수 있다. 이와 대조적으로 교사가 탐구 지향의 교수를 실시했다면 학생들에게 계획하기, 조사하기, 문제해결하기를 평가할 것이다. 학생의 성취를 평가할 때 적용한 교수 방법에 적합한 평가 방법을 선택하는 것이 가장 중요하다.

학생의 수행성을 측정하는 방법에는 표준화 검사, 교육과정 중심 측정, 수행평가, 루브릭 등이 있다. 전통적인 주말 퀴즈, 정규평가(월말고사, 기말고사)는 중등학교 사회과 수업에서 가장 일반적으로 이용되고 있다. 이와 같이 긴 역사를 지닌 평가과정은 학생이 교과서를 읽고, 수업을 들으며, 토의에 참여하고, 퀴즈나 시험을 이용하여 평가한다.

교육과정 중심 측정은 일반적으로 학생들이 학습한 내용과 밀접하게 관련된 교사 제작의 비표준화 시험이다. 이 유형의 사정은 매우 유용하고 학생이 받은 특정 수업 내용의 진전도를 점검할 수 있고, 이 측정으로 얻은 데이터에 기반을 두어 교수 관련 의사결정을 할 수 있다. 사회과에서 프로젝트나 다른 유형의 직접적인 체험활동을 이용할 경우 이 유형의 사정은 학생의 수행평가에 매우 적합하다. 수행평가는 일반적으로 문제해결이나 복잡한 과제 완성 과정에 초점을 맞추며, 학생이 단지 알고 있는 것이 아니라 할 수 있는 것을 평가한다.

행동 체크리스트와 유사한 사정은 루브릭으로 학생의 활동에 관한 성적을 채점하는 지침이다. 교사는 학생의 수행 수준을 결정하기 위하여 특정 준거를 개관한 분석적 루브릭을 이용할 수 있다. 분석적 루브릭은 객관적인 반면 보다 주관적인 사정 유형은 총체적 루브릭이다. 총체적 루브릭은 학생활동에 대한 전반적인 질적 수준을 사정하고 평가한다(예 : 우수, 수용, 미흡, 수용 불가).

사회과 프로젝트와 수행평가를 위해 이 두 가지 유형의 부르릭을 이용할 수 있다. 사정과정에 학생이 참여할 수 있는 다양한 방법이 제안되고 있는데, 그러한 사정 전략은 다음과 같다(Spinelli, 2012).

포트폴리오. 포트폴리오 사정은 학생의 수행을 반영하는 결과물을 누적시킨다. 이 방법은 표준화된 양식에서 요구하는 최고의 능력을 강조하지 않기 때문에 특별요구 학생들에게 적합하다. 따라서 학생은 시간의 경과에 따라 자신의 최상의 결과(작품)를 보여줄 수 있다.

저널과 학급토론. 저널은 학생의 쓰기기술을 이용하는 자료이다. 학생은 공부하고 있는 내용의 특정 개념이나 시대에 대해 깊이 있게 저널을 쓴다. 저널쓰기는 학습장애 학생들이 어려워하는 쓰기기술을 요구하기 때문에 교사는 저널 목록을 구체화하거나 저널쓰기 방법을 학생에게 구체적으로 지도해야 한다.

학습 로그. 쓰기언어 기술뿐만 아니라 적은 수의 고차적 사고기술을 이용한다. 학생들은 그날 학습한 내용이나 그 주에 학습한 내용을 요약하여 종합하는 방식으로 쓴다.

생각 말하기. 학생들이 문제를 해결하거나 활동을 수행할 때 이용하는 과정을 구어로 설명한다. 교사는 이 기법을 적용하기 위해 학생에게 적용 방법을 시범과 함께 지도한다.

자기평가 질문지. 이 유형의 질문지는 학생들이 참여했던 사회과 활동의 다른 측면뿐만 아니라 자신의 수행을 평가할 수 있다.

면담. 면담은 학생이 무엇을 학습했는지를 확인할 뿐만 아니라 흥미와 태도를 파악하는 데 유용하다. 이 평가 방식은 특히 쓰기에 어려움이 있지만 구두로 설명할 수 있는 학생들에게 유익하다.

사회과 교수

사회과 수업 관련 특성

사회과 학습 대상의 특성과 자료의 관계

외재적 특성. 사회과 학습의 대상은 사회 현상으로서 도시와 촌락, 경주와 그 일원의 유물들, 법원과 국회, 경제와 정치 현상 등이다(송언근, 정혜정, 이관구, 2015). 사회과 교육은 이러한 주제를 가지고 수업을 하지만 이들을 교실 안으로 직접 가져오지 못한다는 것이 사회과 학습 대상의 외재적 특성이다.

내재적 특성. 인간은 다양한 세계관과 가치관을 지니고 있고, 이러한 인간들이 모여 사회를 만들며 그들 간의 상호작용에 의해 사회 현상이 발생한다. 사회 현상은 보는 사람의 관점에 따라

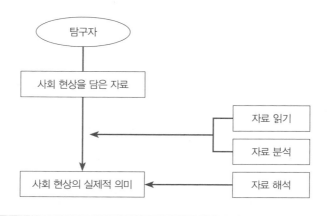

그림 13.1 자료 분석과 해석 중심의 사회탐구

출처 : 송언근, 정혜정, 이관구(2015)

달라질 수 있는데, 이것은 가치를 갖는 사회 현상의 내재적 특성 때문이다(송언근 외, 2015).

교실 사회과 수업의 학습 대상으로 자료. 사회 현상은 내외재적 특성으로 사회 현상을 담은 자료를 통해 특징과 발달 과정을 추론한다. 자료는 교실 사회 수업의 핵심 토대이자 자료 조작과 추론은 사회과 수업의 핵심 방법이다. 학생들은 자료를 통해서 현상을 살필 때 눈으로는 자료 속의 사회 현상을 보지만, 머리로는 실제 사회 현상을 상상해야 한다. 학습장애를 비롯한 특별 요구 학생들은 인지 능력과 읽기 이해력, 추론 능력 등이 제한되어 사회과 학습에 어려움을 겪는다. 따라서 교사는 사회탐구가 [그림 13.1]과 같이 자료를 토대로 대상의 특징을 간접적으로 읽고, 분석하고, 해석하며 추론 중심이 될 수밖에 없는 점을 감안해야 한다.

사회과 수업의 토대로서 사회과 자료

자료화에서 발생하는 차원, 규모, 재현의 문제를 보완하는 자료. 사회 현상이 자료화되면 필연적으로 차원, 규모, 재현의 문제가 발생한다(송언근 외, 2015). 첫째, 실제 세계가 지도만큼 축소된 자료로 전환되는 규모의 변화이다. 둘째, 실제 세계는 높이를 갖는 3차원의 공간이지만 자료화되면 2차원의 평면으로 바뀌는 차원의 변화이다. 셋째, 자료 속의 사회 현상은 그것이 만들어질 당시의 시점만 나타내는 재현의 문제이다(그림 13.2). 따라서 차원, 규모, 재현의 문제로 인해 교실 속 사회 현상과 관련된 정보들은 실제 정보들이 제거되고, 축소되고, 왜곡, 변형된 것임을 인식하고 이들 문제를 보완하는 것이 사회과 수업으로 나아가는 핵심이 된다.

공간 측정을 이해할 수 있는 지도자료. 초등학교는 학년에 따라 학습 공간이 정해져 있다. 3학

그림 13.2 사회 현상의 자료화 문제점

출처 : 송언근 외(2015)

년은 시·군·구이고, 4학년은 광역시와 도, 5~6학년은 국가와 세계이다. 4학년에서 인구와 교통, 경제, 정치의 학습은 특정 광역시·도에서 발생되는 현상에 한정된다. 그러한 현상은 그것이 발생한 공간 속에 살고 있는 사람들에 의해 만들어지므로 교사와 학생은 학년별 공간의 특징을 정확히 이해해야 한다.

사회 현상을 탐구할 수 있는 비조작자료. 사회 교과서의 각종 자료들은 대부분 사회과학자들이 이미 분석하고 해석한 것이다. 한편 사회 현상으로서 덜 조작된 학습 주제와 관련된 자료를 조작하며, 관련된 현상을 이해하고 이를 토대로 관련 지식을 구성하는 활동이 이루어진다. 나아가 비조작자료의 조작을 통한 탐구활동이 이루어진다.

　사회과학자들의 탐구과정은 사회 현상과 관련된 원정보자료(비조작자료)의 수집 → 관찰 및 특징 파악 → 분류 기준 설정 → 조작자료 만들기 → 조작자료의 분석과 해석 등의 과정을 거친다. 분류한 정보들의 특징을 한눈에 알아보기 쉽도록 표상한 것이 그래프, 구조도, 단순화한 통계자료가 된다. 원자료, 즉 비조작자료 속의 정보들을 특정 기준으로 분류하는 활동을 '조작활동'이라 하고, 그 결과로 만들어진 자료를 '조작자료'라고 한다.

사회과 지도를 위한 일반적 접근

사회과의 목적은 문제해결 기술, 의사결정 기술, 도덕 및 윤리적 사고를 길러주는 것이다. 이상의 교과지도 목적을 달성하기 위해 교과서/강의/토의 접근법과 탐구적 접근법을 주로 이용한다. 두 가지 접근법의 특징과 구성요소는 〈표 13.1〉과 같다.

교과서/강의/토의 접근법

일반교육 환경에서 사회과 내용을 다룰 때 가장 자주 이용되는 기법은 교과서/강의/토의 형식이다. 이 접근법은 과정을 조직하고 정보를 고려하기 위한 주요 체제를 강조하고 있다. 사

표 13.1 사회과 두 가지 교수 접근법

접근법	긍정적 특징	부정적 특징	구성 요소
교과서 강의 토의 접근법	• 순서가 단순화되어 왔음 • 좋은 심미적 특성을 포함(예 : 설명) • 훌륭한 자원과 참고자료 포함 • 내용 관련 용어 소개 • 교사의 업무 분담 완화(예 : 준비 시간)	• 읽기 난이도 문제 • 언어의 복잡성 • 너무 많은 개념을 너무 빨리 소개 • 충분한 조직적 도움이 부족할 수 있음(예 : 제목, 소제목) • 피상적이거나 주제와 무관하여 이해를 어렵게 할 수 있음 • 교사 지침에 장애 학생을 위한 적절한 조정을 하지 않음 • 일반적으로 토의만 결합됨	• 교사 안내 • 학생 시험 • 학생 워크북 • 보충자료
탐구적 접근법	• 조직적 문제해결 기술 강조 • 학생 중심 • 학생의 호기심과 관심 강조	• 조직적 문제해결 기술 요구 • 자기 지시적 행동 요구(예 : 독자적 학습) • 읽을 수 없거나 이용할 수 없는 외부자료 이용(예 : 점자, 테이프) • 교사의 특별한 기술 요구	• 판매도서 • 참고자료 • 도서관 활동 • 현장활동 • 미디어 • 학생 보고(구두 및 문어) • 컴퓨터

회 교과서는 학생들이 어휘를 학습하고 교과의 사실적 특성을 이해할 수 있어야 한다. 이러한 점은 사회 교과서를 통해 찾아가는 데 필요한 문해기술이 부족한 학습장애 학생들에게는 어려운 활동이다.

중등학교의 경우 검인정 교과서이므로 교사가 교과서를 선정할 때 학생의 특성(예 : 읽기 수준, 조직 요소, 언어 요구, 개념 수준)과 교사자료(교수 지침, 주제를 다루는 추가의 활동 중심 아이디어, 보충자료)를 신중히 고려해야 한다. 교사들은 역사의 경우 사건과 활동의 관계 및 그들을 어떻게 명확히 지도할 것인지에 중점을 두고 텍스트를 고려해야 한다(Harniss, Caros, & Gesten, 2007).

탐구적 방법

접근과정으로서의 탐구는 문제해결이나 이슈를 강조하는 기술을 중시한다. 이 접근법은 여러 가지 방법적인 측면에서 매력적이지만 학생들이 일부 능력과 선수기술(사회과 공부기술)을 갖추어야 한다. 다수의 일반 사회과 교사는 '사회과 공부기술'을 명확히 가르치고 조직적인 지원을 해야 한다.

학습장애 학생들에게 사회과를 지도할 때 탐구 중심 접근법을 조심스럽게 적용해야 한다.

다른 교과 영역(예 : 과학)에서처럼 과정 접근법과 더불어 구조화된 교수는 학생들이 주제와 개념을 관련지을 수 있도록 돕기 때문에 필요하다. 사회과에서 구조화된 접근법을 이용할 경우 참여와 직접활동을 조장하고 동기유발에 긍정적이며, 학습 성취를 향상시키는 긍정적인 측면이 있다. 반면에 일부 학생들은 발견 과제에 어려움을 겪고, 어휘와 지식에 대한 별도의 교수가 필요하며, 발견 전략을 스스로 적용하기 어려운 부정적인 측면이 있다.

사회과 지도 프로그램은 교과서를 이용하지만 규칙적으로 비디오 중심 및 탐구 지향의 활동을 이용한다. 국립특수교육원은 교과별 통합교육 자료를 주기적으로 개발하고 있다(예 : 장애학생 통합교육교수학습자료, 2018). 이러한 자료는 학습장애 학생의 특성에 맞게 적절히 사용될 수 있다. 그러나 교육과정을 수정 및 조정할 때 내용 면에서 일반교육과정을 지나치게 벗어나지 않는 범위 내에서 특별요구 학습자의 요구에 맞추어야 한다(Polloway, 2018).

빅아이디어

세 번째 방법은 빅아이디어 접근법이다(Brophy et al., 2009). 사회과에서처럼 대량의 정보를 가르치는 것은 어렵고 힘겨울 수 있다. 따라서 사회과 정보의 폭과 깊이를 조직하기 위한 한 가지 교수적 조정 방법은 빅아이디어를 이용하는 것이다. 빅아이디어는 주제의 가닥보다는 더 특수하고 민주주의나 지역사회와 같은 전통적 사회과의 개념과 근본적으로 다른 중요한 개념과 원리이다. 빅아이디어는 오랫동안 이용되어 왔으며 정보를 전달할 교수적 접근법으로서 다음과 같다(Polloway, 2018).

강력한 아이디어는 몇 가지 특성을 지닌다. 우선 빅아이디어는 교과 영역의 기초가 되는 일반적인 것이고, 주요 교수 목적은 세부적이다. 빅아이디어는 운송(교통)과 같은 넓은 의미의 주제와 항공기에 사용되는 연료와 자동차에 사용되는 연료가 다르다는 사실처럼 특정 정보 영역 간의 중간 범위로 묶는 경향이 있다. 대부분은 개념, 일반화, 원리, 원인을 설명한다. 수송에는 육상, 해상, 항공 수송의 범주가 있고, 수송 방법은 인력에서 동물의 힘으로, 나아가 기계의 힘으로 이행한다. 수송은 경제발전과 문화교류의 중요한 역할을 하고, 수송 방법이 확립되면 주어진 형태의 수송을 지원하기 위한 인프라(예 : 도로, 교통통제 체제)가 발달한다는 등으로 다루어진다.

교사가 빅아이디어 접근법을 이용할 때 학생들에게 다른 강력한 아이디어와 연계시킬 수 있다. 빅아디어 접근법은 절차적 지식(어떻게 사용하는가, 사용 방법), 조건적 지식(이용 시기와 이유)뿐만 아니라 명제적 지식(무엇이, 어떻게, 왜 전개되는가)을 지도하는 것이 이상적이다. 교사들이 빅아이디어를 선택할 때 지식을 효율적으로 폭넓게 습득하는 데 전형적인 사례가 되는 범례화 개념을 선택해야 한다. 무엇보다 한 가지 이상의 1년 단위의 빅아이디어를 선택하여 정보의 조직과 연결시킬 체제로 활용함으로써 사회과 내용을 확인하고 학생 자신의 생활과 연결시킬 수 있어야 한다. 예를 들어 문제-해결-효과 모형(problem-solution-effect model, POSE)이라는 빅아이디어의 유형을 이용할 수 있다. 문제(예 : 경제, 인권)는 보통 모든 사회과 개념에서 일단 확인하면 가능한 해결책을 검토할 수 있고(accommodation, domination, movement, invention, tolerance, ADMIT 모형 이용), 끝으로 문제가 종료되거나, 해결되거나 지속되는 효과, 성과 또는 결과로 이어진다. 그리고 또 문제가 일어나고 순환된다.

특별요구 학생을 위한 교수 전략

사회과는 모든 교과 영역처럼 학습이 일어날 가능성을 극대화하는 건전한 교수적 실제를 요구한다. 학습 측면에서 연구 지지를 받는 전략은 선행 구조도, 개념도, 소집단 교수, 확대 연습, 또래교수, 필기기술 지도, 안내된 노트 이용, 공부 안내, 상호교수(예 : 텍스트를 문단으로 읽으며 질문, 요약, 정보를 명료화하기 등), 내용 향상 틀, 테크놀로지 기반 교수, 기억법 등이 있다(Ciullo et al., 2015).

보편적 학습설계

보편적 학습설계는 모든 학습자에게 접근할 수 있는 교육과정 내용을 개발하는 데 초점을 맞추고 있다. 결과적으로 그것은 모두에게 적합한 한 가지 지도 방법이 아니라 오히려 폭넓은 선택의 기회를 제공한다. 그것은 학습 장벽을 제거하고 학습으로의 접근성을 높이고자 한다. 사회과의 보편적 학습설계는 일반적인 형식을 개인의 요구에 집중할 수 있고, 학생의 학습요구에 적극 접근할 것을 강조하며, 테크놀로지를 강조하고, 다양한 학습요구를 지닌 학생이 광범위하게 분포되어 있음을 강조한다.

　사회과 프로그램에서 이용될 수 있는 전략으로는 웹사이트, 강의노트, 선행 구조도와 내용 구조도, 내용 강화 전략, 공부 안내, 테크놀로지 이용, 보다 제한적인 자료나 대안적 반응 양식에 대한 잦은 검사, 명료화, 반복하기, 질문 격려하기 등의 특성화된 수업 제시, 조정된 읽기 수준의 선택 등이 있다.

글의 구조도

사회과 교수에서 고려할 중요한 전략은 구조도이다. 글의 구조도는 박스, 셀 및 화살표를 이용하거나 이해할 수 있는 양식으로 주요 개념을 끌어낼 수 있는 시각적 단서를 이용하여 단어를 정리하는 시각적 제시법이다. 글의 구조도는 학습자에게 학습 목표와 주제를 알려주고 교수안을 조직할 수 있게 하며, 교육과정 수정과 조정을 지원하고 학생의 집단 참여를 촉진할 수 있다. 글의 구조도에 관한 내용은 제10장 읽기학습장애에 구체적으로 소개되어 있으므로 이를 응용하면 될 것이다.

내용 강화

내용 강화 전략은 사전지식이 현저히 부족하고 주의집중과 기억에 문제가 있으며 개념을 쉽게 혼돈하고, 교육과정과 관련된 명료성 부족 등의 문제를 지닌 특별요구 학생들에게 효과적이다. 학생이 학습한 정보를 이해하는 데 조직적인 구조를 제공하는 형식적 내용 강화 루틴은 선행 구조도, 내용 구조도, 매입전략 단계, 상호작용 학습, 공부 안내, 차트, 개요, 시공간적 제시, 기억법 등이 있고 이러한 기법들은 학생의 수행을 향상시키기 위해 많이 이용된다(Bulgren et al., 2013).

내용 강화 루틴의 한 가지 사례는 질문탐색 루틴이다. 이 기법은 주요 아이디어의 세부 사항 이해, 자료의 분석, 중심 아이디어의 요약, 전개 방법, 인과관계의 결정, 이해를 지원한다. 이 루틴을 이용할 경우 교사는 구조도의 구조 내에서 다음 질문에 대해 학생과 함께 활동한다.

- 중요한 질문은 무엇인가?
- 주요 용어와 설명은 무엇인가?(주요 아이디어와 세부 사항의 이해)
- 질문과 대답의 근거는 무엇인가?
- 주요 아이디어에 대한 답은 무엇인가?(중심 아이디어 요약하기)
- 주요 아이디어를 어떻게 이용할 수 있는가?(분석, 자원 비교)
- 전반적 (빅)아이디어가 있는가? 실제 세계에 이용되는가?(주장과 추론 평가)

기억법 전략

기억법 전략은 학생이 어휘, 용어, 사회과 교수와 관련된 기타 이름의 과제를 처리하도록 돕는 데 유용하다. 그러한 교수는 기억 기제를 이용하여 지식과 파지를 향상시킨다. 기억법 전략은 기억하기 어려운 개념을 기억하기 쉽도록 바꾸는 방법으로서 특수교육과 일반교육에서 오랫동안 활용되어 왔다. 기억법 전략은 새로운 어휘, 기술적 용어, 위치와 장소의 이름, 학습할 여러 가지 패턴과 공식을 학습하는 수업에서 교과목과 상관없이 폭넓게 이용될 수 있다.

사회과 교수에서 언어적(예 : 주요어) 전략, 첫 문자 전략, 시각적 전략(예 : 그림문자) 등 다양한 기억법 전략이 이용된다. 가장 도움이 되는 기억법으로 두문자와 어크로스틱[1]인 것으로 확인되고 있으나(McCabe, Osha, & Roche, 2013), 특수교육 대상 학생의 연구에서는 주요어 전략(keyword strategy)이 가장 많이 인용되고 있다(Polloway, 2018).

첫 글자 기억법. 첫 글자 기억법에는 두문자어 전략과 어크로스틱 전략이 있다. 첫 글자 전략은 사물의 목록을 기억하는 데 이용될 수 있다. 예를 들며 오대양의 이름(태평양, 대서양, 인도양, 남극해, 북극해 : 태대인 남북해), 육대주의 이름(아시아, 유럽, 오세아니아, 남아메리카, 북아메리카, 아프리카 : 아유오 남북아), 조선시대의 왕의 이름(태정태세문단세 …), 화학 주기율표(리베비씨노오불레 … …) 등이 있고 필요에 따라 만들 수 있다.

언어적 기억법. 언어적 기억법은 익숙한 단어나 구를 새로운 개념과 연결 짓는 주요어 전략이다. 주요어는 새 단어와 그와 관련된 정보 사이의 관계를 강화하는 데 이용된다. 사회과에서 이용되는 주요어는 어휘 정의, 기술적 용어와 정의, 유명인과 그의 기여, 국가, 시·도와 도청 소재지, 전쟁의 원인과 결과 등을 들 수 있다. 학습장애 학생들은 다른 학생들보다 주요어 전략으로 더 많은 도움을 받고 비장애학생 수준으로 성취한 연구도 있다(Uberti, Scruggs, & Mstropieri, 2003).

시각적 기억법. 시각적 기억법에는 표적 개념과 관련성을 나타내기 위한 그림문자, 그림 이용, 시각화 전략 등이 있다. 교사는 학생이 학습하고 있는 단어의 기억을 돕기 위해 그림을 그릴 수 있다. 기억법 그림은 제작이 어렵지 않고 한 번 제작하면 중요한 개념에 대한 기억을 향상시키기 위해 반복해서 사용할 수 있다. 학습 자료를 그림으로 제시하면 특별요구 학생이 사회과 사실과 개념을 학습하고 회상하는 데 도움이 된다. 기억법 교수는 학생들의 기억을 도와줄 의도된 목적으로 이용될 때만 효과적이란 점도 지적되고 있다(Lubin & Polloway, 2016).

공부기술

다양한 형태의 공부기술은 사회과의 효과적인 교수의 구성요소가 된다. 학생이 어떤 공부기술에 문제가 있으면 이러한 기술을 명시적으로 지도할 필요가 있다. 교수는 타당한 사정을 통해 IEP에 명시된 목표와 관련된 교육적 수행 수준에 기초해야 한다.

---

1 각 행의 첫 글자를 아래로 연결하여 특정 어구가 되게 쓴 글이나 시를 말하며, '종렬 첫 문자어 전략'이라고 할 수 있다.

교수 적합화

특별요구 학생들의 사회과 학습 가능성을 높여줄 기법들이 있다. 〈표 13.2〉는 학년별로 사회과 수업에서 학생이 공부하게 될 요구와 활동 유형의 기능에 따라 교수적 적합화를 하도록 권장하고 있다. 교과서의 활용을 높이기 위해서는 ① 텍스트의 복잡성을 줄이기 위한 자료의 우선순위 정하기, ② 읽기 과제에 대한 사전 어휘 지도를 통해 해독과 이해 높이기, ③ 각 문단이나 페이지를 읽은 후 학생이 다시 말하기 등이 있다. 교사는 내용 읽기 보충자료를 녹음 교재로 이용할 수 있다. 특히 특별요구 학생들에게 적용할 수 있는 전략은 다음과 같다.

- 선행 구조도 : 읽어야 할 텍스트의 자료와 관련하여 구조도를 작성하여 제시하고 토의하기
- 공부 안내 : 중요한 정보를 선정하여 학생들의 이해를 돕기 위해 질문 형식이나 설명 형태로 제시하기
- 어휘 훈련 : 적절한 시기에 학생들이 학습할 내용과 관련된 어휘의 적절한 정의를 이해시키기 위한 다양한 활동하기
- 글의 구조도 : 주요어를 중심으로 텍스트의 내용을 구조도로 작성하여 제시하기

동료 매개학습

협동학습은 성취도 향상, 학생 참여, 동기유발에 매우 유용하고 특별요구 학생들에게 특히 권장된다. 사회과는 학생들이 함께 활동할 가치를 만들기에 이상적인 활동을 이용할 수 있다. 다양한 협동학습 방법(예 : 지그소우, 팀게임 토너먼트)을 이용하여 효과적 교수를 실시할 수 있다. 전학급 또래지도를 포함한 또래교수는 사회과에서 중요한 동료개입 전략이다.

표 13.2 교수 적합화 기법

교수적 실제	관심 영역	적합화 기법
텍스트자료	가독성 조정 (쉽게 읽기)	• 동일한 자료를 다루는 읽기 쉬운 다른 교재 이용 • 소리 나는 교재 제공(읽어주는 책) • 내용을 이해하기 쉬운 보충 읽기자료 제공 • 동료 주도의 집단활동 참여
	어휘	• 학생이 특정 자료를 공부하기 전에 새로운 단어나 용어의 소개 • 교사가 만든 어휘 설명집 이용 • 여러 가지 어휘학습 활동하기(예 : 카드 게임 등)

(계속)

표 13.2 교수 적합화 기법(계속)

교수적 실제	관심 영역	적합화 기법
텍스트자료	이해	• 텍스트 자료를 학생과 함께 사전에 검토하기(예 : 주요 용어와 개념 확인) • 그림, 숫자, 표, 그래프에 대해 토의하기 • 선행 구조도 이용하기 • 의미지도나 다른 글의 구조도 이용하기 • 주요 내용 중심으로 가볍게 대충 읽기 • 텍스트를 다른 목적으로 한 차례 이상 읽기 • 읽은 내용 토의하기
수업 강의	주의집중	• 자기점검 기법 지도하기 • 자기점검 보조도구 활용하기(예 : 체크리스트) • 강의 시간을 너무 길거나 복잡하지 않게 하기 • 강의와 토의, 다른 활동을 다양하게 조합하기
	이해	• 사전 노트, PPT, 다양한 구조도, 내용 개요 제공하기 • 강의 전 새로운 용어 소개하기 • 수업에 제시된 모든 그래프 토의하기
	노트 필기	• 노트 필기기술 지도하기 • 강의 중 채워 넣어야 할 부분을 빈칸으로 만든 교사 준비 노트 제공
교수자료	절차적 이슈	• 학생이 자료와 장비의 이용법 알게 하기 • 장비 이용 준거와 자격을 갖추게 하기(예 : 칼의 이용)
	개념적 곤란	• 지도나 지구본 기술지도 • 문제가 될 수 있는 모든 어휘와 개념의 사전지도와 토의
프로젝트	지시 따르기	• 교수를 명확히 제시하고 이해 입증하기 — 문장 형식으로 지시하기
	자기지시	• 진전도 점검 • 중간 데드라인 설정 • 개별 과제를 할 수 없는 경우 협력집단 프로젝트 이용하기
	내용 개발	• 과제 제시 후 즉시 개요를 작성하거나 발표하기 • 다양한 형식의 최종 보고서를 제출하기 전에 초안 제출하기
미디어	어휘	• 사전에 새로운 어휘와 용어의 소개 및 토의하기
	이해	• 사전에 배경 정보와 내용에 대한 토의 시간 갖기 • 사전에 다양한 그래픽 보조물 이용하기 • 수업 후 요점 토의하기
웹 기반 활동	절차적 이슈	• 학생에게 지정 사이트에 들어가는 방법 지도하기 • 학생에게 도움이 될 유용한 웹사이트 선택하기 • 북마크 이용법과 북마크 조직법을 지도하고 스스로 중요한 정보를 이끌어 낼 수 있도록 지도하기
	이해	• 그래픽 보조를 제공하여 학생들이 적절한 정보를 획득하도록 돕기

테크놀로지 기반 교수

혁신적 미디어와 온라인자료의 막대한 성장은 사회과 주제를 학습하며 상호작용 가능성을 제공하고 있다. 교수 목적으로 인터넷을 이용할 수 있는 가능성은 거의 무한하다. 특정 주제를 강조한 웹사이트들이 있어 이를 이용하여 풍부한 교수법을 제공할 수 있다. 컴퓨터, 테블릿 PC, 스마트폰 역시 사회과에 이용할 수 있고, 이러한 기기는 상호작용 기능 때문에 재미있게 이용될 수 있다. 디지털 테크놀로지를 쉽게 이용할 수 있게 됨으로써 학생들이 습득한 기술과 지식을 행동으로 나타낼 수 있게 되었다. 다양한 학생들의 요구를 충족시키는 데 이용될 수 있는 여러 가지 제품이 제안되고 있다. 이러한 제품들을 특성에 따라 시각적(예 : 크로스워드 퍼즐, 광고, 책 표지), 촉각적(예 : 놀이, 모델, 게시판 게시), 청각적(예 : 말하기, 면담) 자료로 범주화할 수 있다.

미디어

사회과 지도에는 여러 가지 다른 교수적 실제가 이용될 수 있다. 교사는 수업 상황에서 토의, 시범 및 학습센터 등을 적용할 수 있다. 미디어를 효율적으로 이용하는 것도 내용을 재미있게 하고 관련짓는 또 하나의 방법이 될 수 있다. 상당수의 비디오테이프, 영상 필름, 디지털 미디어 역시 교수자료로 이용할 수 있다. 교사는 학생들의 개념적 지식과 이해를 높이기 위해 영상자료를 전부 또는 일부를 이용할 수 있다. 이 경우 교사는 신중히 자료를 검토하고 선택해야 한다(예 : 홈리스, 다문화 가정, 장애 등). 교사가 교수적 테크놀로지의 일부로서 영상자료를 이용할 때 4단계 모형을 채택해야 하며 자료 이용의 극대화를 모색할 필요가 있다(Russell, 2009). 특히 영상자료를 교수 목적으로 제시하고 수업이 효율적으로 이루어지도록 하는 것이 중요하다.

- 수업에서 영상자료를 보여주기 위한 법적 요건을 지키며 수업 준비하기
- 수업 중 제시하려는 영상 자료를 사전에 검토하기
- 학생과 함께 영상자료 보기
- 영상자료를 본 후 누가적 활동 제시하기

현장 경험

현장 경험 또는 현장 학습은 교사들에게 부담스럽다. 그러나 이런 학습활동을 적절히 활용하면 제한적인 경험 배경을 지닌 학생들의 세상 지식을 풍부하게 할 수 있다. 현장 경험은 철저한 계획과 준비가 필요하다. 즉, 교수 목표를 확인하고 학생들에게 조사할 내용을 말해 주며

현장학습 후 토론 계획을 세워야 한다. 예를 들어 현충원으로 현장학습을 가기로 했다면 역사와 지역문화에 대한 토의를 활발히 할 수 있을 것이다.

서비스 학습

서비스 학습은 안내된 학습과 교수이다. 서비스 학습이란 "안내된 학습이나 교실학습이 청소년 주도로 이루어지도록 하고, 서비스 경험 및 습득된 기술과 지식을 시범 보이며, 그에 대해 반성할 수 있는 구조화된 시간을 제공하고, 그 과정에서 실제 지역사회 요구를 적용하는 연구기반의 방법"으로 정의된다. 학급과 학교가 지역사회 관련 프로젝트에 함께 참여함으로써 학생들은 사회활동을 통해 실제 사회와 교육과정을 경험할 뿐만 아니라 시민적 책무성을 학습한다. 실행 가능한 몇 가지 종류의 서비스 학습은 다음과 같다(Kaye, 2010).

직접 서비스. 프로젝트는 학생들에게 다른 성인과 학생에게 직접적인 영향을 미치는 활동에 참여시킨다. 지역사회 내의 어린 아동을 지도하거나 다문화 가정 자녀 지원에 참여할 수 있다.

간접 서비스. 프로젝트는 지역사회나 환경적 노력에 도움을 주고자 하나 대상자와 직접 접촉하지는 않는다. 일반적으로 이러한 프로젝트는 팀 접근을 요구하는데, 전체 학급이 지도에 따라 참여하고 계획을 수립하고 조직기술을 나타내며 타인과 협동적으로 활동한다.

옹호. 이 범주는 학생들이 지역사회와 정부에 대해 상당한 지식과 정보를 지니고 있어야 한다. 교사는 학생들에게 의회 의원들을 만나 지역사회 현안 문제에 대해 토의하는 방법을 지도한다. 학생들은 지역사회 모임이나 행사를 후원하거나 자원봉사를 하고 개선시킬 이슈를 공론화하는 데 적극 참여한다. 학습장애 학생은 다른 학생들과 짝지어 활동하거나 소집단활동을 통해 참여할 수 있을 것이다.

연구. 연구 기반 서비스학습은 사회와 과학을 결합시킬 수 있는 방법을 제공한다. 예를 들어 학생들은 안전한 식수와 관련하여 지역 저수장을 조사하기 위해 과학자들과 팀을 구성할 수 있다. 이러한 프로젝트는 수집된 정보에 기초하여 학생들에게 과학실험, 가설설정, 가설검증 및 결과 보고서를 작성하도록 요구한다.

요약

특별요구 학습자

- 학습장애 학생이 사회과 교수에서 경험하는 일반적인 학습 문제는 읽기와 이해 능력이다.
- 다양한 학습요구를 지닌 학생들에게 유용한 자료의 주요 결정 요인이 되는 설계의 특징으로 추상성, 공부기술, 학습 전략, 경험 배경, 정보의 양에 관한 이슈들이 포함된다.
- 사회과는 여러 가지 복잡한 주제, 이슈, 개념을 포함하고 있다.
- 사회학습을 위해 학생들은 사회과 학습기술, 정보 획득과 사회적 참여기술을 갖추어야 한다.
- 사회과 교수와 관련된 또 하나의 관심사는 특수교사의 훈련과정에 사회과 지도를 위한 준비를 해야 한다.

사회교과의 사정

- 학생의 수행성을 측정하는 방법에는 표준화 검사, 교육과정 중심 측정, 수행평가, 루브릭 등이 있다.

사회과 교수

- 사회과 수업의 토대로서 사회과 자료의 성격은 자료화에서 발생하는 차원, 규모, 재현의 문제를 보완하는 자료, 공간 측정을 이해할 수 있는 지도자료, 사회 현상을 탐구할 수 있는 비조작자료이다.
- 사회과 지도를 위한 주요 교수적 접근은 교과서/강의/토의 접근법과 탐구적 접근법이 있다.
- 사회교과 지도 전략에는 선행 구조도, 개념도, 소집단교수, 확대 연습, 또래교수, 필기기술지도, 안내된 노트 이용, 공부 안내, 상호교수(예 : 텍스트를 문단으로 읽으며 질문, 요약, 정보 명료화하기 등), 내용 향상 틀, 테크놀로지 기반 교수, 기억법 등이 있다.

14

과학과 교수

과학은 지식, 기술, 개념, 원리, 이론과 법칙이고 또한 과정과 방법론으로서 개인, 가족, 직장, 지역사회 요구에 많은 영향을 미치는 주제를 포함하고 있다. 이 교과는 학생들의 현재 요구뿐만 아니라 장기적인 측면에서 그들에게 의미가 있어야 한다. 과학교과처럼 재미있게 지도할 수 있고 학생들의 참여도가 높으며 다양한 배경의 학생과 연관시킬 수 있는 교과 영역은 거의 없다. 그러나 일반적인 방법으로 자극을 받지 못하는 학생들을 위해 별도의 전략이 필요하다.

과학교육과정과 특별요구 학생

과학교수의 내용

과학교육 자료마다 교육 목표가 다소 다를 수 있지만 일반적으로 지향하고 있는 네 가지 목표군은 다음과 같다(Yager, 1989).

- 개인적 요구를 충족시키기 위한 과학
- 사회문제 해결을 위한 과학
- 진로의식을 위한 과학
- 미래 공부를 준비하기 위한 과학

이러한 목표군은 모두 학습장애를 비롯한 특별요구 학생에게 적절할 수 있지만 어떤 학생들에게는 그중 일부가 다른 것보다 더 중요할 수 있다. 교수적 수준에서 '관련 내용과 지식의 획득, 탐구 관련 기술의 발달, 과학적 태도의 육성'이란 세 가지 중요한 목적은 과학교육 전반을 통해 이루어진다. 과학은 우리가 주의를 기울이는 모든 것이 대상이 될 수 있다고 하지만 일반적으로 다음 세 가지 영역으로 조직될 수 있다(Polloway, 2018).

- 생활과학(생물의 공부 : 생물학, 동물학, 식물학, 생태학)
- 물리과학(무생물 연구 : 화학, 물리학)
- 지구/환경과학(천문학, 기상학, 해양학, 지리학 등의 주제 연구)

과학교육에서 다루어야 할 내용의 안내 지침이 되는 공통적인 주제나 개념에는 시스템(수족관에서 생활), 모형(심장 모형), 척도(공기 중 습기의 양), 변화(기후, 계절), 안정(달의 모양), 다양성(지문), 구조와 기능(치아의 유형), 물질(고체가 액체로 용해됨), 에너지(마찰을 통해 생산된 열) 등이 포함된다. 최근 전미과학연구위원회는 K-12 과학교육을 위한 구조에 기초하여 다음 세대의 과학 표준을 발표하였다(NGSS, 2016). 이 연구위원회는 STEM 원리[과학(Science), 테크놀로지(Technology), 엔지니어링(Engineering), 수학(Mathematics)]를 강조했다. 표준은 과학 탐구와 관련된 핵심 개념과 주요 아이디어, 학생의 비판적 사고, 과학 내의 개념 이해와 관련된 문제해결에 초점을 맞추고 있다.

초등학교 수준에서 양질의 과학교육 프로그램을 제공하는 것은 건전한 과학교육 프로그램을 지원할 미래의 과학 공부를 위한 기능, 지식 및 태도의 토대를 형성한다는 점에서 중요하다. 초등학교 수준에서 적용될 수 있는 네 가지 과학교육과정 모델은 나선형 교육과정, 심화형 교육과정, 통합교육과정 및 주제 중심 교육과정이다(Cawley, Foley, & Miller, 2003).

초등 과학교육과정은 초기에 내용이 도입되고 후속 학년에서 개념적으로 복잡한 방식으로 여러 차례 다루어진다. 중등학생을 위한 과학 프로그램의 특성은 학생들이 따르는 프로그램의 방향에 따라 달라지게 된다. 학생이 일반교육과정에서 수업을 받는다면 생활과학/생물학, 물리학, 화학, 지구과학과 같은 과목을 이수하게 될 것이다. 학습장애 학생이 대안적 교육과정을 이수한다면 생활기술이나 기술적 및 직업적 적용과 관련된 기능적 과학교육 수업을 받을 수도 있다. 과학은 학급 교수와 실제 생활 주제를 연계시키기에 적합한 교과이다.

특별요구 학생을 위한 과학교수

과학교수는 교사와 학습장애 학생을 포함한 특별요구 학생에게 상당히 어려운 영역이다. 과학교육에서 강조되어야 할 요소는 학생의 미래와 과학교육의 상호작용이다. 특별요구 학생들은 일반 또래에 비해 과학 개념을 학습하기가 어려울 수 있고, 시험 성적이 유의하게 낮을 수 있다. 과학과 교수에서 고려할 두 가지 중요한 사항은 학습자의 특성과 학생을 위한 과학교육 교사의 준비와 관련된 문제이다.

학습자 특성

학습장애를 비롯한 특별요구 학생들의 과학학습에서 어려움을 증가시킬 수 있는 특성들은 〈표 14.1〉에 제시되어 있다(Buck, 2015).

교수적 요구

일반교육 상황에서 교과서와 강의를 중심으로 교수가 이루어지면 내용에 대한 지식이 제한되어 있고, 이런 지식과 새로운 정보를 연계시키는 데 문제가 있으며, 동기유발이 제한된 학

표 14.1 특별요구 학생의 과학학습에 어려움을 증가시키는 요인

특성	영향
인지 능력	• 사고, 문제해결, 추론 곤란 • 학습 전략 습득과 이용의 능력 제한 • 작업기억과 정보의 장기 인출 문제 • 개념이 복잡한 과학 내용 교수활동의 이해 곤란 • 개인의 학습 관련 행동의 분석과 평가 능력 제한
읽기	• 다른 학생들이 할 수 있는 수준의 과학 교과서 이용 능력 제한 • 과학 실험 기자재 매뉴얼과 자료의 읽기 문제 • 텍스트 자료의 이해 곤란 • 대충 개략적으로 읽기 및 다른 유형의 읽기기술의 활용 곤란
쓰기	• 과학 읽기자료의 노트 필기 곤란 • 과학 실험에 관한 노트 필기 능력 제한 • 집중적인 보고서 작성 능력 제한
수학	• 과학에 이용된 다양한 수학 개념의 이해 곤란 • 계산 문제 수행 곤란 • 측정 문제
공부기술	• 과학 수업 중 비효과적으로 노트 필기하기 • 조직기술의 문제 • 과학 온라인 자료 이용 능력의 제한 • 시험 준비 전략 부족 • 그래프, 표, 그림, 기타 도식자료의 분석과 이해의 문제
언어	• 과학 수업 중 제시된 자료를 따르거나 이해 곤란 • 구두 보고 준비와 발표 능력의 제한
주의집중	• 강의에 집중하고 주의를 지속시키기 곤란 • 지시 따르기의 문제 • 과제 완수 곤란

습장애 및 특별요구 학생들에게는 문제가 될 수 있다(Therrien, Taylor, Watt, & Kaldenberg, 2014). 특히 읽기 문제를 지닌 학생들이 어려움을 겪게 되는 내용 영역의 텍스트 자료의 특성은 다음과 같다.

- 어휘 교과서에서 일반적으로 활용되는 이야기글보다 어휘가 더 어려울 수 있다.
- 내용 제시된 정보가 학생에게 익숙하지 않고 개념적 문제를 일으킬 수 있다.
- 양식과 조직 주제와 소주제를 많이 이용할 수 있다. 쓰기는 매우 간결하고 사실적이다.
- 특별한 특성 그래픽과 설명이 정보 제시의 중요한 역할을 한다.

이상의 특징을 지닌 교과서에 의존한다면 많은 학생들이 학습에 어려움을 겪게 된다. 텍스트자료의 문제와 더불어 특별요구 학생에게 문제가 될 수 있는 또 다른 교수적 요구는 수업 토론에 효과적으로 참여할 수 있는 능력이다. 이 능력은 교과서와 강의 중심의 과학 수업에서 흔히 이루어지는 활동이다. 아울러 학생이 활동 중심 수업에서 절차를 학습하고 의미 있는 형태로 실험활동에 참여하는 데 어려울 수 있다. 이러한 문제는 탐구와 밀접하게 연관된 중핵 과학기술과 관련된 측면에서 나타날 수 있다.

교사 준비

일반교사가 학습장애를 비롯한 특별요구 학생들에게 효과적인 교수를 제공하는 데 어려움을 겪는 반면, 특수교사는 내용 지도에 어려움을 겪기 쉽다. 따라서 특수교사는 과학교과를 지도할 수준의 지식과 기술을 갖추어야 한다. 이들은 과학교과를 가르칠 수 있어야 할 뿐만 아니라 일반 과학교사와 협력하여 가르칠 수 있어야 한다. 학습장애 및 특별요구 학생을 지도하기 위해 갖추어야 할 기본적인 능력은 다음과 같다(Smith, Polloway, Doughr, Patton, & Dowdy, 2015).

- 과학 영역의 기본적인 내용에 관한 지식
- 각 학년 수준의 내용과 수행 표준의 이해
- 특별요구 학생에게 과학교과를 가르치기 위한 다양한 접근법과 자료에 관한 지식
- 학습자의 요구를 수용할 지도자료와 지도 기법의 적합화 능력
- 과학 조사를 계획하고 수행하는 데 필요한 기술에 관한 지식
- 실험기술의 이해
- 과학교육 관련 연구를 특별요구 학생의 교육에 적용할 수 있는 능력
- 특별요구 학생에게 과학교과를 지도할 때 다른 교사와의 협력교수 능력

과학교과의 사정

과학교과의 사정에는 교육적 진전도와 향상의 점검, 교사와 학생에게 피드백을 제공할 형성평가, 실제에 변화를 가져올 책무성 사정 등 여러 가지 목적이 있다.

- **형성평가 기법.** 교육과정 기반 측정, 수행 측정, 포트폴리오, 저널, 학습 로그, 기타 학생 중심의 기법 등 여러 가지가 있다(제13장 참조). 교사는 학생이 학습한 자료에 대해 어

느 정도 진전도를 보이는지를 파악하기 위해 교육과정 기반 측정을 이용할 수 있다. 교육과정 기반 측정은 일반적으로 가르치고 있는 교육과정 내에서 교사가 제작한 검사문항으로 구성된다. 교사는 교육과정 기반 측정을 통해 다른 교수 전략, 재지도, 개별 지원 등에 대한 필요성 여부를 파악하기 위해 학생의 수행을 관찰한다.

- **수행 기반 사정.** 과학과 같은 활동 중심 교과에서 학생의 수행을 평가할 때 효과적이다. 수행 기반 사정에서 교사는 학생들이 학습한 내용을 어느 정도 숙달했는지, 기대한 바를 얼마나 숙달했는지를 사정하기 위해 학생의 활동을 평가해야 한다.
- **포트폴리오.** 일반적으로 학생의 진전도를 보여줄 작품을 모은 것이다. 이 방법은 시험과 함께 이용하면 학생의 기술과 능력에 대한 보다 완벽한 특징을 파악할 수 있다.
- **저널과 학습 로그.** 특히 학생들이 참여하는 활동을 지속적으로 기록할 수 있는 기회가 많은 과학 수업에 활용된다.
- **루브릭.** 일종의 수행평가로서 교사나 학생이 교과, 주제, 활동에서 가치로운 것에 초점을 맞추도록 도와주기 위해 이용되는 일련의 명확한 기대나 준거이다.
- **자기평가와 동료평가.** 학생은 동료나 자신의 행동, 과정, 활동에 관한 반성, 판단, 보고과정에 참여할 수 있다. 자기 및 또래평가에는 체크리스트, 평정척도, 전반적 평정과 같은 도구들이 이용된다.
- **생각 말하기.** 학생이 모방할 사고과정을 촉진시킨다.

과학과 교수

과학지도를 위한 일반적 접근

과학교과의 교수활동 중 일반적으로 내용을 제시하는 주요 접근법으로는 과학의 탐구를 강조하는 교과서 접근과 활동 프로그램이 있으며, 아울러 다른 교과와 통합할 수 있는 통합 교육과정을 들 수 있다. 〈표 14.2〉는 각 접근 방식의 장단점뿐만 아니라 범주적 체계를 소개하고 있다.

교과서 접근법

교과서 또는 내용 중심의 과학학습은 높은 수준의 내용을 다루며 어휘학습과 실제 학습량이 많을 수 있다. 대부분의 경우 학생이 교과서를 규칙적으로 읽고 그것을 찾아보면서 공부하는

표 14.2 다양한 과학 동향의 장단점

동향	장점	단점
열광적 관찰 (Gee-Whiz science)	• 매력이 있음 • 보다 심층적 과학으로 들어가는 시작점을 제공	• 단편적인 정보만을 제공 • 과학교육을 위한 유일한 형식이 되어서는 안 됨
사실학습과학	• 학생에게 체험할 정보를 제공 • 학생이 질문을 만들고 조사를 시작할 수 있게 허용 • 정보 찾기의 필요성을 최소화	• 무의미한 표상으로 이어질 수 있음
이론적 과학	• 학생에게 조직하고 범주화할 구조 제공 • 우수학생만을 위한 것이 아님	• 이것이 과학지도의 유일한 방법이 될 경우 학생을 중단시킬 수 있음 • 일부 학생의 개념적 수준을 넘을 수 있음
직접경험과학 (활동 중심 과학)	• 활동/실험 지향적 • 과학자료를 활용할 경험 제공 • 탐색 요구 • 과학이 모든 사람에 의해 수행될 수 있다는 아이디어 촉진 • 재미있음	• 실시하기 어려움 • 많은 자료가 필요함 • 초보의 오개념을 떨쳐버릴 수 없음 • 서로 다른 유형의 행동 요구
실생활과학	• 과학은 기능을 지향하고 기술과 개념을 실제 경험에 제공	• 과학적 표준을 충족시킬 수 없음 • 학생이 성인으로 살아가게 될 특정 환경과 관련지어 개발될 필요가 있음
빅아이디어	• 과학 내용 영역을 뒷받침하는 주요 개념에 초점을 맞춤 • 외부의 세부적인 사항보다 핵심 고려 사항을 강조	• 주요 개념을 확인하고 반드시 교수의 초점이 되도록 함 • 단원을 계열화하고 수업을 이끄는 데 어려울 수 있음

출처 : Polloway, Patton, Serna, & Bailey(2018)

것이 주요 방식이다. 교과서 접근법에서는 수업 강의와 토론이 종종 이루어진다. 교과서를 이용할 경우 장단점을 지니고 있다. 교과서는 교사의 우수한 자료로 활용될 수 있고, 초임 교사에게 특히 큰 지원이 될 수 있으며, 과학 프로그램을 조직하는 데 도움이 되고 오래 사용할 수 있으며, 국가나 시·도의 기준에 맞출 수 있다. 한편 교과서는 복잡한 문해기술과 공부기술을 필요로 하며, 종종 추상적이며 일반적으로 읽기 난이도가 학생의 읽기 수준을 넘을 수 있다.

과학 교과서는 정보적 텍스트이거나 설명적 텍스트이다(Mason & Hedin, 2011). 앞서 지적한 바와 같이 교과서 접근법은 학생들에게 독자적으로 텍스트를 읽고 공부하도록 요구하고 있어 스스로 읽고 공부하는 데 어려움을 지닌 학생들에게는 문제가 될 수 있다.

활동 중심 접근법

과학에 관한 활동 중심 접근법은 과정과 탐구기술의 이용, 즉 활동과 탐구를 강조한다. 탐구란 "상호 관련된 과정의 집합으로서 그것을 통해 과학자와 학생은 자연세계에 대한 의문을 갖게 되고 현상을 조사한다. 그렇게 함으로써 학생들은 지식을 습득하고 개념, 원리, 모형, 이론을 습득하는 것"(National Research Council, NRC, 2000)을 의미한다. 활동 중심 또는 탐구 중심 교수의 핵심 요소는 "증거를 위한 토대로 데이터와 증거를 강조하고, 과학에 관한 아이디어를 개발하기 위해 증거에 관한 논증과 분석"을 이용한다(NRC, 2012). 일반적 탐구 모형은 5E, 참여(Engagement), 탐색(Exploration), 설명(Explanation), 정교화(Elaboration), 평가(Evaluation)이다(Miller & Taber-Doughty, 2014). 참여 단계는 설계를 하고 실제생활 활동이나 문제를 이용하여 학생들이 내용 영역을 학습하며, 주제에 관한 사전지식을 평가하고 싶은 동기를 유발한다. 탐색 단계는 가설을 설정한다. 학생들은 아이디어를 내고 실제생활 문제에 관하여 의문을 갖는다. 일단 이러한 아이디어와 질문이 형성되면 학생들은 내용과 장비를 탐색하고 조작하며 문제를 어떻게 강조할지를 예상한다. 설명 단계는 학생들이 정보를 수집하고 결론을 내린다. 학생들이 정보를 수집하기 위해 이용하는 자원은 흔히 유자격 전문가뿐만 아니라 멀티미디어 자원이다. 정교화 단계는 학생이 습득한 지식을 새롭거나 유사한 상황에 적용함으로써 학습을 확산시킨다. 최종적으로 학생이 학습한 내용을 평가하고 점검한다.

탐구적 접근법은 학생이 활동에 참여하고, 동기유발에 영향을 주며 성취도가 향상되는 등 긍정적인 특징이 있다. 한편 부정적인 특징은 일부 학생이 발견적 접근을 통해서 학습하기 어렵고, 과학의 개념과 어휘에 대한 명시적 교수가 지속적으로 요구된다(Scruggs, Mastropieri, Berkeley, & Graetz, 2010).

탐구적 접근법은 전적으로 학생을 지시하는 방법에서 안내된 탐구, 구조화된 탐구로 이어지는 연속선상에 있다(Therrien et al., 2014). 일부 학생들은 과학 프로그램에서 성공하기 위해 어느 정도 구조를 제시해 주어야 한다. 안내된 탐구 방법은 학생을 유도하거나 학생에게 제공할 구조를 더 강조한다. 일반적으로 특별요구 학생들에게 구조화된 탐구 접근법이 가장 효과적인 교수이다. 〈표 14.3〉은 세 가지 유형의 탐구 모형을 비교한 것이다(Miller & Taber-Doughty, 2014; Therrien et al., 2014).

통합교육과정 접근법

과학은 다른 교과와 통합하기에 이상적인 교과이다. 통합교육과정은 강력한 교수 전략으로서 학생들을 다양한 방식으로 참여시킨다. 일부 학교는 과학 관련 전반적인 기초기술 프로그

표 14.3 세 가지 탐구 모형 비교

고려사항	학생 중심	안내된 탐구	구조화된 탐구
주요 특징	• 활동 중심 • 탐구기술 이용 • 독자적 활동	• 활동 중심 • 탐구기술 이용 • 반독자적 활동	• 활동 중심 • 탐구기술 이용 • 교사 주도의 과정
학생 역할	• 학생이 탐색할 주요 질문과 절차에 관한 의사결정을 통제	• 학생이 절차와 같은 일부 주요 측면만 통제	• 학생은 탐구 실행과정에서 교사의 교수활동에 반응
교사 역할	• 교사는 전반적 주제에 초점을 맞춤 • 실행에 관한 일반적인 안내 제공	• 교사가 주제 선정, 자료나 절차 안내, 학생에게 조사, 관찰할 질문에 관한 단서 제시 • 논리적 설명을 위한 안내 촉진	• 과제와 따라야 할 과정에 관하여 교사로부터 직접 지시를 받음 • 실행 점검 마무리
특별요구 학생과 이용	• 제한된 명시적 교수	• 일부 명시적 교수 활용	• 학생이 주요 어휘와 개념을 이해할 수 있도록 명시적 교수 실시

출처 : Polloway, Patton, Serna, & Bailey(2018)

램을 개발한다. 과학을 대부분의 교육과정 영역으로 통합시킬 수 있다. 해양생물의 통합 수업에서 학생들에게 여러 가지 유형의 창의적 쓰기를 요구할 수 있고, 프로그램의 지속되는 부분으로 구어와 쓰기 보고를 요구할 수 있다. [그림 14.1]은 곤충의 단원에서 전개되는 5행 학습(cinquain)[1] 사례이다.

대부분의 학생은 과학 수업에서 읽기, 어휘발달, 노트 필기하기, 개요 작성하기가 필요한 조사활동에 참여하게 된다. 여러 가지 진로 및 생활기술은 과학학습에 통합될 수 있다. 예를 들어 초등학교 과학물질을 공부하기 위해 진흙으로 배 만들기를 할 경우 여러 가지 직업, 취미 등을 수업 주제와 연결시켜 탐색할 수 있다. 이 수업에서 다루어질 수 있는 취미는 〈표

곤충
작고, 위험
높이 뛰고 달림
작고 역겹지만 영리함
해충

그림 14.1 5행 학습 형식의 사례

---

1 특징을 5행으로 간략히 제시하여 학습 효과를 높이는 전략

표 14.4 진로 방향 사례

진흙 보트 – 관련 직업		
보트 관련	**물 관련**	**땅 관련**
• 조선업자 • 바지선 운전사, 선장 • 서핑 보드 제작자 • 해안경비대 • 해상운송업 • 엔지니어(설계)	• 어부 • 해양생물학자, 해양학자 • 다이버, 스쿠버 강사 • 레프트 가이드, 수영 강사 • 수중 용접공 • 페리 운전사, 인명 구조원	• 항만 노동자, 부두 인부 • 트럭 운전사 • 어시장 상인 • 식료품 잡화점 운영자 • 풀장 운영자

14.4〉에 제시되어 있다. 이 수업이 전형적으로 초등학생들에게 제시되듯이 이러한 직업에 대한 토론은 인식 수준에서 이루어진다.

과학교수 전략

효과적인 과학교수는 ① 학생의 동기유발, ② 공부하는 개념과 주제를 이해하기 위한 과학에 관한 사전지식 사정의 중요성, ③ 내용 측면에서 능동적이고 지적으로 참여를 보장하며, 학생이 과학적 방식으로 사고하도록 돕고, ④ 과학 개념의 학습 측면에서 보다 상위인지적이 되도록 도우며, ⑤ 과학적 정보를 이해할 수 있고 교사의 아이디어와 학생들의 아이디어를 비교할 수 있는 기회를 제공하는 다섯 가지 특징을 지니고 있다.

보편적 학습설계

보편적 학습설계는 모든 학생에게 접근 가능한 교육과정을 개발하여 학습 장벽을 없애고 학습 접근성을 높이고자 한다. 과학 수업에서 선행 구조도, 공부할 문제와 지침, 구조도 작성하기와 같은 전략은 특별요구 학생들에게 효과적인 것으로 입증되고 있다.

과학 수업을 위한 전략

효과적인 지도 실제의 자료에 교수의 다양성과 명료성을 병합시킨다. 일부 과학 수업은 현재 관심 있는 주제의 토의, 교육 미디어 이용, 과학자료 읽기, 초청 강의 듣기, 현장학습, 학급 내 활동 중심으로 이루어지고 있다. 그러나 모든 과학 수업은 개인차를 수용하고, 교사와 학생에게 유익한 구조를 제공하는 조직 구조(쉐마)를 따를 수 있도록 계획되어야 한다. 효과적인 과학 수업은 질 높은 수업설계[2], 내용[3], 관련 구성요소[4], 학급 문화[5]를 포함한다(Tweed, 2005).

대부분 수업의 경우 도입 → 주의집중 및 동기유발 → 데이터 수집 → 데이터 처리 → 종료의 다섯 가지 구성요소로 조직된다.

도입. 수업의 첫 구성요소는 전시학습을 복습하고 그날 수업할 내용을 소개한다. 교사의 목표는 학생을 안정시키고 준비시켜 집중하도록 하는 데 있다. 이런 수업 준비 상태가 적절히 되면 도입 단계는 실제 과학 수업의 시작 단계로 자연스럽게 이동하게 된다.

주의집중 및 동기유발. 주의집중과 동기유발 기법은 학생들이 수업에 참여하도록 시도한다. 주요 열쇠는 학생들의 흥미를 불러일으키고 학생들에게 질문을 하여 토론을 시작하는 것이다.

데이터 수집. 학생의 개별활동이나 소집단의 협력활동, 공부하고 있는 주제와 관련된 과제 수행에 강조점을 두어야 한다. 학생들은 관찰 내용을 기록하고, 학습 로그나 저널 형식으로 데이터를 수집해야 한다. 학생들은 규칙적으로 자신의 로그 엔트리를 작성해야 하는 것이 원칙이고 손글씨 쓰기, 철자법, 통사적 정확성의 점수를 평가하기 위한 근거로 삼아서는 안 된다.

데이터 수집. 자료를 개별적으로 분석할 수 있고, 전학급 차원에서 검토할 수 있다. 수업의 이 부분은 관찰, 경향, 성과를 토의하기에 매우 좋은 시간이다. 학생들은 결론을 끌어낼 수 있고 예고할 수 있으며 추가의 활동과 실험을 제안할 수 있다.

종료. 수업 종료 시간에는 학생이 그 시간에 수업한 내용을 이해했는지를 확인한다. 이 단계에서 그 시간의 수업활동을 복습하고, 수행을 평가하며 주요 결론을 강조하고, 수업과 실제 세계를 연결 짓기에 적합하다. 다음 시간에 수업할 내용과 활동을 안내한다. 수업 관리 관점에서 보면 학생들이 교실을 함께 정리하고 정돈할 수 있는 시간으로 중요하다.

---

2 자료, 계획, 시간, 구조, 학생 요구에 대한 관심
3 학생의 요구에 의미 있는 정확하고 적절한 내용, 학생 참여를 축진시키고 지도할 개념의 교사 이해 반영
4 교사의 자신감, 학급 관리, 적절한 페이스, 학생의 이해 수준에 적절한 맞춤식 교수, 학생의 문제 이해와 해결 능력을 향상시킬 수 있는 질문
5 학생의 아이디어와 질문 존중, 능동적이고 적극적인 참여 격려, 교사와 학생, 학생과 학생의 훌륭한 활동 관계, 아이디어와 질문을 격려하는 긍정적 분위기

탐구기술

과학교수 목표 중의 하나는 기술의 발전이고 특정 탐구 지향의 기술은 과학교수의 핵심이다. 이러한 기술은 과학에서 매우 중요할 뿐만 아니라 학교와 생활의 다른 영역에도 유익하다. 탐구기술에는 다음과 같은 활동들이 포함되어 있다.

- **관찰.** 감각을 이용하여 주제와 사건에 관한 내용 발견
- **측정.** 양적 관찰하기
- **분류.** 유사성과 차이성에 따라 집단화하기
- **의사소통.** 문어나 구어, 그리기, 다이어그램, 표를 이용하여 정보와 아이디어를 다른 사람에게 전달
- **자료 수집, 조직, 그래프 그리기.** 그래프를 이용하여 양적 자료 이해하기
- **추론.** 관찰 사항 또는 일련의 관찰 내용 설명하기
- **예언.** 관찰과 추론에 기반하여 미래의 사건이나 조건 예측하기
- **자료 해석.** 데이터 집합 내의 패턴을 발견하여 추론, 예언, 가설 형성으로 나아가기
- **가설 형성.** 검증될 수 있는 증거에 기반하여 추측하기
- **실험.** 결과를 결정하기 위한 조사, 조작 및 검증하기

이러한 각 탐구기술의 사례는 앞서 소개된 해양생물학의 소주제 중의 하나로 시범 사례를 만들어 볼 수 있다. 이 단원에서 학생들은 소라게를 받아 정규적으로 관찰한다. 〈표 14.5〉에서 볼 수 있듯이 앞서 소개한 모든 탐구기술을 수업 중에 강조할 수 있다.

교수적 관리

교사는 자기 학급을 관리할 수 있어야 한다. 과학의 경우 학급 관리 능력이라고 하면 수업 시간이나 활동 전, 중, 후에 자료를 배부하고 수합하기 위해 교사를 위한 체계적인 절차를 마련하는 것이다. 과학 수업 시간이나 활동의 경우 학생들은 일련의 절차를 따라야 한다. 교사는 수업 시간 중 학생이 지시를 이해했는지, 지시한 내용을 따르는 데 도움이 필요한지를 확인할 필요가 있다.

안전은 과학교과에서 중요한 사항이다. 교사는 잠정적인 문제를 예상하고 대비해야 한다. 과학활동은 모두 사전에 계획된 대로 수행되어야 하고, 수업에 활용할 장비 역시 제대로 작동하는지를 사전에 점검해야 한다. 학생들의 눈을 보호해야 하고 소화기를 쉽게 이용할 수 있는 곳에 비치해 두어야 하며, 규칙적으로 안전교육을 실시하고 연습해야 한다. 중요한 실

표 14.5 탐구기술의 사례

탐구기술	소라게 활동
관찰	• 신체 부위 확인
측정	• 소라게 경주 시간 측정
분류	• 소라게의 종 확인
의사소통	• 서식 습관 기술
데이터 수집, 조직, 그래프 그리기	• 소라게가 선호하는 조개
추론	• 소라게가 조개 안에서 어떻게 붙어 있을 수 있는가?
예언	• 낮과 조수 시간의 기능으로 소라게의 위치/움직임
자료 해석	• 수집한 정보로부터 도출된 결론
가설 형성	• 소라게가 성장 패턴에 기초하여 조개를 얼마나 자주 바꾸는지에 관한 아이디어 생각해 내기
실험	• 소라게는 서식지에 어떻게 반응하는가?

험을 해야 할 경우 과학실을 이용하고, 위험하거나 위험할 수 있는 물질이나 약품을 안전하게 관리하고, 출입금지구역을 지정하거나 접촉금지물품을 지정하여 학생들의 상해를 예방해야 한다. 평소에 안전과 관련된 지침을 충실히 따른다.

글의 구조도 그리기

글의 구조도는 텍스트를 학생들의 개념 이해를 돕기 위해 다이어그램이나 그림으로 제시하는 것이다. 이러한 정신지도는 학생들로 하여금 개념과 과정을 특징짓는 비교하기, 종합하기, 분류하기, 순서화하기와 같은 고차 사고기술을 이용할 수 있게 한다. 글의 구조도 작성법과 활용법은 제10장 텍스트 이해 수준의 읽기학습장애에 상세히 소개되어 있다.

기억법 전략

다양한 기억법 전략이 사회과에서도 이용될 수 있음은 앞서 언급한 바와 같이 두문자 전략과 두문자 학습을 가장 익숙하게 이용하는 경향이 있고, 장애 학생들에게 가장 도움이 되는 것으로 밝혀졌다(McCabe, Osha, & Roche, 2013). 주요어 전략 역시 장애 학생 대상 연구에서 많이 이용되는 전략이다. 가장 일반적으로 이용되며 효과적인 전략은 다음과 같다.

첫 글자 기억법. 두문자 기억법과 5행 첫 글자법이다. 이 전략은 특히 회상하고 파지할 필요가 있는 다양한 용어 리스트와 관련짓는 것이 유용하다.

주요어 기억법. 학습할 새로운 용어나 단어와 연관지어야 할 정보 사이에 관계를 맺기 위한 전략을 제공한다. 과학교과에서 이용할 수 있는 주요어 전략에는 어휘 단어와 정의, 개념과 의미, 기술적 용어와 정의 등이 있다. 과학교과의 경우 기억법은 학생이 금속의 강도 수준, 광물의 이름과 특징, 음식 연쇄, 척추동물과 비척추동물, 동물과 식물의 생애, 지구과학 사실, 신체부위, 생물의 분류 체계[6], 기후와 천문학과 같은 과학적 사실과 개념을 회상하는 데 효과적이다.

시각적 기억법. 학습할 표적 개념과 관련짓기 위해 그림이나 시각화를 이용하는 전략이다. 기억법 그림을 그리기란 그리 어렵지 않고 일단 그리면 학생이 중요한 내용을 기억하도록 반복해서 이용할 수 있는 이점이 있다.

교수적 적합화와 차별화

차별화 교수는 준비, 내용, 자료, 교수/중재, 관리, 정의의 6개 차원을 포함하고 있다. 이러한 영역의 조정이 과학 영역에서 어려움을 겪는 학생들에게 매우 도움이 될 수 있는 방법을 이해하는 것이 중요하다. 교수 적합화는 일부 교수 전달 방법을 변화시켜 장애 학생이 비장애 학생과 동일한 교수 목표를 달성할 수 있도록 하는 것이다(McGinnis, 2013).

학교 수업의 일부 사례는 과제의 길이 조정, 긍정적이고 다감각적인 기법의 이용, 학급 관리의 대안적 형식 이용, 다양한 자료와 교수적 전략(예 : 활동 중심 탐구 접근법, 반복 이용할 수 있는 녹음 강의, 동료 코칭), 과학교수와 직접 관련된 차별화와 적합화의 주요 영역을 위한 실제적 아이디어는 〈표 14.6〉에 요약되어 있고, 다음에 상세히 논의되어 있다. 적합화를 위한 이들 몇 가지 영역은 다음에서 좀 더 강조하였다.

자료의 적합화. 과학 영역에서 특별요구 학생들에게 가장 장벽이 되는 것은 교과의 내용이 너무 많다는 점이다. 그 결과 교사는 학생들이 교과서를 성공적으로 다룰 수 있도록 그들의 요구에 맞추어 재구성할 필요가 있다. 적합화의 양이 적을수록 좋고 강조되고 있는 핵심 개념을 수정하지 말아야 한다.

적합화에는 내용 적합화(예 : 학습할 정보의 특성과 양의 변경)와 구성 방식의 적합화(예 : 학생에게 정보를 제시하는 방법의 변경)의 두 가지 유형이 있다. **내용적합화**는 특별요구 학

---

6 생물의 분류 체계는 계(kingdom), 문(phylum), 강(class), 목(order), 과(family), 속(genus), 종(species)이다. 이것을 암기할 때 Kings play cards on the fat gorilla's stomachs(왕들이 뚱뚱한 고릴라 배 위에서 카드게임을 한다)를 활용한다.

표 14.6 과학에서 적합화 사례

영역		전략
환경		• 특별한 관심이 필요한 학생의 자리 조정(예 : 주의집중, 행동, 듣기 능력) • 주의산만을 최소한으로 유지
내용		• 학생에게 과학학습에 영향을 미치는 사회기술, 공부기술, 학습 전략과 같은 기술의 지도 준비 • 대충 읽기기술의 평가와 필요에 따라 읽기기술의 지도 • 필요하면 노트 필기기술 평가와 과학 강의를 위한 시스템 지도
자료	교과서	• 주요 내용을 다루는 과학 교과서를 확인하고 이용하지만 읽기 수준을 낮추어 쉽게 쓰기 • 텍스트의 자료를 청각적 자료로 이용 • 특별요구를 지닌 학생을 위한 과학 용어집 개발 • 학생과 함께 과학 교과서 내용 검토-용어와 어휘 • 선행 구조도, 읽기 안내, 의미지도 및 기타 구조도 작성하기 등 읽기 관련
	미디어	• 모든 미디어를 명확히 도입하고 예상 내용과 원하는 결과의 개요를 제공 • 사용하는 미디어의 의미를 파악할 수 있는 내용 구조도나 기타 자료 제공 • 검토 후 중요한 점 토의하기
교수	강의	• 수업할 단원에 포함된 새로운 과학 어휘나 용어를 적절히 설명 • 교사의 강의 시간 제한 • 강의 관련 보조자료 제공(PPT, 학생이 남은 부분을 완성할 내용 구조도, 일부 정리된 노트) • 자기점검 기법지도와 강의를 성공적으로 할 수 있는 보조자료(예 : 체크리스트) 필요
	수업활동	• 학생이 이해할 수 있게 질문하기 • 또래 주도의 집단 구성하기
	실험실 활동	• 과학실험 자료와 도구 이용법을 확실히 이해시키기 • 실험활동을 완성하는 과정에서 자료를 수집하며 보고서를 작성하도록 특별히 설계된 양식 제공
	프로젝트	• 다양한 학업적 강점과 취약점을 지닌 학생들을 위해 여러 가지 과학 프로젝트 선택권 제공 • 학습장애 학생이 참여하고 기여할 수 있는 집단 프로젝트 마련하기 • 모든 장기과학 프로젝트를 완성하는 데 필요한 지시 사항을 확실히 이해시키기 • 장기 프로젝트를 부분적으로 완성하여 제출할 수 있게 중간 제출 기한 정하기 • 프로젝트 계획서를 제출하고 교사의 지속적인 피드백 받기
	숙제	• 학생이 과학 숙제를 완성할 수 있도록 지시 사항을 충분히 이해시키기 • 학생의 이해 및 기술 수준을 고려하여 완성할 수 있는 숙제 제시하기 • 학생이 완성할 수 있는 숙제의 양과 시간 조정해 주기

출처 : Polloway, Patton, Serna, & Bailey(2018)

생이 일반교육과정에 접근할 수 있어야 한다는 관점에서 이루어져야 한다. 일반교육과정을 따르는 학생들을 위해 적합화를 더 많이 하는 것이 구성 방식 적합화이다. **구성 방식 적합화**는 현재 자료의 변경, 현재 자료의 조정, 대안적 자료의 선정 세 가지 범주가 있다(Lenz & Schimaker, 1999).

또 다른 고려 사항은 **실험실 자료의 적합화**이다. 학생들이 정해진 활동을 수행할 때 적절한 장비와 자료를 이용할 수 있어야 한다. 더욱이 일반 과학교사와 협력교수를 하는 특수교사는 어떤 장비나 자료를 사용할 때 발생될 수 있는 문제를 예상하고 다양한 적합화를 할 수 있어야 한다.

교수적 적합화. 이 차원은 교수과정에서 교사가 해야 할 활동과 이러한 교수의 결과로 학생이 해야 할 활동을 말한다. 다시 말해 이 차원은 교사가 학생들에게 정보를 제시하는 방법, 학생이 교과 내용의 학습을 표현할 다양한 방법에 대한 시사점을 갖는다.

특별 고려 사항은 과학 어휘이다. 다수의 학생들이 여러 가지 새로운 어휘와 복잡한 어휘에 어려움을 겪을 수 있다. 교사는 수업을 진행하기에 앞서 교재에서 다루어질 내용 중 학생들이 알아야 할 단어와 개념을 명확히 가르칠 필요가 있다(예 : 어휘 훈련). 과학적 용어를 지도하기 전에 일상적인 언어를 이용하여 수업을 도입하는 것이 바람직하다(Brown & Ryoo, 2008).

또 하나의 주요 영역은 강의 및 수업 제시와 관련된 적합화이다. 통합교육 환경에 있는 특별요구 학생들이 지닌 문제 중의 한 가지는 과학 수업의 일부인 교사가 제시한 정보를 따를 수 있는 능력과 토의 능력이다.

또래 개입 전략. 과학 수업은 학생들이 협동적으로 활동할 기회를 만드는 데 이상적인 활동을 이용할 수 있다. 또 다른 전략은 또래교수이다.

과학교수의 테크놀로지. 테크놀로지는 교육에서 집중적으로 이용되고 특히 장애 학생들에게 매우 중요하다. 테크놀로지는 또한 보편적 학습설계를 반영하고 있다. 교수적 목적으로 이용되는 인터넷의 가능성은 거의 무한정이다. 현재 특정 주제를 강조하는 웹사이트를 찾아낼 수 있고, 따라서 지속적인 교수학습 활동을 풍부하게 할 방법을 찾을 수 있다.

요약

과학교육과정과 특별요구 학생

- 과학의 주요 세 가지 영역은 생활과학, 물리과학(무생물 연구 : 화학, 물리학), 지구/환경과학이다.
- 초등학교 수준에서 적용될 수 있는 네 가지 과학교육과정 모형은 나선형 교육과정, 심화형 교육과정, 통합교육과정, 주제 중심 교육과정이다.
- 읽기 문제를 지닌 학생들은 텍스트의 어휘, 내용, 양식과 조직, 특별한 특성 때문에 어려움을 겪는다.

과학교과의 사정

- 형성평가 기법은 교육과정 기반 측정, 수행 측정, 포트폴리오, 저널, 학습 로그, 기타 학생 중심의 기법 등 여러 가지가 있다. 이러한 기법들은 전통적 평가를 보충할 수도 있고 다양화할 수도 있다.

과학과 교수

- 과학교수 활동의 주요 접근법으로는 교과서 접근법. 활동 중심 접근법, 통합교육과정 접근법이 있다.
- 탐구기술에는 관찰, 측정, 분류, 의사소통, 자료 수집 · 조직 · 그래프 그리기, 추론, 예언, 자료 해석, 가설 형성, 실험 등이 있다.
- 과학교수에서 적용되는 기억법 전략으로는 첫 글자 기억법, 주요어 기억법, 시각적 기억법이 있다.
- 차별화 교수는 준비, 내용, 자료, 교수/중재, 관리, 정의의 6개 차원을 포함하고 있다.

15

비언어성 학습장애

학습목표

- 비언어성 학습장애의 개념과 유형을 이해하고 설명할 수 있다.
- 비언어성 학습장애의 원인과 신경학적 및 해부학적 증거를 설명할 수 있다.
- 비언어성 학습장애 학생의 인지적 및 학업적 특성을 설명할 수 있다.
- 비언어성 학습장애의 진단 준거와 차별적 진단을 설명할 수 있다.
- 비언어성 학습장애의 중재 방법을 이해하고 적용할 수 있다.

비언어성 학습장애 학생들은 시공간적 처리, 수학, 손쓰기, 사회적 인지 및 일부 주의집중 분야에서 인지적 및 학업적 곤란을 보이며, 학습장애의 1~5%에 정도에 이르는 것으로 추정된다. 반면 이들은 어휘력, 읽기재인 능력, 기계적 언어기술이 잘 발달된 인지 및 학업적 강점을 지니고 있다.

비언성 학습장애의 개념과 유형

개념과 유형

비언어성 학습장애 범주는 단일 증후에 초점을 맞추기보다 일련의 특성을 포함하고 있다(정대영, 2010). 초기 연구는 이 장애를 선택적 결함으로 이어지는 일부 비언어성 학습장애에 초점을 맞추어 정의하고자 했다. 즉 비언어성 학습장애는 다음과 같은 영역에 어려움을 겪는 것으로 개념화했다(Johnson & Myklebust, 1967).

- 지각 : 전체와 눈에 띄는 형태의 두드러진 부분을 부호화할 수 있는 능력과 그림을 통한 학습 능력
- 몸짓의 처리과정 또는 시각적 운동에 의미 부여하기 능력
- 운동학습 : 손글씨 쓰기에 요구되는 것 또는 가위 등의 도구를 사용하는 운동 패턴을 학습하는 능력
- 신체 이미지 : 손가락 인지불능과 연관되는 것, 자기 신체의 시각화하기 능력
- 공간적 방향정위 : 신체와 다른 대상 간의 공간적 관계를 설정할 수 있는 능력, 공간적 장소를 회상할 수 있는 능력
- 좌우 방향정위 및 편측성의 지체

일부 연구자는 비언어성 학습장애를 다음의 세 집단으로 분류했다(Rourke & Finlayson, 1978). 그들은 집단 ①, ②는 ③보다 시공간 능력이 우수하고, 집단 ③은 ①, ②보다 구어적 및 청지각 능력 측정에서 점수가 더 좋은 것으로 보고하였다.

① 읽기, 철자법, 계산 능력 손상 학생
② 읽기와 철자법 수행성에 비해 계산 능력이 비교적 뛰어난 학생
③ 읽기와 철자법이 평균 또는 그 이상이나 계산 능력이 비교적 부족한 학생

한편 루크(Rourke, 1995)는 비언어성 학습장애를 '신경심리학적 결함, 학업적 결함, 사회 정서 및 적응 결함'으로 모형화했다.

- 신경심리학적 결함 촉각 및 시지각, 심리운동 협응, 촉각 및 시각적 주의집중, 시공간 기억, 추론, 말이 많음, 운율 결핍 등의 특징을 보인다.
- 학업적 결함 수학 계산, 수학 추론, 읽기 이해, 문어의 특정 측면, 손글씨 쓰기 등에 결함을 지닌다.
- 사회정서 및 적응 결함 사회적 지각이나 사회적 상호작용의 문제를 나타낸다.

이 모형은 1차 신경심리학적 결함(촉각, 시지각, 운동협응)이 2차 결함(촉각, 시각적 주의 집중)으로, 그다음 3차 결함(시공간 기억, 추상적 측면과 언어의 특정 측면)으로 이어지게 되고 학업, 사회기술, 정서적 웰빙의 손상은 1, 2, 3차 결함이 조합되어 나타난 결과라고 하였다(Rourke, 1995). 비언어성 학습장애 구성요인 연구와 관련된 어려움은 정의가 계속 진화되고 있으며, 임상실험가와 실천가들이 이 장애의 판별을 위해 다양한 방법을 이용하고 있다는 점이다. 비언어성 학습장애의 초기 연구는 "공간 및 시간 지각, 손글씨 쓰기, 수학, 구어와 IQ 수행성 간에 유의한 불일치를 장애의 주요 구성요인"으로 규정하였다. 비언어성 학습장애의 주요 특징은 운동기술, 시공간적 조직-기억 기술, 사회적 능력의 3개 영역에 결함을 나타내는 것으로 규정되기도 한다(Mammarella & Cornnoldi, 2014).

우반구장애

비언어성 학습장애는 비언어성 증후군이나 시공간 학습장애라고 하기도 하고, 특별히 뇌기능을 참조하는 용어로 우반구 발달학습장애로 불리기도 한다(정대영, 2010). 뇌를 참조한 모형은 비언어성 학습장애의 준거를 충족시키는 개인의 행동과 우반구 구조의 관계를 강조하는 데 부분적으로 성공했다. 예를 들면 우반구 구조와 연관된 행동은 시공간 처리, 시각적 이미지의 저장과 인출, 주의집중 각성과 통제의 측면, 언어의 비구어적 처리(예 : 담론과 운율), 정서 기반 자극의 처리과정과 촉각자극의 처리(Lezak, Howieson, & Loring, 2004) 등이다. 사회, 행동 및 조직장애에서 나타나는 비구어적 처리과정 열등과 우반구 기제 사이의 연관성은 성인 및 발달손상의 연구를 통해 잘 드러나고 있다.

시공간 학습장애

일부 연구자들은 뇌의 기능보다 인지적 처리과정을 분석하고 언어적 결함보다 시공간 능력의 역할에 초점을 맞추었다. 시공간 능력은 비언어성 학습장애 학생과 기타 유형의 학습장애 학생 간의 차이를 설명하는 핵심적인 내용이다. 따라서 시공간 기능장애와 학습장애의 관계를 고려하여 두 가지 유형, 즉 학습장애는 취약한 언어 능력 유형과 열등한 시공간 능력 유형이 있다(Rourke, 1989). 일부 연구자들은 ① 핵심 결함으로 시공간적 처리과정의 역할을 강조하는 비언어성 학습장애 학생의 판별에 중요한 준거를 확립하기 위해, ② 비언어성 학습장애 학생의 판별을 범주화하는 데 있어 모호하고 도움이 되지 않는 용어를 회피할 목적으로 비언어성 학습장애보다 시공간적 학습장애란 용어를 사용할 것을 제안했다(Cornoldi et al., 2003).

기타 장애를 지닌 비언어성 학습장애

비언어성 학습장애는 단독으로 진단될 수도 있지만 몇 가지 유전적 장애, 대사장애 및 신경발달장애와 함께 나타날 수 있다.

터너증후군.   X염색체 중 하나가 없거나 불완전할 때 생긴다. 이 증후군은 여성 2,500명당 1명의 비율로 나타난다. 키가 작으며 물갈퀴형 목, 머리 라인이 낮은 특징을 보인다[1]. 터너증후군을 지닌 대부분의 여성은 평균적 인지 지능을 지니고 있으며 비언어성 학습장애 학생에게서 볼 수 있는 것과 유사한 신경심리학적 결함을 나타낸다. 동작성 기능이 언어성 기능보다 훨씬 낮다. 언어는 일반적으로 잘하나 화용론적 문제를 보인다. 주의집중이 곤란하고 읽기보다 수학기술이 취약하며 시공간기술이 가장 취약하다(Green et al., 2014).

zzq11 삭제 증후군.   2,000명 중 1명이 출현하는 것으로 추정된다. 이 증후군은 22번 염색체의 긴팔 q가 삭제된 것이다. 이 증후군의 아동은 심장질환 경험, 칼륨 부족(뼈의 형성 문제 유발), 구개열, 작은 키, 다소 이상한 얼굴 특징, 질병 투쟁 결핍을 경험한다. 이 증후군은 구개열과 콧소리말 때문에 입천장심장얼굴증후군(구개심장안면증후군)이라고도 하며 흔히 자폐스펙트럼장애, ADHD, 지적장애가 동반되어 나타난다. 아울러 불안장애, 공포증, 양극성장애를 포함한 정신과적 증후를 나타낸다(Shoch et al., 2014).

신경섬유종증 I 유형(neurifibromatosis type I, NFI).   신체 내외의 가장 흔한 종양으로서 3,000명당 1명 비율로 출현된다. 다수의 신경섬유종증 I 유형 아동은 학습장애(30~40%)와 시-지각 곤란(56%)을 보이며 전반적으로 IQ가 낮고 주의집중에 어려움을 보인다.

----

1   측경부 귀바퀴 하방에서 어깨에 걸쳐 피부가 물갈퀴상으로 넓어져서 익상(날개형)의 경부외관을 나타내는 기형

표 15.1 비언어성 학습장애 프로파일로 관찰할 수 있는 신경학적 질병, 증후군, 기능장애

수준 1	수준 2	비언어성 학습장애의 증거가 상당히 명확함
• 뇌량의 발육부진 • 아스퍼거증후군 • 조기뇌수종 • 윌리엄증후군 • 드랑즈증후군 • 우반구 유의한 손상 또는 기능장애 • 터너증후군 • 입천장심장얼굴증후군	• 소트스증후군 • 이염색맥질장애 • 태아알코올증후군 • 선천성 갑상샘기능저 하증 • 뇌에 영향을 주는 형태 의 예방치료	• 다발성경화증 • 외상후 뇌손상 • 독성유발 뇌변종과 기형 • HIV와 백질 질병 아동 • 허약성 X증후군(고기능) • 트리플 X증후군 • 기타 이염색성이 아닌 대뇌백질 위축증(류코디스트로피) • 헤모필루스 인플루엔자 수막염(뇌막염) • 뇌실 외출혈 • 극소저체중 아동 • 선천성 지질부신과다형성 • 인슐린 의존 • 파르증후군

신종시스틴증(nephropathic cystinosis). 세포체의 외부에 시스틴의 전달 결함으로 아미노산 시스틴이 세포핵에 리소좀을 누적시키는 희귀한 상염색 퇴행장애이다. 시스틴증은 인구 100,000명당 1명으로 출현한다. 시스틴증의 최초 연구는 팬코니증후군(Fanconi syndrome)이다. 출생 후 1년 이내에 시작하고 포도당, 아미노산 등 기타 중요한 영양소를 재흡수하지 못한다. 팬코니증후군 아동은 흔히 비언어성 학습장애 아동과 일치한다(Ballantyne, Spilkin, & Trauner, 2013). 아울러 시각-운동협응에 문제를 보이며 학업기능에 결함을 보인다. 사회정서기능은 양호하나 실행기능 문제와 미묘한 사회적 곤란을 나타낸다.

비언어성 학습장애 특성이 관찰될 수 있는 신경학적 질병, 장애, 기능장애를 정리하면 〈표 15.1〉과 같다. 〈표 15.1〉에서 수준 1은 비언어성 학습장애의 모든 특징과 결함이 드러나는 장애이며, 수준 2는 비언어성 학습장애의 여러 가지 특징과 결함이 명확히 나타나는 장애이다.

비언어성 학습장애 내의 다른 프로파일

비언어성 학습장애 분야는 널리 수용되어 동의를 받는 준거가 없어 이 장애로 진단받은 학생들은 서로 다른 프로파일을 나타내는 문제를 안고 있다. 연구자들이 교육자, 임상심리학자, 신경발달전문가 등과 비언어성 학습장애를 특징짓는 가장 일반적인 증후에 관하여 인터뷰를 하고, 세 전문가 집단이 제안한 비언어성 학습장애 학생의 진단에 가장 중요한 지표는 다음과 같다(Solodown et al., 2006).

- 높은 언어성 IQ와 낮은 동작성 IQ
- 시공간 및 시지각기술 곤란
- 시각 조직의 취약점
- 시기억 곤란
- 게슈탈트 지각 곤란
- 문제해결 기술 열등
- 가장 두드러진 특징을 파악하지 못함
- 대근육 곤란
- 개념적 수학 곤란
- 강한 해독기술과 함께 산수 계산의 이해 곤란
- 손글씨 쓰기 열등이나 쓰기언어 상실증(실서 실어증)

일부 연구자들은 비언어성 학습장애 프로파일을 구분하기 위한 다른 방법을 모색했다. 연구는 두 가지 유형을 제안했는데, 첫째는 학업 성취, 특히 수학에 영향을 미치는 심한 시공간 결함을 지닌 학생 중심의 시공간장애 범주이고, 둘째는 사회기술 결함을 지닌 학생 집단이다. 한편에서는 비언어성 학습장애를 처리과정장애[2], 개념통합장애(시공간장애), 사회적응장애[3]의 세 가지 범주로 구분할 것을 권고했다(Grodzinsk, Forbes, & Berstein, 2010).

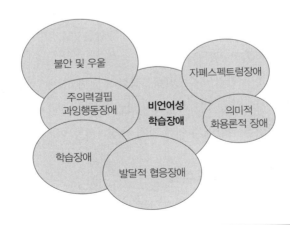

그림 15.1 비언어성 학습장애와 기타 장애의 공존성

출처 : Cornoldi, C. C., Mammarella, I. C., & Fine, J. G.(2016)

----

2 관련 정보를 효율적으로 스캔하고 선택하지 못함

3 학교와 가정에서 사회적 적응문제가 두드러짐

비언어성 학습장애는 학습장애, 자폐스펙트럼장애, 발달적 협응장애, ADHD, 우울, 사회적 불안, 화용론적 의사소통장애 등과 공존하는 특성을 보인다.

비언어성 학습장애의 원인

가설적 원인

비언어성 학습장애의 초기 개념화는 백질의 신경학적 기능장애에 뿌리를 두고 있었다. 백질은 뇌의 회백질에 의해 둘러싸여 있으며 뇌의 앞뒤좌우로 신경충동을 전달하는 유수신경섬유로 구성되어 있다. 이 가설은 일부 유전적 및 의료적 조건을 포함하고 있다. 루크(Rourke)와 동료들은 이런 이유 때문에 유전적 및 후천적 기능장애가 없는 아동들과 더불어 태아알코올증후군, 입천장심장얼굴증후군(구개심장안면증후군), 외상후 뇌손상, 아스퍼거증후군을 모두 포함시키고 있다.

비언어성 학습장애 분야는 고기능자폐증이 동일 장애의 이형(변종)인지, 아니면 이 두 장애가 각각 다른 장애인지에 관한 논쟁이 지속되고 있다. 고기능자폐성장애와 비언어성 학습장애를 지닌 많은 학생들은 불안과 우울기분증후군뿐만 아니라 주의집중 문제를 지니고 있다(Volkmar & Klin, 2000). 일부 아스퍼거장애는 더 심한 비언어성 학습장애의 한 유형이라고 하기도 하고, 아스퍼거와 비언어성 학습장애는 별개의 장애로 보기도 한다(Davis & Broitman, 2011).

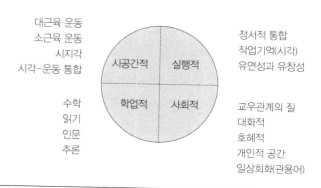

그림 15.2 비언어성 학습장애 출현 방법

출처 : Semrud-Clickeman, M. (2018)

신경학 및 해부학적 증거

우반구 기능과 연합된 발달 증후를 보이는 학생들은 평균 지능을 지니며 학습(특히 계산), 정서 및 대인관계 곤란, 시공간장애, 부적절한 준언어적 의사소통 능력[4]의 특징을 보인다. 특히 높은 언어성 지능을 지니고 있으면서 비언어성 지능, 시기억 및 시공간적 기능에 심한 결함을 지닌 신경학적 증거를 나타내는 집단을 우반구 발달학습장애라고 하였다(Tranel et al., 1987).

언어 능력은 온전하나 계산 곤란, 시공간적 결함, 정서 곤란을 지닌 22세 청년이 연구되었다(Nichelli & Venneri, 1995). 그 청년은 PET 스캔에서 우반구에 현저한 대사저하증(hypometabolism)[5]을 보였다. 일부 연구자들은 우반구가 새로운 자극을 처리하는 데 중요한 양식간(intermodal) 통합을 요구하는 과제를 더 잘 수행하는 반면, 좌반구는 단일양식 처리과정(unimodal processing)과 정보 저장에 주요 기능을 발휘한다고 보았다(Goldberg & Costa, 1981). 루크(Rourke)는 비언어성 학습장애가 신경학적 프로파일 때문에 문제해결, 개념 형성 능력, 가설검정, 정보 피드백 영역에서 연령에 적합한 발달을 하지 못하는 것으로 예측했으며, 시지각과 문제해결 기술, 기계적 계산, 복잡한 심리운동 및 촉지각기술 등에 적절히 발달하지 못하는 발달 문제를 지닌다고 가정했다.

비언어성 학습장애 학생의 인지적 및 학업적 특성

비언어성 학습장애의 인지적 특성

언어성 지능(VIQ) 차이. 비언어성 학습장애 학생은 WISC 검사에서 구어 능력과 지각 능력에 차이를 보인다. 이는 비언어성 학습장애 판별의 주요 방법 중의 하나로서 다른 곤란을 지닌 비언어성 학습장애를 판별할 수도 있다. 언어성 지능과 동작성 지능 간의 차이는 비언어성 학습장애 진단의 충분조건은 아니지만 일부 증거로 이용되고 있으며, 임상가들은 이 불일치를 근거로 비언어성 학습장애를 진단하고 있다(Alfonso & Flanagan, 2018).

시지각. 비언어성 학습장애 학생들은 특정 감각처리과정이 더 취약하고 3차원적 자극의 처리과정에 특히 어려움을 겪는다.

---

4 어조, 표정, 동작 등으로 의사소통하는 것과 관련된 것
5 신체에 의하여 신진대사에 이용되는 물질의 비정상적 감소, 낮은 대사율

운동협응 능력. 운동협응과 공간 능력은 이 장애의 진단 준거로 이용된다. 비언어성 학습장애 학생은 오른손과 왼손의 협응에 취약점을 보인다(Semrud-Clikeman et al., 2010b).

시각구성 능력. 비언어성 학습장애 학생은 시각구성 능력에 손상을 지니고 있다. 이런 학생들은 기억으로부터 이미지를 끌어내는 데 어려움을 겪는다(Mammarella et al., 2006). 시각구성 능력 문제는 비언어성 학습장애 학생의 실제 과제, 운동협응, 안구운동 통합, 지각, 조직된 시각 패턴의 기억과 연관이 있다. 이 문제를 지닌 비언어성 학습장애 학생은 통합된 전체 그림에 속한 부분들을 재구성하는 데 어려움을 겪는다.

공간 능력. 공간적 취약점은 공간정보의 지각, 이해, 기억, 이미지 처리과정에 영향을 주며 비언어성 학습장애 학생이 경험하는 주요 취약점이다. 비언어성 학습장애 학생은 처리과정(주로 시공간적)에 손상을 지니지만 연속적 처리과정(주로 언어적)에 손상을 입지 않고 있다. 이 장애를 지닌 학생은 낯선 환경에서 방향정위에 어려움을 겪는다.

언어와 언어적 작업기억. 비언어성 학습장애 학생은 공간적 과제의 수행이 열등하나 언어성 과제를 잘 수행한다. 그러나 언어가 부분적으로 서로 다른 다양한 독립적인 측면을 지니고 있기 때문에 특정 언어 기반의 곤란이 발견될 수 있다. 즉 운율 관련 어려움, 음성언어의 음조와 억양, 듣기 이해, 작업기억에 어려움을 겪을 수 있다.

시공간적 작업기억. 비언어성 학습장애 학생은 수동적 단기기억과 같은 단순 저장과 능동적 작업기억과 같은 복잡한 길이의 과제 수행에 어려움을 겪는다.

시공간적 단기기억. 비언어성 학습장애 학생은 동시적 공간 과제에서보다 계열적 공간 과제에서 더 열등할 수 있다(Mammarella, Lucangeli, & Cornoldi, 2010a).

능동적 시공간적 작업기억. 결함은 비언어성 학습장애 학생이 수학, 그리기, 공간적 방향정위 같은 시공간적 작업기억 과제에서 정보의 유지와 관련된 활동에 어려움을 겪는다.

정신적 이미지 그리기. 비언어성 학습장애 학생은 정신상 그리기 과제를 수행하는 데 어려움을 겪는다. 이 학생들은 특히 3차원 메트릭스 관련 과제 수행에 어려움을 겪는다.

실행기능. 계획, 조직, 주의집중, 정서조절과 관련된 기술로서 제시된 정보에 근거하여 결론에 이르는 능력으로서 신기한 경험과 정보 관리 능력, 정보와 자료를 계획하고 관리하는 능력이 포함된다. 비언어성 학습장애 학생은 특히 새로운 과제 수행에 어려움을 겪는다.

작업기억. 작업기억의 결함이 학습장애, ADHD, 난독증, 특정 언어장애, 읽기 및 수학 어려움을 지닌 학생에게 나타나지만 비언어성 학습장애 학생의 작업기억 기능에 관하여 충분히 연구되지 못했다. 장단기 언어적 및 시공간적 기억과제 검사를 한 결과 비언어성 학습장애 학생은 장단기 기억과 시공간적 과제에 모두 어려움을 겪는 반면 언어성 장기기억은 전형적으로 발달하는 학생과 같은 수준이었다(Lidedell & Rsaomussen, 2005).

추론. 비언어성 학습장애 학생은 구어적 수행성이 훌륭한 반면, 시각적 공간 추론 능력이 열등한데, 이러한 점은 이 장애 진단의 주요 준거가 될 수 있다. 비언어성 학습장애 학생은 추론 과제의 시공간적 정보 조작에 어려움을 겪는다(Semrud-Clikeman et al., 2014).

사회 지각과 정신병리학. 비언어성 학습장애는 입원 치료환자나 정신과 클리닉 환자에 비해 우울, 불안, 자살 가능성 비율이 높다(Bloom & Heath, 2010). 사회 위축과 슬픔의 가벼운 증후는 청소년기에 더 많이 나타나고 슬픔, 정서적 조절 문제는 사회적 상황에서 비언어적 단서재인 곤란과 관계가 있다. 따라서 비구어적 단서를 잘못 지각하고 그에 따라 행동한다면 또래로부터 오는 피드백은 긍정적일 수 없고 그 결과 사회적 상호작용에서 위축된다.

비언어성 학습장애 아동의 학업 수행성

읽기 해독과 철자법. 비언어성 학습장애 학생들은 비록 읽기 해독 초기 단계에서 어려움을 보일 수 있지만 일반적으로 읽기 해독(예 : 읽기자료를 얼마나 유창하고 정확하게 읽는가)을 잘한다.

언어 이해. 비언어성 학습장애 학생은 특정 언어 결함을 나타내는 것 같다. 이들은 언어의 내용과 활용 영역에서 중등도에서 중도에 이르는 결함을 나타낼 수 있고, 특히 언어의 화용론적 차원(기능과 맥락 측면)에 결함을 지닐 수 있다.

손글씨 쓰기. 임상적 증거에 따르면 비언어성 학습장애 학생이 손글씨 쓰기 문제를 지닐 수 있고, 특히 글쓰기 관련 근육운동기술에 문제를 보일 수 있다. 이들은 20명 중 6명이 손글씨 쓰기 관련 근육운동기술에 문제를 지닌다.

계산. 수학 능력 열등은 종종 비언어성 학습장애 학생의 중요한 지표로 생각된다. 그러나 다양한 수학기술(수 감각, 수학적 사실 인출, 암산과 필산 등)은 대부분 구체화되지 않고 있다. 수학기술은 전반적인 것으로 여겨진다. 비언어성 학습장애 학생의 경우 수학 곤란은 수 감각보다 시공간적 작업기억 손상과 연관이 있는 것 같다. 이들 대부분은 지필 계산에 어려움을 보이지만 계산 자체의 문제라기보다 특정 공간적 처리과정(계산을 지원하는 시공간적 작업기억을 포함)을 다룰 때 나타난다.

학업 성취. 비언어성 학습장애는 단일 단어기술은 좋으나 나중에 읽기 이해와 추론적 논증에 어려움을 겪는다(예 : 이 인물은 왜 이렇게 느낀다고 생각하니?)(Fine & Semrud-Clikeman, 2010). 비언어성 학습장애 학생은 문장제 문제를 단순화하면 일반 학생처럼 잘 해결할 수 있다. 이러한 현상은 수학 자체의 문제가 아니라 고차적 사고, 작업기억, 계획 및 조직 과제의 수행에 문제가 있을 수 있다.

비언어성 학습장애의 사회정서적 곤란

사회정서기능과 관련된 신경계 및 행동처리과정이 계속 밝혀지고 있는 중이지만 몇 가지 인지행동 모형이 제안되었다. 그중에서 가장 많이 이용되고 있는 것은 사회적 처리과정 모형(Crick & Dodge, 1994)으로서 최초의 사회적 자극을 재인하여 최종적으로 적절한 반응을 수행하기까지의 인지적 단계와 행동기능을 개관했다. 이 모형에서 사회적 처리과정은 아동이 감각 수준에서 사회적 단서를 재인할 때 시작된다. 기능이 수행되기 전에 타인의 의도가 어떻게 지각되는지와 관련된 이전 지식과 현재의 의도 및 목적에 근거하여 단서를 해석해야 한다(그림 15.3). 이 모형은 여러 가지 후속 단계와 상호 관련된 과정이 있지만 비언어성 학습장애 분야에서 이루어지는 대부분의 사회적 기능에 대한 연구는 초기의 부호화 단계에서 실패가 눈에 띈다고 가정했다. 예를 들면 이들은 얼굴 표정과 근육운동적 신체언어 단서를 인지하지 못한다. 비언어성 학습장애의 사회적 기능의 자기조절과 주의집중 측면에 후속 연구들이 이루어지고 있고, 최근에는 기억과 더불어 심리적 및 정서적 적응에 관하여 관심이 확대되고 있다.

비언어성 학습장애 학생은 주의집중, 자기조절, 자기점검, 사회적 지각에 어려움을 지닌다. 이들의 사회성 관련 개념의 경우 사회적 능력, 정서적 안정, 신기한 자극에 대한 적응상의 문제가 시지각과 촉지각, 주의집중, 기억 등의 여러 가지 문제와 조합되어 사회적 정보를 해석하는 데 어려움을 겪게 되는 것으로 밝혀지고 있다(Fine & Semrud-Clikeman, 2010). 다음은 비언어성 학습장애인에서 관찰되는 사회적 취약점들이다(Rourke, 1995).

- **새로운 상황에 적응.** 복잡한 상황을 조직하고 분석하며 종합하는 데 어려움을 겪으며 부적절한 행동을 보임

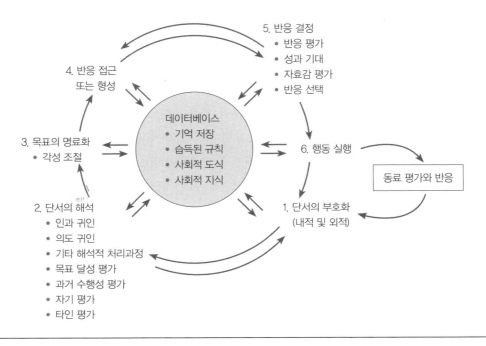

그림 15.3 아동의 사회적 적응이 조정된 사회정보 처리과정 모형

출처 : Crick, N. R. & Doldge, K. A.(1994)

- **사회적 능력.** 나이가 들어감에 따라 사회적 고립과 더불어 사회적 지각, 사회적 판단, 사회적 상호작용에 어려움을 겪음
- **정서적 불안.** 불안과 우울 같은 내재화된 정신병리 형태로 발전된 고위험 상태
- **활동 수준.** 초기 아동기에 과잉행동을 보이고 나이가 들어감에 따라 과소행동을 하게 됨

비언어성 학습장애의 진단 준거

연구자들이 제안한 비언어성 학습장애 진단의 포함적 및 배제적 준거는 다음과 같다 (Mammarella & Cornoldi, 2014).

준거 A : 평균 및 그 이상의 언어지능과 비언어성 지능이나 추론 능력을 지님

준거 B : 시공간적 정보처리과정에서 현재 또는 과거에 나타난 상당한 취약성으로 다음 중 적어도 두 가지 이상을 나타냄

① 조직화된 형태지각의 곤란(예 : 도형의 분석과 재인의 심한 곤란을 보임)

② 복사나 기억을 통해 간단한 그림 그리기에 곤란(예 : 간단한 도형이나 시각적 구성 과제의 복잡한 그림을 복사하는 데 심한 곤란을 보임)

③ 시공간적 정보의 일시적 기억과 조직 곤란(예 : 시공간적 단기기억이나 시공간적 작업 과제에서 낮은 점수를 보임)

준거 C : 다음 영역에서 현재나 과거에 임상적 또는 정신측정학적 지표상 취약성이 나타남

① 소근육운동 실행이나 산출의 손상(예 : 그림 그리기나 손글씨 쓰기에서 손의 이용, 지퍼의 이용, 단추 열고 닫기, 신발끈 묶기 등)

② 시공간기술, 수학 및 기타 관련 활동의 학업 성취 열등(예 : 숫자 쓰기 곤란, 세로셈이나 받아 오르내림이 있는 서면 계산에서 시공간적 오류)

준거 E : 학업적 · 직업적 · 사회적 기능을 방해하거나 감소시키는 명확한 증후가 있음

준거 F : 이러한 장애들은 자폐스펙트럼장애, 발달협응장애로는 설명이 되지 않음

비언어성 학습장애의 진단과정에서 자폐스펙트럼장애나 발달협응장애의 가벼운 증후가 함께 나타날 경우 이들 장애의 준거가 충족되면 비언어성 학습장애로 진단하지 않는다. 이와 마찬가지로 비언어성 학습장애 프로파일이 지적장애, 감각장애, 신경학적 조건이나 유전적 조건의 결과를 보인다면 비언어성 학습장애로 진단하지 않는다. 이 모든 경우 진단은 학생이 비언어성 학습장애 프로파일과 일치하는 증후를 나타낸다는 사실을 언급한다.

비언어성 학습장애의 중재

비언어성 학습장애 학생은 학교, 지역사회, 가정의 여러 가지 생활 맥락에서 적응에 어려움을 겪는다. 비언어성 학습장애 학생의 중재와 관련한 실험적 증거가 부족한 편이지만 발달적 및 환경적 맥락에서 특정 중재 방법을 선택하여 적절히 지원할 필요가 있다.

임상적 중재를 위한 일반적 지침

다음은 일반적 중재 지침을 제시한 것이지만 부분적으로는 기타 신경발달장애에 적용될 수 있다. 일반적 구조 내에서 비언어성 학습장애 학생들에게 유용한 특정 원리가 있다. 특히 적응손상의 위험성 때문에 장기적으로 처치할 것을 권고하며, 체계적으로 상호작용할 수 있는 임상가의 감독을 받도록 권고하고 있다. 중재는 현재 학생의 특성을 고려해야 하고, 발달과정에서 직면하기 쉬운 가장 심각한 문제를 예상하여 계획을 세워야 한다. 비언어성 학습장애

학생의 중재 지침은 다음과 같다(Broitman & Davis, 2013; Davis & Broitman, 2011).

- 비언어성 학습장애 학생의 장기 지원계획 수립과 협력 책임이 있는 임상가의 확인을 받을 것
- 정확한 사정, 학생의 적응 위험, 맥락을 이용할 수 있는 자원에 근거한 계획을 수립할 것
- 우선순위 설정, 한 번에 한두 가지 작업 지시를 하고 무리하지 말 것
- 학생, 학교, 가족, 사회적 맥락에 다중 양식을 이용한 중재를 실시할 것
- 비언어성 학습장애 학생의 강점과 취약점을 말해 주고 자기이해와 자기옹호 역량을 키워 줄 것
- 특정 결함을 제거하는 것이 불가능할 수 있고 아동의 전반적인 발달에 부정적인 영향을 미치는 것을 피할 수 있는 학습 양식을 찾기 어려울 수 있음을 수용할 것
- 특히 정서적 적응과 관련된 2차적 증후의 발전으로 진행되는 것을 예방하기 위해 노력할 것
- 발달적 관점에서 나이든 학생들의 인지기술의 최적화와 적응기술을 형성시켜 줄 것
- 학생이 비구어적 의사소통 사인을 해석하도록 도와줄 것
- 학습된 무력감에 대한 위험을 변화시키거나 줄이기 위해 적절한 자효감과 자기노력 귀인을 증가시킬 것
- 대안적 전략을 제안하고 학생이 대처할 대안적 전략을 생각하도록 도와줄 것
- 학생이 어려워하는 특정 상황과 관련된 상위인지 인식과 구어적 전략을 발달시킬 것
- 어려움을 겪고 있는 영역의 기본적인 절차적 지식을 자동화하도록 할 것
- 특히 시공간적 자료에 대한 학생의 작업기억 용량을 넘는 과부하를 피할 것
- 복잡한 과제를 하위 주제로 나누고 아동이 구어적 자기교수를 이용하도록 도울 것

사실 비언어성 학습장애 학생에게 나타나는 문제가 다양하기 때문에 안녕감, 자효감, 자신의 문제인식 등에 관한 우선순위를 정하는 것이 중요하다. 적절한 발달 전략을 채택하여 일생의 어려움을 극복할 수 있다는 기대감에 대해 상의한다. 비언어성 학습장애 학생의 중재를 위한 지침은 결함적 접근에 기반을 두어 학생의 취약점을 개선시키고 한편 일부 취약점에도 불구하고 그의 새로운 생활을 만족스럽게 하는 전략과 보상 기재의 개발을 강조한다.

중재 효과를 극대화하기 위해 학생의 삶의 질 향상에 도움이 될 수 있는 것을 가능한 한 모두 이용한다. 중재는 불안, 우울, 부주의 증상을 감소시키기 위해 약물치료를 신중히 고려한다. 지원계획에는 학생뿐만 아니라 학교, 가족도 포함시킨다.

표 15.3 교육자, 임상가, 부모가 비언어성 학습장애 학생에게 적용할 수 있는 중재

치료적 중재	보상적 도구	교수적 · 임상적 중재
심리운동과 시지각 결함		
• 지도와 그래프 읽기 등 기능적 지각기술의 직접교수	• 쓰기 과제 완수 시간 연장 • 워드프로세서 같은 손글씨 쓰기 보조 기기 • 내용 지식에 관한 시험을 칠 때 선택형 문제에 의존함 • 제한된 수의 명료하고 적절한 페이스의 촉진과 함께 연습장 마련하기 • 시각적 지도와 도식 대신에 구어 또는 문어적 지시와 설명하기	• 키보딩 같은 기술의 조기 및 지속적인 훈련과 연습 • 손글씨 쓰기의 정확성과 속도에 대한 훈련 • 시공간적 능력 향상을 위한 훈련
계산 곤란		
• 계산문제 해결 단계의 구어적 시연과 직접교수 • 교수적 · 치료적 중재 • 수학적 사실 지도를 위한 구어적 운율과 기억 보조 • 전략 점검의 직접교수 • 구어적 기억 기제에 의존하는 시연 전략	• 계산문제를 완성할 때 세로셈 배열을 지원하기 위한 그래프 종이 • 좌우방향성 단서를 제공하는 컬러 코드 계산 연습장 • 상업적으로나 교사가 준비한 장별 요약과 공부 안내	• 서면 계산과 같은 특정 기술 영역의 전략 훈련
사회적 상호작용 결함		
• 적절한 눈 맞춤, 인사하기, 도움 요청하기와 같은 사회기술의 직접교수 • 친구를 사귀고 관계를 유지하기 위한 전략지도	• 대인관계 요건을 최소화한 진로 직업 안내 • 비구조화되거나 대집단 사건에 대한 구조화된, 성인 주도의 개별적 및 단일 또래 사회활동 선택	• 사회기술 훈련 • 대인관계 규칙에 대한 상황 이야기나 스크립트 • 주제 유지, 구어적 자기점검, 적절한 사회적 의사소통을 강조한 구어적 중재 이용

출처 : Telzrow & Bonar(2001)에 기초하여 정리함

학교 중재

비언어성 학습장애 학생이 나타내는 중요한 문제가 드러나고 그 문제를 효과적으로 중재할 수 있는 곳도 학교이므로 학교 상황은 특히 중요하다. 더욱이 학생들은 대부분의 시간을 학교에서 보내므로 학교에서 나타나는 심리사회적 문제와 학업기술 결함이 특히 강조된다. 학교에서는 주로 시공간적 기억과 시각적 능력, 그리기, 손글씨 쓰기, 계산, 지리, 과학, 사회기술 등에 중점을 두고 지도한다(앞 장들에서 기술된 학습장애 지도 전략과 방법 참조).

가족 중재

가족에게 중재를 제공할 때 양육 스트레스를 중요하게 고려해야 한다. 특히 스트레스를 덜 받는 아버지에 비해 많이 받는 어머니는 더욱 힘들고 어려움을 겪는 것으로 나타났다(정대영, 홍화진, 2011; 홍화진, 정대영, 2012). 발달장애의 경우 적절한 양육 스트레스를 조절하는 데 영향을 미치는 몇 가지 변인이 발견되었다. 사회경제적 지위는 양육 스트레스 수준과 역상관을 갖고, 남아는 여아보다 더 스트레스를 주고 나이가 들수록 부모에게 더 스트레스를 주며, 나이든 부모는 젊은 부모보다 더 많은 스트레스를 받고, 편부나 편모는 부모가 함께 양육하는 것보다 스트레스를 더 받는다(Antshel & Joseph, 2006).

양육 스트레스의 수준이 높아지면 어머니의 우울증이 심해질 수 있고(Lipman, Offord, Dooley, & Boyle, 2002), 발달장애 부모의 스트레스 경험은 자녀의 처치효과를 감소시킬 수 있다. 비언어성 학습장애 학생을 포함한 가족 중재를 제안할 때 가족의 맥락 내에서 학생의 변인을 고려해야 한다. 학생의 사회적 고립과 부모에 대한 의존은 전형적인 가족 문제가 될 수 있다. 부모는 자녀의 능동적인 자조 역할 촉진에 어떻게 긍정적으로 접근할 수 있는지를 이해할 수 있도록 도움을 받을 필요가 있다. 직접교수를 통해 의미 있는 사회적 관계와 상호 작용에 필요한 사회기술을 발달시키고 개선시킬 필요가 있다. 부모를 대상으로 모델링, 강화, 직접교수 등을 지도하면 자녀의 사회적 진전에 도움이 될 것이다. 외부의 긍정적 강화, 즉각적인 격려, 자녀의 사회적 상호작용 연습(얼굴표정 모방, 드라마, 수행 기반 게임, 사회적 역할놀이 등)도 도움이 된다.

요약

비언어성 학습장애의 개념과 유형

- 비언어성 학습장애는 비구어적 의사소통의 실패, 자신과 타인 사이의 공간 측정 곤란, 행동의 결과를 생각하지 않고 상황에 몸을 던짐, 또래보다 어른이나 나이가 어린 사람과 대화하고 상호작용하는 것을 편하게 느낌 등으로 특징을 개념화했다.

비언어성 학습장애의 원인

- 비언어성 학습장애의 초기 개념화는 백질의 신경학적 기능장애에 뿌리를 두고 있다.

비언어성 학습장애 학생의 인지적 및 학업적 특성

- 비언어성 학습장애 학생들은 특정 감각처리과정이 더 취약하고 3차원적 자극의 처리과정, 공간 능력, 언어와 언어적 작업기억, 시공간적 작업기억, 능동적 시공간적 작업기억, 정신적 이미지 그리기, 실행기능, 추론 능력 등에 어려움을 겪는다.
- 비언어성 학습장애 학생들은 읽기 해독과 철자법 언어 이해, 손글씨 쓰기, 계산, 학업 성취 등에 어려움을 겪는다.
- 비언어성 학습장애 학생은 주의집중, 자기조절, 자기점검, 사회적 지각에 어려움을 보인다.

비언어성 학습장애의 진단 준거

- 비언어성 학습장애는 다른 장애와 유사성이 많고 때로는 공존하기 때문에 차별적 진단을 통해 분명히 할 수 있다.

비언어성 학습장애의 중재

- 비언어성 학습장애 학생의 중재와 관련한 실험적 증거가 부족한 편이지만 발달적 및 환경적 맥락에서 특정 중재 방법을 선택하여 적절히 지원할 필요가 있다.

16

진로발달 및 전환

학습목표

- 학습장애 학생에게 가장 유익한 진로교육 및 진로발달의 중요성을 이해한다.
- 초기 아동기에 시작하여 중등교육으로 이어지는 중요한 전환과정을 이해한다.
- 학교를 떠나는 학생을 위한 전환계획과정과 관련된 기본적인 구성요소를 이해한다.
- 학습장애 학생을 위한 전환교육계획을 수립하여 실행할 수 있다.

진로 및 전환교육은 학생들이 학령기 이후 사회에 나아가 성인으로서 인생을 살아갈 수 있는 준비를 하고 길을 닦을 수 있도록 지원하는 것이다. 이 장에서는 학년기와 학년기 이후의 전체 과정에 걸쳐 학생과 부모에게 제공되어야 할 주요 전환 지원을 다루고자 한다.

진로교육과 발달

학생의 고등학교 이후 생활 준비와 관련된 주제에는 진로발달의 개념 및 특별요구 학생과의 관계, 진로 흥미의 선호 및 강점, 사정의 중요성, 잠정적 진로 탐색, 직업 세계에서 접하게 될 어휘의 이해, 중등 수준에서 이용할 수 있는 직업훈련 등이 포함된다.

진로발달과 특별요구 학생

진로발달은 학령기 이전에 시작하여 은퇴 후까지 지속되는 평생과정으로 보아야 한다. 다음 은 미국특수교육전문가협의회(Council for Exceptional Children, CEC)의 진로발달 및 전환교 육에 대한 관점이다.

- 진로발달 및 전환교육은 전 연령의 장애인을 대상으로 한다.
- 진로발달은 출생과 더불어 시작하여 평생 지속되는 과정이다.
- 초기의 진로발달은 그 이후의 삶의 과정에서 만족스러운 선택에 중요하다.
- 인간의 기본적인 발달의 어느 영역이든 소홀히 하면 특정 단계의 진로발달이나 인생의 어느 한 단계에서 다음 단계로 전환하는 데 영향을 미친다.
- 진로발달은 개인의 요구에 대한 직접교수를 포함한 중재와 프로그램에 민감하다.
- 이러한 원리에 입각한 학교 및 성인 서비스는 평생 진로발달을 촉진시킬 수 있는 체제 를 제공하기 위해 노력한다.

진로발달은 개인이 나이가 들어감에 따라 복잡성과 참여도가 증가하는 일련의 단계로 기술되고 있다. 연구자들은 전형적인 진로교육 단계를 진로 의식, 진로 탐색, 진로 준비, 직업 배치의 4단계로 개념화했다(그림 16.1 참조).

진로 의식. 학생이 다양한 진로와 직업을 인식하는 데 초점을 맞춘다. 활동은 유치원 수준에서 시작되어야 한다는 강한 주장이 있지만 초등학교 시기에는 시작해야 한다.

진로 탐색. 전형적으로 초등학교 고학년, 중학교, 고등학교 시기에 이루어지며 진로, 직업, 특

구분	진로 의식	진로 탐색	진로 준비	직업 배치
초등학교	■	■		
중학교		■	■	
고등학교			■	
졸업 시점				■

그림 16.1 학령기 동안 진로발달 단계

출처 : Wehman, P. & Kregel, J.(2012)

정 직무를 구체적으로 탐색하는 데 중점을 둔다.

진로 준비. 학생이 관심을 보이는 직업을 준비시키는 데 집중한다. 직업의 특정 요건에 관련된 교수를 중심으로 준비활동을 하게 된다. 진로 준비활동의 내용에 따라 중등 이후에 교육과 훈련이 필요할 수도 있다.

직업 배치. 특정 직업을 준비해 온 학생을 위한 직업을 찾고, 그 직종에 취업할 수 있게 지원하는 모든 노력이 이루어진다.

진로 의식 활동은 초등학교 수준에서 시작하는 것이 중요하다. 다음 내용은 초등학교 수준에서 진로교육에 포함시켜야 하는 내용들이다.

- 일과 일상생활에 대한 긍정적인 습관, 태도, 가치에 대한 교수와 안내
- 가정, 학교, 직장에서 요구되는 긍정적인 인간관계에 관한 교수와 안내
- 직업적 대안 의식의 발달을 위한 교수와 안내
- 생산자와 소비자로서 직업 세계의 실제에 관한 교수와 안내
- 실제 취업을 준비하기 위한 교수 제공
- 취미와 레크리에이션 등 다양한 레저활동 제공
- 공동체에 기여하는 데 필요한 사항과 기대되는 사항에 대한 토의
- 주택이나 아파트의 관리 및 유지의 책임 점검

학생들은 학년이 올라가고 상급학교에 진학하여 진로 탐색의 필요성을 발달해 감으로써 보다 더욱 구체적인 직업 준비를 해야 한다.

- 진로 상담을 통해 진로 의식과 열망을 높임
- 각 학생의 직접적 흥미와 태도 사정
- 사정 결과를 IEP에 반영
- 직업 입문기술의 발달
- 학생들에게 지역사회 기반의 훈련 제공
- 필요한 학생에게 직업 배치와 작업 지원

장애인의 실업률이 비장애인의 실업률에 비해 높다는 점을 고려하면 진로발달에 관한 노력은 더욱 강도 높게 지속되어야 한다. 다수의 장애인은 취업을 하게 될 것이고 지속적으로 교육과 훈련을 받으며 지역사회나 가정에서 그들의 역할을 담당하면서 재교육을 필요로 할 것이다.

진로 흥미와 선호 사정

진로 흥미, 직업 준비, 고용과 관련하여 여러 가지 목적의 사정도구들이 많이 개발되었다. 특별요구 학생들에게 다양한 직업 의식과 탐색 기회를 주어야 한다. 이 분야의 보다 형식화된 사정은 직업지도 전문가나 상담사에 의해 이루어지지만 교사 역시 그러한 사정도구를 이해할 필요가 있다. 진로 흥미와 강점의 사정은 가급적 진로발달 초기 단계에서 실시되어야 하나 흥미, 선호 및 강점의 체계적인 사정은 중학교 시기에 실시되어야 한다.

잠재적 진로 탐색

교사는 진로와 직업의 합리적 탐색을 위해 진로에 관한 적절한 정보, 자원 및 기법을 제공하도록 노력해야 한다. 진로교육의 중요성을 강조하고, 그 교육적 및 인적 관련성을 밝히며 현재 교육과정에 포함시키는 것이 성공적인 실행에 도움이 될 것이다.

초등학교 상급학생이나 중학생의 진로 탐색 과정을 지원하는 기법으로 직업 관련 정보를 포함하는 포트폴리오가 권장된다. 학생들은 진로 탐색 과정에 참여하고 다음과 같은 질문 중 일부에 대답할 수 있어야 한다. 내게 흥미 있는 직업은 무엇인가? 누가 그 직종에 종사하는가? 근로자의 생활 스타일은 어떠한가? 누가 그들과 함께 일하는가? 그들의 직장은 어디에 있는가? 어떤 유형의 교육과 훈련이 필요한가? 이 직종의 월급은 얼마인가? 진로 탐색 양식을 이용하면 진로를 탐색하기가 쉬울 것이다(그림 16.2 참조).

직업군			
직업			
직업 요건			
필요한 직업 교육			
우리 지역사회 내에 있는 직업			
이름			
주소			
전화			
기타		메일/웹주소	

그림 16.2 진로 탐색 기록 양식

출처 : Clark, G. M., Syntschk, Patton, J. R., & Steel, L. E.(2012)

직업 어휘발달

개인은 구직과정(학교, 직업재활, 직업훈련)과 직업 세계에 효율적으로 대처하기 위해 직업 및 직장 관련 어휘를 이해해야 한다. 학생이 이러한 용어를 얼마나 이해하고 있는지를 사정 하고, 그 의미를 이해하지 못하면 지도하는 것이 중요하다.

긍정적인 근로 태도

결과 지향 또는 근로 지향의 태도를 지닌 개인은 근로에 대해 부정적이거나 경험이 없는 초 보적인 사람보다 취업에 더 유리한 입장에 서게 된다. 그래서 교육은 긍정적인 근로 태도를 발달시켜 학생이 직업과 취업에 관심을 갖도록 도와주어야 한다.

취학 이전 단계에서 아동들은 주변 사람들의 일상생활과 작업 습관을 관찰한다. 주변 환경 내에서 나이든 사람들과 상호작용하고, 그들을 관찰함으로써 특정 유형의 작업 태도를 발달 시키기 시작한다. 가족은 아동에게 막대한 영향을 미치고, 가족 구성원의 요구에 따라 자녀 의 직종이 결정되기도 한다.

초등학생이 되면 세계와 그들의 직접적인 주변 환경을 보다 정확하게 지각하게 된다. 교사 는 학생들이 학업적 및 비학업적 노력에 열중함에 따라 긍정적인 작업 습관이나 작업 태도로 이어질 행동발달의 중요성을 인식할 필요가 있다. 즉 학생들이 점차 나이가 들어가면서 시간에 맞추어 과제 시작하기, 타인과 협력하기, 청소하기, 주변 정리하기 등 책임감을 더욱 갖게 됨에 따라 학급이나 학교에서 더 중요한 일을 맡게 된다. 학생들에게 과제를 부여하여 자신의 생각을 표현하고 여러 가지 직업을 이해할 수 있도록 한다. 예를 들어 학생들은 공무원이나 사업가에 관하여 작문을 하고 이야기를 할 수 있으며, 간호사, 여행사 직원과 같은 직업인에 관한 역할놀이를 할 수도 있다.

중학교 시기는 미래 근로자의 생활에 중요한 단계이다. 학습 문제를 지닌 대부분의 청소년들은 생애에 걸쳐 전환적 요구를 적절히 반영한 교육과정을 필요로 한다. 일부 중등 프로그램은 직업 지식의 발달과 일부 특정 직업생활 기술의 습득에 집중해야 한다.

고용기술 발달

교사는 학생의 취업 준비를 시키는 과정에서 여러 가지 학교 기반 및 지역사회 기반 선택 사항을 이용할 수 있다. 학교 기반 교수는 학교 상황에서 직업, 직업 강조에 초점을 맞춘 학생 조직, 학교기업, 진로 및 기술교육을 중심으로 이루어진다(Mazzotti & Test, 2016). 지역사회 기반 교수의 사례에는 도제제도, 인턴십, 지역사회 비즈니스와 에이전시, 서비스 학습 프로그램, 지역사회 봉사, 유급 고용, 기타 형태의 지원적 작업 등이 있다. 직업훈련은 중등 후 수준(전공과), 전문대학, 직업학교, 지역사회 훈련 프로그램을 통해 제공되지만 특별요구 학생들은 중등학교를 졸업하기 전에 학교에서 고용 준비와 기술발달 프로그램을 통해 지원받는 것이 바람직하다.

학년기 동안의 전환 : 수직적 전환과 수평적 전환

전환의 유형

우리는 일생을 거쳐 여러 가지 전환을 경험한다. 일부 전환은 다소 사소한 반면(예 : 활동 장소의 이동) 어떤 것은 생애의 중요한 사건이다(예 : 결혼, 취업). 전환을 한 가지 상황에서 다른 상황으로 이동하는 것이라고 한다면, 사람들은 각자 자신이 당면하는 이러한 변화에 다르게 반응하고 대처할 것이다. 개인이 이러한 사건에 보다 체계적으로 접근할 때 전환에 성공할 확률은 높아지게 된다.

생애에서 경험하는 두 가지 유형의 일반적인 전환 유형은 수직적 전환과 수평적 전환이다(그림 16.3 참조). 수직적 전환(예 : 유치원 시작, 초등학교 졸업과 상급학교 진학)은 예측할 수

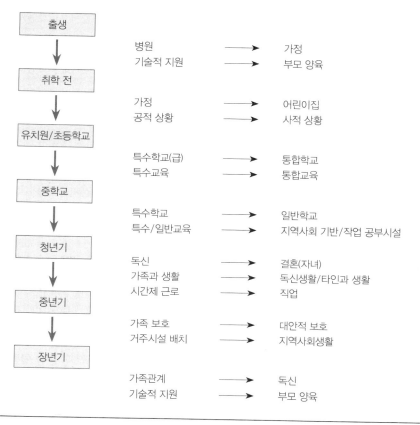

그림 16.3 수직적 전환과 수평적 전환

출처 : Patton, J. R. & Dunn, C.(1996)

있고 규범적이며 대부분의 사람들이 경험한다. 이러한 유형의 전환은 **발달적 전환** 또는 **연령 기반의 전환**이라고 한다. **수평적 전환**(예 : 생활 상황의 잦은 변화, 주요 질병이나 사고로부터 회복, 청소년 시설에서 학교로 이동)은 비규범적이고 보다 개인에 따른 특정 전환으로서 예측을 할 수 없다. 이러한 유형은 **비발달적 전환**이라고 한다.

　대부분의 수직적 전환은 모든 학생에게 공통적인 반면 여러 가지 수평적 전환은 개인에 따라 특수하고 어떤 학생에게만 관련이 있다(예 : 특수학교에서 특수학급으로, 특수학급에서 통합학급으로). [그림 16.3]에서 제시한 대부분의 전환은 다른 사람들로부터 지원받지 않고 개인이나 가족에 의해 이루어진다. 그러나 두 가지 전환은 특히 중요하다. 첫째, 어린 아동의 경우 취학 전에 조기중재 과정(예 : 출생에서 3세까지)에서 여러 가지 선택사항으로 이동하는 전환이다. 조기중재 프로그램에 등록된 영유아의 경우 이들의 여러 가지 취학 전 상황으로의 전환은 특히 중요하고 IFSP의 중요한 요소이다. 다음은 청소년으로서 지역사회 내에서 살아가기 위해 고등학교에서 지역사회로의 전환을 준비하는 데 중점을 두게 된다.

기타 중요한 학교 전환(예 : 어린이집에서 유치원, 유치원에서 초등학교, 초등학교에서 중학교, 중학교에서 고등학교)이 있으며 주의를 기울여야 한다. 특히 교사는 특별요구 학생들이 진학해 가면서 경험하게 될 다양한 전환 문제를 다룰 수 있는 지식과 기술을 갖추어야 한다.

성공적인 전환의 중요 요소

전환의 일부 중요 요소는 성공적인 전환에 크게 영향을 미친다. 개인이 경험한 전환에 관계 없이 일부 활동이 전환을 더 원만하게 하고 더 자연스럽게 할 수 있다는 점에 주목할 필요가 있다.

체계적이고 종합적인 계획 수립에 중요한 두 가지 활동은 학생의 요구 사정과 개별화교육 계획을 수립하는 것이다. 사정 단계는 개인의 요구와 다음 단계로 가기 위한 요건의 평가와 이러한 절박한 요구와 연관된 개인의 능력(예 : 지식과 기술 수준)을 평가한다. 학생의 능력 수준을 사정할 때 강점 영역과 요구 영역에 주의를 기울여야 한다. 개별화교육계획 수립은 활동 계획을 수정하기 위한 형식적 및 비형식적 과정으로서 관심 영역과 강점 영역을 강조한다. 개별화교육계획은 문서화되어야 하지만 어떤 경우에는 다소 덜 형식적일 수 있고, 특정 유형의 행동 계획을 수립할 필요가 있다.

다음은 실행 단계로서 앞서 수립된 계획에 따라 수행한다. 요구를 적절히 사정하고 그 결과를 근거로 종합적인 계획을 수립하였다고 하더라도 효율적으로 수행하지 않으면 의미가 없다. 계획의 일부 행동은 적기에 비교적 짧은 기간에 효과적으로 달성할 수 있는 단순한 활동일 수 있지만 다른 계획 영역은 더욱 정교한 활동으로서 시간과 노력이 더 많이 투입되어야 한다.

학령기 이전 및 학령기 동안의 전환

학생들은 학교생활을 하는 동안 여러 가지 전환을 경험한다. 일부 학생들은 [그림 16.3]에서 지적한 바와 같이 특별 서비스를 조기에 시작하지만 대부분의 학생들은 자신의 특정 생활 상황에 따라 수직적 및 수평적 전환을 경험한다.

어린이집에서 유치원으로의 전환

조기중재 서비스는 가족과 어린 아동들에게 여러 가지 지원을 제공한다. 조기중재 서비스를 안내하는 주요 문서는 개별화가족지원계획서이다. 영유아가 3세에 이르면 특수교육 대상자 여부를 결정하기 위한 선정 절차를 거쳐야 한다. 조기중재 서비스의 주요 내용은 학령기 동안 제공될 서비스로 원만히 전환해 갈 수 있게 개별화가족지원전환계획을 수립하는 것이다.

교사는 어린이집에서 유치원으로의 전환계획을 고려할 때 특정 기술 세트를 준비하는 것이 도움이 된다. 유치원에서 성공적으로 적응하기 위해 필요한 사회기술과 기타 학급 행동 영역은 다음과 같다(Chandler, 1993).

- 사회. 긍정적인 사회적 상호작용, 협력활동과 놀이, 학급 규칙 따르기, 친구 존중하기
- 의사소통. 피드백 따르기, 질문에 대답하기, 관심과 요구에 대해 소통하기, 교사 지시 따르기
- 과제 관련. 자료 이용하기, 적절한 방식으로 주의집중하기, 교수에 반응하기, 과제 완수하기
- 자조. 위험으로부터 벗어나기, 식사하기, 화장실 이용하기

초등학교와 중학교로 전환

초등학생이 중학교에 진학하게 되면 학교 경험과 구조적인 특징이 변한다. 다수의 특별요구 학생의 경우 국어에 능숙하지 못한 다문화 학생과 같은 경험을 하기 쉽다. 초등학교와 중학교 사이의 유의한 차이를 고려하여 체계적인 전환 계획을 수립하는 것이 중요하다. 특히 특수학교에 다니던 초등학생이 중학교 특수학급으로 이동하거나, 초등학교 특수학급에 다니던 학생이 중학교 일반학급으로 이동할 경우에는 더욱 그렇다. 가장 두드러진 차이는 교과 중심의 수업을 함으로써 매일 만나는 교사의 수가 늘어나고, 교육과정은 내용 영역에 비중이 높아지며, 숙제와 학습량이 늘어나고 자기규제 행동이 더욱 필요하며, 교내에서 거치는 여러 절차들이 다를 수 있다.

중학교와 중등 환경의 요구. 앞서 지적한 명백한 차이와 더불어 학생의 학업적 성공 및 사회적 수용과 관련하여 여러 가지 요구가 발생한다. 중학교에서 성공하기 위해 학업적 요구, 자기관리 · 공부기술 요구, 사회적 · 적응적 요구가 고려되어야 한다(Robinson et al., 1985).

- 학업 요구. 읽기, 쓰기, 말하기, 듣기 능력, 과제나 활동 완수 능력 등 학업을 성공적으로 수행하는 데 필요한 능력과 기술
- 내용 요구. 앞서 획득한 지식에 주로 기반을 두어 특정 교과의 현재 지식 및 기술 수준과 관련된 활동이나 능력

- **학업지원 기술 요구.** 정보의 획득, 기록, 기억, 이용과 관련된 행동이나 능력으로서 공부 기술(예 : 노트기술, 조직기술, 참고자료 이용기술, 시험치기 기술)과 주로 연관이 있다.
- **테크놀로지 기술 요구.** 다양한 테크놀로지와 관련된 능력(예 : 컴퓨터, 태블릿, 인터넷 사용 능력)을 말함. 이러한 기술은 초등학교부터 시작되고 학교생활에 필수적인 기술이 되고 있다. 특히 학생들은 인터넷을 이용하여 수업에 참여하고 과제를 완성하며 프로젝트를 수행할 수 있어야 한다.
- **사회적 · 적응적 요구.** 또래에 의한 수용, 학교 및 학급 규칙 따르기 등과 관련된 행동과 능력. 이러한 요구는 명시적 및 암시적 학급 규칙과 절차로서 교사에 따라 다양하므로 특별요구 학생들에게는 어려운 과제이다.
- **비학업적 요구.** 학업 성공과 직접 관련은 없지만 중학교 수준에서 성공하는 데 필요한 행동과 능력. 이 영역의 일부 사례로는 사물함 관리, 옷 갈아입기, 체육 수업 후 샤워하기, 특정 수업시간에 자료 가져오기 등이 있다.

졸업한 학교에서 입학한 학교로의 성공적인 이동은 입학한 학교에서 필요로 하는 기술의 확인과 이러한 요구와 관련한 학생 능력의 사정, 주의해야 할 영역 등과 같은 요인에 따라 좌우된다. 이러한 일련의 활동은 초등학교 직원과 중학교 직원 간에 의사소통, 협력, 협동, 조정을 극대화함으로써 중학교에 입학하기 전에 이루어져야 한다. 이를 위해 다음과 같은 활동이 제안되고 있다.

- 조기 스타트 계획 수립
- 학생의 전환 요구 사정
- 학교 간의 협력과 소통
- 조기에 학생 준비시키기
- 가족 참여의 격려와 지원
- 또래 지원 프로그램 개발
- 독립성 제고

고등학교 이후로의 전환

고등학교 졸업 후 다음 단계로의 전환은 정책, 연구, 실제에 주요 관심 주제가 되고 있다. 장애 학생의 형식적인 전환 계획의 개념은 고등학교를 졸업하는 장애 청소년들이 증가함으로써 1980년대부터 개발되었다. 당시 가족, 구성원, 교사, 연구자, 정책입안가 등은 장애 청소년의 고용을 지원할 방법을 찾는 데 초점을 맞추었다(정대영, 2017).

생애의 각 단계에서 실시되는 전환교육은 모두 중요하지만, 특히 고등학교 이후는 대학 진학이나 사회로 진출한다는 점에서 더욱 중요하다. 장애 학생이 학교란 교육 서비스 기관의 보호와 감독을 벗어나 지역사회로 이동하게 될 때 이들을 받아들여 연속적인 지원 서비스를 제공할 수 있느냐는 매우 중요한 문제이다. 대학에 진학할 경우 교육 서비스가 연장되어 다양한 요구에 기반을 둔 역량의 개발이나 고등교육을 받을 수 있다. 대학은 장애학생지원센터를 설치하고 이들의 대학생활 전반을 지원하고 있어 이 프로그램을 잘 활용할 필요가 있다. 하지만 지원 인력이나 운영 체계가 초중등학교와 다르므로 장애 학생의 자율성과 부모의 지원이 필요하다.

지역사회로 진출하여 고용이 될 경우 지방자치단체의 담당 부서는 장애인이 직장생활에 적응할 수 있도록 직업 코칭이나 정착할 때까지의 지원고용 서비스를 제공하여 성공적인 전환을 보장해 줄 필요가 있다.

전환과 개별화교육계획

개별화전환교육계획(ITP)은 학생의 개별화교육계획(IEP)의 일부이고, 개별화교육지원팀은 전환을 주제로 다루게 되며, 학생의 전환 목표와 관련된 특정 학습활동을 기술하는 공적인 문서이다.

전환은 결과 기반이기 때문에 개별화교육계획은 각 학령기 이후의 영역에서 기대되는 예상 성과를 기술해야 한다. 예를 들면 학령기 이후 교육 영역에서 대학에 입학했을 때 기대성과는 무엇인가? 개인이 전문대학이나 4년제 대학, 기타 학습기관이나 훈련기관에 입학할 수 있는가? 전환계획의 각 주요 영역에서 강조하는 학습 목표는 일반교육과정에 대한 접근은 물론 그 영역의 기대 성과를 강조해야 한다. 이러한 점은 ITP의 목표와 학생에 의해 확인된 측정 가능한 중등 후 목표를 일치시키기 위해 중요하다.

전환 관련 안내 원리

학생이 재학하고 있을 동안 학령기 이후에 마주하게 될 다양한 환경에 성공적으로 적응할 가능성을 증가시키고 전환 관련 활동의 효과성을 극대화하기 위한 전환과정의 안내 원리는 다음과 같다.

종합 계획 수립

사정과 계획 수립은 성공에 필요한 어느 정도의 능력을 보여줄 중요한 영역을 다루어야 한
다. 〈표 16.1〉은 전환 인벤토리에 기반을 두어 종합적인 계획을 수립하고 서비스를 제공할
때 참고할 11개 영역과 세부 내용이다. 이 표는 몇 가지 영역별로 사례들을 제시하고 있다.
학생이 일부 영역에서만 전환 요구를 지닐 수 있으므로 모든 영역에 대한 요구와 강점을 사
정할 필요는 없다.

표 16.1 전환 영역과 주요 내용

영역		내용
일	진로 선택과 계획 수립	• 직업에 관해 알기 • 취업 방법 알기
	고용 지식과 기술	• 직업과 관련된 일반 및 특정 기술의 습득과 수행 • 직업 변경 방법 알기
학습	후속 교육과 훈련	• 고등학교 이후 후속 발달을 위한 선택에 대해 알기 • 성공에 필요한 기술 갖추기 • 지원 서비스 이용 방법 알기
	기능적 의사소통	• 실제 상황에서 읽고, 쓰고, 듣고, 말할 수 있기
생활	자기결정	• 자신의 강점과 약점 이해하기 • 계획, 목표 설정 및 의사결정할 수 있기 • 자신의 생활에 책임질 수 있기
	독립생활	• 요리, 세탁, 간단한 수리 등 일상생활 요구와 관련된 기술 습득하기 • 일상생활 문제 해결할 수 있기 • 현재의 테크놀로지 사용기술 습득하기
	개인적 금전 관리	• 일상생활 용품 구매 관련 기술 습득하기 • 계산하기, 예금 관리하기, 절약하기
	지역사회 참여와 이용	• 유능한 시민이 되기 위한 기술 습득하기 • 지역사회 내의 서비스와 자원 이용할 수 있기 • 지역 내 대중교통 이용하기
	레저활동	• 여러 가지 레저활동 이용하기 • 실내외 활동 참여하기 • 여러 가지 엔터테인먼트 참여하기
	건강	• 신체적 건강 유지와 연관된 지식과 기술 습득하기 • 정서적 및 정신적 건강과 연관된 지식과 기술 습득하기 • 적절한 성적 행동에 관한 지식 습득하기
	대인관계	• 여러 유형의 사람들과 적절히 상호작용할 수 있는 기술 습득하기

전환 요구 사정

학령기 이후 목적에 기반을 둔 효과적인 개별화전환계획을 개발하는 데 필요한 활동은 요구와 강점의 지속적인 사정과 현재 기능 수준에 대한 데이터를 수집하는 것이다(Stligton, Neubert, & Clark, 2010).

학생 참여

개별화는 종합적인 전환 구성요소이지만 교육 현장에서는 적절히 실행되지 못함으로써 폭넓은 성공을 거두지 못하고 있다. 이러한 현상이 일어나는 이유는 개별화전환교육계획이 학생의 흥미나 선호에 기반을 둔 것이 아니라 장애에 기반하고 있으며, 학생 참여가 부족하기 때문이다.

전환 계획의 개발과 실행과정에 장애 학생의 능동적인 참여를 확대시키면 개별화의 효과성을 향상시킬 수 있다. 학생의 관점을 수용하면 스스로 주인의식을 향상시키고, 미래 자신의 목표를 반영한 전환 계획을 실행하는 과정에 더욱 적극적으로 참여하게 된다.

학생은 자신의 전환 계획과 교수활동에 적극적으로 참여해야 하고, 그래서 교사, 가족 구성원, 외부기관의 인사가 학생의 장단기 목표와 학령기 이후의 목표를 이해할 수 있고 목표 달성을 촉진시킬 수 있다. 그뿐만 아니라 장애 학생이 자신의 삶에 대한 의사결정에 귀를 기울이고 그들의 꿈을 실현하기 위해 노력할 때 적극 지원할 수 있어야 한다. 자기결정은 자신의 운명이나 활동과정을 결정하는 것이다. 자기결정의 주요 특성에서는 자동성, 자기조절, 자아실현 및 역량 강화가 포함된다(Shogren et al., 2015).

부모 및 가족 참여

가족 구성원의 참여 역시 전환계획수립의 기본적인 요소이다. 특수교육의 전 과정에 부모 참여를 법으로 규정하고 있다. 아울러 부모, 형제, 확대 가족 등의 구성원은 장애 자녀를 옹호하고 자녀에게 역할 모델이 되어 주는 중요한 기능을 한다. 더욱 중요한 것은 부모와 기타 가족 구성원들이 자녀가 성장해 감에 따라 지속적으로 중요한 지원자의 역할을 하게 된다는 점이다.

가족 구성원의 적극적인 참여를 방해하는 문제들이 밝혀지고 있다. 첫째, 일부 관심 있는 가족들은 학교나 가정 간의 동반관계가 매우 제한되어 있다고 여기고, 가족이 요구하는 전환 관련 요구와 목표가 전환교육에 일관되게 명시되지 않는다고 생각한다. 둘째, 일부 부모는 학교 전문가들이 희망하는 만큼 충분히 참여하지 않는다는 점이다. 전환 담당 인사는 부모가 이 과정에 어느 정도, 어떤 방식으로 참여하는지와 관련하여 가족 구성원의 가치와 자원에 민감해야 한다.

다양성 고려

최근 학급을 구성하는 학생들의 특성이 인종적으로나 민족적으로 점점 더 다양해지고 있고, 다문화국가로서 자리 잡아 가고 있다. 따라서 교사는 문화적으로나 언어적으로 다양한 하위 문화집단 구성원의 참여 방식에 반응할 수 있도록 준비해야 한다.

기관 간 협력

모든 학령기 특수교육 대상자는 특수교육 및 관련 서비스를 보장받는 반면 성인 기관은 적격 성에 근거하여 서비스를 제공한다. 이것은 중등 후 전환교육의 책임 소재가 이동되는 것을 의미하고, 경우에 따라서는 자녀가 성인 기관에 접근하고 적격성 여부를 결정하는 활동에 참 여하는 것을 배워야 함을 의미한다. 고등학교를 졸업한 후 대학에 진학하거나 지역 내에 있 는 복지관, 복지시설 등과 연계하여 후속 전환교육 기회를 갖도록 할 필요가 있다.

책무성

학교가 가능한 한 모든 노력을 다하며 전환 서비스를 제공하는 것이 중요하다. 학교는 특수 교육법이 정하고 있는 전환교육을 충실히 수행하기 위해 다음과 같은 사항을 점검해 볼 필요 가 있다.

- 이 영역에서 중등 후 목표를 적절히 측정할 수 있는가?
- 중등 후 목표를 매년 개선하고 있는가?
- 측정 가능한 중등 후 목표는 연령에 적합한 전환평가에 기반하고 있는가?
- 학생이 중등 후 목표를 합리적으로 달성할 수 있도록 ITP가 작성되었는가?
- 학생이 중등 후 목표를 합리적으로 달성할 수 있는 학습과정이 전환 서비스에 포함되어 있는가?
- 학생의 전환 서비스 요구와 관련된 연간 IEP 목표가 있는가?
- 학생이 전환 서비스가 논의되는 IEP 협의회에 초대받은 적이 있는가?
- 적합하다면 어떤 기관의 대표가 부모의 사전 동의를 받고 IEP 협의회에 초대받았는가?

전환 계획의 과정

전환과정의 주요 요소는 [그림 16.4]에 제시되어 있다. 이 모형은 광범위한 계획활동의 중요성을 말해 주고 있으며, 다음과 같은 특성을 포함하고 있다.

- 전환과정은 매우 일찍 시작되어야 하고 교육과정을 마련하고 교수활동을 할 동안 학령기 이후 주제를 강조함으로써 달성도가 높아진다.
- 학생은 다양한 중등 후 이슈에 노출시켜 그들의 미래에 대한 꿈을 갖게 하는 것이 중요하다.
- 꿈을 갖는 단계에 이어 진로와 함께 자신이 살고 싶고, 일하고 싶은 곳 등 학령기 이후의 주제를 현실적으로 탐색한다.
- 16세 이전에 연령에 적합한 도구와 기법을 이용하여 선호, 흥미, 강점 등 요구를 종합적으로 사정한다.
- 가끔 학생의 특정 전환 요구를 결정하기 위해 심도 있는 사정이 필요하다.
- 학생 주도로 측정할 수 있는 중등 후 목표를 명확히 밝힌다.
- 학생이 졸업하고 학교를 떠나기 전에 학생 중심의 수행성을 요약하여 고등학교 이후에 하게 될 생활을 지원한다.
- 모델에 의하면 가정, 학교, 성인 기관이 서로 협력하여 학생이 지식, 기술, 경험에 반응할 수 있도록 능력을 향상시키고, 일련의 성인 요구에 대처할 수 있도록 지원한다.

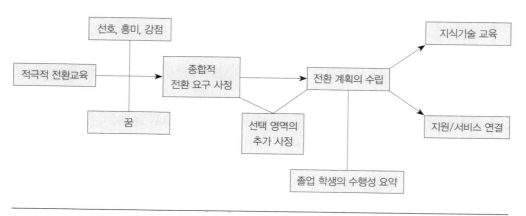

그림 16.4 전환 계획 수립과정

출처 : Gaumer Erickson, A. S., Clark, G. M., & Patton, J. R.(2013)

전환 모델의 주요 구성요소

[그림 16.4]에서 기술된 전환 사정과 계획 모형은 학령기 초에 시작하여 학생이 졸업하고 학교를 떠날 때까지 지속된다는 것을 보여주고 있다. 모형의 각 구성요소는 학생에게 종합적인 전환과정을 제공하는 데 중요하다. 다음은 모형의 다양한 구성요소에 대한 논의이다.

적극적 전환교육

이 단계는 주로 초등학교에서 이루어지는 것으로 실행할 주제에 관하여 이야기하는 진로교육의 첫 단계이다.

꿈

학생에게 미래에 관한 꿈을 가질 기회를 제공한다. 학생이 미래에 어디서, 무엇을 하고 싶은지에 대해 공개적으로 생각하는 기회를 갖는 것이 중요하다. 그러나 이런 기회를 빨리 제공하여 그들의 꿈이 현실적인지를 인식할 수 있는 시간을 충분히 제공해야 한다.

선호, 흥미, 강점

형식적인 전환계획 수립과정의 시작 단계로서 학생의 직업 및 기타 생활 관련 영역에서 그의 흥미를 확인해야 한다. [그림 16.5]는 학생의 직접 선호와 흥미에 관한 정보를 얻기 위해 설계된 전환계획 인벤토리의 일부이다. 학생의 강점을 확인할 수 있는 도구를 개발할 필요가 있다.

종합적 전환 요구 사정

요구 사정 단계에서는 학생이 지닌 전환 요구를 결정하기 위해 정보를 수집한다. 사정은 조기에 실시하며 충분한 시간을 가지고 전환 계획을 개발하며 필요에 따라 교수를 제공하고 활동을 연계시킨다. 사용 도구는 전환의 모든 영역을 고려할 수 있는 종합적인 것이어야 하고, 요구를 효율적으로 결정할 수 있고 실시 시간이 적절해야 한다(그림 16.5).

선택 영역의 추가 사정

일부 전환 영역은 보다 상세한 정보를 파악할 필요가 있다. 이러한 경우 추가 사정을 통해 특정 영역에 관한 깊이 있는 정보를 수집하게 된다.

학생 이름 :   날짜 :

지시 사항 : 각 질문은 현재 당신이 재미(흥미)있어 하는 것과 좋아(선호)하는 것에 관하여 설명하고 있습니다. 당신이 대답할 필요가 없는 경우 빈칸으로 두고 다음 질문으로 넘어 가세요. 제일 위에서 시작하여 아래로 내려가며 차례대로 대답하면 됩니다. 1에서 시작하여 2e까지, 그리고 3, 4의 순서로 대답하세요.

1. 고등학교를 졸업한 후 무엇을 하려고 계획을 세우고 있나요?

2. 일	3. 학습	4. 생활
2a. 어떤 직업을 생각하고 있나요?	3a. 고등학교 졸업 후 공부하거나 훈련받고 싶은 것은 무엇인가요?	4a. 여가 시간에 무엇을 하고 싶나요?
2b. 어떤 유형의 작업장을 좋아하세요(예 : 실내-실외, 사무실-공장 등)?	3b. 정보를 읽기나 질문하기 등 어떤 방법으로 얻고 싶은가요?	4b. 친구들과 놀 때 주로 무엇을 하나요?
2c. 당신이 좋아하는 직업에 관하여 어떻게 더 알아볼 수 있을까요?	3c. 정보를 알아보기 위해 어떤 방법을 좋아하나요(이야기, 쓰기, 설명하기)?	4c. 당신의 생활관 관련하여 어떠한 의사결정 방법을 더 좋아하나요?
2d. 앞으로 2~3년 후 당신이 직업을 갖도록 준비하는 데 학교가 어떻게 도와주기를 원하나요?	3d. 2~3년 후 대학이나 훈련 프로그램에 들어갈 준비를 위해 학교가 어떻게 도와주기를 바라나요?	4d. 당신이 2~3년 후 지역사회에서 일상생활을 할 수 있도록 학교가 어떻게 도와주기를 바라나요?
2e. 당신이 직업을 갖게 될 때 당신이 지닌 장애가 어떤 영향을 미칠 것이라고 생각합니까?	3e. 당신이 대학에 입학하거나 훈련 프로그램에 등록할 때 당신이 지닌 장애가 어떤 영향을 미칠 것이라고 생각합니까?	4e. 당신이 지역사회 내에서 생활할 때 당신이 지닌 장애가 어떤 영향을 미칠 것이라고 생각합니까?

그림 16.5 전환 계획 인벤토리

출처 : PRO-ED.(2014)

전환 계획의 수립

사정 단계가 완료되면 실제 전환 계획을 실시하게 된다. 앞서 기술한 모형에서는 지식 및 기술의 지도와 연관된 교수 목표, 지원 서비스와 관련된 연계 목표의 두 가지 형태의 계획을 세워야 한다. 교수 목표는 발달시킬 필요가 있는 전환기술과 연관된 지식 및 기술과 관련이 있다. 이러한 영역의 요구를 파악하여 지도하기 위해 측정 가능한 연간 목표를 개발한다. 일부 영역은 ITP에 포함되어 있는 측정 가능한 목표를 이용할 수 있다. 연계 목표란 지역사회에서 이용할 수 있고, 유용하며 미래의 성공을 위해 중요한 지원과 서비스를 말한다. 여기서 중요한 점은 학생이 학교에 있을 동안에 고등학교 이후의 생활과 전환과정에서 제공되는 지원과 서비스를 이용할 수 있도록 전환교육이 실시되어야 한다는 점이다.

졸업 학생의 수행성 요약

수행성 요약은 학생과 가족에게 여러 상황에 걸쳐 미래에 유용한 정보를 제공하는 데 초점을 맞춘다.

요약

진로교육과 발달

- 전형적인 진로교육 단계는 진로 의식, 진로 탐색, 진로 준비, 직업 배치의 네 단계로 개념화된다.
- 진로 흥미와 장점 사정은 가급적 진로발달 초기 단계에서 실시되어야 하나 흥미, 선호, 강점에 대한 체계적인 사정은 중학교 시기에 실시되어야 한다.
- 결과 지향 또는 근로 지향의 태도를 지닌 개인은 근로에 대해 부정적이거나 경험이 없는 초보적인 태도를 지닌 사람보다 취업에 더 유리한 입장에 서게 된다.

학년기 동안의 전환 : 수직적 전환과 수평적 전환

- 생애에서 경험하는 두 가지 일반적인 전환 유형은 수직적 전환과 수평적 전환이다.
- 학생들은 자신의 특정 생활 상황에 따라 수직적 및 수평적 전환을 경험한다.
- 개별화전환교육계획은 학생의 IEP의 일부이고 학생의 전환 목표와 관련된 특정 학습활동을 포함하며 공적인 문서이다.
- 학생이 재학하고 있을 동안 학령기 이후에 마주하게 될 다양한 환경에 성공적으로 적응할 수 있도록 전환 관련 활동의 효과성을 극대화하는 것이 중요하다.

전환 계획의 과정

- 전환 모델의 주요 구성요소에는 적극적 전환교육, 선호 · 흥미 · 강점, 종합적 전환 요구 사정 및 전환 계획의 수립 등이 포함된다.

참고문헌

강경호(2009). 초등국어교육의 이해. 서울: 박이정.

강문봉, 강완, 김남희, 김수환, 나귀수 외(2009). 초등 수학 학습지도의 이해. 경기: 양서원.

강문봉, 상홍규, 권석일, 김수미, 남진영 외(2015). 초등수학교육의 이해. 서울: 경문사.

강위영, 정대영 역(1986a). 학습장애아동 교육. 서울: 형설출판사.

강위영, 정대영(1986b). 학습장애아의 출현률과 행동 특성. 생활과학연구, 7(1), 5-22.

강위영, 정대영(1991). 학습장애자의 직업재활 문제와 전망. 재활과학연구, 9(1), 5-17.

강위영, 정대영 편저(2001). 학습장애 아동 교육. 서울: 형설출판사.

곽금주, 오상우, 김청택(2011). K-WISC-IV(한국 웩슬러 아동지능 검사-4판) 전문가 지침서. 서울: 학지사.

교육과학기술부(2012). 2012 특수교육 통계.

국립국어원(2018). 표준국어대사전. http://stdweb2.korean.go.kr/main.jsp

김경희(1997). 정서란 무엇인가. 서울: 민음사.

김동일, 이대식, 신종호(2003). 학습장애 아동의 이해와 교육 (제3판). 서울: 학지사.

김애화, 김의정, 강은영(2013). 이야기 지도 전략 교수가 읽기학습장애 학생의 읽기 이해 성취도에 미치는 효과. 특수교육저널: 이론과 실천, 14(2), 67-95.

김애화, 김의정, 김자경, 최승숙(2012). 학습장애: 이론과 실제. 서울: 학지사.

김애화, 김의정, 유현실(2011). 한국형 학습장애 진단모형 탐색: 읽기 성취와 읽기 심리처리를 통한 읽기 장애 진단 모형. 학습장애연구, 8(2), 47-64.

김애화, 김의정, 황민아, 유현실(2012). 읽기 성취 및 읽기 인지처리 검사.

김애화, 신현기, 이준석(2009). 학습장애 선별검사(LDSS). 서울: 굿에듀.

김영태, 장혜성, 임선숙, 백현정(1995). 그림 어휘력검사. 서울: 서울장애인 종합복지관.

김성미, 윤혜원, 이윤경 옮김(2008). 언어와 읽기장애 (제2판). 서울: 시스마프레스.

김자경(2001). 학습장애의 판별 방법 및 절차에 관한 고찰-학습장애 정의에 따른 관련논문 분석을 중심으로. 특수교육학연구, 36(1), 101-126.

김자경, 강혜진, 서주영 옮김(2017). 교실 속 다양한 학습자를 위한 수학교과의 차별화 교수법(제3판). 서울: 시그마프레스.

김자경, 짐지훈, 정세영, 구자현(2011). 루브릭 평가를 활용한 과정중심 쓰기교수가 쓰기학습장애 아동의 쓰기 능력과 쓰기 효능감에 미치는 영향. 특수아동교육연구, 14(4), 513-535.

김재봉(2016). 언어심리 기반의 말하기와 글쓰기: 이해와 활용. 서울: 형설출판사.

김정미, 윤혜련, 이윤경 옮김(2008). 언어와 읽기장애, 제2판. 서울: 시그마프레스.

김진아, 김기연, 박수진 옮김(2010). 한글의 탄생: 문자라는 기적. 경기: 돌베개.

김향희, 나덕력(2007). 아동용 한국판 보스톤 이름대기 검사(K-BNT-C). 서울: 학지사 심리검사연구소.

김홍근(1999). 아동용 Rey-Kim 기억검사. 대구: 도서출판 신경심리.

김홍근(2001). 아동용 Kims 이마엽–관리기능 신경심리검사. 대구: 도서출판 신경.

나은경, 서유진(2013). DSM-5에서 특정 학습장애 진단기준의 변화가 국내 학습장애 학생 선정에 주는 시사점. 한국학습장애연구, 10(3), 53–77.

노명완, 신헌재, 박인기, 감창원 외(2016). 국어교육학 개론 4판. 서울: 삼화원.

노선정(2006). 읽기와 지식의 감추어진 역사. 서울: 이른 아침.

문수백, 변창진(1997). 카우프만 아동용 개별 지능검사(K-ABC). 서울: 학지사 심리검사연구소.

문수백, 여광응, 조용태(20-06). 한국판 시지각 발달검사(K-DTVP-2). 서울: 학지사 심리연구소.

민병근(1963). 어린이 정신건강: 학습장애. 신경정신의학, 2(2), 63.

박경숙, 김계옥, 송영준, 정동영, 정인숙(2008). KISE 기초학력검사(KISE-BATT). 경기: 국립특수교육원.

박경숙, 윤점룡, 박효정(1998). 기초학습기능검사. 서울: 한국교육개발원.

박경숙, 정동영, 정인숙(2008). KISE 한국형 개인지능검사(KISE-KIT). 서울: 교육과학사.

박권생(2004). 정서심리학. 서울: 학지사.

박현숙, 신현기, 정대영, 정해진 옮김(2007). 학습장애: 토대, 특성, 효과적 교수. 서울: 시그마프레스.

박형배 편저(2010). 난독증의 올바른 이해와 극복. 서울: GTI 코리아.

배희숙(2016). 언어발달. 서울: 학지사.

보건복지부 질병관리 본부(2014). 국민건강 영양조사 2014.

서귀돌(1988). 학습장애아의 학습실패 귀인에 관한 연구. 특수교육연구, 1, 31–39.

서울대사대교육연구소(1985). 교육학사전. 서울: 배영사.

송언근, 정혜정, 이관구. (2015). 자료와 활동 중심의 사회과다운 수업하기. 서울: 교육과학사.

송언근, 정혜정. (2012). 비조작 자료의 조작을 통한 사회과 비판적 사고력 교육. 한국지리환경교육학회지, 20(1), 1–22.

송영혜(1989). 주의간접 자극이 학습장애아의 선택적 주의집중에 미치는 효과. 정서행동장애교육연구, 5(2), 50–64.

신문자, 김영태, 정부자, 김재옥(2011). 아동 색 선로검사(CCTT). 서울: 학지사 심리검사연구소.

신미경(2018). 초등학교 수학부진학생을 위한 '재미난 분수' 가상조작물 웹사이트 개발 및 가상조작물–반구체물–추상기호의 명시적이고, 순차적인 교수 효과. 학습장애연구, 15(1), 57–91.

신민섭 역(2007). 난독증의 이해. 서울: 학지사.

신민섭, 박민주(2007). 스트룹 아동 색상–단어검사(STROOP). 서울: 학지사 심리검사연구소.

신민섭, 조수철, 홍강의(2007). 한국판 팍습장애 평가 척도(K-LDES). 서울: 학지사 심리검사연구소.

신헌재 외(2017). 2015개정 국어교육과정과 새 교과서 반영 초등국어교육학 개론. 서울: (주)박이정.

신헌재, 이승재, 임천택, 이경화, 권혁준 외, (2015). 초등문학교육론. 서울: 박이정.

윤평현(2013). 국어의미론. 서울: 도서출판 역락.

이강숙(2017). 수학 시간에 놀자! 서울. 서울: 도서출판 지식프레임.

이나미, 윤점룡(1990). 학습장애아 특성 분석과 진단도구 개발. 서울: 한국교육개발원.

이동훈, 김학진, 이도준, 조현수 옮김(2017). 인지신경과학 입문 (제3판). 서울: 시그마프레스.

이병훈, 이재혁, 허승철(2013). 사고와 언어. 서울: 도서출판 한길사.

이봉원(2015). 언어치료사를 위한 한국어 문법. 서울: 학지사.

이영재 역(2007). 읽기 곤란에서 난독증까지. 서울: 학지사.

이예다나, 손승현, 마지성, 정광조(2014). 설명하는 글쓰기 전략이 쓰기 학습장애 학생의 글쓰기 능력에
미치는 영향. 학습장애연구, 11(2), 201-226.

이익섭(2016). 국어학개설. 서울: 화연사.

이진옥, 김수연, 이영연(2010). 수학학습부진아의 문장제 해결 능력 증진을 위한 숫자 바꾸기와 구조 바꾸
기 전략의 효과 비교. 학습장애연구, 7(1), 157-176.

이희수 옮김(2011). 책 읽는 뇌. 경기: 살림출판사.

장현갑, 이진환, 신현정, 정봉교, 이광오, 정영숙 역(2001). 힐가드와 애트킨슨의 심리학 원론. 서울: 도서출
판 박학사.

장혜승, 김소희(2011). 쓰기학습장애 위험아동을 위한 쓰기 전략의 효과 비교-자기조절 중심의 '주장쓴
글' 전략, 그래픽조직자 전략, 모델학습 전략 중심으로. 학습장애연구, 8(3), 21-52.

장호연 옮김(2010). 긍정의 뇌: 하버드대 외과학자의 뇌졸중 체험기. 경기: 월북.

전윤희, 장경윤(2014). 학습부진 또는 학습장애 위험군 학생들의 비와 비례 문장제 문제해결 향상시키기:
도식 기반 교수의 역할. 대한수학교육학회지, 16(4), 659-675.

정경아, 김애화(2015). 기억전략을 활용한 구체물-반구체물-추상물 교수가 수학학습장애 학생의 받아
내림이 있는 뺄셈 성취도에 미치는 효과. 초등교육연구, 28(4), 267-292.

정대영(1986). Myklebust 행동평정 척도에 의한 학습장애의 행동 특성 분석. 대구대학교 대학원 석사학위
논문.

정대영(1993). 학습장애 개념과 유형. 정서학습장애아교육, 8, 1-9.

정대영(2001). 학습장애 아동을 위한 읽기 교수 기법 탐색. 정서학습장애연구, 17(1), 19-51.

정대영(2002). 학습장애의 개념 및 진단평가의 문제와 과제. 정서학습장애연구, 18(1), 63-87.

정대영(2007). 학습장애의 정의와 진단적 평가 기준의 법적 규정을 위한 대안 탐색. 특수아동교육연구, 9(3).

정대영(2010). 미국의 반응중심 중재법 채택이 국내 학습장애 진단평가 정책에 주는 시사점. 특수아동교육
연구, 12(2), 53-76.

정대영(2010a). 비언어성 학습장애의 개념, 분류 및 진단평가 방법 고찰. 학습장애연구, 7(2), 57-79.

정대영(2010b). 한국에서 학습장애 진단 및 판별의 쟁점과 개선 방향. 학습장애연구 10(3). 1-20.

정대영(2010c). 미국의 반응중심 중재법 채택이 국내 학습장애 진단평가 정책에 주는 시사점. 특수아동교
육연구, 12(2).

정대영(2010d). 비언어성 학습장애의 개념, 분류 및 진단평가 방법 고찰. 학습장애 연구, 7(2).

정대영(2013). 한국에서의 학습장애 진단 및 판별의 쟁점과 개선 방향. 학습장애연구, 10(3).

정대영(2020). 특수아동교육: 0세부터 8세까지(제2판). 서울: 창지사.

정대영(2017). 특수교육학(제2판). 서울: 창지사.

정대영a(1991). 학습·정서장애아와 정신지체아의 일반 및 변별적 인지요인 분석. 대구대학교 대학원 박사학위 논문.

정대영b(1991). 학습장애 개념에 관한 이론적 모델 연구. 특수교육학회지, 12, 89-105.

정대영, 구남희(2000). 통합교육 환경에서의 KWL 기법 훈련이 초등학교 읽기학습장애아의 독해력에 미치는 효과. 초등특수교육연구, 2(1), 19-43.

정대영, 권숙현(2007). 행동연쇄 중단 방략이 발달장애 아동의 구어기능에 미치는 효과. 정서행동장애연구, 23(3), 405-424.

정대영, 김애화, 김의정, 김자경(2019). 학습장애 교육지원방안 연구. 국립특수교육원.

정대영, 김지은(2001). 총체적 언어학습법이 읽기학습장애 아동의 독해력 및 읽기 태도에 미치는 효과. 특수아동교육연구, 3, 23-43.

정대영, 신현인(2003). 예상도 작성법 훈련이 읽기학습장애 아동의 읽기 능력에 미치는 효과. 특수아동교육연구, 5(1), 129-151.

정대영, 이계영(2003). KWL 기법을 이용한 협동학습이 읽기학습장애 아동의 독해력과 읽기 태도에 미치는 효과. 경남교육학연구, 8, 283-300.

정대영, 이수자(2006). 의미구조 중심의 이야기 구성도 작성 훈련이 읽기학습장애 아동의 독해력, 읽기인식 및 태도에 미치는 효과. 특수아동교육연구, 8(2), 301-317.

정대영, 이수자(2007). 과정 중심의 읽기 훈련이 읽기학습장애 아동의 독해력, 읽기 상위인지 및 읽기 태도에 미치는 효과. 학습장애연구, 4(1), 1-24.

정대영, 이은진(2009). 동시 활용 말놀이 중심 언어교수가 자폐성장애 아동의 어휘력과 학습 태도에 미치는 영향. 정서행동장애연구, 25(3), 47-72.

정대영, 정동영(1997). KISE 학습장애 선별검사. 경기: 국립특수교육원.

정대영, 조명숙(2019). 국내 출생 다문화 아동 및 학습장애 아동의 언어능력(읽기, 쓰기) 중재 효과크기 비교를 통한 학습장애 진단의 배제요인 타당성 연구. 특수아동교육연구, 21(3), 87-110.

정대영, 황민태, 정희태, 안희정(2016). 인공지능 기반의 학습장애 아동 쓰기 지도. 창원대학교 국제협력선도 대학사업단. 경남: 도서출판 사림.

정대영, 최둘숙(2000). 이야기 구성도 완성 훈련을 통한 읽기학습장애 중학생의 독해력 향상. 경남교육학연구, 5(2), 43-65.

정대영, 최미숙(2007). 심상그리기를 활용한 과정중심 글씨쓰기가 쓰기학습장애 아동의 어휘력 향상에 미치는 효과. 특수아동교육연구, 9(1), 333-352.

정대영, 하창완(2011). 그래픽 구성도 작성 전략 중심의 읽기 수업이 학습장애 고등학생의 읽기 유창성과 이해력에 미치는 영향. 학습장애연구, 8(1), 43-63.

정대영, 하창완(2016). 스마트 어플리케이션을 활용한 다중독해전략 교수가 고등학교 학습장애학생의 읽기 유창성과 이해력에 미치는 효과. 특수교육연구, 23(2), 219-240.

정대영, 홍화진(2011). 장애아동 형제자매와 비장애아동 형제자매의 부모-자녀 의사소통, 자아탄력성, 정서지능 및 심리적 안녕감 비교. 정서행동장애연구, 27(2). 33-57.

정재석, 김수경, 박단비, 한석우 옮김(2013). 난독증 심리학. 서울: 시그마프레스.

정필원, 송상헌(2005). 평면도형의 넓이 지도를 위한 퀴즈네르 막대의 활용에 관한 연구. 과학교육논총, 18, 29-51.

주영희, 김성준(2009). 측정 영역 수학학습부진아의 오류 유형 및 지도 방안 연구. 교과교육학연구, 13(4), 717-736.

하정숙(2015). 수감각, 핵심어, 문제 만들기를 강조한 수학 문장제 해결 전략의 효과. 특수교육학연구, 49(4), 51-71.

한국특수교육학회(2008). 특수교육 대상자 및 선별 기준.

한국학습장애학회(2014). 학습장애 총론: 전문성 구축을 위한 입문서. 서울: 학지사.

한정훈 옮김(2018). 사피엔스 DNA 역사. 서울: 살림.

홍창의(1997). 소아과학. 서울: 대한교과서.

홍화진, 정대영(2012). 장애아동 형제자매의 심리적 안녕감 증진을 위한 음악치료 프로그램 개발. 정서행동장애연구, 28(4), 29-62.

Adams, G. & Carmine, G. (2003). Direct instruction. In H. L. Swanson, K. R., Harris, & S. Graham (Eds.), *Handbook of learning disabilities* (pp. 403-416). New York: Guilford Press.

Alber, S. A., & Walshe, S. E. (2004). When to self-correct spelling words: A systematic replication. *Journal of Behavioral Education, 13*, 51-66.

Alfonso, V. C., & Flanagan, D. P. (2018). *Essentials of specific learning disability identification*(2nd ed.). NJ: John Wiley & Sons.

Alloway, T. P., & Alloway, R. G. (2010). Investing the predictive roles of working memory and IQ in academic attainment. *Journal of Experimental Child Psychology, 106*(1), 20-29. doi: 10.1016/j.jecp.2018.7.26.

Allsopp, D. H. (1997). Using class-wide peer tutoring to teach beginning algebra problem solving skills in heterogeneous classroom.

Allsopp, D. H., Kyger, M., & Lovin, L. (2007). *Teaching mathematics meaningfully: Solutions for reaching struggling learners*. Baltimore, M. D.: Brookes.

American Academy of Pediatrics. (2000). Diagnosis and evaluation of the child with attention Deficit/hyperactivity disorder (AC 2000). *Pediatrics, 105*(5), 1158-1170.

American Academy of Special Education Professionals. (2007). *Educator's Diagnostic Mannual of Disabilities and Disorders*. San Francisco, CA: Jossey-Bass.

American Psychiatric Association. (2013). *Diagnostic and statistical mannual of mental disorders-5*.

Anderson, P. L. & Meier-Heddl, R. (2001). Early case reports of dyslexia in the United States and Europe. *Journal of Learning Disabilities, 34*, 9-21.

Antshel, K. M. & Joseph, G. R. (2006). Maternal stress in nonverbal learning disorders: A comparison with reading disorder. *Journal of Lerning Disabilities, 39*(3), 194–205.

Backenson, E. M., Holland, S. C., Kubas, H. A., Wilcox. G., Carmichael, J. A., ,,, ,,, & Hale, J. B. (2015). Psychological and adaptive deficits associated with learning disability subtypes. *Journal of Learning Disabilities, 48*(5), 511–522.

Bassok, D., Latham, S., & Rorem, A. (2016, January-March). Is kindergarten the new first grade? *AREA Open, 1*(4), 1–31.

Bender, W. N. (2002). *Differentiating instruction for students with learning disabilities. Best practices for general and special educators.* Thousand Oaks, CA: Corwin Press.

Berninger, V. W., & May, M. O. (2011). Evidencs-based diagnosis and treatment for specific learning disabilities involving impairment and/or oral language. *Journal of Learning Disabilities, 44*, 167–183.

Berninger, V., & Richard, T. (2002). *Brain literacy for educators and psychologists.* San Diego, DA: Academic Press.

Bernstein, D. K. (2002). The nature of language and its disorders. In D. K. Bernstein & E. Tiegerman-Farber (Eds.), *Language and communication disorders in children* (5th ed,. pp. 2–26). Boston: Allyn & Bacon.

Bishop, D. V. N., & Snowling, M. J. (2004). Developmental dyslexia and specific language impairment: Same and different? *Psychological Bulletin, 130*(6), 858–886.

Bley, N. S., & Thornton, C. A. (2001). *Teaching mathematics to students with learning disabilities* (4th ed.). Austin, TX: PRO-ED.

Bloom, L. (1988). What is language? In L. Bloom & M. Lahey, *Language development and language disorders* (pp. 1–19). Needham, MA: Macmillan.

Boada, R., Willcutt, E. G., & Pennington, B. F. (2012). Understanding the comorbidity between dyslexia and attention-deficit/hyperactivity disorder. *Topic in Language Disorders, 32*, 264–284.

Bradley, L. & Bryant, R. E. (1985). *Rhyme and reason in reading and spelling.* Ann Arbor, MI: University of Michigan Press.

Bradley, R., Danielson, L., & Hallahan, D. P. (Eds.). (2002). *Identification of learning disabilities: Research to practice.* London, UK: Routledge.

Broitman, J., & Davis, J. M. (2013). *Treating NVLD in children: Professional colaborations for positive outcomes.* NY: Springer.

Broca, P. (1866). Sur la faculte generale du langage, dans ses rapports avec la faculte du langage articule. Bulletin de la Societe d'Anthropologie Deuxieme Serie, 1, 377–382. In H. L. Swanson, K. R. Harris, & S. Graham. (2013). *Handbook of learning disabilities.* (2nd. ed.). New York: The Guilford Press.

Brophy, J., Alleman, J., & Knighton, B. (2009). *Inside the social studies in the classroom.* New York: Routledge.

Brown, B. A., & Ryoo, K. (2008). Teaching science as a language: A content-first approach to science teaching. *Journal of Research in Science Teaching, 45*(5), 529–553.

Bruner, J. (1975). The orthogenics of speech acts. *Journal of Child Language, 2*, 1–19.

Bryan, T. H. (1974a). An observational analysis of classroom behaviors of children with learning disabilities.

Journal of Learning Disabilities, 7, 26–34.

Bryan, T. H. (1974b). Peer popularity of learning disabled children. *Journal of Learning Disabilities, 7*, 621 – 625.

Bryant, D. P. (2005). Commentary on early identification and intervention for students with mathmatical difficulties. *Journal of Learning Disabilities, 38*, 340–345.

Bryant, D. P. Bryant, B. R., Gersten, R., Scammacca, N., & Chavez, M. M. (2008). Mathematics intervention for first-and second-grade students with mathematics difficulties: The effects of Tier 2 intervention delivered as booster sessions. *Remedial and Special Education, 29*, 20–32.

Bugden, S., & Ansari, D. (2015). How can cognitive developmental neuroscience constrain our understanding of developmental dyscalculia? In S. Chin (Eds.), *The Routledge International handbook of dyscalculia and mathematical learning difficulties* (pp. 18–43). New York: NY: Routledge.

Bulgren, J. A., Sampson Graner, P., & Deshler, D. D. (2013). Literacy challenges and opportunities for students with learning disabilities in social studies and history. *Learning Disabilities Research and Practice, 28*(1), 17–27.

Burns, M. K., Peterson-Brown, S., Haegele, K., Rodriguez, M., Schmitt, B., Cooper, M., ,,, ,,, & VanDerHeyen, A. M. (2016). Meta-analysis of academic intervention derived from neuropsychilogical data. *School Psychological Quarterly, 31*(1), 28–42.

Cain, K., & Barnes, M. A. (2017). Reading comprehension: What develops and when? In K. Cain, & D. L. Compoton, & R. K. Parrila (eds.). *Theories of reading development* (pp. 257–282). Amsterdam: Benjamins.

Cain, S. E., & Evans, J. M. (1990). *Sciencing: An involvement approach to elementary science methods*(3re ed.). Upper Saddle River, NJ: Prentice Hall.

Carnine, D., Crawford, D., Harniss, M., & Hollenback, K., (1995). *Understanding U.S. history*(VOL. 1), Eugene, OR: Considerate Publishing.

Carter, M., McLaughlin, T. F., Derby, K. M., Schuler, H., & Everman, J. (2011). Differential effects of cover, copy, and compare in spelling with four high school students whit severe behavior disorders. Academic Research International , 1, 43, 51. Retrieved from *www.journals.savap.org.pk/ issue.html*.

Catmur, C. (2015, November). Understanding intentions from actions: Direct perception, inference, and the roles of mirror and metalizing systems, *Consciousness and Cognition, 36*, 426–433.

Cawley, J. F., Foley, T. E., & Miller, J. (2003). Science and students with mild disabilities: Principles of universal design. *Intervention in School and Clinic, 38*(3), 160–171.

Center for Disease Control: CDC, (2004). *General lead information: Questions and answers*. Retrieved on July 8, 2005, from July 8, 2018. about.htm.

Chall. J. S. (1996). *Stages of reading development*. New York: McGraw-Hill.

Chandler, L. K. (1993). Steps in preparing for transition: Preschool to kindergarten. *Teaching Exceptional Children, 25*, 52–55.

Chong, S. L., & Siegel, L. S. (2008). Stability of computational deficit in math learning disabilities from second through fifth grades. *Developmental Neuropsychology, 33*(3), 300–317. doi: 10.1080/ 87565640801982387.

Ciullo, S., Falcomata, T., & Baughn, S. (2015). Teaching social studies to upper elementary students with learning disabilities: Graphic organizers and explicit instruction. *Learning Disability Quarterly, 38*(1), 15-26.

Clements, D. (1996). Rethinking "concrete" manipulatives. *Teaching Exceptional Children, 2*, 270-279.

Codina, G. E., Yin, Z., Katims, D. S., & Zapata, J. T. (1998). Marijuana use and academic achievement among Mexican American school age students: Underlying psychological and behavioral characteristics. *J. Child & Adolescent Substance Abuse, 7*(3), 79-96.

Coleman, D. (1995). *Emotional intelligence*. London: Bloomsbury.

Coles, C. D. (1991). Reading test scores lower in children whose mothers drank alcohol during last trimester of pregnancy. *Neurotoxicology & Teratology*, 357-367.

Conor, C. M., Morrison, F. J., Fishman, B. J., Schatchneider, C., & Underwood, P. (2007). Algorithm-guided individualized reading instruction. *Science-New York Ten Washington, 315*(5811), 464.

Cornoldi, C., Mammarella, I. C., & Fine, J. G. (2016). *Nonverbal learning disabilities*. NY: The Guilford Press.

Cornoldi, C., Venneri, A., Marconato, F., Molin, A., & Montinari, C. (2003). A rapid screening measure for the identification of visuospecial learning disability in schools. *Journal of Leaning Disabilities, 36*(4), 299-306.

Costa, L. C., Edward, C. N., & Hooper, S. R. (2016). Writing disabilities and reading disabilities in elementary school students: Rates of co-occurrence and cognitive burden. *Learning Disability Quarterly, 39*, 17-30.

Cox, L. S. (1975). Diagnosing and remediating systematic errors in addition and substraction computations. *The Arithmetic Teacher, 22*, 151-157.

Coyne, M. D., Kame'enui, E. J., & Carnine, D. W. (2007). *Effective teaching strategies that accommodate diverse learners*(3re ed.). Upper Saddle River, NV: Merrill/Pearson.

Crick, N. R., & Dodge, K. A. (1994). A review and reformulation of social information-processing mechanism in children's social adjustment. *Psychological Bulletin, 115*(1), 74.

Csikszentmihalti, M. (1990). *Flow: The psychology of optimal experience*. New York, NY: Harper & Row.

Davis, J. M., & Broitman, J. (2012). *Nonverbal learning disabilities in children: Bridging the gap between theory and practices*. New York: Springer.

Denson, R., Nanson, J. K., & McMatters, M. A. (1994). Smoking mothers more likely to have hyperactivity children (ADHD). *Children Canadian Psychiatry Association Journal, 20*, 183-187.

Deutsch-Smith, D. (2004). *Introduction to special education: Teaching in as age of opportunity* (5th ed.). Boston: Allyan & Bacon.

Diamond, A. (2013). Executive functions. *Annual Review of Psychology, 64*, 135-168.

Don, E. & Drew, E. (2004). What is a Slow Learner? www.memphisneurology.com. A Parent's Guide to Gifted Children, (2018). Underachievement and underachiever. http://www.cde.state.co.us.

Donovan, M. S., & Cross, C. T. (2002). *Minority students in special and gifted education, committee on minority representation in special education*. Washington, DC: National Academy of Education.

Engleman, B. (1977). Sequencing cognitive and academic tasks. In R. Kneedler & S. Tarver(Eds.), *Changing perspectives in special education*(pp. 46–61). Columbus OH: Merrill.

English Oxford Living Dictionaries (2018). http://en.oxforffictionaslries.com/definition/spelling

Farrell, M. (2012). *New perspectives in special education: Contemporary philosophical debates.*

Feigenson, L., Dehaene, S., & Spelke, E. S. (2004). Core systems of number. Trend in Cognitive Science, 8(7), 307–314. doi: 10.1016/j.tics.2018.7.25

Feingold, B. (1975). Hydrokinetics and learning disabilities linked to artificial food flavors and colors. *American Journal of Nursing, 75,* 797–803.

Fernald, G. M. & Keller, H. (1921). The effect of kinesthetic factors in the development of words recognition in the case of non-reader. *Journal of Educational Research, 4,* 355–377.

Fernald, G. M. (1943). *Remedial techniques in basic school subjects.* New York: McGraw-Hill.

Fine, J. G., & Semrud-Clikeman, M. (2010). Nonverbal learning disabilities: Assessment and intervention. IN A. S. Davis (ed.), *Handbook of pediatric neuropsychiatry* (pp. 721–733). New York: Springer.

Finland Department of Public Health. (1994). Children age 14 still show harmful effects if mothers smoke during pregnancy. Retrieved May 19, 2018, from www.droit-air-pur.com.

Finley, B. L. (2005). Rethinking developmental neurobiology: In M. Tomsalleolo & D. I. Sloboin (Eds.), *Beyond nature–nurture: Essays in honor of Elizabeth Bates* (pp. 195–218). Mahwah, NJ: Erlbaum.

Fletcher, J. M. & Miciak, J. (2018). A response to intervention(RTI) approach to SLD identification. In V. C. Alfonso & D. P. Flanagan. (2018). *Essentials of specific learning disability identification*(2nd.). NJ: John Wiley and Sons, Inc.

Fletcher, J. M. & Vaughn, S. (2009a). Response to intervention: Preventing and remediating academic difficulties. *Child Development Perspectives, 3*(1), 48–50.

Fletcher, J. M., Lyon, G. R., Barnes, M., Stuebing, K. K., Francis, D. J., Olson, R. K. et al. (2001, August). *Classification of LD: evidence-based evaluation.* Paper presented at the LD Summit, Washington, DC.

Fletcher, J. M., Lyon, G. R., Fuchs, L. S., & Barnes, M. A. (2007). *Learning disabilities: From identification to intervention.* New York: Guilford Press.

Fontana, J. L., Scruggs, T., & Mastropieri, M. A. (2007). Mnemonic strategy instruction in inclusive secondary social studies classes. *Remedial and Special Education, 28*(6), 345.

Fried, P., & Watkinson, B. (1992). Marijuana use increase symptoms of attention deficit disorder in first grade children. *Neurophysiology and Teratology, 14,* 299–311.

Friend, M. (2005). *Special education: Contemporary perspectives for school professionals.* Boston: Allyn & Bacon.

Frostig, M., Lefever, D. W., & Whittlesely, J. R. B. (1967). *The Marinne Frostig Developmental Test of Visual Perception.* Palo Alto, CA: Consulting Psychologists Press.

Fuchs, L. S., Fuchs, D., Prenti, M., Hamlett, C. L., Owen, R., et al. (2003b). Enhancing third-grade students' mathematical problem solving with self-regulated learning strategies. *Journal of Educational Psychology, 95,* 306–315.

Gardner, H., Csikszentmihaly, M., & Damon, W. (2001). *Good work: When excellence and ethics meet. New*

York, NY: Basic Books.

Gargiulio, R. (2004). *Special education in contemporary society: An introduction to exceptionality*. Belmont, CA: Thompson.

Geary, D. C. (2011). Cognitive predictors of individual differences in achievement growth in mathematics: A five-year longitudinal study. *Developmental Psychology, 47*(6), 1539-1552. doi: 10.1037/a0025510.

Geary, D. C. (2011). Cognitive predictors of individual differences in achievement growth in mathematics: A five-year longitudinal study. *Developmental Psychology. 47*, 1539-1552.

Geenen, S., Powers, L. E., Lopez-Vasquez, A., & Bersani, H. (2003). Understanding and promoting the transition of minority adolescents. *Career Development for Exceptional Individuals, 26*, 27-46.

Gentner, D., & Namy, L. L. (2006). Analogical processes in language learning. *Current Directions in Psychological Science, 15*, 279-301.

German, D. J., & Newman, R. S. (2004). The impact of lexical factors on children's word-finding errors. Journal of Speech, *Language, and Hearing Research, 47*, 624-636.

Gerstan, Beckmann, S., Clarke, B., Foegen, A., Marsh, L., Star, J. R., et al., (2009). *Assisting students struggling with mathematics: Response to intervention (RtI) for elementary and middle schools* (NCEE 2009 -4060). Washington, DC: National Center for Education Evaluation and Regional Assistance, Institute of Education Sciences, U.S Department of Education. Retrieved from *http://ics.ed.gpv/ncee/wwc/PratcticeGuide.aspx?sid=2*.

Gersten, R., Jordan, N. C., & Flojo, J. R. (2005). Early identification and interventions for students with mathematics difficulties. *Journal of Learning Disabilities, 38*, 291-291.

Goldberg, E. & Costa, L. D. (1981). Hemisphere differences in the acquisiton and use of descriptive systems. *Brain and language, 14*(1), 144-173.

Goldstein, K. (1936). *The Organism*. New York: American Book.

Gregg, N. (2009). *Adolescent and adults with learning disabilities and ADHD: Assessment and accommodation*. New York, NY: Guilford.

Hall, C. Kant, S. C., McCulley, L., Davis, A., & Wanzek, J. (2013). A new look at mnemonic and graphic organizes tn the secondary social studies classroom. *Teaching Exceptional Children, 46*(1), 47-55.

Hallahan, D. P., & Mercer, C. D. (2001, August). LD: Historical perspectives. Paper presented at The LD Summit, Washington, D.C.

Hallahan, D. P. (1998). Teach. Don't flinch. *DLD Times, 16*(1), 1, 4.

Hallahan, D. P., & Kauffman, J. M. (2003). *Exceptional children: Introduction to special education* (9th ed.). Boston: Allyan & Bacon.

Hardman, M. L., Drew, C. J., & Egan, M. W. (2005). *Human exceptionality: Society, School and family* (8th ed.). Boston: Allyan & Bacon.

Harniss, M., Caros, J., & Gesten, R. (2007). Impact of the design or U.S. history textbooks on content acquisition and academic engagement of special education students: An experimental investigation. *Journal of Learning Disabilities, 40*, 97-192.

Hecht, S., Close, L., & Santisi, M. (2003). Sources of individual differences in fraction skills. *Journal of Experimental Child Psychology, 86*, 277-302.

Henry, L. A. (2001). How does the severity of a learning disability affect working memory performance? *Memory, 9*(4-6), 233-247.

Heward, W. (2013). *Exceptional children: An introduction to special education.* New York: Pearson.

Jitendra, A. K., Griffin, C., Deatlin-Buchman, A., Dipipi-hoy, C., Svzesniak, E., Sokol, N. G., et al. (2005). Adherence to mathematics professional standards and instructional criteria for problem-solving in mathematics. *Exceptional Children, 71*, 319-337.

Johnson, D., & Myklebust, H. (1967). *Learning disabilities: Educational principles and practices.* New York: Grune & Stratton.

Johnson, E. S. (2014). Understanding why a child is struggling to learn: The role of cognitive processing evaluation in LD identification. Topics of Language Disorders, 34(1), 59-73, Retrieved from http://dx.doi.org./10.1080/21622965.2014.993396.

Jung, D. Y. (2006). Education in South Korea: Changes and challenges. In K. Mazurek & M. A. Winzer, *Schooling around the world: Debates, challenges, and practices.* New York: Pearson Education Inc.

Jung, D. Y. (2011). Special education in Korea. In Winzer, M. A., & Mazureck, K. *International practices in special education: Debates and challenges.* Washington, DC: Gallaudet University Press.

Kavale, K., & Forness, S. (1996). *Social skill deficits and learning disabilities, 29*(3), 226-237.

Kaye, C. B. (2010). *The complete guide to service learning: Proven, practical ways to engage students in civic responsibilities, academic curriculum, and social action.* Minneapolis: Free Spirit.

Kepart, N. C. (1970). *Slow learner in the classroom.* (2nd. ed.). Columbus, OH: Merrill.

Kephart, N. C. (1960). *Slow learner in the classroom.* Columbus, OH: Merrill.

Kerr. M. M., & Nelson, C. M., (2010). *Strategies for addressing behavioral problems in the classroom.* Upper Saddle River, NJ: Pearson Education.

Kirk, S. A. & Chalfant, J. C. (1984). *Academic and developmental learning disabilities.* Columbus, Ohio: Love Publishing Company.

Kirk, S., Gallagher, J., & Coleman, M. R. (2015). *Educating exceptional children*(14th ed.). US: Sangage Learning.

Kovaleski, J. F., VanDerHeyden, A. M., & Shapiro, E. S. (2013). *The RTI approach to evaluating specific learning disabilities.* New York, NY: The Guilford Press.

Kroesbergen, E. H., & Van Luit, J. E. H. (2003). Mathematical interventions for children with special educational needs. *Remedial and Special Education. 24*(2), 97-114.

Kruger, K., Kurger, J., Hugo, R., & Campbell, N. (2001). Relationship patterns between CAPD and language disorders, learning disabilities, and sensory integration dysfunction. *Communication Disorders Quarterly, 22*, 87.

Kubina, R. M,, Jr. Young, A., & Kilwein, M. (2004). Examining an effect of fluency: Application of letter sound writing and oral word segmentation to spelling words. *Learning Disabilities, 13*(1), 13-23.

Kucian, A., & von Aster, M. (2015). Developmental dyscalculia. *European Journal Pediatrics, 17*(4), 1-13.

Lenz, K., & Schumaker, J. (1999). *Adapting language arts, social studies, and science materials for the inclusive classroom.* Alexandria, VA: Council for Exceptional Children.

Leonard, C. M. (2001). Imaging brain structure in children: Differentiating language disability and reading disability. *Quarterly, 24,* 158-176.

Leonardo, L. B., Weismer, S. E., Miller, C. A., Francis, D. J., Tomblin, J. B., & Kail, R. V. (2007). Speed of processing, working memory, and language impairment in children. *Journal of Speech, Language, and Hearing Research, 50,* 408-428.

Lerner, J. (2003). *Learning disabilities: Theories, diagnosis, and teaching strategies* (9th ed.). Boston: Houghton Mifflin.

Lerner, J., & John, B. (2011). Learning disabilities and related mild disabilities: Characteristics, teaching strategies, and new directions(11th ed.). Boston: Houghton Mifflin.

Lewis, K. E., & Fisher, M. B. (2016). Taking stroke of 40 years of research on mathematical learning disability: Methodological issues and future directions. *Journal for Research in Mathematics Education, 47*(4), 338-371.

Lezak, M. D., Howieson, D. B., & Loring, D. W. (2004). *Neuropsychological assessment* (4th ed.). New York: Oxford University Press.

Liddell, G. A., & Raomussen, C. (2005). Memory profile of children with nonverbal disability. *Learning Disabilities Research and Practice, 20*(3), 137-141.

Lipman, E. L., Offord, D. R., Dooley, M. D., & Boyle, M. H. (2002). Children's outcomes in differing types of single-parent families. In J. D. Williams(Ed.), *Vulnerable children* (pp. 229-242). Edmonton: University of Alberta Press.

Lyon, G. R., & Weiser, B. L. (2009). Teacher knowledge, instructional expertise, and the development of reading proficiency. *Journal of Learing Disabilties, 42*(5), 475-480.

Maccini, P., & Ruhl, K. L. (2000). Effects of a problem-solving strategy on the introductory algebra performance of secondary students with learning disabilities. *Learning Disabilities Research & Practices, 15,* 10-21.

Mammarella, I. C., & Cornoldi, C. (2014). AN analysis of the criteria used to diagnose children with nonverbal learning disabilities (NLD). *Child Neuropsychology, 20*(3), 255-280.

Mammarella, I. C., & Pazzaglia, F. (2010). Visual perception and memory impairments in children at risk of nonverbal learning disabilities. *Child Neuropsychology, 16*(6), 564-576.

Mammarella, I. C., Lucangeli, D., & Cornoldi, C. (2010a). Spatial working memory and arithmetic deficits in children with nonverbal learning disabilities. *Journal of Learning Disabilities, 43,* 455-468.

Manly, T., Anderson, V., Nimmo-Smith, I., Turner, A., Watson, P., & Robertson, I. (2001). The differential assessment of children's attention: The Test of Everyday Attention for Children (TEAC), Normative sample and ADHD performance. *Journal of Child Psychology and Psychiatry, 42,* 1065-1081.

Marchard-Martella, N. E., Slocum, T. A., & Martella, R. C. (2004). *Introduction to direct instruction.* Boston: Pearson.

Mason, L. H., & Hedin, L. R. (2011). Reading science text: Challenges for students with learning disabilities and considerations for teachers. *Learning Disabilities Research and Practice, 26*(4), 214–222.

Mazzocco, M. M. M. (2007). Issues in defining mathematical learning disabilities and difficulties. In D. B. Berch & M. M. M. Mazzocco (Eds.), *Why is math so hard for some children: The nature and origins of mathematical learning difficulties and disabilities* (pp. 29–47). Baltimore, MD: Brookes.

Mazzocco, M. M. M., & Thompson, R. E. (2005). Kindergarten predictors of math learning disability. *Learning Disabilities Research & Practice, 20*(3), 142–155.

Mazzocco, M. M. M., Murphy, M. M., Brown, E., Rine, L., & Herold, K. H. (2013). Persistence consequences of atypical early number concepts. *Frontier Psychology, 4.* doi:10.3389/fpsyg.2013.00486.

Mazzotti, V. L., & Test, D. W. (2016). Transitioning from school to employment. In F. E. Brown, J. J. McDonnell, & M. E. Snell (Eds.). *Instruction of students with severe disabilities* (8th ed., pp. 508–553). Columbus, OH: Pearson.

McCabe, J. A., Osha, K. L., & Roche, J. A. (2013). Psychology students' knowledge and use of mnemonics. *Technology of Psychology, 40*(3), 183–192.

McGinnis, J. R. (2013). Teaching science to learners with special needs. *Theory into Practice, 52*(1), 43–50.

McNamara, B. E. (2007). *Learning disabilities: bridging the gap between research and classroom practices.* NJ: Pearson Merrill Prentice HAll.

Mercer, C. D., & Mercer, A. R. (2005). *Teaching students with learning problems* (7th ed.). Upper Saddle River, NJ: Pearsons/Merrill Prentice-Hall.

Mercer, Cecil, D., Pullen, Paige C., (2005). *Students with learning disabilities.*

Mille, G. & Capasso, R. (2006). Spelling and dysgraphia. *Cognitive Neuropayshology, 23,* 110–134.

Miciak, J., William, J. L., Taylor, W. P., Cirino, P. T., Fletcher, J. M., & Vaughn, S. (2016). Do processing patterns of strengths and weakness predict differential treatment response? Journal of Educational Psychology, 108(56), 898–909.

Miller, B., & Taber-Doughty, T. (2014). Self-monitoring checklists for inquiry problem-solving: Functional problem-solving methods or students with intellectual disability. *Education and Treating in Autism and Developmental Disabilities, 49*(4), 555.

Miller, S., Butler, F., & Lee, K, (1998). Validated practices for teaching mathematics to students with learning disabilities: A review of the literature. *Focus on Exceptional Children, 31*(1), 1–24.

Montague, M. (2003). *Solve It! A mathematical problem solving instructional program.* Reston, VA: Exceptional Innovations.

Montague, M. (2006). Self-regulation strategies for better math performance in middle school. In M. Montague & A. Jitendra (Eds.), *Teaching mathematics to middle school students with learning disabilities* (pp. 89–107). New York: Guilford.

Montague, M. (2008). Self-regulation strategies to improve mathematical problem solving for students with learning disabilities. *Learning Disability Quarterly, 31,* 37–44.

Montgomery, J. W. (2003). Working memory and comprehension in children with specific language impairment: What we know so far. *Journal of Communication Disorders, 36*, 221–231.

Morocco, C. C., Hindin, A., & Mata-Aguilar, C. (2001). Enhancing student comprehension of social studies material. *The Social Studies, 96*, 18–24.

Myklebust, H. R. (1975). Nonverbal learning disabilities: Assessment and interventions in H. R. Myklebust (Ed.), *Progress in learning disabilities* (Vol.3, pp. 85–121). New York: Grune & Statton.

National Assessment of Educational Progress. (2003). *NAEP mathematics report card for the nation and the states.* Princeton, NJ: Educational Testing Service.

National Center for Education Statistics. (2006). *NAEP questions.* http://nces.ed.gov/nationasreportcard/itmrls.

National Council of Teachers of Mathematics. (2000). *Principles and standards for school mathematics.* Reston, VA: Auyhor.

National Mathematics Advisory Pannel. (2008). *Foundations for success: The final report of the National Mathematics Advisory Panel.* Washington, DC: US Department of Education.

National Reading Panel: NRP(2000). *Teaching children to read: An evidence-vased assessment of the scientific research literature on reading and implications for reading instruction.* Washington, DC: National Institute of Child Health and Human Development.

National Research Council. (2001). Adding it up: Helping children learn mathematics. J. Kilpatrick, J. Swafford, & B. Findell (Eds.), Mathematics Learning Study Committee, Center for Education, Division of Behavioral and Social Science and Education.

Nee, D. E., & Jonides, J. (2014, June). Frontal-medial temporal interaction mediate transitions among representational states in short-term memory. *Journal of Neuroscience, 34*(3), 1002–1013.

Nelson, N. W. (2016). Language XX: What shall it be called and why does it matter? *International Journal of Speech-Language Pathology, 18*, 229–240. doi: 10.3109/17549507.2015.1126643.

Nichelli⟨ P., & Venneri, A. (1995). Right hemisphere developmental learning disability: A case study. *Neurocase, 1*(2), 173–177.

Nicholls, C. J. (2010). Brain, behavior and learning in language and reading disorders [Bool review]. *Achieves of Clinical Neuropsychology, 25*, 78–79.

NLD Online. (2004). *NLD on the Web.* Available at: www.nldontheweb.org/.

Northern Ireland Education & Library Boards. (2018). Understanding underachievement in Mathmatics and numeracy. http://www.belb.org.uk.

O'Connor, R. E. (2014). *Teaching word recognition: Effective strategies for students with learning disabilities*(2nd ed.). New Yokr: The Guilford Press.

O'Connor, R. E., & Sanchez, V. (2011). Responsiveness to intervention models for reducing reading difficulties and identifying learning disabilities. In J. M. Kauffman & D. P. Hallahan (Eds.). *Handbook of special education.* (123–133_. New York: Routledge.

Olinghouse, N., Graham, S., & Gillespie, A. (2011). *The role of content and discourse knowledge in three writing genres.* Manuscript submitted of publication.

Pennington, B. (1990). Annotation: The genetics of dyslexia. *Journal of Child Psychology and Child Psychiatry, 31*(2), 193–201.

Petrill, S. A., & Kovas, Y. (2015). Individual differences in mathematics ability: A behavioral genetic approach. In D. C. Geary. & K. Mann Koepe (Eds.), *Development of mathematical cognition: Neural substrates and genetic influences* (pp. 229–323). London, UK: Elsevier.

Pierangelo, R. & Giuliani, G. (2006). *Learning disabilities: A practical approach to foundation, assessment, diagnosis, and teaching.* New York: Pearson.

Pierangelo, R., & Giuliani, G. (2005). *Assessment in special education: A practical approach* (2nd ed.). Boston: Allyn & Bacon.

Polloway, E. A., Patton, J. R., Serna, L., & Bailey, J. (2018). *Strategies for Teaching Learners with Special Needs* (11th ed.). NY: Pearson.

Poloway, E. H., & Patton, J. R. (1996). *Strategies for teaching learners with special needs* (6th ed.). Columbus, OH: Merrill.

Ramdoss, S., Mulloy, A., Lang, R., O'Reilly, M., Singafoos, J., Lancioni, G., ... Zein, F. E. (2011). Use of computer-based interventions to improve literacy skills in students with autism spectrum disorders: A systematic review. *Research in Autism Spectrum Disorders, 5*, 1306–1318.

Ramus, F., Marshall, C. R., Rosen, S., & van der Lely, H. K. J. (2013). Phonological deficit language impairment and developmental dyslexia: Towards a multidimensional model. *Brain, 136*, 630–645.

Rittle-Johnson, B., Siegler, R., & Alibali, M. (2001). Developing conceptual understanding and procedural skills in mathematics: An interactive process. *Journal of Educational Psychology, 93*, 346–362.

Rivera, D. P., & Smith, D. D. (1988). Using a demonstration strategy to teach midschool students with learning disabilities how to compute long division. *Journal of Learning Disabilities, 27*, 77–81.

Robinson, S. M., Braxdale, C. T., Colson, S. E. (1985). Preparing dysfunctional learners to enter junior high school: A transition curriculum. *Focus on Exceptional Children, 18*(4), 1–10.

Rourke, B. P. (1989). *Nonverbal learning disabilities: The syndrome and the model.* New York: Guilford Press.

Rourke, B. P. (1995). *Syndrome of nonverbal learning disabilities: Neurodevelopmental manifestations.* New York: Guilford Press.

Rourke, B. P. & Finlayson, A. Z. (1978). Neuropsychiloigocal significance of variations in patterns of academic performance: Verbal and visuo-spatial abilities. *Journal of Abnormal Child Psychology, 6*, 121–133.

Roy, T. S. (1994). Nicotine damages brain cell quality. *Neurotoxiology and Teratology, 16*(4), 1.

Russell, W. (2009). *Teaching social issue with film.* Charlotte, NC: Information Age.

Salend, S. J. (2005). *Creating inclusive classrooms: Effective and reflective practices for all students* (4th ed.). Upper Asddle River, NJ: Pearson Education.

Samango-Sprouse, C. (1999). The hidden disability: Sex choromosome variation (SCV). *American Association for Home-Based Early Interventionist, 4*(4), 1.

Sandall, B. R. (2003). Elementary science: Where are we now?

Sarason, S. B. (1949). *Psychological problems in mental deficiency.* New York: Harper.

Scruggs, T. E., Mastropieri, M. A., & Berkeley, M. A., & Graetz, J. (2010). Do special education interventions improve learning of secondary content? A meta analysis. *Remedial and Special Education, 31*, 437–449.

Seligman, M. (1992). *Helplessness: On depression, development and death.* San Francisco: W. H. Freeman.

Semrud-Clickeman, M. (2018). Nonverbal learning disabilities, In V. C. Alfonso & D. P. Flanagan. (2018). *Essentials of specific learning disability identification*(2nd ed.). NJ: Wiley and Sons, Inc.

Semrud-Clikeman, M., Fine, J. G., & Bledosoe, J. (2014). Comparison among children with autism spectrum disorders, nonverbal learning disorders and typically developing children on measures of executive functioning. *Journal of Autism and Developmental Disorders, 44*(2), 3312–342.

Semrud-Clikeman, M., Walkowiak, J., Wilkinson, A., & Portman Minne, E. (2010b). Direct and indirect measure of social perception, behavior, and emotional function in children with Asperger's disorders, nonverbal learning disability, or ADHD. *Journal of Abnormal Child Psychology, 38*, 509–519.

Shaywitz, S. (1998). Duslexia. *New England Journal of Medicine, 338*, 307–312.

Shogren, K. A., Wehmeyer, M. L., Palmer, S. B., Forber, A. J., Little, T. J., & Lopez, S. (2015). Causal agency theory: Re-conceptualizing a functinoal model of self-determination. *Education and Training in Autism and Developmental Disabilities, 50*(3), 251–263.

Siegel, L. S. (1992). An evaluation of the discrepancy definition of dyslexia. *Journal of Learning Disabilities. 25*(10), 618–629.

Simos, P. G., Rezaie, R., Fletcher, J. M., & Papanicolaou, A. C. (2013). Time-constrained functional connectivity analysis of cortical networks underlying phonological decoding in typically developing school-age children: A magnetoencephalography study. *Brain and Language, 152*(2), 156–164.

Simos, P. J., Breisrer, J. I., Fletcher, J. M., Bergman, E., & Papanivcol머, A. C. (2000). Cerebral mechanisms involved in reading dyslexic children: A magnetic source imaging approach. *Crebral cortex, 10*, 809–816.

Smith, T. E. C., Polloway, E. A., Doughr, J., Patton, J.R., & Dowdy, C. A. (2016). *Teaching students with special needs in inclusive settings.* Columbus, OH: Pearson.

Smith, T. E., Polloway, E., Patton, J. R., & Dowdy, C. A. (2004). *Teaching students with special needs in inclusive settings.* Boston: Houghton Mifflin.

Snow, C. E., Burns, M. S., & Griffins, P. (1998). *Preventing reading difficulties in young children.* Washington DC: National Academy Press.

Solodow, W., Sandy, S. V., Leventhal, F., Beszylko, S., Shepherd, M. J., Cohen, J., et al. (2006). Frequancy and diagnostic criteria for nonfverbal learning diabilities in a general learning disability school cohort. *Thalamus, 24*, 17–33.

Sousa, D. A. (2017). *How the brain learns*(5th eds.). CA: Corwin.

Spinelli, C. G. (2012). *Classroom assessment for students in special and general education* (3rd ed.). Upper Saddle River, NJ: Merrill/Pearson.

Stanovich, K. E. (1993). The construct validity of discrepancy definitions of reading disability. In G. R.

Lyon, D. B. Gray, J. F. Kavanagh, & N. A. Hrasnegor (Eds.), *Better understanding learning disabilities: New views from research and their implications for education and public policy*. Baltimore, MD: Brookes.

Stepanck, J., & Jarrett, D. (1997). *Assessment strategies to inform science and mathematics instruction: It's just good teaching*. Portland, OR: Northwest Regional Educational Laboratory.

Stligton, P. L., Neubert, D. A., & Clark, G. M. (2010). *Transition education and services for students with disabilities* (5th ed.). Boston: Pearson.

Stock, P., Desoete, A., & Roeyers, H. (2010). Directing children with arithmetic disabilities from kindergarten: Evidence from a 3-year longitudinal study on the role of prefatory arithmetic abilities. *Journal of Learning Disabilities*,

Swanson, H. L. (1994). Short-term memory and working memory: Do both contribute to our understanding of academic achievement in children and adults with learning disabilities? *Journal of Learning Disabilities, 27*, 34–50.

Swanson, H. L. (1998). Instructional components that predict treatment outcomes for students with learning disabilities: Support for a combined strategies and direct instruction model. *Learning Disabilities Research and Practices, 14*, 129–140.

Swanson, H. L., Harris, K. R., & Graham, S. (2013). *Handbooks of learning disabilities* (2nd ed.). NY: The Guilford Press.

Ternes, J., Woody, R., & Livingston, R. (1987). Case report: A child with right hemisphere deficit syndrome responsive to carbamazepine treatment. *Journal of the American Academy of Child and Adolescent Psychiatry, 26*(4), 586–588.

Therrien, W. J., Taylor, J. C., Watt, S., & Kaldenberg, E. R. (2014). Science instruction for students with emotional and behavioral disorders. *Remedial and Special Education, 35*(1), 15–27.

Thomas, P. J. (2004). *Language: The foundation of learining*. In J. S. Choate (Ed.), *Successful inclusive teaching* (pp. 152–177). Boston: Pearson Allyn & Bacon.

Thompson, S. J., Auslander, W. F., & White, N. H. (2001). Comparison of single-mother and two parent fomilies on metabolic control of children with diabetes. *Diabetes Care, 24*(2), 234–238.

Tomasello, M., Carpenter, M., Call, J., Behne, T., & Moll, H. (2005). Understanding and sharing of intentions: The origins of cultural cognition. *Behavioral and Brain Science, 28*, 675–735.

Tomblin, J. B., Mainela-Arnold, E., & Zhang, X. (2007). Procedural learning in adolescents with and without specific language impairments. *Language Learning Development, 3*, 269–293.

Tweed, A. (2005). *Classroom instruction that works: Facilitators manual*. Aurora, CO: Mid-Continent Research for Education and Learning.

U. S. Department of Labor, (2004). *Twenty-fifth annual report to Congress on the implementation of the individuals with disabilities Education Act*. Washington, DC: Auther.

Uberti, H. Z., Scruggs, T. E., & Mastropieri, M. A. (2003). Keywords make the difference! *Teaching Exceptional Children, 35*(3), 56.

United Nations-Disability: Department of Economic and Social Affairs. Envision 2030: 17 goals to transform the world for persons with disabilities. HTTP://www.un.org/development/desa/disabilities/envision2030.html에서 2019. 4. 1 인용.

Van de Waller, J. A. (2007). *Elementary middle school mathematics* (6th ed.). New York: Longman.

Verginia Department of Education. (2016). Universal design for learning. Retrieved from http from http://www.doe.virginia.gov/special_ed/disabilities/ universal_ design_learning.shtml

Wang, Z., Lukowski, S. L., Hart, S. A., Lyons, I. M., Thompson, L. A., Kovas, Y., Mazzocco, M. M. M., Plomin, R., & Perill, S. A. (2015). Is math anxiety always bad for mamth learning? The role of math motivation. *Psychological Science, 26*(12), 1863–1876. doi: 10.1177/0956797615602471.

Wehman, P., Targett, P., & Green, H. (2012). Going to work. In P. Wehman & J. Kregel (Eds.), *Functinoal curriculum for elementary, middle, and secondary age students with special needs* (3rd ed., pp. 579–602). Austin TX: PRO-ED.)

Weinstraub, S., & Mesulam, M. M. (1983). Developmental learning disabilities of the right hemisphere: Emotional, interpersonal, and cognitive components. *Archives of Neurology, 40*(6), 463–468.

Wendling, B. J., & Mather, N. (2009). *Essentials of evidence-based academic interventions*(Vol. 57). Hoboken, NJ: Wiley.

Wigg, E. H., & Semal, E. M. (1984). *Language assessment and intervention for the learning disabled* (2nd.). Boston: Allyn & Bacon.

William, K. J., Walker, M. A., Vaughn, S. & Wanzek, J. (2017). A synthesis of reading and spelling interventions and their efforts on spelling outcomes for students with learning disabilities. *Journal of Learning Disabilities, 50*, 286–297.

Wister, B. S. (2015). Using CRP to teach algebra to students with math difficulties in inclusive settings. *Learning Disabilities: A Contemporary Journal, 3*(2), 49–60.

Witzel, B. S., Little, M. E. (2016). *Teaching elementary mathematics to struggling learners*. NY: The Guilford Press.

Wood, F. B., & Grigorenko, E. L. (2001). Emerging issues in the genetics of dyslexia: A methodological Review. *Journal of Learning Disabilities, 34*, 503–511.

Wright-Strawderman, C., & Watson, B. L. (1992). The prevalence of depressive symptoms in children with learning disabilities. *Journal of Learning Disabilities, 25*, 258–264.

Wu, Q., Willcut, E. G., Escovar, E., & Menson, V. (2014). Mathematics achievement and anxiety and their relation to internalizing and externalizing behaviors. *Journal of Learning Disabilities, 47*(6), 503–514. doi: 10.1177/0022219412473154

Xin, Y. P., & Jitendra, A. (2006). Teaching problem solving skills to middle school students with learning problems. *Journal of Special Education. 39*, 181–192.

Zirkel, P. A. (2013). A comprehensive evaluation of the Supre Court's Forest Grove decision? *Journal of Psychoeducational Assessment, 31*(3), 313–317. doi:07348282912468576.

찾아보기

저자 소개

정대영

창원대학교 특수교육과 교수
대구대학교 특수교육학 전공(학사, 석사, 박사)
국립특수교육원 교육연구사
미국 산호세주립대학교 연구 교수

주요 저서 및 역서
학습장애 아동 교육(공저, 형설출판사, 2004)
Schooling around the world: Debates, challenges, and practices(공저, Pearson Education, 2006)
학습장애: 토대, 특성, 효과적 교수(공역, 시그마프레스, 2007)
발달장애 아동의 사회적 기술 훈련(공저, 양서원, 2007)
행동기능평가와 긍정적 행동지원(양서원, 2009)
International practices in special education: Debates and challenges(공저, Gallaudet Universtiy, 2011)
정서 및 행동장애아 교육 제3판(공저, 학지사, 2017)
특수교육학 제2판(창지사, 2017)
특수아동 교육: 0세부터 8세까지 제2판(창지사, 2020)의 다수

학회 및 사회 활동
한국특수교육학회장, 한국학습장애학회장, 한국정서행동장애아교육학회장,
한국특수교육학회장 역임
현재 영광학원(대구대학교) 정이사

연구 사업

현재 창원대학교 국제협력선도대학육성지원사업 단장

- 이 사업은 한국연구재단 공적개발지원(ODA) 연구사업으로서 2014년 6월부터 2020년 5월까지 6년간 약 24억원을 투자하여 네팔 국립트리부번대학교 학부 및 대학원 석사과정에 특수교육학과를 설립하여 교육과정 개발 및 운영을 지원함. 한국 특수교육 120년이 되는 2014년을 시점으로 네팔 국립대학교에 특수교육 전문 인력 양성 노하우를 전수하고, 네팔 교육부로 하여금 특수교육 발전계획을 수립하고 특수교사 자격증을 도입하도록 한 의미 있는 사업임